suhrkamp taschenbuch
wissenschaft 2387

Die Covid-19-Pandemie hat zu einer moralischen und rechtlichen Kontroverse über das Verhältnis von Freiheit und Leben geführt, wie es sie in dieser Schärfe bisher nicht gegeben hat. In den beiden zentralen Fragen ist dabei bis heute keine Einigkeit erzielt worden: Kommt dem Leben ein prinzipieller Vorrang gegenüber der Freiheit zu? Und: Wie tief darf der Staat zum Schutz des Lebens in individuelle Freiheiten eingreifen? Bei der Bewältigung des Klimawandels – so zeichnet sich bereits ab – werden sich diese Fragen erneut stellen. Der vorliegende Band diskutiert mögliche Leitvorstellungen aus den Perspektiven von Rechtswissenschaft, Philosophie und Soziologie. Eingeleitet wird er durch einen Essay von Jürgen Habermas.

Klaus Günther ist Professor für Rechtstheorie, Strafrecht und Strafprozessrecht an der Goethe-Universität Frankfurt am Main, Mitglied des dortigen »Forschungszentrums Normative Ordnungen« sowie am Frankfurter Standort des »Forschungsinstituts Gesellschaftlicher Zusammenhalt«. Im Suhrkamp Verlag ist zuletzt erschienen: *Normative Ordnungen* (hg. zusammen mit Rainer Forst, stw 2342).

Uwe Volkmann ist Professor für Öffentliches Recht und Rechtsphilosophie an der Goethe-Universität Frankfurt am Main und ebenfalls Mitglied des dortigen »Forschungszentrums Normative Ordnungen« sowie am Frankfurter Standort des »Forschungsinstituts Gesellschaftlicher Zusammenhalt«.

Freiheit oder Leben?

Das Abwägungsproblem der Zukunft

Herausgegeben
von Klaus Günther und
Uwe Volkmann

Suhrkamp

Klimaneutral
Druckprodukt
ClimatePartner.com/14438-2110-1001

2. Auflage 2023

Erste Auflage 2022
suhrkamp taschenbuch wissenschaft 2387
Originalausgabe

Umschlaggestaltung nach Entwürfen von
Willy Fleckhaus und Rolf Staudt
Druck und Bindung: C. H. Beck, Nördlingen
Printed in Germany
ISBN 978-3-518-29987-6

www.suhrkamp.de

Inhalt

Klaus Günther und Uwe Volkmann
Einführung 7
Jürgen Habermas
Grundrechtsschutz in der pandemischen Ausnahmesituation. Zum Problem der gesetzlichen Verordnung staatsbürgerlicher Solidarleistungen. 20

I. Konzepte von Leben und Gesundheit

Thomas Gutmann
Der Wert des »nackten Lebens« 47
Petra Gehring
Krankheit, Tod und Sterbepolitik Oder: Warum die Alternative »Krankheit und Tod: Schicksal oder gesellschaftliche Herausforderung?« sterbepolitisch problematisch ist 68
Steffen Augsberg
Leben als Höchstwert? Unklarheiten bezüglich Lebensanfang, Lebensende und Lebensbeendigung 82
Thorsten Kingreen
Das Recht auf Leben und körperliche Unversehrtheit. Bedeutungsdimensionen und Wandlungen eines Grundrechts 103
Stefan Huster
Zwischen Sozialversicherung, medizinischer Infrastruktur und kollektiven Freiheitsbeschränkungen: Die staatliche Verantwortung für Leben und Gesundheit und die Auswahl ihrer Mittel* 124
Ursula Wolf
Freiheit oder Glück? Überlegungen im Anschluss an die antike Ethik 143

II. Konzepte von Freiheit und Autonomie

Günter Frankenberg
Glück im Öffentlichen – Angst im Privaten 163

Ute Sacksofsky
Relationale Freiheit – Philosophische Wurzeln und grundrechtstheoretische Implikationen 180
Matthias Mahlmann
Nichts geschenkt. Freiheit und die Verantwortung für das Leben von Anderen 199
Stephan Kirste
Riskantes Handeln und die Freiheit zur Selbstschädigung: Paternalismus in der Krise 218
Uwe Volkmann
Autonome Subjekte oder Kinder des Staates? Vom Verhältnis zwischen natürlicher und staatlich vermittelter Freiheit 241

III. Zuordnungen und Abwägungen

Oliver Lepsius
Zum Verhältnis von Lebens- und Würdeschutz im Grundgesetz 261
Klaus Günther
Die Verschränkung von Würde und Leben 284
Rainer Forst
Freiheiten, Risiken und Rechtfertigungen. Eine deontologisch-demokratische Perspektive auf die Bekämpfung der Pandemie 312
Lutz Wingert
Die liberale Gesellschaft und ihre Toten. Überlegungen zum normativen Verhältnis zwischen individueller Freiheit und kollektivem Gesundheits- und Lebensschutz 326
Tilman Reitz
Primat des Politischen? Grenzen und Überschüsse moralischer Argumentation in der Coronakrise 355

Über die Autorinnen und Autoren 377

Klaus Günther und Uwe Volkmann

Einführung

Die Covid-19-Pandemie hat die Abwägung zwischen Leben, Gesundheit und Freiheit in einer Radikalität und Klarheit auf die Tagesordnung gesetzt, vor der man bislang zurückgescheut ist. Natürlich wissen wir und wussten schon immer, dass es sich bei ihnen unter jedem denkbaren Gesichtspunkt um hohe, wenn nicht höchstrangige und höchste Güter handelt, ebenso wie niemand je bestritten hat, dass es auch zu Konflikten zwischen ihnen kommen kann. Im Verteidigungskrieg der Ukraine gegen die russische Invasion, der unsere Routinen und Lebensgewissheiten mit ähnlich plötzlicher Wucht erschüttert hat wie die Pandemie, ist ein solcher nun auf andere und erschütternde Weise Realität geworden, gleichsam in seiner existentiellen und rohesten Form; hier setzen Tausende, wenn nicht Zehn- oder Hunderttausende täglich Leben und Gesundheit aufs Spiel, um ihre Freiheit, sei es als nationale, politische oder private Freiheit, zu retten oder zu erhalten. Aber in den saturierten Wohlstandsgesellschaften unserer Tage ziehen wir es meist vor, uns die unangenehmen Fragen, die mit der Klärung des Verhältnisses verbunden sind, gar nicht erst zu stellen. Einerseits gehört es zu unseren normativen Gewissheiten, dass das gleiche Recht auf individuelle Freiheit, sosehr sein Wert für jeden Einzelnen auch von ungleich verteilten materiellen Ressourcen bestimmt sein mag, nicht nur zu den fundamentalen Prinzipien unserer Rechts- und Verfassungsordnung gehört, sondern diese in ihrem inneren Kern überhaupt erst ausmacht. Andererseits ist der Gebrauch dieses Rechts in zahllosen Fällen mit Risiken für Leben und Gesundheit anderer verbunden: Im Straßenverkehr sterben allein in der Bundesrepublik zahlreiche Menschen, weil Mobilität und Bewegungsfreiheit möglich sein sollen; im Jahr 2021 waren dies etwa 2500, Anfang der 1970er Jahre bei einer deutlich geringeren Bevölkerungszahl noch an die 20000.[1] Auch Umweltbelastungen

1 Vgl. Statista, »Anzahl der Getöteten bei Straßenverkehrsunfällen in Deutschland von 1950 bis 2021« (Februar 2022), ⟨https://de.statista.com/statistik/daten/studie/185/umfrage/todesfaelle-im-strassenverkehr/⟩, letzter Zugriff 17.06.2022.

fordern regelmäßig einen Preis in Menschenleben; nach einer Studie der Europäischen Umweltagentur, die es freilich zu nicht mehr als einer Kurzmeldung in den Nachrichten gebracht hat, sterben in Europa jährlich etwa 400 000 Menschen direkt oder indirekt an den Folgen der Luftverschmutzung.[2] Umgekehrt ließe sich die Zahl derjenigen, die einem Verbrechen zum Opfer fallen, wahrscheinlich noch einmal deutlich reduzieren, wenn der Staat und seine Polizei zu noch intensiveren Mitteln der Kontrolle griffen: also noch stärkere Videoüberwachung des öffentlichen Raums, noch weiter gehender Ausbau der Vorfeldbefugnisse, flächendeckende Registrierung und Ausforschung als potentiell gefährlich identifizierter gesellschaftlicher Gruppen oder Einzelpersonen. Aber man schreckt davor zurück, weil die Kosten auf der Seite der Freiheit zu hoch erscheinen.

In allen diesen Fällen haben wir es in diesem Sinne mit Vorrangentscheidungen zugunsten der Freiheit zu tun, deren Preis in Menschenleben sich teils mehr, teils weniger exakt beziffern oder doch jedenfalls benennen lässt. Aber wir weisen ihn typischerweise nicht als solchen aus. Das schließt nicht aus, dass wir ihn auf den verschiedensten Wegen zu minimieren versuchen, im Falle des Straßenverkehrs etwa durch Festsetzung von Höchstgeschwindigkeiten oder durch Helm- oder Gurtpflichten und durch immer sicherere Fahrzeuge, im Falle der Luftverschmutzung durch verbesserte Filteranlagen und strengere Grenzwerte. Ebenso können die entsprechenden Vorrangentscheidungen von einer bestimmten Zahl tödlicher Unfälle, einer klareren Nachweisbarkeit der Ursachenzusammenhänge oder auch nur infolge verstärkter medialer Sensibilisierung von einem bestimmten Punkt auch wieder kippen oder zumindest graduell in Frage gestellt werden. Typischerweise werden sie aber als solche oder überhaupt als Abwägungsentscheidungen nicht thematisiert und bleiben gleichsam in der Latenz; sie vollziehen sich hinter unseren lebensweltlichen Gewissheiten, die uns Handlungssicherheit gerade und nur deshalb vermitteln können, weil wir sie eben nicht beständig hinterfragen. Möglicherweise sind es deshalb gar keine Abwägungen, wie gesagt worden ist. Im Falle

2 Europäische Umweltagentur, »Healthy Environment, Healthy Lives: How the Environment Influences Health and Well-Being in Europe«, EEA Report 21/2019, ⟨https://www.eea.europa.eu/publications/healthy-environment-healthy-lives⟩, letzter Zugriff 17. 06. 2022.

der aktuellen und nach wie vor nicht überwundenen Pandemie lässt sich das veranschaulichen an der Gegenüberstellung – nicht dem verharmlosenden Vergleich, wie man heute hinzufügen muss – mit den hohen Mortalitätsraten früherer schwerer Grippewellen: rund 25 000 bei einer noch »normalen Grippe« in der Saison 2017/18,[3] zwischen 40 000 und 50 000 – bei Unklarheiten über den anzusetzenden Zeitraum und damals noch fehlender statistischer Ermittlung – bei der Hongkong-Grippe Anfang der 1970er Jahre,[4] bei der nach Berichten aus jener Zeit die Krankenhäuser ebenfalls schon überfüllt waren und die Patienten auf den Fluren lagen. Aber sie kamen in der öffentlichen Wahrnehmung nicht vor, so wie auch niemand daran dachte, in öffentlichen oder privaten Räumen Masken zu tragen oder gar Ausgangs- und Kontaktbeschränkungen anzuordnen. Corona hat dies mit einem Schlag verändert und dadurch vieles von dem sichtbar gemacht, worauf unser Leben auch sonst beruht. Ist dies eine Folge der noch einmal höheren Zahlen, also der über 34 000 Toten, die wir im Jahr 2020, der rund 78 500, die wir 2021, und der knapp 27 500, die wir nach heutigem Stand in diesem Jahr (2022) hatten?[5] Wirken hier das Ausmaß der Berichterstattung oder die Macht der Bilder von den überquellenden Intensivstationen in Bergamo und anderswo? Oder ist es der jetzt erreichte Stand der wissenschaftlichen Forschung, in dessen Folge das Pandemiegeschehen nicht nur exakt und in all seinen Verästelungen beobachtet und vermessen werden kann, sondern auch die Erwartungen an dessen prinzipielle Begrenzbarkeit und Beherrschbarkeit gestiegen sind?

So oder so hat die Pandemie das Abwägungsproblem auf die Tagesordnung gesetzt, von der es so schnell nicht verschwinden wird: Wie viele Tote oder, weniger drastisch formuliert, welche Risiken für Leben und Gesundheit ist die Gesellschaft bereit in Kauf

3 Siehe eine Pressemitteilung des Robert Koch-Instituts zum Influenza-Saisonbericht 2017/2018, ⟨https://www.rki.de/DE/Content/Service/Presse/Pressemitteilungen/2019/10_2019.html⟩, letzter Zugriff 17. 06. 2022.

4 Vgl. etwa David Rengeling, *Vom geduldigen Ausharren zur allumfassenden Prävention. Grippe-Pandemien im Spiegel von Wissenschaft, Politik und Öffentlichkeit*, Baden-Baden 2017, S. 198-202 und m. w. N.

5 Vgl. Statista, »Anzahl Infektionen und Todesfälle in Zusammenhang mit dem Coronavirus (COVID-19) in Deutschland seit Januar 2020« (17. 06. 2022), ⟨https://de.statista.com/statistik/daten/studie/1102667/umfrage/erkrankungs-und-todesfaelle-aufgrund-des-coronavirus-in-deutschland/⟩, letzter Zugriff 19. 06. 2022.

zu nehmen, um zu einem freiheitlichen Gesamtzustand im Sinne der früheren Normalität zurückzukehren? Wie viele Freiheitseinschränkungen sind geboten und hinzunehmen, um Leben und Gesundheit eines Teils der Gesellschaft, insbesondere der sogenannten vulnerablen Gruppen, zu schützen? Bilden, verfassungsrechtlich gesehen, Leben und Gesundheit eine Art Supergrundrecht, dem als – wie es das Bundesverfassungsgericht ausgedrückt hat – »vitale Basis« aller einzelnen Freiheitsrechte ein abstrakter und genereller Vorrang vor diesen zukommt, wie es während der Pandemie vielfach geltend gemacht wurde? Und wie verhielte sich dies umgekehrt zu der in der Rechtsprechung wie in der Verfassungsrechtswissenschaft bislang wie selbstverständlich vorausgesetzten Annahme, dass gerade das Grundgesetz keinen absoluten Lebensschutz kennt, dass vielmehr über allem die Würde des Menschen steht, die ihrerseits auch einen unbedingten Vorrang vor dem Recht auf Leben und Gesundheit hat? Man darf deshalb niemanden foltern und in seiner Autonomie zerstören, um andere Leben zu retten. Man darf einem Toten auch nicht entgegen einem zu Lebzeiten geäußerten Willen zu diesem Zweck beliebige Organe entnehmen. Aber die Selbstverständlichkeiten, die diese Annahmen einst trugen und mögliche Widersprüche zwischen ihnen verdecken halfen, sind brüchig geworden. Die Pandemie hat sie für ihren Zusammenhang aus der Latenz, in der sie bislang sicher aufbewahrt schienen, hervorgeholt und zu einem Gegenstand öffentlicher Reflexion gemacht. Die Abwägungen, die sich bislang im Rückraum unseres Bewusstseins und eingebettet in ein frageloses Orientierungswissen vollzogen, müssen nun explizit gemacht, Freiheit und Leben mit Gründen in ein Verhältnis zueinander gesetzt werden. Aber nun, da die Abwägungen auf uns zukommen, stellen wir fest, dass wir sie offen und explizit nicht vornehmen wollen, vielleicht auch gar nicht können, weil uns die Maßstäbe fehlen und wir sie bislang auch nicht entwickeln mussten.

Die Fragen, die damit aufgeworfen sind, betreffen einerseits Freiheit und Leben sowie, wenn man sie noch dazunehmen will, die Gesundheit in all ihren normativen Äußerungsformen: als moralische Grundprinzipien, als politische Zielwerte und als Rechtsgüter. Sie lassen sich, einmal sichtbar geworden, andererseits nicht auf die Situation der Pandemie beschränken, sondern greifen tendenziell in immer weitere gesellschaftliche Lebensbereiche aus. Die Begrenzung der globalen Erderwärmung und der Kampf gegen ihre schon jetzt absehbaren Folgen sind das nächste große, weit in die Zukunft vorausweisende Anwendungsfeld, auf dem sie sich stellen werden. In seinem, wie viele jetzt schon sagen, epochalen Klimabeschluss vom 24. März 2021[6] hat das Bundesverfassungsgericht die sich hier schon jetzt abzeichnenden Verteilungs- und Zuordnungskonflikte wesentlich als einen Konflikt verschiedener Freiheiten rekonstruiert, die miteinander kollidieren, der Freiheiten der jetzigen Generation zum Ausstoß von CO_2 und den dann noch verbleibenden Freiheiten künftiger Generationen. Aber es geht, wie die Dürren auf dem afrikanischen Kontinent, die jährlichen Überschwemmungen der subtropischen Länder oder hierzulande jüngst die Flutkatastrophe im Ahrtal gezeigt haben, dabei immer auch um den elementaren Konflikt von Freiheit und Leben, um die Frage also, welchen Beschränkungen und Begrenzungen unserer Freiheit und damit auch des aus ihrem Gebrauch resultierenden Wohlstands wir uns unterwerfen wollen, um damit die Möglichkeit menschlichen Lebens zu erhalten und zu bewahren, und zwar nicht nur bei uns, sondern weltweit und vor allem auch für die Menschen im Globalen Süden, für die der Klimawandel bereits jetzt eine tatsächliche Bedrohung ihres Lebens und ihrer Lebensgrundlagen darstellt.

Dem damit beschriebenen Grundkonflikt widmet sich der vorliegende Band, der Beiträge aus Rechtswissenschaft, politischer Philosophie und Soziologie versammelt. Hervorgegangen ist er aus einem interdisziplinären Workshop, den die Herausgeber – pandemiebedingt virtuell – am 20. und 21. Mai 2021 an der Goethe-Universität Frankfurt am Main veranstaltet haben. Eingeleitet wird er durch einen programmatischen Essay von *Jürgen Habermas*, der ihm ebenfalls als Zuhörer beigewohnt hat. Habermas modifiziert darin seine These von der prinzipiellen Gleichursprünglichkeit und damit auch Gleichgewichtigkeit von politischer und privater Autonomie der Bürger, von Volkssouveränität und subjektiven Rechten, von Demokratie und Rechtsstaat, die er in *Faktizität und Geltung* entfaltet hatte. In Ausnahmesituationen wie der Pandemie, argumentiert er nun, werde dieses komplementäre Verhältnis »gestört« und setze sich die Politik als Mittel der kollektiven Zielverwirklichung gegen das Recht als Medium der Gewährleistung der subjektiven

6 BVerfGE 157, 30.

Freiheiten durch. Der Aufgabe des staatlichen Gesundheitsschutzes komme dabei ein prinzipieller, bereits in der Verfassung angelegter Vorrang gegenüber anderen konkurrierenden Belangen – etwa den individuellen Freiheiten – zu, der es dem demokratischen Rechtsstaat im Ergebnis verwehrt, Politiken zu verfolgen, mit denen er »vermeidbare Infektionszahlen und damit vermeidbare Todesfälle in Kauf nimmt«. Aber welcher Raum bliebe unter dieser Voraussetzung noch für politisches Entscheiden und wer hätte die fälligen Entscheidungen – sowohl über das Bestehen der Ausnahmesituation als auch über die je zu ergreifenden Maßnahmen – zu treffen und zu verantworten? Auch sonst steht diese herausfordernde, sich bewusst von einer bestimmten Strömung der Verfassungsrechtswissenschaft abgrenzende These in Opposition zu den gegenläufigen Abwägungs- und Vorrangentscheidungen, die unsere Gesellschaft wie gesehen in zahlreichen Lebensbereichen dauernd trifft, ohne sie sich als solche bewusst zu machen. Es überrascht deshalb nicht, dass sie in zahlreichen anderen Beiträgen des Bandes auf Kritik stößt oder ganz zurückgewiesen wird: ausdrücklich etwa bei *Stefan Huster* und *Uwe Volkmann*, in der Sache bei *Günter Frankenberg*, *Oliver Lepsius* oder *Lutz Wingert*. Aber Habermas' grundsätzliche Position wird in anderen Beiträgen – markant von *Thomas Gutmann*, *Rainer Forst* und *Klaus Günther* – auch verteidigt und in Schutz genommen.

Insoweit prägt diesen Band, wie leicht zu sehen ist, nicht nur die disziplinäre, sondern auch die sachliche Vielfalt: Die zur Bekämpfung der Pandemie, aber keineswegs nur dort vertretenen Positionen prallen hart aufeinander und sollen es auch. Gerade darin bezieht der Band nicht selbst Position, sondern markiert Fragen und Bereiche, an denen sich Dissense entzünden und möglicherweise auch bisherige Gewissheiten aufbrechen können. Gegliedert ist er in diesem Sinne, vage einem dialektischen Grundschema folgend, in zwei große Blöcke, in denen den Konzepten von Leben und Freiheit je getrennt voneinander aus verschiedenen Perspektiven nachgespürt wird, und einen darauf aufbauenden dritten Teil, der sich an ihrer – ihrerseits kontrovers bleibenden – verhältnismäßigen Zuordnung versucht. Für das Recht auf Leben, mit dem alles beginnt, ist es in diesem Zusammenhang einerseits zunächst eine interessante Frage, ob dieses Recht auch die Befugnis und die Möglichkeit einschließt, es nach Belieben zu beenden, und was dies andererseits für unsere geläufigen Vorstellungen vom Rang und Stellenwert dieses Lebens, vielleicht auch seiner Unverletzlichkeit und Heiligkeit, bedeutet. Mit allen sakralen Restbeständen dieser Art will *Thomas Gutmann* in seinem Beitrag gründlich aufräumen: Nicht das Leben sei ein Wert an sich, sondern die Sicht, die seine Trägerin darauf hat. Dem liegt ein radikaler normativer Individualismus zugrunde, der einerseits klarstellt, dass kein Leben ersetzbar ist, andererseits auf einem prinzipiellen Verfügungsrecht des Einzelnen über dieses Leben – im Sinne eines Rechts auf den eigenen Tod – beharrt. Gerade an diesem Punkt meldet *Petra Gehring* mit einem philosophisch grundierten Blick auf die Bedingungen und den Rahmen des Sterbens radikalen Widerspruch an. Für sie ist Sterbeautonomie »ein Fetisch«, grundiert von einer gesellschaftlichen Kultur der immer weiter voranschreitenden Invisibilisierung des Todes, eingebettet in gesellschaftliche Vermachtungs- und Vermarktungsprozesse und unterstützt von einer gut funktionierenden Industrie der Sterbebegleitung. Wie andererseits die Verkoppelung von Lebensschutz und Selbstbestimmung gerade mit Blick auf seine Beendigung die bisherige Vorstellung vom Leben als »Höchstwert« tendenziell auch auflösen kann, so wie es bei Licht besehen schon in der diesbezüglichen Formulierung des Bundesverfassungsgerichts enthalten ist, das Leben sei ein »solcher Höchstwert«, zeigt *Steffen Augsberg* mit einem vergleichenden Blick auf die Stationen des Lebensanfangs, des Lebensendes und der Lebensbeendigung: Letztlich, legt er dar, sei das Leben auch im Verfassungsrecht schon immer ein Gegenstand kontextsensibler Abwägung gewesen.

Wie es auf der gegenüberliegenden Seite um die staatliche Verantwortung für Leben und Gesundheit bestellt ist, untersuchen *Thorsten Kingreen* und *Stefan Huster*: Kingreen mit Blick auf die verfassungsrechtliche Gewährleistung von Leben und Gesundheit in Art. 2 Abs. 2 Satz 1 GG, Huster aus einer eher sozialrechtlichen Perspektive unter Einbeziehung der neueren Konzepte von Public Health. Bei Kingreen fällt dabei – ganz im Gegensatz zu Habermas und Gutmann – manch kritische Bemerkung zu den Beschlüssen des Bundesverfassungsgerichts zur sogenannten Bundesnotbremse sowie, durchaus im Zusammenhang damit, zum Klimabeschluss ab, in denen er eine bedenkliche Vorordnung der Schutz- vor der vormals dominierenden Abwehrfunktion der Grundrechte sieht, während Huster in der anschaulichen Gegenüberstellung einer

»Braut-von-Messina«-Fraktion (»Das Leben ist der Güter höchstes nicht«) und einem Team »Bremer Stadtmusikanten« (»Etwas Besseres als den Tod wirst du überall finden«) eine einseitig auf den Vorrang des Freiheits- oder umgekehrt des Lebensschutzes setzende Strategie der Pandemiebekämpfung aufs Korn nimmt. Und zum Abschluss dieses Blocks und die verschiedenen Einzelfragen souverän überwölbend, fragt *Ursula Wolf*, was Leben und Gesundheit als körperliche Zustände von einem guten oder gelingenden Leben unterscheidet und was – als »Glück« – zu einem solchen Leben dazugehört. Dafür informiert sie sich in der antiken Philosophie, vor allem bei Platon und Aristoteles, und ihre Überlegungen zum Inhalt und zur Funktion von Freiheit in der Antike schlagen zugleich den Bogen zum nachfolgenden Block, der nun gerade das Konzept von Freiheit zum Gegenstand hat. Zum Glück, das wussten schon Platon und Aristoteles, gehören körperliche Güter wie Leben und Gesundheit als äußere Voraussetzungen, aber auch die Möglichkeit des Sich-Entfaltens im Verhältnis zu anderen, und zwar sowohl in der je eigenen Lebenssphäre als auch im Raum des Politischen. Von Platon wiederum ließe sich lernen, dass Konflikte zwischen diesen verschiedenen Elementen nicht über einfache Formen des Abwägens entschieden oder einem klaren Ergebnis zugeführt werden können.

Die Frage nach dem Glück nimmt unmittelbar *Günter Frankenberg* auf, dessen Überlegungen zugleich den zweiten thematischen Block zum Konzept der Freiheit einleiten. Glück, das zeigt sich im Anschluss an die in dieser Hinsicht freilich zu emphatischen Vorstellungen von Hannah Arendt, realisiert sich nicht zuletzt in der Ausübung einer öffentlichen Freiheit, die die auf Eingriffsabwehr fokussierte private oder negative Freiheit um eine unmittelbar politische Dimension ergänzt. Sie sei freilich ohne Konflikte nicht zu haben und heute nicht zuletzt durch den protektiven Paternalismus eines mit absolutem Vorrang vor anderen Rechtsgütern ausgestatteten Lebens- und Gesundheitsschutzes gefährdet – auch dies in der Sache eine Antwort auf Habermas. Die private Freiheit wird demgegenüber zunehmend durch eine kollektive Angst erdrückt, die manche zur Flucht in Wahnvorstellungen, Gespensterglauben und Verschwörungstheorien treibt. Aber ganz generell lässt sich Freiheit – gerade auch im Sinne von Autonomie – nicht auf eine Konzeption negativer und individualistischer Freiheit reduzieren, wie *Ute Sacksofsky* in ihrem Beitrag sekundiert. Sie sei vielmehr wesentlich auch relational zu verstehen, und zwar nicht nur im Sinne eines ganz allgemeinen Sozialbezugs oder der bloßen Einbindung in Kollektive, sondern aus dem tieferen Geflecht von Beziehungen heraus, welche das Sein, Denken und Handeln jeder Person unhintergehbar prägen. Auch dies hatten, wie sich wiederum bei Wolf nachlesen lässt, Platon und Aristoteles klarer gesehen als manche liberale politische Philosophie unserer Tage. Sacksofskys Augenmerk liegt demgegenüber vor allem auf der Frage, was ein solches Denken in Relationen ganz praktisch für die Anwendung der Grundrechte nicht zuletzt in der Pandemiesituation bedeutet: jedenfalls nicht einen unbedingten Vorrang der Gemeinschaft, deren Belange vielmehr mit der individuellen Autonomie zu vermitteln sind. Auch legitimiert ein relationales Verständnis von Freiheit für sie nicht aus sich heraus Eingriffe in diese Freiheit, sondern allenfalls die Ausklammerung solcher Verhaltensweisen, die allein auf die Schädigung anderer ausgerichtet sind.

Woraus ergibt sich dann aber positiv eine Verantwortung gegenüber anderen und insbesondere für deren Leben? *Matthias Mahlmann* ruft dafür die harten Solidaritätspflichten in Erinnerung, die sich aus klassischer ethischer Reflexion ergeben und etwas von uns fordern, das auch weh tun kann. Und er zeigt in einem weiten Bogen, wo diese Verantwortung heute überall gefordert ist: nicht nur in der Pandemie, sondern auch im Angesicht des Klimawandels, der globalen Flüchtlingsströme und nicht zuletzt des Krieges in der Ukraine. Dafür gewinnen eben auch die kleinen Beiträge, die man leisten kann, um zentrale ethische Prinzipien dieser Art am Leben zu halten, bedeutend an Gewicht, und der Preis kann zuletzt auch in der Währung von Freiheit eingefordert werden. Eine liberale Gegenposition sowohl dazu als auch zu Sacksofsky mag man bei *Stephan Kirste* finden: Freiheit, so macht er geltend, ist mehr und anderes als Autonomie; sie schließe jedenfalls als rechtliche Freiheit grundsätzlich auch die Freiheit zu irrationalen, prinzipiell sogar zu unethischen Handlungen ein. Natürlich ist auch Kirste klar, dass beides das Risiko sozialer Schäden mit sich bringen und ein entsprechender Freiheitsgebrauch deshalb unterbunden werden kann. Aber er insistiert darauf, dass sich die Frage, was solche Schäden sind und inwieweit sie gegebenenfalls um der Freiheit willen in Kauf genommen werden müssen, nicht allein durch naturwissenschaftliches Expertenwissen beantworten lässt: Zum Gebrauch der Freiheit gehört das Risiko, sowohl für sich als auch für andere, unentrinnbar dazu. Jedenfalls über die Risiken für das eigene Leben und die Gesundheit dürfe deshalb jeder selbst entscheiden, wie Kirste gegen einen nicht zuletzt in der Pandemie stärker um sich greifenden Paternalismus geltend macht. Wirkt darin immer noch die liberale Erzählung von einer natürlichen, dem Staat vorausliegenden Freiheit des Individuums fort, wie sie bis heute auch die Grundrechtsinterpretation prägt? In seinem eher reflektierend und resümierend angelegten Text konfrontiert *Uwe Volkmann* diese einerseits mit dem klassischen Argument Hegels, dass wirkliche Freiheit überhaupt nur im Staat und in seinem Recht gewonnen werden kann, andererseits mit der mittlerweile zu einem Gemeinplatz gewordenen soziologischen Beobachtung, dass ihr Gebrauch heute ganz weitgehend von einer vom Staat zu gewährleistenden Infrastruktur abhängt. Von hier aus werde, wie zuletzt durch den Klimabeschluss des Bundesverfassungsgerichts für jedermann sichtbar geworden sei, auch Freiheit immer stärker zu einer bewirtschafteten oder kontingentierten Freiheit: aufgeteilt gleichsam in einzelne Freiheitspäckchen, die dann vom Staat zwischen den gesellschaftlichen Gruppen oder auch über die Zeit hinweg zugeteilt werden.

Die Spannungen, die sich so zwischen den einzelnen Beiträgen auftun, brechen auch gleich zu Beginn des dritten Blockes auf, der sich dem Verhältnis und der Zuordnung von Leben und Freiheit zuwendet. Eingeleitet wird er durch Beiträge von *Oliver Lepsius* und *Klaus Günther*, wie sie gegensätzlicher kaum sein könnten. Beide nähern sich diesem Verhältnis vom unangefochtenen Höchstwert der Verfassung her, der Menschenwürde, bestimmen es von hier aus aber ganz unterschiedlich. Für Lepsius ist die vielgeteilte Aussage, Leben sei eine Voraussetzung für Würde, falsch oder jedenfalls nicht hilfreich, weil bei einer solchen Betrachtung letztlich alles eine Bedingung von Würde sei: Ernährung und Erziehung, Bildung und Schule, zuletzt auch das Recht insgesamt. Würde ist für ihn deshalb auch kein Argument zur Aufwertung oder gar Verabsolutierung des Lebensschutzes gegenüber den anderen Freiheitsrechten des Grundgesetzes. Dem Leben komme – erneut gegen Habermas – kein abstrakt-genereller Vorrang gegenüber anderen Freiheitsrechten zu, sondern der Konflikt müsse situativ auf der Ebene des Einzelfalls bewältigt werden, so wie auch die Aussage, ohne das Leben seien die anderen Freiheitsrechte wertlos, eben nur individuell, für das einzelne und je konkret bedrohte Leben, nicht aber abstrakt-generell einen Sinn ergebe. Demgegenüber beharrt *Klaus Günther* auf einem intrinsischen Zusammenhang von Leben und Würde, den er in einem Konzept ethischer Freiheit als leibgebundener Subjektivität verortet. Die Würde bedient sich danach nicht nur des (sterblichen) Körpers zu ihrer Ver-Körperung wie ein Substrat, sondern im Körper wird die Würde so materialisiert, dass er die Form ihrer begrifflichen Verschränkung mitbestimmt. Das bedingt die Absage an ein überkommenes Verständnis von Leben und Würde, das diese nach dem Bild des Eigentums modelliert. Stattdessen sind hier das Leib-Sein und das Person-Sein unentrinnbar miteinander verschränkt, so wie auch der Mensch von seinem Leib nicht zu trennen ist. Gerade deshalb – und gegen Lepsius – bedürfe der Leib auch des besonderen Schutzes um der Ermöglichung von Würde willen.

In jeder dieser möglichen Zuordnungen bleibt aber die Frage ausgeblendet, wer über sie jeweils entscheidet und was das für den Inhalt dieser Zuordnung oder überhaupt eine angemessene Vorstellung von ihr bedeutet. Das Problem besteht hier, wie *Rainer Forst* einwirft, meist darin, dass man den Staat als eine von den Individuen getrennte Rechtfertigungs- und Handlungsinstanz denkt, die ihnen gleichsam von außen und in Beschränkungen ihrer Freiheit gegenübertritt. Im demokratischen Staat und in einer ihm korrespondierenden deontologischen Perspektive entspringen aber Freiheitsrechte und staatliche Autorität aus *einer* normativen Wurzel, und zwar der Selbstgesetzgebung im Sinne des Grundanspruchs moralischer, rechtlicher und politischer Autonomie. In diesem Zusammenfallen begrenzten die zur Pandemiebekämpfung ergriffenen Maßnahmen zwar unsere konkreten und individuellen Handlungsfreiheiten, seien aber darin nicht Einschränkung, sondern Ausdruck unserer Autonomie als verantwortliche Gesetzgeber und Rechtfertigungsadressaten zugleich. Auch Grundrechte seien insoweit Ausdruck des wechselseitigen Respekts unter gleichgestellten Rechtfertigungssubjekten und vermittelten insoweit keine Ansprüche auf irgendetwas jenseits des zwischen uns grundsätzlich reziprok Rechtfertigbaren, insbesondere nicht darauf, andere – selbst ohne eigenes Wissen – mit einem gefährlichen Virus anzustecken. Das geht infolge der Verschränkung der Ebenen noch einmal einen

Schritt weiter als der Beitrag Sacksofskys, die den Ausschluss solcher Verhaltensweisen wegen der schwierigen Abgrenzungsfragen nur auf ganz offensichtliche Fälle wie Mord und Brandschatzen begrenzen will. Nicht zuletzt wegen solcher Differenzen könnte es Gründe geben, das normative Verhältnis von individueller Freiheit und kollektivem Gesundheits- und Lebensschutz auch aus sich heraus näher zu bestimmen. Dies unternimmt *Lutz Wingert*, der dafür gleich zu Beginn an plastischen Beispielen demonstriert, dass der Gebrauch individueller Freiheitsrechte in einer liberalen Gesellschaft notwendig eine Ursache dafür ist, dass mehr Menschen als vermeidbar sterben und dass es mehr Kranke als vermeidbar gibt. In der Realität findet also die Vorstellung eines generellen Vorrangs des Lebens- und des Gesundheitsschutzes vor dem individuellen Freiheitsgebrauch keine Stütze. Für Wingert ist sie aber auch normativ nicht zu rechtfertigen, und zwar gerade wegen einer von ihm angenommenen Einheit von Freiheit und Gesundheit, die hier ganz anders gewendet wird als bei Habermas oder Günther: Sinn gewinnt unser Leben erst in den vielfältigen, individuell zu bestimmenden Betätigungen von Freiheit, und wo diese nicht möglich sind, werden wir krank und verkümmern. Das schließe die Heranziehung zu individuellen oder kollektiven Beiträgen der Risikominimierung nicht aus, die aber ebenfalls den prinzipiellen Konflikt von Gesundheit und Freiheit nicht auflösten, sondern nur etwas entschärfen könnten.

Stellt sich die Debattenlage damit als argumentativ ziemlich offen dar, könnte es sich lohnen, in die Beobachterperspektive überzuwechseln und zu fragen, was es für die Politik und das Recht einer Gesellschaft bedeutet, wenn sie mit moralischen Imperativen verschiedenster Art konfrontiert werden. Hier setzt der Beitrag von *Tilman Reitz* an, der deshalb diesen Band beschließt. Die moralischen Dilemmata, so legt er dar, haben die Regierungen in aller Welt nicht nur herausgefordert, sondern in der vereinfachten Grundkonstellation als Wahl zwischen Freiheit und Leben tendenziell auch überfordert. Doch auch sonst hat der Bedeutungsgewinn der Moral seine dunklen Seiten, indem er etwa ökonomische Interessen und Machtverhältnisse ausblendet und unsichtbar macht, was dann aber diese Machtverhältnisse stabilisiert. Und auch als jemand, der wie der Autor die zur Pandemiebekämpfung ergriffenen Maßnahmen jedenfalls grundsätzlich für richtig hält, kann man sich an dem hohen moralischen Ton stören, mit dem ihre Befürworter sie verteidigen und so möglichen Widerspruch gleich im Ansatz diskreditieren. Sollte man deshalb die vorhergehenden Beiträge des Bandes einer erneuten und kritischen Lektüre unterziehen?

So beginnt dieser Band nicht nur mit Fragen, sondern endet auch mit solchen. Wie immer könnte schon viel gewonnen sein, wenn es wenigstens nicht dieselben sind.

Wir danken Dr. Paul Lorenz, Erik von Dömming, Clara Liebmann, Lars Mehler und Antonia Egner für ihre tatkräftige Mithilfe bei der redaktionellen Betreuung des Bandes. Dieser und die Onlinetagung, aus welcher er hervorgegangen ist, fügen sich in den inspirierenden Kontext des Forschungszentrums Normative Ordnungen an der Goethe-Universität Frankfurt am Main ein und sind Teil der Forschungsaktivitäten am Frankfurter Standort des Forschungsinstituts Gesellschaftlicher Zusammenhalt.

Frankfurt am Main, im Mai 2022

Jürgen Habermas

Grundrechtsschutz in der pandemischen Ausnahmesituation. Zum Problem der gesetzlichen Verordnung staatsbürgerlicher Solidarleistungen.*

Ich möchte zur Klärung einer rechtsphilosophischen Frage beitragen, die sich demokratisch verfassten Nationalstaaten bei der Bekämpfung einer Pandemie als den in erster Linie handlungsfähigen Akteuren aufdrängt: Welche Pflichten erlegen die Grundsätze einer liberalen Verfassung der Regierung in einer solchen Situation auf, und welche Handlungsspielräume haben sie dabei? Ich beginne mit einem groben internationalen Überblick über das Spektrum der Politiken, die die Staaten bei der Pandemiebekämpfung verfolgt haben, bevor ich mich auf die deutsche Diskussion beschränke (1). Hier hat die Kontroverse zwischen den Verteidigern strikter Vorbeugungsmaßnahmen und den Fürsprechern eines libertären Öffnungskurses die öffentliche Diskussion über den richtigen Kurs der Pandemiebekämpfung beherrscht. Einen interessanten blinden Fleck bildet dabei die unausgetragene rechtsphilosophische Frage, ob der demokratische Rechtsstaat Politiken verfolgen darf, mit denen er vermeidbare Infektions- und Todeszahlen in Kauf nimmt (2). Auch wenn die Coronarechtsprechung mehr oder weniger im Sinne des strengeren Regierungskurses geurteilt und stillschweigend einen *prima facie* bestehenden Vorrang des staatlichen Gesundheitsschutzes in der Pandemie vorberücksichtigt hat, fehlen dafür einstweilen Grundsatzurteile des Bundesverfassungsgerichts mit einer entsprechenden prinzipiellen Rechtfertigung dieses Tenors.[1]

* Ich ergänze die hier wiedergegebene ursprüngliche Fassung des Aufsatzes, dessen gekürzter Vorabdruck bereits im September 2021 unter dem Titel »Corona und der Schutz des Lebens. Zur Grundrechtsdebatte in der pandemischen Ausnahmesituation« in *Blätter für deutsche und internationale Politik* 9/2021, S. 65-78, erschienen ist, nur um die Fußnoten 1, 3 und 5, die jeweils auf eine inzwischen überholte oder veränderte Situation Bezug nehmen.

1 Dieses lange erwartete Urteil des Bundesverfassungsgerichts vom 19. November 2021 hat alle Verfassungsbeschwerden gegen einzelne Regelungen in der soge-

Diese Lücke lenkt die Aufmerksamkeit auf die besonderen Aspekte einer Ausnahmesituation wie der Bekämpfung einer Pandemie. Bei der politischen Verfolgung dieses Ziels ist der Staat auf eine ungewöhnliche Kooperation der Bevölkerung angewiesen, die von allen Bürgern starke Einschränkungen, sogar von verschiedenen, ungleich belasteten Gruppen solidarische Leistungen verlangt. Und zwar muss er diese Solidarleistungen schon aus funktionalen Gründen rechtlich erzwingen dürfen (3). Diese Aporie zwischen Rechtszwang und Solidarität ergibt sich daraus, dass während der Pandemie eine in der Verfassung selbst zwischen den beiden tragenden Prinzipien angelegte Spannung aufbricht – zwischen der demokratischen Selbstermächtigung der Staatsbürger zur politischen Verfolgung kollektiver Ziele einerseits und der Gewährleistung subjektiver Freiheiten andererseits. Volkssouveränität und Rechtsstaat ergänzen sich, solange es im Normalzustand um die innere Reproduktion der Gesellschaft geht; sie geraten aber außer Balance, sobald die außerordentliche kollektive Anstrengung der Abwehr einer »von außen« das Leben der Bürger bedrohenden Naturgefahr von den Bürgern Solidarleistungen erfordert, die über das üblicherweise bescheidene Maß an Gemeinwohlorientierung hinausgehen (4). Wenn wir uns die Stufen der vernunftrechtlichen Entfaltung des demokratischen Rechtsstaates in der hier gebotenen Vereinfachung vergegenwärtigen, können wir die asymmetrische Beanspruchung der Bürgersolidarität auf Kosten gleichmäßig gewährleisteter subjektiver Freiheiten als einen zeitlich begrenzten Rückfall charakte-

nannten Bundesnotbremse (dem »Vierten Gesetz zum Schutz der Bevölkerung bei einer epidemischen Lage von nationaler Tragweite«) zurückgewiesen. Nach sorgfältiger Abwägung der jeweils betroffenen Grundrechte besteht es in jedem Fall auf dem schematisch wiederholten Vorrang des staatlichen Lebens- und Gesundheitsschutzes. Damit entspricht das Gericht in Tenor und Ergebnis des Urteils der in diesem Aufsatz vertretenen Position. Allerdings geht es dem hier entwickelten Problem gesetzlich verordneter Solidarleistungen ebenso aus dem Weg wie einer für solche Ausnahmesituationen spezifizierten Begründung eines *prima-facie*-Vorrangs der staatlichen Vorsorge für den kollektiven Lebensschutz vor den jeweils konkurrierenden Grundrechten. Denn dafür dürften die vereinzelten und im Rahmen der angebotenen Fallbeschreibungen eher tautologischen Hinweise auf »überragend wichtige Gemeinwohlbelange« kaum genügen. Stattdessen konzentriert sich die Urteilsbegründung auf die Bestimmung des Handlungsspielraums, der dem Parlament im Rahmen der staatlichen Gewaltenteilung während einer Pandemie zusteht.

risieren, der aber durch die Herausforderungen einer Ausnahmesituation und den dadurch begründeten zeitlich begrenzten Vorrang des Lebensschutzes gerechtfertigt ist (5). Abschließend erwähne ich einen im Gespräch mit Klaus Günther entwickelten Vorschlag, wie diese außerordentliche Autorisierung auch ohne weitere Notstandsregelungen rechtsdogmatisch mit dem Wortlaut des Grundgesetzes in Einklang zu bringen ist (6).

(1) Die durch das Coronavirus ausgelöste Pandemie ist, wie der Name besagt, ein Naturgeschehen, das sich global ausgebreitet hat, also Leben und Gesundheit von Angehörigen der Spezies Homo sapiens überall auf dem Erdball bedroht. Trotz der koordinierenden Tätigkeit internationaler Organisationen (wie insbesondere der Weltgesundheitsorganisation) haben sich die Nationalstaaten als die eigentlich handlungsfähigen Akteure bewährt. Nur in einer Hinsicht macht die Europäische Union eine bemerkenswerte Ausnahme: Die EU-Kommission hat für die Mitgliedstaaten die Beschaffung und Verteilung des knappen Impfstoffes übernommen und damit wenigstens innerhalb der Grenzen ihres wirtschaftlich insgesamt privilegierten Gebietes das Gefälle verhindert, das sonst bei der Versorgung mit lebensrettenden Medikamenten zwischen wirtschaftlich stärkeren und weniger starken Staaten eingetreten wäre. Im Allgemeinen haben jedoch die einzelnen Nationalstaaten selbständig über Krisenmaßnahmen entschieden. Indem sie sich auch gegenseitig beobachteten, haben sie gegen das Virus als den gemeinsamen Gegner jeweils eigene Strategien gewählt. Unter biologischen Gesichtspunkten lässt sich die Bekämpfung der Pandemie als eine (freilich mit ungleichen Waffen geführte) Kriegführung von Spezies gegen Spezies verstehen. In diesem »Krieg« werden dem Gegner allerdings keine Rechte zugeschrieben; daher ist der Vergleich mit der militärischen Auseinandersetzung zwischen Nationen nur von begrenztem Wert. Die beteiligten »Parteien« bewegen sich nicht in einem geteilten sozialen Raum, beispielsweise dem des Völkerrechts; aber für die politischen Akteure besteht wie im Krieg das strategische Ziel in der möglichst schnellen Bezwingung des Gegners bei möglichst geringen eigenen Verlusten.

Bis zum Zeitpunkt der – letztlich durch Impfung zu erreichenden – »Herdenimmunität« erstrecken sich die strategischen Optionen in diesem Kampf über einen breiten Spielraum. Wenn wir von der Selbstbindung demokratischer Rechtsstaaten absehen, reicht das Spektrum dieser Handlungsalternativen von der Nichtintervention in das natürliche Infektionsgeschehen und der Inkaufnahme hoher Übersterblichkeitsraten auf der einen Seite bis zu strikten Auflagen des nach wissenschaftlicher Einschätzung möglichst effektiven Gesundheitsschutzes der Bevölkerung mit dem Ziel einer möglichst niedrigen Rate der epidemisch verursachten »Übersterblichkeit« auf der anderen Seite. Der Spielraum dieser Optionen ist auch vom Entwicklungsstand eines Landes abhängig; denn Politiken eines mehr oder weniger umfassenden staatlichen Gesundheitsschutzes sind abhängig vom Fortschritt der medizinischen Wissenschaft und dem Aufbau eines hochkomplexen und leistungsfähigen Gesundheitssystems. Denn erst mit diesen Kapazitäten kommen die staatlich mobilisierbaren Vorsorge- und Behandlungsmöglichkeiten politisch zu Bewusstsein. Erst in dem Maße, wie sich der gesundheitspolitische Spielraum erweitert hat, hat das früher als natürlich geltende Risiko, zu erkranken oder sich anzustecken und an einer Krankheit zu sterben, in vielen Fällen – und so auch in der gegenwärtigen Pandemie – seine schicksalhafte Unabwendbarkeit verloren. Erst unter diesen Umständen wird die Politik der Nichtintervention, die dem Naturschicksal der ungehinderten Verbreitung des Virus seinen Lauf lässt, zu einer unter mehreren Optionen. Unter dieser Voraussetzung werden jedenfalls heute die verschiedenen nationalen Gesundheitspolitiken miteinander verglichen. Ich kann mich nur auf Zeitungsberichte stützen, wonach sich die brasilianische Regierung die traurige Reputation erworben hat, einen relativ hohen, statistisch erwartbaren Anstieg einer Übersterblichkeitsrate in Kauf zu nehmen, die bei alternativen Politiken hätte vermieden werden können. Demgegenüber steht die koreanische Regierung in dem Ruf, in einer disziplinierten Bevölkerung mit rechtzeitig verordneten strikten Auflagen und dem klugen Einsatz von Informationstechniken den Anstieg der Übersterblichkeitsrate in relativ engen Grenzen gehalten zu haben.[2]

Im internationalen Vergleich zeichnet sich die Coronapolitik

2 Internationale Vergleiche der Pandemiepolitiken sind nur zwischen Staaten ähnlicher politischer Verfassung sinnvoll. Dabei können politisch-kulturelle Unterschiede einen Teil der Varianz erklären. Beispielsweise drängt sich die Vermutung auf, dass zwischen der anfänglich libertären Gesundheitspolitik in Großbritannien und der dort stärker ausgeprägten Tradition des Utilitarismus ein Zusammenhang bestehen könnte.

der deutschen Regierung(en) durch einen relativ strengen, wenn auch nicht konsequent durchgesetzten Kurs aus. Die von Angela Merkel verfolgte Politik der Bundesregierung hat sich auf den mehr oder weniger einhelligen Rat der wissenschaftlichen Experten sowie auf die Medienpräsenz einzelner hartnäckiger Politiker (wie Karl Lauterbach) und auf die Unterstützung einzelner einflussreicher Ministerpräsidenten (wie Markus Söder) stützen können. Mit wenigen Schwankungen ist dieser Regierungskurs von einer klaren Bevölkerungsmehrheit unterstützt worden. Allerdings hat sich die Bundeskanzlerin bei der Verfolgung dieser Linie aufgrund ihres pragmatisch-abwartenden Regierungsstils vom vielstimmigen Einspruch der Ministerpräsidentinnen und Ministerpräsidenten ohne zwingenden Grund zwei Mal bremsen lassen – bis sie schließlich angesichts der drastischen Folgen ihrer Führungs- und Gestaltungsschwäche »die Notbremse« gezogen hat. Wenn ich die öffentlich zugänglichen Informationen und Einschätzungen richtig verstehe, hätte eine strenger durchgehaltene Vorbeugung gegen den Ausbruch der zweiten und der dritten »Welle« der Coronainfektionen sowohl weniger Tote als auch weniger lange anhaltende Kontaktbeschränkungen und damit geringere ökonomische Einbußen erfordert. Ob Regierung und Bevölkerung daraus für die Vermeidung einer vierten Welle gelernt haben, steht dahin.[3]

(2) Wie in anderen Ländern war die öffentliche Diskussion auch in der Bundesrepublik von den einschlägigen Themen beherrscht – von der jeweils drohenden Überlastung des Gesundheitssystems, von den vorbeugenden Hygiene- und Schutzmaßnahmen, dem Nachschub an Hilfsmitteln wie Masken, Tests, vor allem von der Entwicklung, Zulassung, Verteilung, kurzum der Verfügbarkeit der Impfstoffe. Nach meiner Beobachtung hat sich diese Diskussion um die rechtzeitigen und angemessenen Maßnahmen, um die Fehler, Alternativen und Unterlassungen der Politik und der Behörden im Rahmen des Üblichen bewegt. Eine genuin politische Dimension hat die Debatte erst durch den *Streit über die rechtliche Zulässigkeit* von Strategien und Maßnahmen im Kampf gegen die Pandemie erhalten. Dabei sind allerdings die kontroversen Hintergrundannahmen, von denen sich die Verteidiger und die Gegner von mehr oder weniger strikten Auflagen haben leiten lassen, nicht

3 In Kenntnis des inzwischen eingetretenen Verlaufs liegt die negative Antwort auf der Hand.

deutlich deklariert worden. In diesem Zusammenhang kann ich auf das neue und für die nächste Zukunft ernstlich beunruhigende Phänomen nicht eingehen – ich meine die politisch aggressive und verschwörungstheoretisch begründete Verleugnung der pandemiebedingten Infektions- und Sterberisiken. Wegen ihres rechtsradikalen Kerns sind die scheinliberal begründeten Proteste der Coronaleugner gegen die vermeintlich konspirativen Maßnahmen einer angeblich autoritären Regierung nicht nur ein Symptom für verdrängte Ängste, sondern Anzeichen für das wachsende Potential eines ganz neuen, *in libertären Formen auftretenden Extremismus der Mitte*, der uns noch länger beschäftigen wird.[4] In unserem Zusammenhang interessiert mich ein anderer Aspekt, unter dem sich *politische Lager* im Streit über die richtigen Maßnahmen der Pandemiebekämpfung ausgebildet haben, nämlich die Frage, ob der demokratische Rechtsstaat Politiken verfolgen darf, mit denen er vermeidbare Infektionszahlen und damit vermeidbare Todesfälle in Kauf nimmt.[5]

In den Diskussionen über die geeigneten Strategien der staatlichen Gesundheitspolitik war von Anbeginn die Kritik der Wirtschaftsverbände und der FDP an der Erforderlichkeit und Eignung der restriktiven Vorbeugungsmaßnahmen bestimmend für die Profilierung gegensätzlicher politischer Lager. Natürlich sind im Streit über die Wahl zwischen lascheren oder strengeren Präventivmaßnahmen auch andere Interessen zur Sprache gekommen – das breite Spektrum von Belastungen der besonders betroffenen Bevölkerungsgruppen von körperlich und psychisch gefährdeten Kindern, Alten und Vorerkrankten, von Schülern und Eltern, von

4 Vgl. den jüngsten Bericht des nordrhein-westfälischen Verfassungsschutzes; dazu Reiner Burger, »Extremismus, der in der Mitte Anschluss findet«, in: *FAZ*, 23. 06. 2021, S. 2, ⟨https://www.faz.net/aktuell/politik/inland/nrw-erster-sonderbericht-zu-verschwoerungsmythen-und-corona-leugnern-17401844.html⟩, letzter Zugriff 29. 05. 2022.

5 Zum Zeitpunkt der Abfassung des Textes waren die Omikron-Variante des Covid-19-Virus und deren im Allgemeinen milderer Krankheitsverlauf unbekannt; daher konnte man seinerzeit stillschweigend von einem engeren statistischen Zusammenhang zwischen der Anzahl der Ansteckungen und einem tödlichen Risiko der Erkrankung ausgehen. Beispielsweise konnte die Anfang Februar 2022 von der dänischen Regierung gewählte politische Alternative, nämlich in der ungewissen Erwartung eines alsbald eintretenden endemischen Zustandes der »natürlichen« Verseuchung der Bevölkerung freien Lauf zu lassen, noch kein Thema sein.

Berufen, die einem besonderen Risiko ausgesetzt sind usw. Die vielstimmigen Einwände und Alternativvorschläge hätten klare normative Maßstäbe verlangt, anhand deren ihr Gewicht hätte beurteilt werden können. Tatsächlich ist aber die öffentliche Diskussion zum verfassungsrechtlichen Kern dieser durchaus verständlichen Kontroversen nicht wirklich vorgedrungen. Während sich die Verteidiger eines strengen Regierungskurses auf die Pflicht des Staates zum Gesundheitsschutz der Bevölkerung und den Rat der medizinischen Experten beriefen, haben die Fürsprecher der Lockerungslobby mit Berufung auf den öffentlichen Rat juristischer Experten die grundrechtlich geschützten subjektiven Freiheiten der Bürger gegen unnötige oder unverhältnismäßige Eingriffe des Staates eingeklagt. Mich interessiert die Frage, ob die Prämisse dieser lautstarken Polemik stimmt; denn in der öffentlichen Diskussion stützte sich die Kritik auf die Annahme, dass es sich auch unter Bedingungen der Pandemie um eine *ganz normale Abwägung* des Rechts auf Leben und körperliche Unversehrtheit gegen jene konkurrierenden Grundrechte handelt, in die ja die Maßnahmen des staatlichen Gesundheitsschutzes tatsächlich tief eingreifen.

Interessanterweise sind in den ermüdenden Talkshows über immer wieder die gleichen Coronathemen zwei grundsätzliche Fragen, die den politischen Streit erst ins rechte Licht gerückt hätten, nicht ausdrücklich zur Sprache gekommen – weder die Frage nach der eindeutigen Zielbestimmung der staatlichen Gesundheitspolitik noch die Frage nach den moralischen Grenzen des staatlichen Handlungsspielraums in der Pandemie oder überhaupt die Frage nach den rechtlich relevanten Aspekten der Ausnahmesituation einer solchen Gesundheitskatastrophe. Das Bundesverfassungsgericht sieht zwar das Ziel der staatlichen Pandemiebekämpfung beiläufig darin, die Zahl der mit Corona Infizierten und, davon abhängig, die Zahl der an Corona Gestorbenen so gering wie möglich zu halten. Aber in der politischen Öffentlichkeit ist dieses Ziel bestenfalls im Zusammenhang mit der konkreten Aufgabe erwähnt worden, die Behandlungskapazitäten der Krankenhäuser nicht zu überlasten. Die Belastbarkeit des Gesundheitssystems ist stillschweigend als die »rote Linie« akzeptiert worden, die nicht überschritten werden darf und die auf diese Weise zur Rechtfertigung hygienischer Einschränkungen dient. Demgegenüber ist die Frage, ob sich diese Zielbestimmung zur Operationalisierung der eigentlichen Aufgabe, nämlich *die Infektionszahlen zu minimieren*, eignet, nicht thematisiert worden. Das Ziel, die Rate der auf Corona zurückzuführenden »Übersterblichkeit« der Bevölkerung so niedrig wie möglich zu halten, deckt sich ja keineswegs mit dem Ziel, zu verhindern, dass die Zahl der schwer erkrankten und behandlungsbedürftigen Coronapatienten die Grenze der vorhandenen Betten und Beatmungsgeräte überschreitet. Die stillschweigend vorgenommene Substitution bedeutet eine Verschiebung der Zielbestimmung, mit der eine weitere, und zwar die zentrale Frage aus der politischen Öffentlichkeit verdrängt worden ist: ob denn ein demokratischer Verfassungsstaat bei der Verfolgung des Ziels der Pandemiebekämpfung überhaupt das Recht hat, Politiken zu wählen, mit denen er die vermeidbare Steigerung von Infektionszahlen und damit der wahrscheinlichen Anzahl von Sterbefällen stillschweigend in Kauf nimmt. Es bedarf keiner großen Phantasie, um sich vorzustellen, wie öffentliche Diskussionen verlaufen wären, wenn diese Frage in den zahllosen Fernsehdebatten verhandelt und in der Presse nicht nur vereinzelt aufgenommen worden wäre.[6]

Von juristischer Seite ist die Herabstufung des Ziels der staatlichen Gesundheitspolitik von der Minimierung der Infektionszahlen auf die Sicherung von Behandlungskapazitäten begrüßt worden, um der Abwägungspraxis der Gerichte den üblichen, nicht präjudizierten Spielraum zu sichern.[7] Wenn sich nämlich die *Erforderlichkeit* einer staatlichen Präventivmaßnahme auf das weiter gehende Ziel bezieht, die Infektionszahlen zu minimieren, sind nicht nur erheblich strengere Verhaltensvorschriften und Auflagen gerechtfertigt, als wenn die Erforderlichkeit lediglich am Ziel der ausreichenden Funktionsfähigkeit des Gesundheitssystems bemessen würde. Vielmehr hätte sich bei dieser weiter gehenden Zielbestimmung jene Frage aufgedrängt, die tatsächlich im Hintergrund geblieben ist: Ob die Verfassung eines demokratischen Rechtsstaats die Regierung im Hinblick auf das Minimierungsziel dazu

6 Zu den Ausnahmen gehört Thomas Assheuer, »Menschenopfer für den Kapitalismus«, in: *Die Zeit*, 21.04.2020, ⟨https://www.zeit.de/zustimmung?url=https%3A%2F%2Fwww.zeit.de%2Fkultur%2F2020-04%2Fcorona-pandemie-kapitalismus-oekonomie-menschenleben⟩, letzter Zugriff 29.05.2022.

7 Dietrich Murswiek, »Die Corona-Waage – Kriterien für die Prüfung der Verhältnismäßigkeit von Corona-Maßnahmen«, in: *Neue Zeitschrift für Verwaltungsrecht-Extra* 40/5 (2021), S. 1-15, hier S. 3 ff.

verpflichtet, die Zahl der an Corona Erkrankten und Verstorbenen so niedrig wie möglich zu halten, oder ob sie der Regierung im Hinblick auf das weniger anspruchsvolle Ziel, für alle Infizierten ausreichende Behandlungsmöglichkeiten bereitzustellen, *mit der Inkaufnahme einer vorhersehbaren Zahl grundsätzlich vermeidbarer Todesfälle* auch einen gewissen Spielraum für die Berücksichtigung *anderer* Rechtsansprüche einräumt. Eine entsprechende Alternative stellt sich für die *gerichtliche Kontrolle* staatlich verordneter Einschränkungen: »Die Verhältnismäßigkeit Freiheiten einschränkender Maßnahmen lässt sich nur in Bezug auf das jeweils mit ihm verfolgte Gemeinwohlziel beurteilen. Die Überlastung des Gesundheitssystems (also vor allem die Überlastung der Intensivstationen mit der Folge von Triage-Situationen) zu vermeiden ist ein anderes Ziel als die Minimierung der Zahl der ›Corona-Toten‹.«[8] Sobald nämlich das Gericht *die Erforderlichkeit* einer Maßnahme mit Bezug auf das Minimierungsziel prüft, könnte es den Vorrang dieser Maßnahme nur gegen *andernorts und anderweitig lebensgefährdende Nebenwirkungen* »aufrechnen«, aber *nicht* gegenüber Ansprüchen aus *konkurrierenden* Grundrechten abwägen. Vielmehr würde sich die Abwägungspraxis im Wesentlichen auf die Einschätzung *der Geeignetheit* der kontroversen Maßnahme für das von vornherein als erforderlich anerkannte Ziel beschränken müssen. Diese strengere Zielbestimmung würde für die Coronarechtsprechung auf einen *prima facie Vorrang des Rechts auf Leben und Gesundheit* vor allen übrigen Grundrechten hinauslaufen – auf einen Vorrang, den die normale Abwägungspraxis der Gerichte nicht kennt. Daher plädiert Dietrich Murswiek dafür, die gerichtliche Prüfung von Maßnahmen zur Pandemiebekämpfung unter dem Gesichtspunkt der »Verhältnismäßigkeit im engeren Sinne« vorzunehmen. Darunter versteht er, dass während der Pandemie auch das Recht auf Leben und Gesundheit gegen konkurrierende Ansprüche nur bei Gefahr der Überschreitung der roten Linie der Auslastung vorhandener Behandlungskapazitäten Vorrang beanspruchen darf.

Die Unklarheit in der Zielbestimmung der staatlichen Gesundheitspolitik berührt implizit die weiter gehende Frage nach dem Status wissenschaftlicher Expertisen, die in der politischen Öffentlichkeit auch nicht hinreichend diskutiert worden sind. Medizi-

8 Ebd., S. 3.

nische Experten vergleichen die Erforderlichkeit und die Erfolgswahrscheinlichkeiten verschiedener Maßnahmen und warnen, in ihrer Rolle als politische Berater, die Politik vor den vorhersehbaren Konsequenzen der Unterlassung oder Abschwächung der epidemiologisch empfohlenen Maßnahmen. Natürlich hat auch in dieser Situation die beratende Wissenschaft keinen direkten Durchgriff auf politische Entscheidungen; Politik und Verwaltung, die bei der Umsetzung vorbeugender Maßnahmen eine Vielfalt praktischer Gesichtspunkte berücksichtigen müssen, behalten einen Spielraum für eine eigene Beurteilung des Rats von Experten (wobei diese sich freilich nicht auf die naturwissenschaftlichen Gründe selbst erstrecken darf). Andererseits hat die Politik auch nicht einfach freie Hand. Es ist vielmehr eine verfassungsrechtliche, in ihrem Kern politisch-moralische und rechtsphilosophische Frage, ob die Regierung eines Verfassungsstaates *überhaupt* das Recht hat, Politiken zu verfolgen, mit der sie – ganz unabhängig vom Auslastungsgrad des Gesundheitssystems – eine wissenschaftlich vorhersehbare, also nach menschlichem Ermessen vermeidbare Steigerung der Infektions- beziehungsweise Sterbezahlen *in Kauf nähme*. Eine Gruppe maßgebender Verfassungsrechtler bejaht diese Frage, weil diese mit der soeben behandelten Frage nach dem *prima-facie*-Vorrang des staatlichen Gesundheitsschutzes zusammenhängt: »Selbstverständlich ist das Recht auf Leben kein ›Supergrundrecht‹ […], er [der Staat, J. H.] darf sogar bewusst in Kauf nehmen, dass Menschen aufgrund staatlicher Entscheidung von fremder Hand sterben.« In unserem Fall wären also die tödlichen Viren »die fremde Hand«. Auf die Stichhaltigkeit der dafür angeführten Beispiele komme ich noch zurück. In unserem Zusammenhang geht es den Autoren um die ausnahmslose Gleichrangigkeit aller Grundrechte: »Gesundheit und Leben reihen sich […] in die Reihe von Gewährleistungen [von Rechtsgütern, J. H.] ein, die das Grundgesetz so gut als möglich zu schützen bemüht ist, in einem ständigen, diskutablen und revidierbaren Prozess der Zuordnung, Abgrenzung, Hervorhebung und Zurücksetzung.«[9] Dieser Grundsatz kann jedoch in der Pandemie nur Geltung behalten, wenn der demokratische Rechtsstaat

9 Hans Michael Heinig u. a., »Why Constitution Matters – Verfassungsrechtswissenschaft in Zeiten der Corona-Krise«, in: *JuristenZeitung* 75/18 (2020), S. 861-872, hier S. 864.

eine vermeidbare »Übersterblichkeit« in Kauf nimmt. Wie lässt sich diese Schwierigkeit auflösen?

(3) Die Parteigänger einer libertären Öffnungspolitik stützen sich in der öffentlichen Diskussion auf die akademischen Stimmen, die einen während der Pandemie *grundsätzlich* zu beachtenden Vorrang des staatlichen Gesundheitsschutzes bestreiten. Andererseits spiegelt sich diese Lehrmeinung in der bisher zu beobachtenden Rechtsprechung keineswegs. Soweit die im Internet zugänglichen Daten Schlüsse zulassen, haben die Gerichte inzwischen performativ eine klare Antwort gegeben. Auch wenn es anfänglich ein gewisses Hin und Her gegeben hat, haben in der Bundesrepublik die Gerichte, wenn ich recht sehe, ganz überwiegend Klagen gegen die gesundheitspolitischen Eingriffe in die Grundrechte der Bürger abgewiesen. Aus den einschlägigen Urteilen lässt sich herauslesen, dass in der Pandemie geeignete Maßnahmen des staatlichen Gesundheitsschutzes vor konkurrierenden Grundrechten Vorrang genießen,[10] auch wenn in der Theorie bestritten wird, dass die Aufgabe der Pandemiebekämpfung einen solchen *prima-facie*-Vorrang rechtfertigt. Nach Angaben des Richterbundes sind schon zu Beginn der Pandemie im Frühjahr 2020 über 600 einschlägige Gerichtsentscheidungen ergangen, die in etwa neun von zehn Fällen die staatlichen Auflagen bestätigt haben. Diese Tendenz hat sich im Laufe des Jahres 2020, währenddessen mehr als 10 000 Coronafälle verhandelt worden sind, verstärkt, wie unter anderem am Beispiel von maßgebenden Entscheidungen des nordrhein-westfälischen Oberverwaltungsgerichts zu belegen ist. Das Bundesverfassungsgericht hat bis zur sogenannten Notbremse und darüber hinaus alle Klagen und Eilanträge gegen gesetzliche Coronavorschriften abgewiesen. Im Lichte dieser Tendenz wird die bundesweit negative Publizität jener anderslautenden Entscheidung erst verständlich, mit der das sächsische Oberverwaltungsgericht auf spektakuläre Weise einen Beschluss des Oberverwaltungsgerichts Leipzig aufgehoben hat, wonach eine von Coronaleugnern für den 7. November 2020 beantragte Demonstration von voraussichtlich 20 000 Teilnehmern aus der verkehrsreichen Leipziger Innenstadt auf einen peripherer gelegenen Parkplatz verlegt werden sollte. Die Demonstration ist dann unter den Augen der abwartenden Polizei aus dem Ruder gelaufen.

10 Die folgenden exemplarischen Angaben sind das Ergebnis einer groben Internetrecherche.

Natürlich gibt es gegen das Vorgehen der Regierung rechtspolitische Einwände von Gewicht; so ist beispielsweise die Kritik an der (in solchen Notlagen allerdings nicht ungewöhnlichen) Marginalisierung des Gesetzgebers vonseiten einer Exekutive, die schnell handeln musste, teilweise berechtigt. Der Bundestag hat sich das Heft stärker, als es nötig gewesen wäre, aus der Hand nehmen lassen. Und sicher waren auch manche Maßnahmen trotz der Erforderlichkeit ihres Ziels ungeeignet. Aber das ungelöste Problem, wie der stillschweigend praktizierte Vorrang des staatlichen Gesundheitsschutzes zu rechtfertigen ist, verweist auf die besondere Situation, dass in der Bundesrepublik seinerzeit das Notstandsrecht auf den Kriegsfall und die militärischen Erfordernisse begrenzt worden ist, so dass eine Pandemie von diesen Regelungen nicht erfasst wird. Für diese Fälle ist vielmehr das inzwischen novellierte und ergänzte Infektionsschutzgesetz zuständig. Ein einfaches Gesetz kann dem Staat keine Notstandsbefugnisse einräumen. Dieser muss in Deutschland angesichts einer Pandemie die außerordentlichen Herausforderungen ohne pauschale Notstandsautorisierungen bewältigen.[11] Gleichzeitig ist aber die Regierung zur Eindämmung der Ansteckungsgefahr auf die Kooperation der ganzen Bevölkerung angewiesen. Und dabei greifen die erforderlichen Beistandsleistungen nicht nur flächendeckend und tief in viele verschiedene Grundrechte ein. Diese Eingriffe belasten vielmehr, indem sie über die generellen, alle Bürger gleichermaßen betreffenden Auflagen hinausgehen, verschiedene Gruppen auf jeweils spezifische Weise. Anhand der politischen Forderungen, der gerichtlichen Klagen und der staatlich gewährten Kompensationen sind diese unterschied-

11 Neben einzelnen Verwaltungsgerichtsurteilen, die Coronaverordnungen aufgehoben haben, ist es wohl vor allem die fehlende Regelung solcher Ausnahmesituationen, die den baden-württembergischen Ministerpräsidenten Winfried Kretschmann zu einem unglücklichen Vorstoß für die Einsetzung einer Enquete Kommission des Bundestages veranlasst haben, die über situationsabhängige Ermöglichung »allgemeiner Grundrechtseinschränkungen« beraten solle. Sein Motiv ist ebenso berechtigt, wie der Vorschlag selbst juristisch in die Irre führt: »Wenn wir frühzeitig Maßnahmen gegen die Pandemie ergreifen, die sehr hart und zu diesem Zeitpunkt womöglich unverhältnismäßig gegenüber den Bürgern sind, dann können wir eine Pandemie schnell in die Knie zwingen.« *FAZ*, 26.06.2021, S. 4, siehe auch ⟨https://www.faz.net/aktuell/politik/inland/winfried-kretschmann-entfacht-debatte-ueber-grundrechte-17407590.html⟩, letzter Zugriff 17.06.2022.

lichen, aber funktional notwendigen Belastungen leicht zu identifizieren. Für die rechtliche Beurteilung der Ausnahmesituation ist das ein wichtiger Gesichtspunkt.

Die Belastungen können in der Bevölkerung nicht gleichmäßig verteilt werden, widersprechen also dem Gleichbehandlungsgrundsatz und greifen vor allem so tief in die grundrechtlich gesicherten subjektiven Freiheiten ein, dass sie unter normalen Umständen – eben ohne den durch die Pandemie aufgenötigten Vorrang des staatlichen Lebensschutzes – nur als grundsätzlich *freiwillig erbrachte Solidarleistungen* erwartet, vielleicht sogar gefordert werden könnten, aber kaum gesetzlich verordnet werden dürften. Aber weil der Staat als der einzige kollektiv handlungsfähige Akteur die erforderlichen Maßnahmen effektiv planen muss und diese nur auf dem Wege der arbeitsteiligen Koordinierung der für einzelne Sektoren der Gesellschaft verschiedenen Verhaltensvorschriften in der Gesamtheit der Bevölkerung organisieren *und durchsetzen* kann, ist er schon aus funktionalen Gründen genötigt, *Solidarleistungen*, die sonst nur angesonnen werden können, *zwingend vorzuschreiben.* Dieses Dilemma erklärt auch die materiellen Kompensationen, die der Staat im Rahmen des Möglichen so fair wie möglich leistet. Die Kollision zwischen der Verpflichtung zum Lebensschutz und konkurrierenden Grundrechten, in die der Staat im aktuellen Fall eingreifen muss, resultiert für die Bürger in selektiv verteilten *Zumutungen* an die Bereitschaft, *Beistand und Hilfe zu leisten.* Welche Konsequenzen ergeben sich für das Verfassungsrecht aus diesem Dilemma? Die erwähnten juristischen Stellungnahmen legen die Interpretation nahe, dass die einfachgesetzliche Regelung dieses Katastrophenfalls den Gerichten im Falle der vorliegenden Kollisionen zwischen staatlichem Gesundheitsschutz und Eingriffen in eine Vielfalt von wichtigen Grundrechten nichts anderes erlaubt als die übliche Praxis der Abwägung zwischen Grundrechten, von denen keines gegenüber anderen privilegiert ist. Damit erledigt sich aber nicht die Frage nach der *Verpflichtung des Staates zur Organisation staatsbürgerlicher Solidarleistungen* sowie die Frage nach der *Grenze ihrer rechtlichen Erzwingbarkeit.* Eine implizite Antwort können wir allerdings der Praxis der Rechtsprechung in Coronafällen entnehmen. Was fehlt, ist die Explikation des Maßstabs für Art und Umfang der Solidarleistungen, die der demokratische Rechtsstaat seinen Bürgern in der Pandemie zumuten darf. Und darf er diese, die von Haus aus nur politisch angesonnen werden dürfen, auch strafbewehrt vorschreiben?

(4) Der im Allgemeinen gerichtlich praktizierte Vorrang des staatlichen Gesundheitsschutzes erklärt sich nicht *per se* aus der Notwendigkeit, dass der Staat die Pandemie nicht ohne den solidarischen Beistand der Bürger bekämpfen kann. Denn normativ betrachtet, ergibt sich der Vorrang selbst erst unter der Voraussetzung, dass die Verfassung dem demokratischen Rechtsstaat untersagt, Politiken zu verfolgen, mit denen er eine *vermeidbare* Steigerung von »naturwüchsigen« Infektions- und damit auch Todesraten in Kauf nimmt. Wir haben gesehen, dass namhafte Verfassungsrechtler das sehr wohl für unbedenklich halten. Allerdings überzeugen mich die dafür angeführten Beispiele nicht. So soll etwa die Bundesregierung im Falle der Ermordung Schleyers durch die RAF bewusst in Kauf genommen haben, »dass Menschen aufgrund staatlicher Entscheidung von fremder Hand sterben«.[12] Zwar mag die Zurückweisung der erpresserischen Forderungen nach einem Austausch der RAF-Gefangenen für die Terroristen ein Grund dafür gewesen sein, so zu handeln, wie sie gehandelt haben; aber die Regierung hat die Terroristen durch ihre Ablehnung keineswegs zu dieser Konsequenz genötigt. In diesem Fall lag kein ursächlicher Zusammenhang vor, wie er dann vorläge, wenn die Regierung als voraussehbare Folge ihrer *eigenen politischen* Entscheidungen eine vermeidbare Anzahl individuell unbestimmter Erkrankungen und Todesfälle in Kauf nähme. Das Verbot der Rettungsfolter verrät vielmehr die Logik, nach der es dem Staat versagt ist, die Gefährdung von Gesundheit und Leben eines Bürgers als Folge eigenen politischen Handelns in Kauf zu nehmen. Wenn der Staat im Falle eines Bankraubes das Leben von Geiseln nicht ohne die Gefährdung des Lebens eines der Geiselnehmer retten kann, greift er ein, um seiner Pflicht zu genügen, das Leben eines unschuldigen und aktuell schutzbedürftigen Bürgers zu gewährleisten.

In unserem Zusammenhang kommt es überhaupt auf etwas anderes an. Denn die Pflicht des Staates, das von dritter Seite bedrohte *Recht* einer Person auf Leben und körperliche Unversehrtheit zu gewährleisten, bezieht sich wie bei fast allen anderen Grundrechten auf die Rolle des Staates, die Individualrechte seiner Bürger zu

12 Heinig u. a., »Why Constitution Matters«, S. 864.

schützen. Demgegenüber ist das staatliche Handeln bei der politischen Verfolgung *kollektiver Ziele* selbst an Pflichten gebunden, unter anderem an die Pflicht, alle Strategien auszuschließen, bei denen er Gefahr läuft, die wahrscheinliche Gefährdung von Leben und körperlicher Unversehrtheit einer vorhersehbaren Anzahl unschuldiger Bürger in Kauf zu nehmen, also *selber zu verursachen.* Dementsprechend greift der Staat im Falle des »finalen Rettungsschusses« als der neutrale Hüter des Rechts in einen lebensgefährlichen Streit zwischen einzelnen Personen ein, während er heute in der Rolle eines politischen Akteurs bei der Verfolgung kollektiver Ziele die Verantwortung für mögliche Nebenfolgen des eigenen Handelns trägt; in dieser Rolle hat er die Pflicht, nach Möglichkeit alles zu vermeiden, was das Leben von Bürgern aufs Spiel setzt. Denn die Rechtmäßigkeit, an die das politische Handeln des Verfassungsstaates gebunden ist, begründet sich aus seinem eigenen, auf Grundrechten basierten Rechtssystem. Dieses Recht deckt sich zwar weder dem Inhalt noch der Form nach mit dem der Moral; bei weitem nicht alles, was die Moral gebietet, findet Eingang in das Medium des Rechts, weil dieses nicht länger auf Pflichten, sondern auf subjektiven Rechten aufgebaut ist. Andererseits darf jedoch nichts, was rechtlich geboten ist, gegen moralische Gebote verstoßen. Das ergibt sich zwingend aus dem bemerkenswerten Umstand, dass die Grundrechte, auf denen dieses Recht basiert, zwar die Form subjektiver Rechte, aber einen ausschließlich moralischen Inhalt haben – sie zeichnen sich nämlich vor den übrigen Rechtsnormen dadurch aus, dass sie *mithilfe moralischer Gründe* allein gerechtfertigt werden können.

Gleichwohl wehren sich die erwähnten Verfassungsrechtler nicht ohne Grund gegen eine Privilegierung des staatlichen Lebens- und Gesundheitsschutzes; denn dieser verlangt von der Bevölkerung ungleich verteilte solidarische Leistungen, die nur um den Preis tiefer und unausgewogener Eingriffe in eine erhebliche Anzahl konkurrierender Grundrechte durchzusetzen sind. Der *prima-facie*-Vorrang eines, und sei es noch so hochrangigen Rechts auf Leben und Gesundheit blockiert – für die Dauer einer solchen Katastrophe – die vorbehaltlose Abwägung zwischen *allen*, grundsätzlich gleichmäßige Berücksichtigung beanspruchenden Grundrechten, obwohl die staatlich sanktionierte Gewährleitung der Grundrechte *in ihrer Gesamtheit* die *raison d'être* des Rechtsstaates ist. Der demokratische Rechtsstaat ist keine moralische Anstalt, sondern ein mit Mitteln des modernen Zwangsrechts verfasstes Gemeinwesen. Es gehört zum intrinsischen Sinn der rechtsstaatlichen Verfassung, dass sich die Bürger als individuelle Angehörige nach allgemeinen Gesetzen genau die Rechte gegenseitig zugestehen und legal gewährleisten, die den *Kern* ihrer jeweils eigenen *subjektiven Freiheiten* bilden. Dies ist letztlich auch der Grund, warum die *ungleichmäßig* verteilten Einschränkungen und Leistungen, mit denen der Staat während der Pandemie seine Bürger belastet, auch dann, wenn sie aus funktionalen Gründen *verordnet* werden müssen, von Haus aus den eigentümlichen Charakter eines *freiwilligen* Beitrags des Einzelnen zur kollektiven Bewältigung einer von allen befürworteten politischen Aufgabe *behalten*! Am intrinsisch freiwilligen Charakter dieser Leistung ändert die Hülle des Rechtszwangs, in die der erwartete Solidarbeitrag eingekleidet wird, nichts. Eine Solidaritätserwartung unterscheidet sich von einer moralischen Pflicht, die der Adressat ohne Ansehung der Folgen für sich selbst befolgen soll; sie ist auch keine ethische Wertorientierung, die Freunde, Familienmitglieder oder Nachbarn, also Angehörige eines informellen sittlichen Lebenszusammenhanges, miteinander teilen. Das solidarische Verhalten, das Staatsbürger voneinander erwarten dürfen, wird vielmehr von dem reziproken Vertrauen auf die Bereitschaft des Anderen getragen, sich ebenso hilfsbereit zu verhalten, wenn sich in Zukunft eine ähnliche Situation ergeben sollte, in der von ihm, der heute Hilfe empfängt, Hilfe erwartet wird. Wie alle normativen Bindungen überbrückt auch die Solidarität einen Zeitenabstand; aber sie gründet auf der *Erwartung eines reziproken Verhaltens*, zu dem der Andere in einer unbestimmten Zukunft bereit sein wird.

Die Aporie zwischen Rechtszwang und Solidarität ergibt sich daraus, dass in der Pandemie eine in der Verfassung selbst angelegte *Spannung zwischen den beiden tragenden Verfassungsprinzipien* aufbricht – zwischen der Volkssouveränität einerseits und der Herrschaft der Gesetze, die subjektive Freiheiten gleichmäßig gewährleistet, andererseits. Freilich manifestiert diese sich *in Ausnahmesituationen* nicht in Gestalt jener von Tocqueville herausgearbeiteten Spannung zwischen demokratischem Mehrheitswillen und unveräußerlichen subjektiven Rechten. Angesichts einer ungewöhnlichen akuten Herausforderung der kollektiven Handlungsfähigkeit des Staates wird vielmehr die Gemeinschaft der Staatsbürger in besonderem Maße beansprucht; dadurch entsteht *eine Asymmetrie* zwischen dem Gemeinwohlbewusstsein der Staatsbürger und den selbstbezogenen Ansprüchen, zu denen sich dieselben Bürger in ihrer Rolle als privatautonome Rechtsgenossen im Besitze ihrer grundrechtlich gewährleisteten subjektiven Freiheiten berechtigt fühlen. Es ist nun wichtig zu sehen, dass diese beiden Momente mit der Gründung der Verfassung, also im Akt der ursprünglichen demokratischen Vergemeinschaftung, eine *fortwirkende* Verbindung eingehen; denn alle folgenden Generationen setzen diesen Gründungsakt fort, indem sie das Recht, also die jederzeit offene Alternative der Auswanderung, ausschlagen. Damit bekräftigen sie implizit ihre Zustimmung zur Verfassung und verpflichten sich, unter jeweils veränderten historischen Umständen den normativen Gehalt der geltenden Verfassungsprinzipien angemessen *auszuschöpfen*. Was in unserem Zusammenhang interessiert, ist der Umstand, dass in dieser Bereitschaft *beides gleichursprünglich* angelegt ist:

– Einerseits *enthält* die im Gründungsakt und dessen Fortsetzung implizit bezeugte *Bereitschaft zum politischen Zusammenleben* auch das Bekenntnis zu der Solidarität, die sie sich als Bürger ihres politischen Gemeinwesens *über das Verhalten hinaus* schulden, wozu sie in ihrer Rolle *als private Rechtsgenossen* verpflichtet sind. Das manifestiert sich unter anderem darin, dass eine Demokratie schon bei jeder normalen Wahl von ihren Bürgern ein Moment gemeinwohlorientierten Handelns, in wie kleiner Dosierung auch immer, erwarten muss;

– andererseits ist das wesentliche politische Ziel der ursprünglichen Vereinigung die Gründung einer staatlich sanktionierten Rechtsordnung, die allen Bürgern genau jene subjektiven Freiheiten gewährleistet, die sie sich demokratisch selber gegeben haben. Dadurch gewinnt jede Person eine rechtlich gesicherte Sphäre privater Autonomie, innerhalb deren sie ohne irgendeine Verpflichtung zu kommunikativer Rechenschaft tun und lassen kann, was sie will.

Dieses *komplementäre Verhältnis* zwischen der Selbstermächtigung der Staatsbürger zur Gemeinsamkeit des politisch autonomen Handelns einerseits und der privaten Freiheit der Rechtspersonen, zu tun und zu lassen, was sie wollen, andererseits wird jedoch in Ausnahmesituationen *gestört*. Und zwar immer dann, wenn der Staat zur Bewältigung einer außergewöhnlichen kollektiven Anstrengung über das übliche Maß hinaus auf Solidarleistungen seiner Bürger angewiesen ist. In der Pandemie ist es der Vorrang des staatlichen Gesundheitsschutzes, der zum Nachdenken über das Verhältnis von Politik und Recht nötigt. Während das Recht das Medium zur Gewährleistung subjektiver Freiheiten ist, ist die Politik das Mittel der kollektiven Zielverwirklichung, das in der Ausnahmesituation Vorrang beansprucht. Dann müssen freilich die Bürger auf die Stabilität der Verfassung vertrauen dürfen – also darauf, dass die Regierung das gesundheitspolitisch begründete Regime der gesetzlich verordneten Solidaritätsleistungen nicht über die aktuelle Gefahrensituation hinaus verstetigt; denn in der komplementären Ergänzung und gegenseitigen Stabilisierung der beiden Verfassungsprinzipien liegt das Geheimnis jenes demokratischen Rechtsstaates, der durch politische Vergemeinschaftung zugleich Individualisierung ermöglicht.

(5) Ein systematischer Blick auf die Entwicklungsstufen des Vernunftrechts erinnert an dieses in der Pandemie aktualisierte Ineinandergreifen von politischer Vergemeinschaftung und Individualisierung und gleichzeitig an jene Ausbalancierung der beiden Verfassungsprinzipien, die beides erklären kann: Warum in einer Situation der Gefährdung von außen die Verfassung selbst eine asymmetrische Inanspruchnahme der staatsbürgerlichen Solidarität auf Kosten der gleichmäßigen Gewährleistungen subjektiver Freiheiten *erfordert* und warum diese Asymmetrie nur bis zur Bewältigung der aktuellen Gefahr erlaubt ist. Um dieses systematischen Argumentes willen erlaube ich mir eine grobe historische Stilisierung, die mit den Beiträgen eines jeweils entscheidenden Argumentes von Hobbes, Locke, Rousseau und Kant die schrittweise erreichte Ausbalancierung von Volkssouveränität und Rechtsstaat – als den beiden tragenden Prinzipien des auf Grundrechten basierten Verfassungsstaates. Diese Stufen der Evolution des Vernunftrechts machen plausibel, warum die Logik dieser Verfassungsentwicklung in Ausnahmesituationen einen zeitweisen »Rückfall«, wenn man so will, sowohl verlangt wie auch rechtfertigt.

Das klassische Vernunftrecht, das – bis auf Kant – den beiden Verfassungsrevolutionen Ende des späten 18. Jahrhunderts vorausgeht, bedient sich bekanntlich der Denkfigur des Übergangs von Natur- zum Gesellschaftszustand, um die politischen Ziele zu erklären, die die Einrichtung einer staatlichen Ordnung begründen sollen. Für Hobbes erklärt der Zustand des Krieges von allen gegen alle die Furcht vor dem gewaltsamen Tod als dem größten Übel; und diese wiederum erklärt den Wunsch nach einer politischen Vergemeinschaftung, die für den gesellschaftlichen Verkehr Rechtssicherheit (und für den Marktteilnehmer Berechenbarkeit) gewährleistet. Das Innovative der Hobbes'schen Konstruktion besteht in der Bindung der Macht an das *moderne* Recht. Dieses ist gegenüber der klassischen Vorstellung einer objektiven Rechtsordnung, die jedem das Seine und jeder das Ihre gewährt, durch die Rechtsfigur des subjektiven Rechts charakterisiert, die als Träger dieser Rechte eine sich selbst bestimmende und willkürlich handelnde Rechtsperson voraussetzt. Subjektive Rechte bilden damit auch die schützende Hülle für den Motivationshaushalt, der jeweils im eigenen Leib zentriert ist und der sich in dem Maße in je eigenen Lebensentwürfen artikulieren kann, wie sich Demokratie und Rechtsstaat in gleichen Schritten entfalten.[13] Immerhin unterscheidet Hobbes als Erster klar zwischen *ius* und *lex*, also zwischen subjektiven Rechten und den allgemeinen Gesetzen, die gleiche subjektive Rechte gewährleisten. Zum Recht gehört sodann die politische Macht, mit der der Herrscher Recht setzt und zwingend durchsetzt. Die gewaltbasierte Macht verfügt über das Medium des bürgerlichen Rechts – die eine steht dem anderen so abstrakt gegenüber wie auch die Person des Herrschers den Gesetzesadressaten als Untertanen. Das symbolische Medium des Rechts erfasst und durchdringt allein das Verhalten der Rechtsadressaten; alle anderen Elemente – der Herrscher, seine Macht und die dem Recht unterworfenen Personen – sind bei Hobbes noch natürliche, das heißt empiristisch begriffene, als solche vom Recht noch nicht *symbolisch durchdrungene* Größen.

Anders verhält es sich bei Locke, in dessen Konstruktion die Macht des Herrschers *auf halbem Wege* verrechtlicht wird. Die Be-

13 Klaus Günther verfolgt in seinem Beitrag im vorliegenden Band die Verwurzelung der privaten Autonomie in der subjektzentrischen Leibgebundenheit der Ich-sagenden Person. Daraus erklärt sich die Hartnäckigkeit eigenwilliger ethischer Lebensentwürfe. Diese lassen sich nicht einfach unter allgemeine Regeln der Moral und des Rechts subsumieren; manchmal hinterlassen sie noch in der deliberativ erreichten Interessenverallgemeinerung, also in den *überzeugenden* Ergebnissen der politischen Meinungs- und Willensbildung und der juristischen Beratung, einen Stachel der Unversöhntheit.

wohner des anarchischen Naturzustandes fürchten in erster Linie nicht um ihr Leben, sondern um die Sicherheit des Eigentums, das sie mit eigener Hände Arbeit erworben haben und das ihnen in der Gesellschaft jeweils eine naturwüchsige, wenn auch dauerhaft gefährdete Machtbasis verschafft. Deshalb besitzen sie die natürliche Stärke, um sich die gesetzgebende Gewalt mit dem politischen Herrscher zu teilen und dessen naturwüchsige Gewalt im Interesse der Durchsetzung von Recht und Gesetz zu zähmen. Im Zentrum dieser Frieden stiftenden staatlichen Ordnung steht nicht länger die Macht eines autoritären Herrschers, der in der Ausübung seiner Herrschaftsgewalt nur an das moderne, bereits subjektive Freiheiten stiftende Recht gebunden ist; der König muss sich die politische Macht schon nach Recht und Gesetz mit den (männlichen) Eigentümern teilen, aber er wacht über die Recht sprechende Gewalt, die die Konflikte zwischen den privatautonomen Rechtssubjekten beilegt. Damit ist jedoch noch keineswegs die »Herrschaft des Rechts« an die Stelle der absoluten, also vom Recht überhaupt entbundenen Herrschaft getreten. Vielmehr gelangt das Recht erst in dem Maße »zur Herrschaft«, wie die dem Recht unterworfenen Bürger selber zu Mitgesetzgebern werden. Locke hat die empiristisch verstandene, durch Gewalt gedeckte gesetzgebende »Macht«, die bei Hobbes dem instrumentell gebrauchten Medium des Rechts abstrakt gegenübersteht, zwischen König und Parlament, Herrscher und Herrschaftsunterworfenen nur aufgeteilt und an eine Rechtsprechung gebunden, die sich reflexiv aus eigener Gewohnheit fortsetzt.

Drei weitere Schritte sind noch nötig, um die Ausübung politischer Herrschaft und deren zunächst noch empiristisch verstandenen Machtkern ebenso radikal zu verrechtlichen wie die mit Macht und subjektiven Freiheiten ausgestatteten Personen und das noch auf Tradition und Gewohnheit basierte Recht selbst. Den ersten Schritt unternimmt Rousseau, indem er die gesetzlich mit subjektiven Freiheiten ausgestatteten Rechtpersonen selbst zu Gesetzgebern macht, also als Bürger begreift, die keinen anderen Gesetzen mehr gehorchen als denen, die sie sich selber *nach demokratischem Verfahren* geben. Das Recht durchdringt freilich den dunklen Kern der Macht erst dann vollständig, wenn sich die Bürger als Verfassungsgesetzgeber *zunächst* gegenseitig genau die Rechte zugestehen, die für die Konstituierung einer selbstbestimmten Assoziation von freien und gleichen Bürgern nötig sind, und wenn sie diese Assoziation *sodann*, wie es sich im Organisationsteil der Verfassung niederschlägt, mit einer politischen Macht ausstatten, die sie selbst kommunikativ in der Absicht erzeugen, dass diese nach Recht und Gesetz angewendet wird. In diesem Szenario der *durchgängigen* gesetzlichen Selbstbestimmung darf kein nichtverrechtlichtes Element mehr übrig bleiben, weder – wie in der Antike – ein der Verfassung vorangehender Gesetzgeber (mit all den modernen jungkonservativen Schicksalsmythen, die sich bis heute anachronistisch um ihn herumranken) noch ein naturalistischer Rest von autoritärer Gewalt, dem freiheitsdurstige, aber selbst noch empiristisch begriffene Gesellschaftsbürger Fesseln des Rechts erst anlegen sollen.

Klärungsbedürftig bleibt dann allerdings noch das Verhältnis der Rollen des politisch autonomen Bürgers und der privatautonomen Rechtsperson, die jeder Einzelne in seiner Person nicht ohne Spannung vereinigen muss. Daraus entsteht für Rousseau kein Problem, weil er mit kleinen homogenen Gemeinwesen rechnet, in denen die feste Klammer eines bestehenden gemeinsamen Ethos mögliche Interessengegensätze entschärft und individuelle Differenzen überbrückt. Mit dem *Contrat Social* löst *der existentielle Akt der Umwandlung* des natürlichen »Menschen« in den »Bürger« alle Probleme der gesellschaftlichen Integration mit einem Schlag. Erst Kant stellt mit der Differenzierung zwischen dem freien Willen der moralischen Person und der präferenzgeleiteten Willkürfreiheit der empirischen Person in einem zweiten Schritt die Weichen für die Lösung des Problems, das sich freilich für den sozialen Zusammenhalt in konkurrenzgesellschaftlichen Demokratien drittens erst nach der – im Durchgang durch Hegel und Marx vollzogenen – Detranszendentalisierung der Freiheit des weltenthobenen intelligiblen Subjekts in voller Schärfe aufdrängt. Der Verfassungsstaat fällt nicht vom Himmel, sondern wird schon aus dem Geist gegründet, der sich mit ihm verstetigt. Jene ursprüngliche Solidarität des Entschlusses zum gemeinsamen Akt der Verfassungsgründung – des Übergangs vom Natur- zum Gesellschaftszustand – ist ein Kapital, das die nachgeborenen Generationen nicht ganz aufzehren und vergessen dürfen. Andernfalls verraten sie (wie in den libertären Deutungen der liberaldemokratischen Verfassungen bis auf den heutigen Tag) den Geist der intersubjektiv ausgeübten Autonomie, der sich im demokratischen Verfahren der politischen Gesetzgebung selbst verkörpert. Die Bürger müssen eine am Gemeinwohl orientierte Gesetzgebung ermöglichen, die auf dem Wege deliberativer Politik so weit zu einer Verallgemeinerung konfligierender Interessen gelangt, dass sie die naturwüchsigen sozialen Ungleichheiten und Konflikte hinreichend ausgleichen können, um allen individuellen Bürgern gleichmäßige Chancen zur Gestaltung eines in ihrer unveräußerlichen Individualität begründeten *selbstbestimmten* Lebens zu gewährleisten. Alle Gesellschaftsbürger müssen eine faire Chance behalten, ihre subjektiven Rechte für die Gestaltung eines nicht verfehlten Lebens auch zu nutzen. Denn nur dann werden sie motiviert und in der Lage sein, in ihrer komplementären Rolle als Staatsbürger von ihren Teilnahmerechten überhaupt, und zwar einen nicht ausschließlich selbstinteressierten, Gebrauch zu machen. Nur so kann sich nämlich ein *sich selbst stabilisierender* Kreislauf zwischen dem politisch-autonomen Gebrauch der Staatsbürgerrechte und dem Gebrauch der subjektiven Privatrechte im wohlverstandenen, letztlich ethisch angeleiteten Eigeninteresse einspielen. Aus dieser Perspektive erklärt sich, dass der demokratische Rechtsstaat ohne die Möglichkeit der *Rückversicherung des zwingenden Rechts in der Solidarität der Bürger* keinen politischen Bestand haben kann.

Unter den Bedingungen eines solchen *komplementären Ineinandergreifens* der *demokratischen* Verallgemeinerung der verschiedenen Interessenlagen einerseits und des *privaten* Gebrauchs subjektiver Freiheiten andererseits genügt es freilich, wenn die Staatsbürger Solidarität freiwillig und in kleiner Münze leisten. Jedoch sind diese Bedingungen nur so lange erfüllt, wie das politische Gemeinwesen stabile Beziehungen zu ihren sozialen und natürlichen Umwelten unterhält. Demgegenüber muss der Staat im Kriegs- oder Katastrophenfall, oder wenn es sich wie in der Pandemie um eine Herausforderung vonseiten unbeherrschter Naturprozesse handelt, gegen eine *von außen* kontingent einbrechende und das Kollektiv im Ganzen überwältigende Gefahr außerordentliche und gegebenenfalls asymmetrisch beanspruchte solidarische Kräfte der Bürger aufbieten. Freilich sind dann diese außerordentlichen Solidarleistungen der Bürger *als solche* kaum noch zu erkennen. Zwar werden sie immer noch als staatsbürgerlicher Beitrag zu einer demokratisch beschlossenen kollektiven Anstrengung anerkannt; aber sie verlieren ihren freiwilligen Charakter, weil sie vom Staat, wenn auch mit gesetzlicher Ermächtigung, schon allein aus funktionalen Gründen mit Rechtszwang »erhoben« werden müssen. An der Legitimität dieser zwingend vorgeschriebenen Solidarleistungen ist kein Zweifel, wenn ein vom Gesetzgeber legitimierter Wille darüber entscheidet, welchen Bürgern welche Belastungen zugemutet werden müssen, um nicht eine vermeidbare Steigerung von Todesraten in Kauf nehmen zu müssen. Aber wenn wir diese Ausnahmesituation im Lichte der Entwicklungsstufen des Vernunftrechts betrachten, ist ebenso wenig daran zu zweifeln, dass der Staat die außerordentliche kollektive Anstrengung der Bürger mit einem temporären Rückfall unter das rechtliche Niveau reifer Demokratien erkauft. Weil nämlich ein vergleichsweise größeres Maß an Solidarität erforderlich ist, bringen die staatlichen Auflagen – zugunsten des *prima-facie*-Vorrangs des staatlichen Gesundheitsschutzes – den sonst üblichen, *sich selbst stabilisierenden* Kreisprozess zwischen den gemeinwohlorientierten Beiträgen der Staatsbürger zur politischen Willensbildung und dem intakten Spielraum für die Nutzung subjektiver Freiheitsrechte *aus der Balance*.

(6) Da nun das Grundgesetz für den Fall einer solchen Ausnahmesituation keine Notstandsregelungen kennt, bleibt noch die Frage, ob und wie sich dieser Vorrang auf rechtsdogmatischem Wege begründen lässt. Ich kann in dieser Hinsicht, da ich kein Jurist bin, nur eine Anregung geben. Die Grenze, die die Persönlichkeitsrechte in der Pandemie an *gesetzlich vorgeschriebenen* Solidarleistungen finden, dürfte kaum mit einem aus dem Individualrecht auf Leben und körperliche Unversehrtheit abgeleiteten staatlichen Lebensschutz gerechtfertigt werden können. Denn der Auslöser für die Intervention des Staates ist nicht die Gefährdung von Leben und Gesundheit eines jeweils bestimmten Individuums, sondern ein statistisch abzuschätzendes Infektions- und Sterberisiko für die Bevölkerung im Ganzen, das den Staat zum Handeln nötigt. Eine solche Gefahr aktiviert nicht ein bestimmtes Persönlichkeitsrecht, sondern ruft in Erinnerung, wozu ein auf Menschenrechte basiertes staatliches Regime überhaupt eingerichtet worden ist. In der Tradition des Vernunftrechts sollte dieses Ziel plastisch mit dem Übergang vom Natur- zum Gesellschaftszustand beschrieben werden. Für Hobbes ist der gewaltsame Tod das größte Übel, für Locke sind es die Gefahren für Leben, Freiheit und Eigentum; die Staatsgewalt soll also mit dem Rechtszustand die Sicherheit und den Bewegungsspielraum aller Person und des gesellschaftlichen

Verkehrs im Ganzen gewährleisten. Rousseau und Kant moralisieren und verrechtlichen die zunächst empiristisch begriffenen Größen der politischen Macht und der Rechtsperson, so dass fortan die rechtliche Anerkennung und der rechtlich gewährleistete Schutz der Autonomie und Würde aller Personen als der Kern eines Menschenrechtsregimes bestimmt wird. So bilden dann auch die Menschenwürde und die Rechtsverbindlichkeit der Grundrechte den Inhalt von Artikel 1 des Grundgesetzes der Bundesrepublik Deutschland. Er verbürgt die Unantastbarkeit der Würde jedes Menschen und die Unveräußerlichkeit der Menschenrechte als Grundlage jeder menschlichen Gesellschaft. Das ist der normative Kern einer Lebensform, die Individuierung durch Vergesellschaftung im Medium des Rechts gewährleisten soll.

Diese vernunftrechtliche Sublimierung des Sinns der politischen Vergemeinschaftung schließt aber den handfesten Schutz der *physischen Unversehrtheit* des Menschen als Basis der Unantastbarkeit der Menschenwürde der Person ein – die eine impliziert die andere. Man kann nicht die Würde einer Person schützen wollen und deren Physis versehren lassen. Die im ersten Satz des Grundgesetzes gewährleistete Unantastbarkeit der Menschenwürde bliebe ein *flatus vocis*, wenn sich diese nicht in Personen aus Fleisch und Blut – als Trägern von Grundrechten – verkörperte. Daher setzen die im folgenden Artikel 2 im Einzelnen genannten Grundrechte, die die Unantastbarkeit der Würde der Person ausbuchstabieren, die Schutzwürdigkeit des Lebens dieser Person voraus. Diese begriffliche Implikation kommt freilich in ihrer distinkten, *vom Persönlichkeitsrecht der einzelnen Person auf Leben (Art. 2 Abs. 2) unterschiedenen* Bedeutung einer staatlichen Schutzpflicht erst in dem Maße zu Bewusstsein, wie der Fortschritt der medizinischen Wissenschaft und die Entwicklung eines hochkomplexen und leistungsfähigen Gesundheitssystems die staatlich mobilisierbaren Vorsorge- und Behandlungsmöglichkeiten radikal erweitert haben. Dieser Umstand wirft die rechtsdogmatische Frage auf, wie man den Wortlaut des Grundgesetzes verstehen will: Ob man die Pflicht des Staates zum Lebensschutz aller Bürger wie bisher indirekt (und wie sich heute zeigt, auf missverständliche Weise) als »Aktivierung« aus Art. 2 Abs. 2 Satz 1 begründet oder ob man diese mit Hinweis auf eine historische Entwicklung, die auf geltende normative Gehalte ein neues Licht wirft und wesentliche Implikationen heute erst sichtbar macht, als begriffliche Implikation aus Art. 1 Abs. 1 Satz 2 ableitet. Diese Interpretation des staatlichen Lebensschutzes als Implikation des gebotenen Schutzes der menschlichen Würde haben Klaus Günther und ich gemeinsam entwickelt.[14] Und die derart gerechtfertigten Maßnahmen dürften wohl nur noch von libertären Coronaleugnern als Auswuchs einer fragwürdigen Biopolitik verleugnet werden können.

14 Vgl. unser Gespräch: Jürgen Habermas, Klaus Günther, »Kein Grundrecht gilt grenzenlos«, in: *Die Zeit*, 07.05.2020, S. 43 f., ⟨https://www.zeit.de/2020/20/grundrechte-lebensschutz-freiheit-juergen-habermas-klaus-guenther⟩, letzter Zugriff 29.05.2022.

I.
Konzepte von Leben und Gesundheit

Thomas Gutmann

Der Wert des »nackten Lebens«

1. Der Wert des Lebens und das Recht auf Leben

Die Rede vom »Wert des ›nackten‹ Lebens« impliziert Vor-Juridisches, weil es im Recht nicht um Werte, sondern um Normen geht, die nicht vollständig an Werte assimiliert werden können und dürfen.[1] Das Leben wird in der deutschen Rechtsordnung nicht als Wert, sondern in Form eines subjektiven (Grund-)Rechts geschützt. Dessen Geltungsanspruch ist, obwohl es Abwägungen unterworfen sein kann, kein gradueller; es geht hier nicht um die relative Vorzugswürdigkeit eines Guts im Verhältnis zu anderen, sondern um eine unbedingte und universelle Handlungsverpflichtung, mit der individuelle Ansprüche korrespondieren.

Als Grund- und Menschenrecht[2] schützt das Recht auf Leben gerade das »nackte« Leben jedes Menschen, seine biologisch-physische Existenz *sans phrase*,[3] »unabhängig von den Lebensumständen des Einzelnen, seiner körperlichen und seelischen Befindlichkeit«.[4] Das Leben ist die Voraussetzung allen menschlichen Freiheitsgebrauchs sowie die »vitale Basis der Menschenwürde und [...] Voraussetzung aller anderen Grundrechte«.[5] Der Schutz des Lebens gehört zur Hobbes'schen Tiefenschicht der kontraktualistischen Tradition der Rechtsbegründung; die Bewahrung menschlichen Lebens bezeichnet historisch wie systematisch die Grundfunktion

1 Jürgen Habermas, *Faktizität und Geltung. Beiträge zur Diskurstheorie des Rechts und des demokratischen Rechtsstaats*, Frankfurt/M [2]1994, S. 309-313.

2 Vgl. zum Recht auf Leben Art. 3 AEMR, Art. 2 Abs. 1 EMRK, Art. 6 IPbpR und Art. 2 Abs. 1 EUGRCh.

3 BVerfGE 115, 118 (139); Helmuth Schulze-Fielitz, in: Horst Dreier (Hg.), *Grundgesetz Kommentar: GG*, Tübingen [3]2013, Art. 2 Abs. 2 Rn. 25; Hans Dieter Jarass, Bodo Pieroth, *Grundgesetz*, München [16]2020, Art. 2 Rn. 81.

4 BVerfGE 115, 118 (139); Dieter Lorenz, in: Wolfgang Kahl u. a. (Hg.), *Bonner Kommentar zum Grundgesetz*, Heidelberg, Hamburg 2021, Art. 2 Abs. 2 Satz 1 GG Rn. 429; Detlev Sternberg-Lieben, »Corona-Pandemie, Triage und Grenzen rechtfertigender Pflichtenkollision«, in: *Medizinrecht* 38 (2020), S. 627-637, hier S. 631.

5 BVerfGE 39, 1 (41 f.); BVerfGE 88, 203 (252); BVerfGE 115, 118 (152).

legitimer Staatlichkeit,[6] auf der alle späteren Ausdifferenzierungen von Grund- und Menschenrechten – *liberty, health, and indolency of body; and the possession of outward things*, die bei Locke zum Rechtsgut Leben (*life*) hinzutreten[7] – aufruhen. Es ist gerade die Frage der Erhaltung des nackten physischen Lebens der Bürger:innen, die am Beginn der modernen, säkularen Sozialphilosophie steht[8] und in dieser nie ihre privilegierte Stellung verloren hat. Dies gilt gerade auch dann, wenn menschliches Leben durch den ältesten Feind unserer Spezies bedroht wird – die Gewalt der Natur, die blind, sinnlos, grausam und inhuman ist: »Nature, red in tooth and claw«,[9] wie es bei Tennyson heißt. Obgleich keine komplexe, funktional differenzierte Gesellschaft auf der Makroebene einseitig maximierend das abstrakte Ziel des Lebensschutzes oder der Vermeidung von entsprechenden Risiken verfolgen kann, ist die grundrechtliche Schutzpflicht des Staates für das je einzelne menschliche Leben dort, wo dieses konkret gefährdet und sein Verlust vermeidbar ist, umfassend.[10] Aber auch auf höherer Aggregationsebene zehren die Aussagen des Bundesverfassungsgerichts über den »Höchstwert, den das menschliche Leben in der Verfassungsordnung des Grundgesetzes einnimmt«,[11] weshalb Lebens- und Gesundheitsschutz (nicht zuletzt in Zeiten der Pandemie) »überragend wichtige Gemeinwohlbelange«[12] darstellten, noch von der Hobbes'schen Tiefenschicht des Diskurses über die Legitimität von Recht und Staat. Gerade weil sich die »Würde [...] in sterblichen Subjekten aus Fleisch und Blut [verkörpert]«,[13] ergibt sich diese Schutzpflicht zudem nicht

6 Thomas Hobbes, *Leviathan oder Stoff, Form und Gewalt eines kirchlichen und bürgerlichen Staates*, hg. und eingel. von Iring Fetscher, übers. von Walter Euchner, Frankfurt/M. 1984, Kap. 14.

7 John Locke, *Two Treatises of Government and A Letter Concerning Toleration*, hg. und mit einer Einleitung von Ian Shapiro, New Haven, London 2003, S. 218 (dt. *Ein Brief über Toleranz*, übers. von Julius Ebbinghaus, Hamburg 1996, S. 13).

8 Jürgen Habermas, »Die klassische Lehre von der Politik in ihrem Verhältnis zur Sozialphilosophie«, in: ders., *Theorie und Praxis. Sozialphilosophische Studien*, Frankfurt/M. 1978, S. 48-88, hier S. 56 f.

9 Alfred Lord Tennyson, *In Memoriam*, London 1850, canto LV.

10 BVerfGE 46, 160 (164); BVerfGE 115, 320 (346).

11 BVerfGE 115, 118 (S. 162); siehe bereits BVerfGE 39, 1 (36, 42); BVerfGE 46, 160 (164); BVerfGE 49, 24 (53); BVerfGE 115, 25 (45, Rn. 56).

12 BVerfG, Beschl. vom 19. 11. 2021-1 BvR 781/21, Rn. 176.

13 Jürgen Habermas, »Mich beunruhigt, wie nun auch Juristen den Lebensschutz relativieren«, im Gespräch mit Klaus Günther, »Kein Grundrecht gilt gren-

nur aus dem Lebensgrundrecht des Art. 2 Abs. 2 S. 1 GG, sondern immer zugleich aus Art. 1 Abs. 1 S. 2 GG, der den Staat ausdrücklich zur Achtung und zum Schutz der Menschenwürde verpflichtet.[14] Weil man »nicht die Würde einer Person schützen wollen und deren Physis versehren lassen« kann, muss auch der durch die Pandemie aufgenötigte, zeitlich begrenzte Vorrang des staatlichen Lebensschutzes als Implikation des gebotenen Schutzes der menschlichen Würde verstanden werden.[15] Dieser enge Zusammenhang des Lebensschutzes mit der Pflicht zum Schutz der Menschenwürde macht deutlich, warum eine Politik, die den vermeidbaren vorzeitigen Tod vieler Bürger:innen um der relativen Interessen anderer in Kauf nähme, den Status der Betroffenen als Rechtssubjekt und ihren würdebasierten Anspruch, »als gleichberechtigtes Glied mit Eigenwert anerkannt zu werden«,[16] grundsätzlich in Frage stellen würde. Hierin liegt die *mauvaise foi* der öffentlichen Klagen über die angeblich so herben Freiheitsverluste infolge staatlicher Schutzmaßnahmen gegen die Covid-19-Pandemie, deren grundsätzliche Verhältnismäßigkeit nie fraglich sein konnte.

Nur wenn man dies im Auge behält, lässt sich die Rede vom Recht auf Leben als »Voraussetzungsgrundrecht«[17] auch werttheoretisch ausbuchstabieren. Natürlich ist das Leben die »vitale Basis« für (fast) alle Aspekte der Realisierung des *humanum*. Axiologisch macht es letztlich keinen wesentlichen Unterschied, ob wir menschliches Leben als intrinsisch wertvoll begreifen[18] oder ihm einen »transzendentalen« instrumentellen Wert für *alles andere* Wertvolle beimessen, das nur ein Lebender realisieren kann. Das gute und gelingende – und das freie – Leben des Einzelnen setzt sein ›bloßes‹ Leben voraus. Für jeden Einzelnen geht es hierbei immer um alles.

Fragt man nach dem rechtlichen »Wert des ›nackten‹ Lebens«, so ist zunächst zu sehen, dass das Spannungsverhältnis von Leben

zenlos«, in: *Die Zeit*, 07.05.2020, S. 43, ⟨https://www.zeit.de/2020/20/grundrechte-lebensschutz-freiheit-juergen-habermas-klaus-guenther⟩, letzter Zugriff 29.05.2022.

14 BVerfGE 115, 118 (152); BVerfGE 88, 203 (251); BVerfGE 45, 187 (254 f.).

15 Siehe den Beitrag von Jürgen Habermas in diesem Band a. E.

16 BVerfGE 115, 118 (153).

17 Schulze-Fielitz, in: Dreier (Hg.), *Grundgesetz*, Art. 2 Abs. 2 Rn. 20 m.w.N.

18 So Ronald Dworkin, *Life's Dominion*, New York 1993, S. 68-89 (dt. *Die Grenzen des Lebens. Abtreibung, Euthanasie und persönliche Freiheit*, übers. von Susanne Höbel u. a., Reinbek bei Hamburg 1994, S. 101 ff.).

und Freiheit historisch vor allem in der Frage ausgefochten wurde, ob und inwieweit der Einzelne die Freiheit besitzt, über sein eigenes Leben zu verfügen (2). Sodann ist ein Blick darauf zu werfen, aus welchen Quellen sich heute jene regressiven Argumente speisen, die einem Recht auf selbstbestimmtes Sterben entgegengehalten werden (3) oder den Schutz des Lebens als Staatsziel von vorneherein desavouieren (4). Schließlich ist zu fragen, welche Gleichheits- und Gleichbehandlungsansprüche unser ›bloßes‹ Leben generiert (5).

2. Das Rechtsgut »Leben« – ein Säkularisierungsunfall

Einige anhaltende Diskurse der westlichen Tradition tragen für das spezifische Thema dieses Bandes wenig aus, darunter die klassischen Fragen, ob (und wenn ja, für wen) der Tod ein Übel ist, ob der Tod eine existentialontologische Zumutung oder die Endlichkeit unserer Existenz, unser »Leben zum Tode«, nicht vielmehr Bedingung individuellen Lebenssinns ist[19] und allenfalls nach einer *ars moriendi* verlangt. Von Bedeutung ist hingegen eine andere Grundfrage, *nämlich ob das Leben ein Gut (oder spezifischer: ein Rechtsgut) ist, das der Disposition seines Trägers unterliegt*, denn historisch wurde (und wird) die Frage »Freiheit und/oder Leben« nicht zuletzt *innerhalb* des Streits um die normative Bedeutung des »Lebens« und die Freiheit seines Trägers, über dieses zu verfügen, ausgefochten.

Für Fragen der praktischen Philosophie gilt, dass unsere grundlegenden normativen Begriffe und Konzepte (Würde, Freiheit, Gleichheit, aber auch das »Leben«) nicht erschlossen werden können, ohne nachzuvollziehen, wie sie aus religiösen Überlieferungen und theologischer Verwaltung angeeignet und in begründungsfähiges Wissen und einlösbare normative Geltungsansprüche transformiert worden sind.[20] Eine wesentliche Verengung, die der christliche Diskurs gegenüber dem prächristlichen, antiken vorgenommen hat, liegt an dieser Stelle. Die christliche Doktrin der

19 Michael Quante, *Tod, wo ist Dein Stachel? Über einen Zusammenhang von Endlichkeit und personaler Lebensform des Menschen*, Paderborn 2019.

20 Jürgen Habermas, *Auch eine Geschichte der Philosophie*, Bd. 1, Berlin 2019, S. 14; Thomas Gutmann, »Säkularisierung und Normenbegründung«, in: Nils Jansen, Peter Oestmann (Hg.), *Gewohnheit, Gebot, Gesetz. Normativität in Geschichte und Gegenwart – Eine Einführung*, Tübingen 2011, S. 221-248.

»Heiligkeit des Lebens«[21] macht seit dem Hochmittelalter klar, dass mein Leben nicht mir, sondern IHM gehört. Wie dies die katholische Glaubenskongregation 1980 ausgedrückt hat: Niemand dürfe über sein Leben »nach Willkür verfügen«, der absolute »Wert des menschlichen Lebens« liege in seiner Natur als »Geschenk der Liebe Gottes«, jeder Anspruch auf Selbstbestimmung im Lebensende bedeute »die Zurückweisung der Oberherrschaft Gottes und seiner liebenden Vorsehung«.[22] Auf einem anderen Blatt steht, dass damit dialektisch einhergeht, dass die Opferung des eigenen Lebens zur Ehre Gottes natürlich erlaubt bleibt; die christliche Martyrologie beruht auf diesem Gedanken. Dass auch die Tötung des anderen dann, wenn sie um seines Seelenheiles willen geschah, keinem kategorischen Verbot unterlag, setzt diesen Gedanken fort. Insoweit kann auch für die Doktrin der Heiligkeit des Lebens das »nackte Leben« kein Wert sein, es steht vielmehr unter dem Vorbehalt der Transzendenzpolitik. Letztlich kann keine monotheistische Religion ein starkes Konzept des Schutzes menschlichen Lebens um seiner selbst oder um seiner Träger willen entwickeln. Der rechtliche Schutz des Lebens ist ein Produkt des modernen Verfassungsstaats[23] und seiner geistesgeschichtlichen Grundlagen im Vernunftrecht. Er ist ein Säkularisat. Dass die Moderne seit Hobbes die Sicherung des Überlebens der Einzelnen gegenüber der Frage priorisiert hat, wie mit den Mitteln staatlichen Rechts Konzepte eines guten und richtigen Lebens (zur Not über die Körper der Betroffenen hinweg) durchgesetzt werden können, gehört zur Fortschrittsgeschichte des Rechts.

Gleichwohl stehen wir jedenfalls partiell immer noch im Bann der Konzeption einer »Heiligkeit des Lebens«, weil das normative Konzept »Leben« schon im 18. Jahrhundert erfolgreich einer Säkularisierung, das heißt einer vollständigen Umstellung auf postreligiöse Begründungen, entgangen ist. Es hat die zentrale Trans

21 Vgl. Helga Kuhse, *The Sanctity-of-Life Doctrine in Medicine: A Critique*, Oxford 1987.

22 *Erklärung der Kongregation für die Glaubenslehre zur Euthanasie*, hg. von der Deutschen Bischofskonferenz (Verlautbarungen des Apostolischen Stuhls 20), Bonn 1980, S. 7.

23 Schulze-Fielitz, in: Dreier (Hg.), *Grundgesetz*, Art. 2 Abs. 2 Rn. 2; Christian Starck, in: Hermann von Mangoldt u. a. (Hg.), *Kommentar zum Grundgesetz: GG*, Bd. I, München ^{7}2018, Art. 2 Rn. 192.

formation der normativen Moderne von Konzepten der Pflicht auf solche subjektiver Rechte nicht mitvollzogen. Dies lässt sich nicht zuletzt am Beispiel Kants und Hegels belegen. Beide rekurrieren auf den Gedanken, dass der Einzelne in rechtlicher Sicht nicht über seine zentralen, die Person konstituierenden und insoweit unveräußerlichen Rechtsgüter (darunter sein Leben und seine Fähigkeit zur Selbstbestimmung) verfügen könne, weil er sich sonst als Rechtsperson widersprüchlich verhalten würde. In der Rechtslehre thematisiert Kant unter der Überschrift der *honestas juridica* als Rechtspflicht diesen Zusammenhang von Leben und Freiheit als Verbot der Selbstentrechtung und Selbstverdinglichung, das heißt der Aufgabe der eigenen Willens- und Handlungsfähigkeit oder des Anspruchs, freie und hierin mit anderen gleiche Rechtsperson zu sein, als subjektive Bedingung der äußeren Freiheitsordnung.[24] In der Tugendlehre der *Metaphysik der Sitten* leitet er schließlich unter der Überschrift der »Selbstentleibung« her, dass der Einzelne sich sowohl in moralischer als auch in rechtlicher Hinsicht nicht »der Persönlichkeit [...] entäußern« und »nicht das Subjekt der Sittlichkeit in seiner eigenen Person zernichten« dürfe.[25] Der zentrale Gedanke dieses Arguments liegt darin, dass das Subjekt, das seine Entpersönlichung rechtlich bestätigt haben wolle, etwas geltend mache, was es zugleich dementiere: das Innehabenkönnen von Rechten. Die Selbstnegation der freien Rechtsperson könne nicht verlangen, rechtliche Anerkennung zu finden.

Im gleichen Sinn sind die Ausführungen Hegels in der »Rechtsphilosophie« zu verstehen, denen zufolge das Recht zu leben unveräußerlich sei, da das Leben ein Gut darstelle, das »meine eigenste Person und das allgemeine Wesen meines Selbstbewußtseins ausmacht«, so dass ich

> nicht Herr über mein Leben bin, denn die umfassende Totalität der Tätigkeit, das Leben, ist gegen die Persönlichkeit, die selbst diese unmittelbar ist, kein Äußerliches. Spricht man also von einem Recht, das die Person über ihr Leben habe, so ist dies ein Widerspruch, denn es hieße, die Person habe

24 Vgl. Immanuel Kant, *Metaphysische Anfangsgründe der Rechtslehre. Metaphysik der Sitten. Erster Teil*, hg. von Bernd Ludwig, Einteilung der Rechtslehre, A, Hamburg 1986, S. 45.

25 Immanuel Kant, *Die Metaphysik der Sitten*, in: ders., *Werkausgabe in 12 Bänden*, Bd. VIII, hg. von Wilhelm Weischedel, Frankfurt/M. 1968, S. 555.

ein Recht über sich. Dieses hat sie aber nicht, denn sie steht nicht über sich und kann sich nicht richten.[26]

Auch diese Begründung rekurriert auf die Konsistenz des Rechtsbegriffs, die die unmittelbare Selbstaufhebung jener Persönlichkeit, die das abstrakte Recht voraussetzen muss, nicht zulassen kann.

Dieses im Ansatz zwingend scheinende Argument kann in dem Kontext, in dem es von beiden Autoren demonstriert wurde, bei der Frage der Selbsttötung beziehungsweise – *avant la lettre* – der Frage selbstbestimmten Sterbens, indes wenig überzeugen. Auf der Grundlage des kantischen Rechtsbegriffes muss sich auch das Lebensrecht als Freiheitsrecht und das Rechtsgut »Leben« als eines begreifen lassen, das zwar gegen Eingriffe des Staates oder Dritter und die Gewalt der Natur zu schützen ist, zugleich aber der (hinreichend freiwilligen) Disposition seines Trägers unterliegt. Auf dem Boden *dieser* Prämisse ist es keineswegs widersprüchlich, dass eine Person ihr Lebensrecht nur so lange verteidigt wissen beziehungsweise in Anspruch nehmen will, bis sie sich aus Gründen zu sterben entschließt. Die Konsistenz des Rechtsbegriffs würde dann weit eher fordern, dass der frei gewählte Tod als unmittelbare Selbstaufhebung jener Persönlichkeit, die das abstrakte Recht voraussetzt, durch das abstrakte Recht gerade selbst ermöglicht werden muss.

Auch wenn man dieser Prämisse nicht folgen will, sondern der Person eine grundsätzliche Pflicht zur Erhaltung ihres biologischen Substrats unterstellt, sind dem Einwand widersprüchlichen Verhaltens des Todeswilligen angesichts der naturgegebenen Endlichkeit und Fragilität des personalen menschlichen Lebens offenbar Grenzen gesetzt. Denn »Subjekt der Sittlichkeit« beziehungsweise »Persönlichkeit« zu sein, ist bei Kant und Hegel eine anspruchsvolle Kategorie. »Zweck an sich selbst«, der einen »unbedingten, unvergleichbaren Wert« hat und »Achtung« beanspruchen kann, ist für Kant ja gerade nicht das biologische Substrat des Menschen, sein »life past reason«,[27] sondern die Vernunftnatur der Person.[28]

26 Georg W. F. Hegel, *Grundlinien der Philosophie des Rechts*, in: ders., *Werke in 20 Bänden*, Bd. 7, hg. von Eva Moldenhauer und Karl Markus Michel, Frankfurt/M. 1986, § 66 mit Anm. Vgl. daneben ders., *Philosophie des Rechts. Die Vorlesung von 1819/20*, hg. von Dieter Henrich, Frankfurt/M. 1983, S. 71 ff.

27 Dworkin, *Life's Dominion*, S. 218-237 (dt. *Die Grenzen des Lebens*, S. 303 ff.).

28 Thomas Gutmann, »Probleme des Kantschen Personenbegriffs«, in: Michael

Deshalb kann mit Kant einem ernsthaften Todeswunsch einer Person jedenfalls für den Fall oder an der Schwelle eines solchen Zustands schwerlich entgegengehalten werden, man dürfe »nicht das Subjekt der Sittlichkeit in seiner eigenen Person zernichten«, wenn dieses Subjekt ohnehin untergeht. Kants Argument erscheint also widersprüchlich. Darüber hinaus wäre zu fragen, ob der Begriff der Rechtsperson in einer immanenten Kritik nicht ohnehin so verstanden werden müsste, dass das Interesse der Person daran, »ihren« Tod sterben zu können und so weit als möglich die Kontrolle über ihre letzte Lebensphase zu bewahren – sich mit anderen Worten also als *Subjekt* zu ihrer Körperlichkeit und Endlichkeit zu verhalten –, als Manifestation der Rechtspersönlichkeit und nicht als deren Negation zu verstehen wäre. In diesem Sinn wären die Leitprinzipien des Urteils des Bundesverfassungsgerichts vom 26. Februar 2020, dem zufolge das von Art. 2 Abs. 1 in Verbindung mit Art. 1 Abs. 1 GG geschützte allgemeine Persönlichkeitsrecht als Ausdruck persönlicher Autonomie ein Recht auf selbstbestimmtes Sterben umfasst und die selbstbestimmte Verfügung über das eigene Leben als »unmittelbarer Ausdruck der der Menschenwürde innewohnenden Idee autonomer Persönlichkeitsentfaltung [und als,] wenngleich letzter, Ausdruck von Würde« zu gelten hat,[29] eine überzeugendere und kohärentere Anwendung des Kant'schen und Hegel'schen Begriffs der Rechtsperson als jene, die bei den Autoren selbst zu finden ist. Wichtig für uns ist an dieser Stelle jedoch nur, dass das Leben auch nach dem Säkularisierungsfilter des deutschen Idealismus weiterhin als Ausnahme von der Regel verstanden wird, dass Individualrechtsgüter, die durch subjektive Rechte garantiert werden, durch die Dispositionsfreiheit ihres Trägers gekennzeichnet sind. Die These, die Grundlage des verfassungsrechtlichen Lebensschutzes liege immer noch in einer »Ehrfurcht vor dem Leben«,[30] steht als hierfür typisch.

Das Bundesverfassungsgericht hat 1979 erstmals und seit 1993 in ständiger Rechtsprechung das Recht auf *körperliche Unversehrtheit* (Art. 2 Abs. 2 S. 1 GG) als zunehmend paternalismusresistentes

Quante u. a. (Hg.), *Der Begriff der Person in systematischer wie historischer Perspektive. Ein deutsch-japanischer Dialog*, Paderborn 2020, S. 11-30.

29 BVerfGE 153, 182 (Rn. 211).

30 Starck, in: von Mangoldt u. a. (Hg.), *Kommentar zum Grundgesetz*, Art. 2 Rn. 207.

Freiheitsrecht ausbuchstabiert.[31] Das durch die Verfassungsnorm geschützte Rechtsgut ist nicht der Körper als Ansammlung von Blut, Fleisch und Knochen, sondern das Selbstbestimmungsrecht der Rechtsträgerin über ihren Körper und dessen Integrität bis hin zur vielzitierten »Freiheit zur Krankheit«.[32] Das Rechtsgut *Leben* hat sich dieser Umstellung auf ein Freiheitsrecht hingegen lange entzogen, eben weil nicht säkularisierte theologische Restbestände im Konzept des Lebensschutzes weiterwirken und einer kohärenten Rechtsdogmatik entgegenstehen. Wir sehen dies an der mangelnden Überzeugungskraft der Schutzzwecke, die dem ausnahmslosen Geltungsanspruch der Norm von § 216 in Verbindung mit § 212 StGB (»Tötung auf Verlangen«) heute unterlegt werden (Stichwort: Argumente der »schiefen Bahn«, »Übereilungsschutz«) und an der noch bis ins Jahr 2020 geführten Diskussion über die Rechtswidrigkeit des Suizids. Der Perhorreszierung eines *selbstbestimmten* Lebensendes folgt auch der Bundesgerichtshof, der, wenn es um die Frage möglicher lebensverkürzender palliativer Maßnahmen (also um die früher so genannte »indirekte« Sterbehilfe) geht, die Entscheidung zwischen der »Ermöglichung eines Todes in Würde und Schmerzfreiheit« einerseits und einem »noch kurze Zeit länger« währenden Leben, das allerdings mit »schwersten, insbesondere sog. Vernichtungsschmerzen« einhergeht, primär als Notstandproblem (§ 34 StGB), also als Ergebnis einer objektiven Interessenabwägung aus drittpersonaler Perspektive begreifen will, nicht aber als eine Entscheidung, die dem Träger des Lebens selbst zustehen könnte.[33] Das »nackte Leben«, das nur noch aus Leid besteht, ist hier zwar im Ergebnis kein »absoluter« Wert mehr – die »Ermöglichung eines Todes in Würde und Schmerzfreiheit« wird ihm als Wert beziehungsweise Interesse übergeordnet –, aber dispositionsfähig soll das bereits vergehende Leben gleichwohl nicht sein dürfen. Es handelt sich hierbei um einen juristischen Kategorienfehler.

Dabei ist die Dispositionsfähigkeit des Rechtsguts Leben für die Fälle des Behandlungsabbruchs – also der Sterbehilfe durch Unterlassen, Begrenzen oder Beenden einer begonnenen medizinischen

31 BVerfGE 52, 131 (juris Rn. 130), vgl. BVerfGE 128, 282 (juris Rn. 44); ebenso BVerfGE 129, 269 (juris Rn. 35); BVerfGE 133, 112 (juris Rn. 49) und BVerfGE 153, 182 (Rn. 210).

32 BVerfGE 128, 282 (Rn. 48).

33 BGHSt 42, 301.

Behandlung – längst gesichert.[34] Das Recht der Patient:innen zur Bestimmung über ihren Körper und ihr Leben macht Zwangsbehandlungen, auch wenn sie lebenserhaltend wirken, *immer* unzulässig.[35] Die Endmoränen der Heiligkeit der Lebenskonzeption verhindern jedoch eine normativ kohärente Dogmatik von Lebensschutz und Selbstbestimmung. Sie haben, mit anderen Worten, hier bisher die Integrität rechtlicher Wertungen im Sinne Ronald Dworkins[36] unmöglich gemacht. Dies wird sich mit dem bereits genannten Urteil des Bundesverfassungsgerichts vom 26. Februar 2020, dem zufolge das von Art. 2 Abs. 1 in Verbindung mit Art. 1 Abs. 1 GG geschützte allgemeine Persönlichkeitsrecht als Ausdruck persönlicher Autonomie ein Recht auf selbstbestimmtes Sterben umfasst,[37] ändern müssen und ändern.

Der Schutz des Lebens nicht als intangibler »Wert an sich«, sondern als dispositionsfähiges Individualrechtsgut erzwingt seine Reformulierung als *freiheitsrechtliches Binnenproblem* und damit als *Verfahrensfrage*. Ronald Dworkin, Thomas Nagel, Robert Nozick, John Rawls, Thomas Scanlon und Judith Jarvis Thomson haben in dem einzigen Text, den sie zusammen verfasst haben, ihrem *amicus-curiae*-Gutachten vor dem Supreme Court 1997, das Nötige dazu gesagt:

> Staaten haben ein […] legitimes Interesse daran, Individuen davor zu bewahren, durch irrationale, unaufgeklärte, erzwungene oder labile Entscheidungen ihren Tod zu beschleunigen. Zu diesem Zweck dürfen Staaten die Hilfe, die Ärzte Personen leisten dürfen, die den Wunsch zu sterben zum Ausdruck bringen, regulieren und beschränken. Aber der Staat darf Menschen […] nicht […] die Möglichkeit verwehren, durch ein vernünftiges, vom Staat festgeschriebenes Verfahren […] zu demonstrieren, dass ihre Entscheidung, sterben zu wollen, in der Tat aufgeklärt, beständig und freiwillig ist.[38]

Kurz: Das individuelle Leben ist ein Wert »an sich«, solange seine Trägerin dies so sieht. Es untersteht der individuellen Entschei-

34 BGHSt 55, 191 und bereits BGHSt 40, 257 sowie BVerfGE 153, 182 (Rn. 210).

35 BGHZ 163, S. 195.

36 Ronald Dworkin, *Law's Empire*, Cambridge (MA), London 1986.

37 BVerfGE 153, 182 (Rn. 211).

38 Ronald Dworkin u. a., »Assisted Suicide. The Philosophers' Brief«, in: *The New York Review of Books* 44 (Nr. 5, 23. 03. 1997), S. 41-47; Übers. T. G.

dungsmacht des Einzelnen. Private Autonomie bildet nicht nur »eine Schutzhülle für die ethische Freiheit des Einzelnen, den eigenen existentiellen Lebensentwurf, in Rawls' Worten, die jeweils eigene Konzeption des Guten zu verfolgen«,[39] sondern auch für die ethische Freiheit des Einzelnen, den eigenen guten Tod zu wählen. Dass das Bundesverfassungsgericht den Staat aus dem Würdesatz und dem Lebensgrundrecht als verpflichtet sieht, die *Freiheit* des Einzelnen bei der Entscheidung über die Beendigung seines Lebens und *hierdurch* – und *nur* hierdurch – das Leben als solches (als »Wert«) zu schützen,[40] schließt diese Entwicklung ab. Hier ist, wenn man so will, eine Gestalt des Geistes zu sich selbst gekommen.

3. Regressionen I: Das Leben als metaphysische Substanz

Die Philosophie kennt eine lange Tradition von vitalistischen Positionen, die das Leben als metaphysische Substanz begreifen. Wir finden, nicht nur von Schopenhauer über Nietzsche bis in die Esoteriken des 20. Jahrhunderts, Vorstellungen vom Leben als Urkraft, als einem blinden, zum Dasein drängenden, oft agonal gedachten Kollektivwillen alles Lebendigen, der sich gleichsam durch die Subjekte hindurch entfaltet. In den praktischen Debatten über den »Wert« des Lebens werden wir auch mit den Endmoränen solcher Vorstellungen konfrontiert. Es würde sich lohnen, den im Gefolge der beiden Urteile des Bundesverfassungsgerichts zum Schwangerschaftsabbruch entstandenen Sonderweg der deutschen Stammzellenmetaphysik hierauf zu untersuchen.

An dieser Stelle soll es jedoch um ein anderes Beispiel gehen: Michel Foucault hat in seinen Schriften der 1970er Jahre, unter anderem am Ende seines Buchs *La Volonté de Savoir* (*Der Wille zum Wissen*), eine Perspektive entwickelt, die seine Mikrophysik der Macht verlässt und die Genealogie der Macht als einen funktional gerichteten Vorgang des Anwachsens administrativer Steuerungskapazitäten versteht. Thematisiert wird hier eine »große Technologie der Macht«, der es auch um eine kapitalismusaffine »Bio-Politik der Be-

39 Habermas, *Faktizität und Geltung*, S. 665.
40 BVerfGE 153, 182 (232).

völkerung« und dergestalt um die »Macht über das Leben« (»le pouvoir sur la vie«) geht.[41] Foucault meint mit dem »Leben« und seiner Bewirtschaftung freilich nicht mehr als die sozialen und biologischen Reproduktionsbedingungen der Bevölkerung. In der vulgarisierten deutschsprachigen Foucault-Rezeption wird etwas anderes daraus, das man als autoaggressiven Affekt gegen die Institutionen rechtsförmiger individueller Selbstbestimmung bezeichnen kann. Das »Instrument der Einwilligungserklärung« im Rahmen des *informed consent*, so ist zu lesen, sei eine »Machttechnologie«, die keine andere Aufgabe habe als die, den »Zugriff« auf die Patient:innen zu ermöglichen[42] und Praktiken der »straflosen Gewaltausübung zum Zwecke einer Heilbehandlung« zu ermöglichen.[43] Kritisiert wird hierbei vor allem die Vorstellung einer selbstbestimmten Verfügung über das eigene Leben: Der liberale Sterbehilfediskurs und die von ihm erzeugte bloße Fiktion[44] einer möglichen autonomen Entscheidung von Patient:innen über die Art ihres Sterbens intendierten nicht mehr als eine Invisibilisierung tödlicher physischer Gewalt; mittels des Paradigmas der angeblich freien Entscheidung, die es durch Tötung des anderen zu vollstrecken gelte, werde »Gewalt« nur »verschoben und entgrenzt«. Die Debatte über Selbstbestimmung am Lebensende sei so in Wirklichkeit ein Dispositiv für den »verbessernden« Zugriff auf die »Lebenssubstanz« und das »Kollektivgu[t] ›Leben‹«; sie erweise sich bereits hierdurch, in Fortsetzung der »volks- und rassehygienischen Tötungsprogramme des Dritten Reiches«, als die gegenwärtige Form der namen- und subjektlosen »BioMacht« im Foucault'schen Sinn.[45]

Wir sehen hier eine »Theorie«, wenn wir sie denn so nennen

41 Michel Foucault, *Histoire de la sexualité I: La volonté de savoir*, Paris 1976, S. 166 f. (dt. *Sexualität und Wahrheit*, Bd. 1: *Der Wille zum Wissen*, übers. von Ulrich Raulff und Walter Seitter, Frankfurt/M. 1983, S. 134-136).

42 Petra Gehring, »Instrument ›informierte Einwilligung‹«, in: *Bioskop* 3/11 (2000), S. 8-10.

43 Petra Gehring, »Inwertsetzung der Gattung. Zur Kommerzialisierung der Fortpflanzungsmedizin«, in: Jochen Taupitz (Hg.), *Kommerzialisierung des menschlichen Körpers*, Berlin, Heidelberg 2007, S. 53-68, hier S. 65.

44 Petra Gehring, »Tod durch Entscheiden«, in: Andrea M. Esser u. a. (Hg.), *Welchen Tod stirbt der Mensch?*, Frankfurt/M., New York 2012, S. 181-197, hier S. 195

45 Petra Gehring, »Liberale Forderungen nach Sterbehilfe. Die Gewalt in einem tödlichen Autonomiediskurs«, in: Burkhard Liebsch, Dagmar Mensink (Hg.), *Gewalt verstehen*, Berlin 2003, S. 131-140, hier S. 131 f., S. 136 f., S. 140.

möchten, die »das Leben« als Kollektivsubstanz gegen die Freiheit ausspielen muss, weil sie sich gar nicht mehr vorstellen kann, dass die von der »Biomacht« als Subjekte verfertigten Bürger:innen in Fragen ihres je individuellen Lebensendes von einem Freiheitsrecht Gebrauch machen können, anstatt ihren Tod nur als heteronomes oder zufälliges »Widerfahrnis« hinzunehmen. In dieser Perspektive sind die auch dem Urteil des Bundesverfassungsgerichts vom 26. Februar 2020 zugrunde liegenden Prinzipien, denen zufolge die persönliche Autonomie ein Recht auf selbstbestimmtes Sterben umfasst und die Freiheit, sich das Leben zu nehmen, auch die Freiheit enthält, hierfür bei Dritten Hilfe zu suchen, nicht mehr als die »liberale Form der öffentlichen Euthanasie-Propaganda«.[46] An dieser Stelle verendet eine Theorietradition, die einmal als kritische angetreten ist, in einer Verschwörungserzählung. Für unsere Frage kann man hierbei lernen, dass das raunende Anrufen metaphysischer Substanzen, dunkler Energien und namenloser Mächte einem rationalen Rechtsdiskurs über das Leben, den Tod und die Freiheit keinen guten Boden bereiten.

4. Regressionen II: Heiliges und zu Opferndes

Die These, unter der Oberfläche des liberalen Rechtsstaats verberge sich ein aufklärungsresistenter, religiöser und mythischer[47] heißer Kern, ein *mysterium tremendum*, ein »*arcanum imperii*«,[48] ein »Raum der Gewalt, der sich durch Recht nicht einfangen lässt«,[49] in dem die Kategorien des »Heiligen«,[50] des »Opfers«,[51] des peren-

46 Ebd., S. 131.

47 Ulrich Haltern, »Notwendigkeit und Umrisse einer Kulturtheorie des Rechts«, in: Horst Dreier, Eric Hilgendorf (Hg.), *Kulturelle Identität als Grund und Grenze des Rechts*, Stuttgart 2008, S. 193-221, hier S. 219.

48 Giorgio Agamben, *Homo sacer. Die souveräne Macht und das nackte Leben*, übers. von Hubert Thüring, Frankfurt/M. 2002, S. 22.

49 Haltern, *Notwendigkeit*, S. 201, S. 217.

50 Vgl. Agamben, *Homo sacer*, S. 94; Haltern, *Notwendigkeit*, S. 210, im Anschluss an Agamben; ders., *Was bedeutet Souveränität?*, Tübingen 2007; sowie Paul W. Kahn, *Putting Liberalism in Its Place*, New Haven 2004, S. 159.

51 Ulrich Haltern, »Pathos and Patina. The Failure and Promise of Constitutionalism in the European Imagination«, in: *European Law Journal* 9 (2003), S. 14-44, hier S. 23; ders., *Europarecht und das Politische*, Tübingen 2005, S. 87, S. 93.

nierenden Kampfes auf Leben und Tod, des ubiquitären Sterbens und Tötens und dergestalt des genuin »Politischen«[52] herrschen, das – anders als der normative Individualismus des verweichlichten liberalen Denkens – immer auch »das Opfer des Lebens verlangen«[53] müsse, gehört zum Standardrepertoire jener gewaltpornographischen Tradition der politischen Philosophie, zu der neben Carl Schmitt, Giorgio Agamben und Alain Badiou[54] unter anderen auch Paul W. Kahn[55] und sein deutscher Statthalter Ulrich Haltern gehören. In manchen Beiträgen zur Bedeutung des Lebensschutzes in Zeiten einer Pandemie hallen solche Vorstellungen nach. Als analytische Kategorien sind sie ebenso wertlos wie als Argumente in normativen Diskursen. Es muss deshalb auch schwerfallen, aus Giorgio Agambens Werk *Homo sacer*, dem der Begriff des »nackten Lebens« entnommen ist, irgendetwas zu gewinnen, das sich für unser Thema wirklich fruchtbar machen ließe. Das »nackte Leben« als »das Leben des homo sacer, der getötet werden kann, aber nicht geopfert werden darf«,[56] kann uns die normativen Fragen, die wir hier behandeln wollen, nicht erschließen; die normativen Grundstrukturen moderner Gesellschaften stecken nicht in obskuren Randfiguren archaischen Rechts. Mark Lillas Bonmot von Agamben als einer Emma Bovary der politischen Philosophie[57] bringt die Sache auf den Punkt. Nein, wir leben nicht im permanenten Ausnahmezustand, in dem die »nackte« Macht sich täglich des »nackten Lebens« bemächtigt. Nein, das Konzentrationslager ist weder die Blaupause der normativen Moderne noch des liberalen Rechtsstaats. Nein, die »These von einer innersten Solidarität von Demokratie und Tota-

52 Carl Schmitt, *Der Begriff des Politischen*, Berlin 1932; Ulrich Haltern, »Erklärungsnotstand des Liberalismus: Warum Rechtswissenschaft keine Wissenschaft der Politik ist«, in: Marcel Senn, Dániel Puskás (Hg.), *Rechtswissenschaft als Kulturwissenschaft?*, Stuttgart 2007, S. 145-166, hier S. 156, S. 164; ders., *Europarecht und das Politische*, S. 44 ff.

53 Schmitt, *Der Begriff des Politischen*, S. 57.

54 Hierzu Mark Lilla, »A New, Political Saint Paul?«, in: *The New York Review of Books* 55 (Nr. 16 vom 23. 10. 2008).

55 Paul W. Kahn, *The Cultural Study of Law. Reconstructing Legal Scholarship*, Chicago 1999; ders., *Putting Liberalism in Its Place*; ders., »Freedom, *Autonomy*, and the Cultural Study of Law«, in: *Yale Journal of Law and the Humanities* 13 (2001), S. 141-171.

56 Agamben, *Homo sacer*, S. 18.

57 Vgl. Lilla, »A New, Political Saint Paul?«.

litarismus«[58] geht an der Sache vorbei. Nein, der Zusammenhang von Recht und Unrecht ist kein mythischer. Nein, nicht »[i]n der Person des Führers«, sondern im Schutz des Grund- und Menschenrechts auf Leben »geht das nackte Leben [...] in Recht über«;[59] dieses Grund- und Menschenrecht auf Leben verhindert gerade, dass das biologische Leben des Einzelnen vom politischen Körper des Staatsbürgers abgetrennt wird. Gleichwohl lohnt es sich, ein Motiv aufzugreifen, das, wenngleich reichlich verquer, mit der Begrifflichkeit von dem aufs nackte Leben reduzierten *homo sacer* auch von Agamben angesprochen wird: Die Rede von der (nach Agamben freilich ambivalenten) »Heiligkeit des Lebens«.[60]

Dass die Re-Sakralisierung des menschenrechtlichen Lebensschutzes letztlich nirgendwo hinführt, demonstriert weit präziser als Agamben, wenngleich *contre cœur*, Hans Joas mit seiner These, dem Menschenrechtsgedanken liege primär ein affektiver Prozess der »Sakralisierung der Person« zugrunde. Die »affirmative Genealogie«, mit der Joas (in sehr eigenartigem Anschluss an Durkheim) zeigen will, dass die Menschenrechte kein Produkt der normativen Moderne, sondern einer »innerchristliche[n] und innerjüdische[n] Lerngeschichte«[61] sind, ist hier nicht nachzuzeichnen; für uns ist nur ihr Ergebnis von Interesse – die Behauptung, »daß die Geschichte der Menschenrechte eine [...] Sakralisierungsgeschichte sei, und zwar eine Geschichte der Sakralisierung der Person« im Medium des Rechts[62] und damit »Ausdruck einer tiefreichenden kulturellen Verschiebung, durch die die menschliche Person selbst zum heiligen Objekt wird«.[63] Ist also gerade das »nackte Leben« auch rechtlich ein »Wert an sich«, weil sein Träger, die Rechtsperson, uns heute als »heiliges Objekt« gilt? Was kann der Joas'sche Sakralitätsbegriff zu unserer Frage beitragen? Die Antwort lautet: fast nichts. Die Kategorie des Sakralen ist kategorial verfehlt, wenn es darum geht, die normativen Grundlagen des Schutzes des Lebens menschlicher Personen zu verstehen.

58 Agamben, *Homo sacer*, S. 20.

59 Ebd., S. 196.

60 Ebd., S. 22.

61 Hans Joas, *Die Sakralität der Person. Eine neue Genealogie der Menschenrechte*, Berlin 2011, S. 33.

62 Ebd., S. 18 und S. 81.

63 Ebd., S. 81.

Während das »Sakrale« und das »Tabu«[64] sich dadurch auszeichnen, keine Gründe zu benötigen, hat die Menschenrechtsidee – auch die des Rechts auf Leben – ihre Dynamik immer aus einer Vorstellung davon bezogen, was wir einander mit guten Gründen schulden. Joas blendet nicht anders als Agamben die Diskursgeschichte der Grund- und Menschenrechte aus und verfehlt damit den wesentlichen Aspekt der internen Dynamik der Menschenrechtsidee. Zweitens muss dem Sakralitätskonzept die Praxis subjektiver Rechte, die den Ausgangs- und Endpunkt der Menschenrechtsidee bilden, fremd oder jedenfalls äußerlich bleiben. Rechte schützen gerade nicht den passiven Status, ein »heiliges Objekt« zu sein, sondern die Handlungsfähigkeit von Subjekten.[65] Sie haben einen performativen Sinn.[66] Rechte werden von ihren Trägern ausgeübt, eingefordert, in Anspruch genommen und durchgesetzt. Dies gilt, wie gezeigt, gerade auch für die freiheitsrechtliche Dimension des Lebensgrundrechts. Sakrale Objekte hingegen umgibt eine Aura, aus der bestenfalls ein – nicht weiter begründungsbedürftiges – Berührungsverbot im Sinne eines Tabus folgt. Diesen negativen Pflichten in Bezug auf den Gegenstand eines Tabus korrespondiert jedoch weder ein subjektives Recht dieses Gegenstands darauf, nicht berührt zu werden – denn hierfür fehlt es bereits an einem Rechtssubjekt –, noch werden die Sanktionen für einen Tabubruch durch subjektive Rechte des Tabubrechers begrenzt. Das Konzept der »Sakralität« ist deshalb Ausdruck der normativen Logik einer simplen Pflichtenethik, deren Überwindung eine entscheidende Voraussetzung für die Durchsetzung der Idee der Menschenrechte in der westlichen Rechtstradition bildete.

Drittens schließlich unterliegt der Rechtsbeziehung nicht ein Verhältnis der Verehrung oder der heiligen Scheu, sondern eine spezifische Form der wechselseitigen Anerkennung von Personen, die sich als Gleiche respektieren und sich wechselseitig das Recht zuschreiben, nicht nur ihr »nacktes Leben« zu erhalten, sondern auch ihre je eigene Vorstellung von einem gelungenen Leben (und, wenn

64 Zur Kritik dieser Figur siehe Bijan Fateh-Moghadam u. a., *Säkulare Tabus. Die Begründung von Unverfügbarkeit*, Berlin 2015.

65 James Griffin, *On Human Rights*, Oxford 2008, S. 4, S. 44; Michael Ignatieff, *The Rights Revolution*, Toronto 2000, S. 37.

66 Joel Feinberg, »The Nature and Value of Rights«, in: *The Journal of Value Inquiry* 4 (1970), S. 243-251, hier S. 251.

es denn sein muss, auch von einem guten Tod) zu realisieren. Das Recht schützt mit der Gewährleistung individueller Freiheitsräume in Gestalt subjektiver Rechte nicht zuletzt auch den Einzelnen vor den moralischen Zumutungen anderer. Auf der Mikroebene individuellen Handelns verteidigt das subjektive Recht deshalb auch die Möglichkeit, sich innerhalb des eigenen Rechtskreises in moralischer Hinsicht suboptimal oder idiosynkratisch zu verhalten und von seinen Rechten auf ganz und gar unheilige Weise Gebrauch zu machen. Es gibt »a right to do wrong«,[67] wie dies Jeremy Waldron einmal genannt hat. Insbesondere kann die Lizenz, sich auf Rechte zu berufen und auf ihrer Grundlage zu handeln, nicht unter dem Vorbehalt stehen, dass sich die Inhaber dieser Rechte ihrer angeblich »sakralen« Stellung würdig erweisen. Das von der Verfassung garantierte Recht auf selbstbestimmte Verfügung über das eigene Leben ist mit der Vorstellung einer objektiven Heiligkeit und damit Unantastbarkeit dieses Lebens nicht vereinbar, und umgekehrt braucht die Erkenntnis, dass die Legitimität moderner Staatlichkeit in besonderer Weise von ihrer Fähigkeit und Bereitschaft abhängt, das Leben ihrer Bürger:innen zu schützen, keine Sakralisierung. Mit anderen Worten: Heilige Objekte können keine Rechtspersonen sein, und umgekehrt. Säkularisieren lässt sich die Rede von der Heiligkeit des Lebens nur in der oben (1) gemeinten Bedeutung eines grundsätzlich unverletzlichen individuellen Rechts auf Leben und einer unbedingten Verpflichtung zu seinem Schutz.[68]

5. Das »nackte Leben« und die nackte Gleichheit

Im Nationalsozialismus wurden Menschen nicht nur auf ihr »nacktes Leben« reduziert, sondern auch nach zugeschriebenen Eigenschaften massenhaft zur Tötung selektiert, nicht nur in den Vernichtungslagern, sondern auch in den Programmen zur Ausmerzung sogenannten lebensunwerten Lebens. Es war diese historische Erfahrung, die in Deutschland zu einer grundrechtsdogmatischen Figur geführt hat, deren historisch kontingente Genesis die Einlösbarkeit ihres Geltungsanspruchs nicht beschränkt.

Das Grundrecht auf Leben ist ein Grundrecht unter anderen,

67 Jeremy Waldron, »A Right to Do Wrong«, in: *Ethics* 92/1 (1981), S. 21-39.

68 Dworkin, *Life's Dominion*, S. 68-89 (dt. *Die Grenzen des Lebens*, S. 101 ff.).

wenngleich, wie gezeigt, eines mit einer besonderen Stellung in der Gesamtarchitektur einer legitimen Rechtsordnung. Es hat jedoch eine spezifische normative Binnenstruktur, die insbesondere dann zutage tritt, wenn es um den *konkreten* »Schutz des nackten Lebens« geht, sei es vor dem Staat oder durch ihn. Der jüngste Anlass, diese Binnenstruktur scharf zu stellen, war die Frage, ob, und wenn ja, nach welchen Kriterien Covid-19-Patient:innen in der Intensivmedizin hinsichtlich des Zugangs zu knappen lebensrettenden Beatmungsplätzen bevorzugt oder benachteiligt werden dürfen.[69]

Das deutsche Grundgesetz geht, nicht zuletzt in Reaktion auf den Nationalsozialismus,[70] davon aus, dass »[j]edes menschliche Leben [...] als solches gleich wertvoll« ist[71] und gleiche Schutzwürdigkeit genießt.[72] Es kommt also keinesfalls auf einen skalierbaren »Wert« des konkreten Lebens[73] an.[74] Dieses Prinzip der »Lebenswertindifferenz« des Grundrechts auf Leben ist Ausdruck jener Basisgleichheit von Rechtspersonen, die unmittelbar durch den Würdesatz des Art. 1 Abs. 1 GG vermittelt wird.[75] Dieser Gleichheitsanspruch, dem nichts Sakrales anhaftet, ist ebenso fundamental wie kategorial. Er

69 Siehe zum Folgenden näher Bijan Fateh-Moghadam, Thomas Gutmann, »Gleichheit vor der Triage. Rechtliche Rahmenbedingungen der Priorisierung von COVID-19-Patienten in der Intensivmedizin«, in: Tatjana Hörnle u. a. (Hg.), *Triage in der Pandemie*, Tübingen 2021, S. 291-334.

70 Vgl. BVerfGE 18, 112 (117); BVerfGE 39, 1 (36 f.); Schulze-Fielitz, in: Dreier (Hg.), *Grundgesetz*, Art. 2 Abs. 2 Rn. 1; R. Müller-Terpitz, in: Josef Isensee, Paul Kirchhof (Hg.), *Handbuch des Staatsrechts*, Bd. VII, Heidelberg ³2009, § 147 Rn. 2, 33; Udo Di Fabio, in: Günter Dürig u. a. (Hg.), *Grundgesetz. Kommentar*, München 2020, Art. 2 Abs. 2 Nr. 1 Rn. 9.

71 BVerfGE 115, 118 (139); vgl. BVerfGE 39, 1 (59).

72 Schulze-Fielitz, in: Dreier (Hg.), *Grundgesetz*, Art. 2 Abs. 2 Rn. 25; Philip Kunig, in: Ingo v. Münch, Philip Kunig (Hg.), *Grundgesetz*, München ⁶2012, Art. 2 Rn. 45.

73 Zur Bewertung und Aggregation von Leben siehe John Broome, *Weighing Lives*, Oxford 2006.

74 Schulze-Fielitz, in: Dreier (Hg.), *Grundgesetz*, Art. 2 Abs. 2 GG Rn. 25.

75 Thomas Gutmann, »Struktur und Funktion der Menschenwürde als Rechtsbegriff«, in: *Angewandte Philosophie/Applied Philosophy* 1 (2014), S. 49-74, hier S. 50, S. 52; Wolfram Höfling, in: Michael Sachs (Hg.), *GG. Grundgesetz. Kommentar*, München ⁸2018, Art. 1 Rn. 35; Christoph Enders, *Die Menschenwürde in der Verfassungsordnung*, Tübingen 1997, S. 391. Siehe zur Bedeutung dieser elementaren Gleichheit für Rettungskonfliktsituationen Nicolas Rücker, *Die Allokation von Lebenschancen*, Baden-Baden 2014, S. 131-173; und Sternberg-Lieben, *Corona-Pandemie*, S. 631.

ist Ausdruck der spezifisch modernen Idee wechselseitigen Respekts von Rechtspersonen. Das Prinzip der Lebenswertindifferenz bezeichnet so jenen Bereich, in dem in den Worten Ronald Dworkins die Forderung, jeden »als Gleichen«[76] zu behandeln, nur dadurch realisiert werden kann, dass er oder sie *gleich* behandelt wird.

Der strikt egalitäre Wert und Schutzanspruch des Lebens eines personalen Grundrechtsträgers besteht unabhängig vom Geistes- oder Gesundheitszustand des Einzelnen.[77] Mit Art. 2 Abs. 2 Satz 1 GG wird, wie ausgeführt, »die biologisch-physische Existenz jedes Menschen vom Zeitpunkt ihres Entstehens an bis zum Eintritt des Todes unabhängig von den Lebensumständen des Einzelnen, seiner körperlichen und seelischen Befindlichkeit [...] geschützt«.[78] »Menschliches Leben und menschliche Würde genießen deshalb ohne Rücksicht auf die Dauer der physischen Existenz des einzelnen Menschen gleichen verfassungsrechtlichen Schutz«;[79] die »Dauer« bezeichnet hier sowohl die bisherige als auch die künftige Lebenszeit des Betroffenen. Es kann auch keine gleichsam vorwirkende Entwertung des Lebens durch dessen wahrscheinlich oder gar unausweichlich nahe bevorstehendes Ende, etwa bei unheilbaren Kranken, geben.[80] Das Lebensrecht alter, kranker, behinderter oder »fragiler« Patient:innen ist kein minderes gegenüber dem der jungen und gesunden.

Mit der radikal egalitären »Lebenswertindifferenz« geht ein ebenso radikaler normativer Individualismus einher, der klarstellt, dass kein Leben ersetzbar ist. Die staatliche Schutzpflicht für das Leben ist vielmehr in unverrechenbarer Weise »auf das je einzelne Leben«[81] und nicht auf das Aggregatsrecht eines Kollektivs (also beispielsweise auf die Zahl geretteter Leben) bezogen. Dies ist Aus-

76 Ronald Dworkin, *Taking Rights Seriously*, Cambridge (MA) 1977, S. 227 (dt. *Bürgerrechte ernstgenommen*, übers. von Ursula Wolf, Frankfurt/M. 1984, S. 370).

77 Schulze-Fielitz, in: Dreier (Hg.), *Grundgesetz*, Rn. 25.

78 BVerfGE 115, 118 (139); Lorenz, *Bonner Kommentar zum Grundgesetz*, Art. 2 Abs. 2 Satz 1 GG Rn. 429; Sternberg-Lieben, *Corona-Pandemie*, S. 631.

79 BVerfGE 115, 118 (152, 158); Thomas Gutmann, Bijan Fateh-Moghadam, »Rechtsfragen der Organverteilung II«, in: Thomas Gutmann u. a. (Hg.), *Grundlagen einer gerechten Organverteilung*, Heidelberg, New York 2003, S. 59-104, hier S. 77-83; Sternberg-Lieben, *Corona-Pandemie*, S. 631 (»Eigenschaftsbewertungsverbot«).

80 Lorenz, *Bonner Kommentar zum Grundgesetz*, Art. 2 Abs. 2 Satz 1 GG Rn. 429 f.

81 BVerfGE 39, 1 (59) und BVerfGE 88, 203 (252).

druck jener »Getrenntheit der Personen«, auf der die Logik subjektiver Rechte im Gegensatz zu jener der Maximierung von Gütern oder »Werten« beruht.[82] Die jeweilige individuelle Rechtsposition aus Art. 2 Abs. 2 Satz 1 Alt. 1 GG ist in ihrer Absolutheit deshalb keiner relativierenden quantitativen Aufrechnung zugänglich:[83] »Der Schutz des einzelnen Lebens darf nicht deswegen aufgegeben werden, weil das an sich achtenswerte Ziel verfolgt wird, andere Leben zu retten. Jedes menschliche Leben [...] ist als solches gleich wertvoll und kann deshalb keiner irgendwie gearteten unterschiedlichen Bewertung oder gar zahlenmäßigen Abwägung unterworfen werden.«[84] Daran, dass es untersagt ist, einer Person die Gleichheit im Schutz ihres Lebens vorzuenthalten, »ändert es nichts, dass dieses Vorgehen dazu dienen soll, das Leben anderer Menschen zu schützen und zu erhalten«.[85]

Dieses würdebasierte Prinzip der Lebenswertindifferenz und radikalen Gleichheit des Lebensrechts ist fundamentaler als die Ausdifferenzierung der Grundrechtsfunktionen; es gilt dort, wo es um staatliche Schutzpflichten[86] oder individuelle Teilhabe an lebensrettenden Ressourcen geht, nicht weniger als in der abwehrrechtlichen[87] Dimension des Lebensgrundrechts. Es bindet auch den Gesetzgeber.[88] Kurz: Wenn es um das »nackte Leben« geht, herrscht nackte – reine – Gleichheit der einzelnen Rechtsträger:innen. Gleichheitstheoretisch ist das »nackte Leben« also in der Tat ein »Wert an sich«. Dies zeigt zugleich, dass bei dem Thema »Freiheit und/oder Leben« die Gleichheit als Dritte *immer* mit am Tisch sitzt.

Amartya Sen hat darauf hingewiesen, dass normative Prinzipien sich in ihren *informational constraints* unterscheiden, also in der

82 John Rawls, *Eine Theorie der Gerechtigkeit*, übers. von Hermann Vetter, Frankfurt/M. 1975, S. 40 ff., S. 214, und H.L.A. Hart, *Essays in Jurisprudence and Philosophy*, Oxford 1983, S. 198 ff.

83 Lorenz, *Bonner Kommentar zum Grundgesetz*, Art. 2 Abs. 2 Satz 1 GG Rn. 430; Sternberg-Lieben, *Corona-Pandemie*, S. 634.

84 BVerfGE 39, 1 (59) und BVerfGE 88, 203 (252).

85 BVerfGE 115, 118 (160).

86 BVerfGE 88, 203 (252); BVerfGE 46, 160 (164).

87 BVerfGE 115, 118 (151).

88 Vgl. Josef Franz Lindner, »Die ›Triage‹ im Lichte der Drittwirkung der Grundrechte«, in: *Medizinrecht* 38 (2020), S. 723-728, hier S. 726 mit Verweis auf BVerfGE 148, 267.

Art der Informationen, die sie als relevant zulassen.[89] Der distributive Egalitarismus des Rechtssystems im Bereich der Zuteilung von Überlebenschancen für konkrete Personen ist ein informationell rigoros beschränkter Ansatz, der normative Gründe dafür hat, sich konkurrierenden normativen Prinzipien gerade nicht mehr zu öffnen: Wenn jedes Leben gleich wertvoll und jedes Lebensrecht gleich stark ist, sind alle Personen insoweit gleich zu behandeln. Es kann für die Regelung des Zugangs zu knappen lebensrettenden Ressourcen folglich kein zulässiges materielles Differenzierungskriterium geben. Konkurrierende Positionen müssen sich deshalb fragen lassen, welchen Teil des Wortes »gleich« sie nicht verstehen.

Der Konsens über die Bedeutung des Grundsatzes der Lebenswertindifferenz ist in der deutschen Verfassungsrechtswissenschaft allerdings längst zerbrochen. Das Verhältnis von Leben und Freiheit entscheidet sich jedoch nicht zuletzt auch an der Frage, welche Gleichheitsansprüche unser nacktes Leben generiert und welche Grenzen es der Freiheit zur Diskriminierung setzt.

89 Amartya Sen, »Well-Being, Agency and Freedom: The Dewey Lectures 1984«, in: *The Journal of Philosophy* 82/4 (1985), S. 169-221.

Petra Gehring

Krankheit, Tod und Sterbepolitik
Oder: Warum die Alternative »Krankheit und Tod: Schicksal oder gesellschaftliche Herausforderung?« sterbepolitisch problematisch ist

Entweder-oder-Fragen schlagen eine Schneise durch komplexe Problemlagen. Zugleich legen sie nahe, auch handlungspraktisch hätten wir stets einfache Weggabelungen vor uns, wenn wir durchs Leben gehen. Daher gehört die Konstruktion von Dilemmata zu den Lieblingswerkzeugen der angewandten Ethik, der Entscheidungstheorie und derjenigen, die auf der politischen Bühne zuspitzen wollen, gleichermaßen. Die undankbare Aufgabe der Philosophie mag dann darin liegen, alles wieder komplizierter und vielleicht auf diese Weise dann doch auch wieder klarer zu machen.

Die mir gestellte Frage lautet: Krankheit und Tod – Schicksal oder gesellschaftliche Herausforderung? Nicht nur sind damit gleich vier Großbegriffe gesetzt, die je für sich und im Verhältnis zueinander kommentarbedürftig wären. Sondern es steht eben eine jener einfachen Alternativen im Raum: »Schicksal oder gesellschaftliche Herausforderung«, also plakativ wohl: Passive Hinnahme oder aber Feld des solidarischen Tuns (wenn nicht der soziotechnischen Umgestaltung). Wenn ich auf diese Alternative abschließend zurückkomme, wird ein entschiedenes »Weder-noch« die Antwort sein. Dennoch bekenne ich jetzt schon, dass ich die ganze Frage für eine wenig glückliche Zuspitzung halte. Determinismus oder Freiheit: das ist eine pseudopolitische Alternative für Bescheidwisser und Wahlplakate, also für Hirnforscher, pensionierte Physiklehrer und die FDP. Welthaltige Fragestellungen sehen anders aus.

Ich nutze die Frage dennoch gern als Ausgangspunkt für eine Bestandsaufnahme sowohl einer paradoxen Theorielage als auch – wichtiger – einer eigenartigen Praxis- und Diskurskonstellation in unserer Gegenwartsgesellschaft, die in Sachen Krankheit und Tod schon länger herrscht, sich durch die Pandemie und in ihr aber auf interessante Weise verschärft. Sterbepolitisch, so möchte ich fast glauben, werden wir gerade durch so etwas wie eine Wiederkehr des Todes kompromittiert. Mindestens jedoch lassen sich gewisse Risse der normativen Selbstverständlichkeiten rund um Krankheit und das sogenannte Lebensende registrieren. Dem gehe ich nach, wobei ich keine kulturübergreifenden Aussagen treffe, sondern nur von Europa, vielleicht auch nur, weil diese gerade rund ums Sterben eben in rechtlicher und sittlich-politischer Hinsicht speziell sind,[1] von den deutschen Verhältnissen sprechen kann.

Tod als Lebensende

Es ist wenig strittig, dass Krankheit und Tod Sozialtatsachen sind, die sich historisch wandeln – und dies gerade mit den biomedizinischen Neuerungen, die für das lange 20. Jahrhundert kennzeichnend sind, für das Jahrhundert der Anästhesie, der Intensivmedizin, der Krankenversicherung, von Rechtsstaat und Wohlstand sowie von inzwischen 70 Jahren Frieden in vielen Ländern Europas. Das 20. Jahrhundert ist freilich auch dasjenige der Genetik und eines verallgemeinerten Denkens der biologischen Evolution, verbunden mit der Vorstellung, das »Leben« als solches – ein Kollektivsingular, der nicht Sterblichkeit, sondern Überleben oder auch Überlebensfähigkeit im Großmaßstab zum Leitkriterium hat – fließe gleichsam durch die Individuen hindurch. Es erhalte sich selbst, dieses »Leben«, gleichsam entendlicht im Großmaßstab, nämlich in der biologischen Gattung: diese Vorstellung überlagert die Wahrneh-

1 Hiermit meine ich insbesondere die Sonderstellung medizinischer Eingriffe, die tatbestandlich, traditionell und nach herrschender Meinung auch bis heute als eine (im Falle der Einwilligung des Patienten: gerechtfertigte) Körperverletzung gelten, sowie die radikale Straflosigkeit des Suizids, der mangels Beteiligung einer fremden Hand nicht als Tötungshandlung gilt. Dass auch die Präsenz historischer Erfahrungen von Euthanasie und Patiententötungen in der NS-Zeit für die deutsche Diskussion über Krankheit und Sterbehilfe von einer gewissen Bedeutung ist, wird man nicht leugnen. Ob es deswegen hierzulande ein im Vergleich zu anderen liberalen Ländern irrationales Zögern gibt, Formen assistierten Sterbens zu legalisieren, steht freilich auf einem anderen Blatt. – Die gelungene Wendung »sittlich-politisch« für das, was kurze Zeit später (unter Preisgabe der Bezüge zur politischen Dimension) »biomedizinethisch« beziehungsweise »bioethisch« genannt worden ist, hat übrigens Otfried Höffe geprägt; vgl. Otfried Höffe, *Sittlich-politische Diskurse. Philosophische Grundlagen – politische Ethik – biomedizinische Ethik*, Frankfurt/M. 1981.

mung unserer selbst als Individuen, die nur eine ungewisse Spanne an begrenzter Lebenszeit besitzen.

Wenig strittig ist auch, dass in dem langen 20. Jahrhundert »der« Tod, ehemals eine existentielle, die Lebensführung begleitende Macht, zu einem Fernphänomen verblasst ist. Norbert Elias, Philippe Ariès, Ivan Illich und die Lebenslaufsoziologie sind diesem Kulturwandel nachgegangen.[2] Wir erwarten heute, am Ende eines Lebenslaufs zu sterben: nicht etwa unter der Geburt oder auf dem Schlachtfeld, sondern als Abschluss der sogenannten dritten »Lebensphase« oder auch – denn im Durchschnitt beträgt die Lebensdauer in Deutschland deutlich über achtzig Jahre – als »Hochbetagte«, den einschlägigen Fachausdruck hat uns die Impflogik der Pandemie unlängst nähergebracht. Drohungen wie ein Jüngstes Gericht sind mit dem Tod heute normalerweise nicht mehr verbunden, und es gibt eine Art Expertenpipeline (Pflege, Krankenhaus, Hospiz, selbst gewählte Bestattung, Trauergruppe), die tätig wird, sobald es ans Sterben geht. Nicht beruflich damit Befassten bleibt in einer Gesellschaft wie der unseren der Anblick von Toten weitgehend erspart. Mehr noch: Mittels Instrumenten wie Patientenverfügungen sind Sterben und Tod ein Stück Lebensplanung geworden.

Der Tod werde gesellschaftlich »verdrängt«, vermutete man in den 1970er Jahren. Inzwischen sind die soziologischen Belege dafür überwältigend, dass noch nicht einmal das der Fall ist. Moderne Gesellschaften wenden sich dem Faktum der Endlichkeit durchaus zu, aber sie interessieren sich schlichtweg nur noch für das Sterben. Die Phase *vor* dem Tod bindet unsere Aufmerksamkeit und macht uns Sorgen. Auch die Medizinethik konzentriert sich genau hierauf: auf den Übergang von der Krankheit, für die Therapie geboten ist, zum irreversiblen Sterbeprozess und die damit dann gebotenen Veränderungen der »Behandlung«.[3]

Ich muss nicht betonen, wie anders dies alles in früheren Jahrhunderten oder auch in Kriegszeiten war. Und bitter wissen wir auch, dass jenseits der medikalisierten bürgerlichen Normalität

2 Vgl. Petra Gehring, *Theorien des Todes. Zur Einführung*, Hamburg [4]2021.

3 Der Euphemismus »Änderung des Behandlungsziels« markiert seit 1997 in den Sterbehilferichtlinien der Bundesärztekammer den Übergang von Therapie zu den medizinisch gebotenen beziehungsweise erlaubten Maßnahmen (und Unterlassungen) von Behandlung und ggf. auch Ernährung am Lebensende.

des Sterbens im 20. Jahrhundert die Kultur der Milde jäh enden konnte. Eben dieselbe moderne Gesellschaft, deren Mitglieder den Tod im nachfragegerecht gestalteten Sterbeprozess aufgehen lassen möchten, ist in historisch neuer Weise in der Lage, Menschen administrativ geordnet der Massenvernichtung preiszugeben. »T4« und Auschwitz sind Kehrseiten des vorsorgestaatlichen Sterbehilfetodes. Lebenswertdiskurse, die das Lebensende bei negativem Lebenswert als Lösung empfehlen, setzen gleichwohl schon vor 1900 ein.[4] Auch begrifflich ist das Sterben so lebensethisch beziehungsweise als lebensdienlich gerahmt: nur noch Absterbenlassen, Bereinigen, Tilgen, ›noch-nicht-einmal‹-Tod. Die dazugehörigen Soziotechniken bedürfen keiner Rituale mehr, welche die Alterität von Tod und Trauer unterstreichen. Wo ein politisches Projekt jeweils auf die Selbststeigerung von Leben, auf das Bessermachen des Lebens im Medium des Lebens angelegt ist und nichts mehr eine Kultivierung des Todes gebietet, wird sozusagen nebenher gestorben. Der Machthistoriker Michel Foucault hat diesen historischen Paradigmenwechsel auf das 19. Jahrhundert datiert: Staatliche Herrschaft gibt nicht mehr »den« Tod (und lässt ansonsten leben), sondern sie gibt (und stärkt, kapitalisiert, optimiert) »Leben«.[5] Und Sterbenlassen wird zum sekundären, vielleicht sogar ignorierten Begleitphänomen, weil eben die Lebensprozesse das sind, was zählt. Sie schaffen Werte. Und sie lassen so eben auch Absterben, als bloßes »Abfall«-Erscheinendes, entstehen.

Sicher ist diese Sicht auf unsere Gegenwart als eine Epoche des Lebens nicht in ähnlicher Weise Konsens, wie die Befunde zum öffentlichen Bedeutungsverlust des Todes es sind. Ich halte daher nur fest, dass eine Entdramatisierung »des« Todes als Größe, eine Entritualisierung des Umgangs mit dem Tod, sinkende Angst vor dem Tod als postmortalem Zustand – sowie eine gesteigerte Aufmerksamkeit auf das Sterben als letzte Lebensphase – die wohlfahrtsstaatliche Moderne prägen, und zwar einschließlich einer wachsenden Angst vor jenem zunehmend abstrakter werdenden »Punkt« des Sterbens, mit welchem der oder die Sterbende das Leben verliert. Hinzu kommt eine Psychologisierung der Trauerarbeit

4 Petra Gehring, *Was ist Biomacht? Vom zweifelhaften Mehrwert des Lebens*, Frankfurt/M., New York 2006, S. 203 ff.

5 Michel Foucault, *Sexualität und Wahrheit*, Bd. 1: *Der Wille zum Wissen*, übers. von Ulrich Raulff und Walter Seitter, Frankfurt/M. 1983, S. 165.

derjenigen, die jemanden verloren haben, und auch eine Verschiebung der Darstellungsformen: Heute »zeigen« wir in ganz anderer Weise als früher Leichen – solche Leichen, die keinen Symbolwert haben, wie die sterblichen Hüllen von Märtyrern, Mördern oder Regenten, sondern die Physis von Gestorbenen.[6] Dafür scheuen wir uns, den Sterbeprozess selber zu zeigen, er gewinnt Züge eines intimsten Tabus. Sterben früher hingegen war profaner: zeigbar und von dieser Welt. Man sprach, erwartete und teilte letzte Worte an einem Sterbebett als (klein-)öffentlichem Ort. Die Pietät begann danach.

Selbstbestimmtes Sterben?

Vor dem skizzierten Hintergrund kennen wir sterbeethisch und sterbepolitisch ganz verschiedene Narrative, und die Perspektiven, die sich aus ihnen in der Freiheitsfrage ergeben, sind von paradoxer Gegensätzlichkeit.

Das eine Narrativ setzt Technikdeterminismus, Bürokratieverdacht oder auch Kritik an »Paternalismus« (ein interessantes neoliberales Theorem) dem Leitmotiv einer individuellen Sterbeautonomie entgegen. Es lautet etwa so: Die moderne Medizin greift immer umfassender auf Krankheiten wie auch auf den als Krankheit missverstandenen Sterbeprozess zu. Hinzu kommt der Geräteeinsatz, der für Medizin heute typisch ist – »Apparatemedizin«, ein Wort, das NS-Propagandafilme geprägt haben, ist hier das Stichwort. Wenn gesunde, junge und mittelalte Menschen bei diesem Wort heute vorwiegend Bettlägerigkeit und »Schläuche« assoziieren, ist bei dem, was man unter Autonomiegesichtspunkten ablehnt, wohl vor allem die Intensivstation gemeint. Entmündigender Zwang durch Geräte, Fremdbestimmung durch Ärzte – auch aber wohl, den eigentlichen Zeitpunkt des Sterbens passiv abwarten zu müssen, sind die Zumutungen, denen sich Individuen (wie auch Ethiker) entziehen wollen, die ein Mehr an »Autonomie« im Sterben fordern. Zur Konkretisierung dieser Sterbeautonomie kommt wiederum der Frage des selbstbestimmten Zeitpunktes eine Schlüs-

6 Thomas Macho, Kristin Marek (Hg.), *Die neue Sichtbarkeit des Todes*, München 2008.

selrolle zu. Weniger wie oder mit wem als wann ich als Patientin Nein sagen können möchte, etwa im Ablauf einer Erkrankung oder bei wachsender Passivität (Hilfe bei der Ernährung, Hilfe bei der Beatmung), steht im Zentrum typischer Autonomiekalküle eines *right to die*. Fast könnte man vermuten: eigentlich will man durch die Wahl des richtigen Zeitpunktes für eine definierte Maßnahme zur Lebensbeendigung wiederum »das Sterben« selbst vermeiden. Der ideal gewählte Zeitpunkt, die eigene Sterbeautonomie zu realisieren, wäre demgemäß derjenige, zu welchem der passive Teil des Sterbeprozesses zu beginnen droht. Man entzieht sich durch Sterbehilfe dem Sterben selbst. Dass dieses Selbststerben, um dem Sterben zuvorzukommen, ein phantasmatischer Kontrollwunsch ist und dass auch das korrekte Timing einigermaßen schwierig zu realisieren sein dürfte, versteht sich von selbst.

Wir kennen das Autonomienarrativ aus der politisch breit gefächerten liberalen, auch linksliberalen sowie rund um postsozialistische Dienstleister wie den Humanistischen Verband gepflegten Sterberechtsbewegung. Auch Strafrechtler – hier hat das Thema eine lange, zeitweilig eugenische Tradition – und durchaus einige Ärzte sowie natürlich an Gesamtkostenrechnungen interessierte Public Healther – langes und spätes Sterben treibt die Gesundheitsbudgets nach oben – hängen dieser Erzählung der Freiheit von den Geräten, gleichsam einem Heroismus des selbstbestimmten Todes an.

Das andere Narrativ hat in Teilen spiegelbildliche Züge. Es birgt weniger antipaternalistischen Heroismus, ist aber ebenfalls systemkritisch angelegt. An die Stelle des Autonomiegedankens tritt hier entweder eine Art Traditionalismus in Sachen Tod oder aber das Bestreben danach, Formen einer Dissidenz zu entwickeln, die dem Vitalparadigma gilt. Das Narrativ lautet etwa so: Die Moderne hat den Tod getilgt, aber auch das Sterben vermachtet, und zwar so, dass gerade die institutionalisierten Angebote der Sterbehilfe (wie des Sterbenlassens) einer Lebenswertlogik und bioökonomischen Maximen des »Produktivmachens« folgen. Noch das Sterben wird heute als Lebensvollzug, um nicht zu sagen: als Konsumgut und Dienstleistung, als Front-End-Seite einer Biostoffökonomie organisiert. Und tatsächlich ist ja die Organ- und Gewebegewinnung nicht nur in Patientenverfügungen, sondern auch bei der Ausgestaltung der Sterbestunden als Belang präsent. Selektiv natürlich:

Nicht jeder Komapatient wird nach Absetzen der Medikamente und neurologischer Todesdiagnose als Organspender tiefgekühlt. Und nicht jede, die den ärztlich assistierten Suizid wünscht, vertraut *post festum* ihren Körper der Klinik oder ihr Vermögen der Sterbehilfevereinigung an. Dennoch lässt gerade eine etwas ganzheitlichere Betrachtung der Sterbebegleitungs- und Sterbehilfedienstleistungen keine andere Schlussfolgerung zu als die, dass sich hier ein ganzer Sektor herausgebildet hat, der – an klassischen Ritualen frei, dafür umso durchgeplanter – an allem »Vitalen«, das aus dem Sterben noch herauszuholen ist, umsatzstark verdient. Die vermeintliche Autonomie im Sterben hieße demnach allenfalls, freiwillig einen vordefinierten Kundenstatus zu akzeptieren, und das Sterben gliche dann eher einem Nichtsterben: einer gebuchten Reise, einer Narkose, einem Ausknipsen ohne biographische oder im antiken Sinne ethisch-endgültige Einmaligkeit. Und geschützt ist man übrigens nicht. Denn anders als der echte, der eigenhändige Suizid ist der Sterbehilfetod – sei es der Hirntod, sei es einer durch Pentabarbiturat (wie bei Sterbehilfeorganisationen), sei es die sogenannte terminale Sedierung, also Betäubung und Hinüberdämmern durch Verhungern – ja hochgradig heteronom. Er ist Tod, den andere, den »Experten« kontrollieren.

Wir kennen Erzählungen dieses Stils von Philipp Ariès, Foucault, Deleuze sowie in der kryptokatholisch-dystopischen Version von Giorgio Agamben.[7] Aber auch existentialistisch anmutende Bemerkungen von Adorno oder Günther Anders zielen in diese Richtung – wohingegen Horkheimer bekanntlich ein Freund der staatlich vorgehaltenen Sterbehilfe war.

7 Die katholische Kirche selbst scheint – jedenfalls in Deutschland – zwar den ärztlich assistierten Suizid abzulehnen (wohl als »Suizid«), weniger aber solche Maßnahmen am Lebensende, in welchen sich der Behandlungsabbruch mit einer aktiven Gabe des Todes, etwa der Einstellung der Ernährung, vermischt. Auch die Hirntoddefinition und den Gedanken der auf diese Weise ermöglichten Weitergabe lebender Organe Sterbender tragen die beiden christlichen Kirchen in Deutschland mit.

Dass die geschilderten Sichtweisen diametral unterschiedlich sind, liegt auf der Hand. Ebenfalls ist klar, dass aus ihnen sterbepolitisch höchst Unterschiedliches folgen muss. Autonomiebefürworter wünschen sich Gesetze, die mindestens den ärztlich assistierten Suizid endlich legalisieren, noch besser die Tötung auf Verlangen durch jedermann. Biopolitikkritiker hingegen werden nach Rückzugs- oder Freiräumen suchen, in welchen man juridoide Steuerungszumutungen abschütteln kann und anachronistische Formen des Sterbens zurückgewinnt. Hier wären vielleicht »Heterotope«[8] gefragt, Sterbeorte, an welchen man der Medizin nicht abschwören muss, aber auf Vorgaben der Krankenkasse oder überhaupt Sterbedienstleistungen pfeift und sich um soziale Passform und eventuelle Pflichten zur Hergabe von Körperstoffen oder gar Organen nicht schert. Idealerweise würde dies im Kreis von Freundinnen und Freunden geschehen, die dergleichen mittragen. In der Frage des Wann des Sterbens wäre aus dieser Sicht womöglich eine epikureische Haltung der Ruhe erstrebenswert, kein Glaube an »Schicksal«, aber die Fähigkeit, in innerer Ruhe abzuwarten.

Beide Einstellungen haben Züge einer Probe aufs wahre Leben im falschen, weswegen sie schon immanent durch gewisse Widersprüche gezeichnet sind. Ein Einwand gegen die Autonomieposition lautet natürlich: Wieso rufen ausgerechnet Gegner des Paternalismus nach dem Staat? Warum macht man es nicht selbst, was in Deutschland bekanntlich seit dem 19. Jahrhundert erlaubt ist. Warum also nicht Suizid und warum der Euphemismus »ärztlich assistierter Suizid« für ein natürlich fremdarrangiertes, als Staatsdienstleistung arrangiertes Sterben und im Falle der »aktiven« Sterbehilfe für einen klassischen Tod von fremder Hand? Freitod ist das ja gerade nicht! Und warum vertraut man diese Aufgabe ausgerechnet Ärzten an, die doch heilen sollen und wollen und von denen die meisten Patienten gerade kein Ablassen von genau nur dieser Mission erwarten? Förster, Jäger, Tierärzte und Metzger (sowie das Militär) wären als Experten dafür, ich sage mal: »das Sterben zu geben«, deutlich näher dran. Und es gibt Gründe dafür, dass man Ärzte, die sich etwa an der Verrichtung von Hinrichtungen beteili-

8 Vgl. Foucault, *Sexualität und Wahrheit 1*.

gen, verabscheut. Anders gesagt: Wird jemand, der allzu unbedacht Sterbehilfe fordert, nicht indirekt zum Mittäter, dass an anderer Stelle systemische Schranken zu einer wohlfahrtsstaatlichen regelrechten »Ökonomie« des medikalisierten Sterbenlassens fallen?

Einwände gegen die biopolitikkritische Position treffen sich im Vorwurf der unzulässigen und auch gegenwartsfremden Abstraktion. Denn liegt im Beharren auf einem unvermachteten, einem nicht »hergestellten«, sondern lediglich »kommenden«, vielleicht sogar »echten« Tod nicht eine Romantisierung von Alterität? Und postuliert man damit nicht Zumutungen, denen das Individuum schlussendlich nicht standhält? Im Ergebnis bliebe ein freiwilliger Heroismus für wenige – und unnötiges Leiden für viele. Wie man chirurgische Eingriffe heute zum Glück unter Narkose vollziehen wird, sollte man also auch den Tod nicht zu mehr machen, als er ist: ein vermeidbares Leid. Überdies könnte auch das Zielbild eines individuellen, nichtmedikalisierten Todes einer überzogenen Autonomievorstellung folgen, denn was spricht gegen Heteronomie? Warum sollen wir nicht zum Lebensende wieder verkindlichen, auf Bestellung andere machen lassen und einfach die körperlich mildeste Lösung schon einmal vorbereiten und tatsächlich nur noch konsumieren, wenn es so weit ist? Hinzu kommt die Zumutung für die Mitmenschen, die fehlende Planung und kontingente Ereignisse mit sich bringen: Wer unter kontingenten Umständen wochenlang auf seine eigene Weise dem Tod ins Auge blicken will, stellt doch durchaus rücksichtslose Ansprüche an sein soziales Umfeld.

Letztlich zeigt das Prisma der genannten Einwände differente Freiheitsbegriffe, die hier jeweils am Werk sind. Das Autonomiemodell favorisiert, anders als der Terminus Autonomie klassischerweise nahelegt, das Ideal einer »Freiheit von« – wobei die vorsortierten Wahlmöglichkeiten (in einer Patientenverfügung sogar in Formularform) nicht als Einengung, sondern als Hilfe erscheinen. Rechtsansprüche kommen als Abwehrinstrument zum Einsatz – etwa um den Medizinbetrieb auf bestimmte Maßnahmen zu verpflichten. Und sie erscheinen als Zugangsinstrumente zu Leistungen, die man haben möchte: Sie sichern ein Gut, dessen Wert man kennt und das zu priorisieren man überzeugt ist. Ähnlich wie der Bestellkauf Vorteile gegenüber einem ungerichteten Bummel hat, bei welchem man sich alle Entscheidungen situativ vorbehält, stellt diese Art von Wahlentscheidung durch Selbstfestlegung zeitstabil auch Sicherheit her. Verzichtet wird allerdings auf Kontingenz – auf die Freiheit, Freiheitsausübung aus künftigen Kontexten heraus spontan zu gewinnen. Man verzichtet also etwa auf den schon erwähnten Modus des überraschungsoffenen Bummelns, konkret: auf die Möglichkeit, Krankheit, Sterben und Tod könnten ähnlich wie das Verlieben, ein Umzug in eine neue Stadt oder ein Berufswechsel eine Art Abenteuer sein. Ich spreche von Abenteuer und vermeide bewusst das Wort Schicksal, denn um Determination geht es ja gerade nicht. Aus Sicht der Abenteuerfreiheit haftete vielmehr den Vorfestlegungen des Autonomiemodells einiges an Unfreiheit an. Kontingenz wiederum dürfte nicht um ihrer selbst willen – aus schierer Freude am Überraschtwerden –, sondern um der jederzeit (und auch »dann«) noch maximalen Gestaltungsräume willen attraktiv sein. Aus der biopolitikkritischen Sicht auf Sterben und Tod ergibt sich – da nur negativ definiert – nicht direkt ein Verständnis von Freiheit. Sie korrespondiert aber eher mit der Idee einer »Freiheit zu«, begriffsgeschichtlich würde man sagen: nicht einem vertragstheoretisch-liberalen, sondern einem antiken Konzept von Autonomie. Wir wären demnach »frei«, sofern wir uns als aktiv Existierende begreifen, die in jedem Moment ein Maximum an Möglichkeiten suchen sowie diese dann auch gestalten, das aber sehenden Auges unsicher und »ohne Geländer«. Dem Tod begegnete man demgemäß mit einer Haltung, die Einmaligkeit kostbar findet und auch auf Namentlichkeit, gleichsam auf einer biographischen Handschrift, beim Sterben beharrt. »Jemeinigkeit« würde Heidegger sagen – ein Wort, das weniger originell ist, als es klingt, weil der Gedanke dahinter antike Ethiken abpaust.[9]

In der schon angedeuteten epikureischen Variante würde die zuletzt beschriebene vor- und außerjuridische Gestaltungsfreiheit zudem die Freiheit zur Skepsis angesichts unnötiger Dramatisierungen von Sterben und Tod umschließen. Denn wer sagt, dass Sterben überhaupt eine große Sache sein muss? Ein beachtlicher Teil älterer Menschen stirbt auch heute noch einfach nachts im Schlaf. Und können Unfallfolgen oder Krankheiten nicht deutlich

9 Dass Heideggers Todespathos auch in seiner Verbindung mit einer dann doch die Todesumstände seltsam egalisierenden Abstraktheit problematisch ist (so zieht man dann auch brav in einen ungerechten Krieg), ja dass Heidegger mit der Figur eines aneignenden »Vorlaufens« vielleicht sogar seinerseits wieder Kontrollphantasien bedient, ist oft bemerkt worden. Ich unterstreiche es ebenfalls.

unangenehmer und quälender sein als der Sterbevorgang selbst? Wie viel Todes- und Sterbenssorgen sind, gerade was das eigene Sterben angeht, nicht doch einfach nur Abschiedsschrecken, also Ängste, das Nichtmehrdasein betreffend, und ansonsten Sorgen im Kopf?

Nimmt man überhaupt die Krankheit als gesonderte Herausforderung mit ins Bild, entsteht ein endgültig komplexes Themendreieck, das recht unterschiedliche Wertungen zulässt. Denn Freunde der Sterbeautonomie und des *right to die* werden vermutlich zwar auch generell eine medizinethische Patientenautonomie befürworten. Und der Biopolitikkritik dürfte auch eine ähnlich gelagerte Kritik der modernen Medizin entsprechen. Dennoch sind Wertungen im Rahmen von Diskussionen über Klinischer Medizinbetrieb versus Patientenselbsthilfe oder auch über Schulmedizin versus Alternativmedizin nicht eins zu eins von den eingangs geschilderten Narrativen abhängig. Der Verfechter der Sterbeautonomie kann Patientenselbsthilfe oder Alternativmedizin befürworten, und die Biopolitikkritikerin wiederum kann unwissenschaftliche Behandlungsmethoden klar ablehnen.

Krankheit, Sterben und Tod können sich zumal in dem Sinne gegenseitig entdramatisieren, dass alle drei ihr existentielles Gewicht relativ aufeinander gewinnen. Potentiell tödliche Krankheiten oder sicher zum Tod führende sind anders als solche, an denen man gesichert nicht stirbt. Nicht wenige Formen der Therapie, die ich als Erkrankte ertrage, möchte ich als Sterbende nicht mehr auf mich nehmen. Und ebenso ist es kein Geheimnis, dass auch jemand, der gern lebt, sich den Tod wünschen kann, wenn eine Krankheit ein großes Unglück ist.

Schicksal oder gesellschaftliche Herausforderung?

Gewinnen wir planerisch und durch Verrechtlichung Kontrollmacht über ein medikalisiertes Sterben, das sonst Schicksal wäre, oder erweisen sich just die ja ihrerseits biomedizinisch ebenfalls wohlgeformten Instrumente des Planens als Schicksalsmacht? Mir scheint es eine naheliegende Einsicht zu sein, dass es ein entfremdeter Akt bleibt, im eigenen Namen oder mit einer nahestehenden Person die Erkrankungen, die möglichen Sterbeursachen und die

Sterbeumstände durchzugehen, die eine gründliche Patientenverfügung checklistenartig vor mir ausrollt. Soll man also ankreuzen: »Blasenkatheter«, »Peg-Sonde«, »Intubation«: »Ja«, »Nein«? Und verfügbar ist noch nicht einmal die Option »Vielleicht«?

Auch die dringende Bitte meiner Krankenkasse (und der Kirchen), rechtzeitig mit den Personen des Vertrauens über das eigene Sterben zu reden, schmeckt nach Geständniszwang. Und dass anstelle der Patientenverfügung alten Typs die Betreuungsverfügung – also Pauschalvollmachten ohne Checkliste – auf dem Vormarsch ist, ist ebenfalls keine gute Nachricht. Es gehört zu den selten erwähnten Fakten, da es bei Senioren mit den Kindern nicht selten eben die Erben sind, die darüber entscheiden, ob und wann was sich noch wie lange lohnt, wenn der Elternteil ohnehin bald stirbt. Ärzte und medizinisches Personal, die damit verbundene Voreingenommenheiten kennen, stehen dem Instrument der Patientenverfügung kritischer gegenüber als die Betroffenen selbst.[10] Leider sind Untersuchungen allerdings selten, die dem nachgehen.

Nicht nur die Erben, auch die aktuellen Umstände können eine zu eng formatierte Selbstbestimmung kompromittieren. Sterbepolitisch ist es interessant, dass in der Pandemie zahlreiche Menschen plötzlich ihre Patientenverfügung neu kennen und auch fürchten lernten, stand in dieser doch die Ablehnung künstlicher Beatmung. Triage »gegen mich«, aufgrund einer solchen Willenserklärung? Nein, so war die Abwehr der Apparatemedizin dann doch nicht gemeint. An den Fall einer Infektion als Beatmungsgrund hatte man nicht gedacht. Wer plant, muss ein Stück weit damit leben, auf gegebene Randbedingungen gewettet zu haben.

Mit Fehlannahmen wie der Überzeugung, Beatmung könne nicht situativ auch Rettung sein, entlarvt sich nicht nur ein überzogenes Wunscherfüllungsphantasma in Sachen Tod (›mal eben‹ das eigene Sterben gut regeln). Deutlich wird vielmehr, worum es bei der Konstruktion einer angeblich freiheitssichernden Rechtsposition angesichts eines furchteinflößend starken und einzigartigen Ereignisses eigentlich geht: Sterbeautonomie ist ein Fetisch, der Kontrolle verspricht. Mit dem Segen des eigenen Willens stürbe man quasi nur mehr an sich selbst, auch wenn man den Tod eigent-

10 Stephan Sahm, *Sterbebegleitung und Patientenverfügung. Ärztliches Handeln an den Grenzen von Ethik und Recht*, Frankfurt/M., New York 2006.

lich natürlich (ja) nicht will. Plötzlich freilich – etwa wenn er als Seuche daherkommt – lugt er dann doch wieder um die Ecke, der vermeintlich gebannte Schrecken; der Tod (oder auch der Sterbeprozess) als virulentes Widerfahrnis, welches das Sterbe-*Enhancement* nicht zähmt.

Fazit

Es scheint eine Betrachtung geboten, welche die Alternative »Krankheit und Tod: Schicksal oder gesellschaftliche Herausforderung?« hinter sich lässt – in diesem Sinne habe ich auch hinsichtlich des Themas Autonomie die Künstlichkeit konstruierter Entweder-oder-Konstellationen vorgeführt. Weder lautet die Alternative, passiv oder aktiv zu sein, denn passiv sind wir letztlich immer, und genauso besteht Kultur immer schon in einem aktiven Verhältnis zu Krankheit und Tod – noch beginnt Sterbesouveränität erst mit dem Unterzeichnen einer Verfügung, sondern auch die stoische oder epikureische Ruhe sind hart erarbeitete Haltungen des Freiseins. Nur ein erwachsener, kraftraubender Habitus macht sie möglich.

Wohlfahrtsstaatliche Sterbepolitiken lassen sich nicht auf einfache Alternativen reduzieren. Ideologien des schicksalhaften Sterbens – die Formel vom »Sterbenlassen«, auf welche die Kirchen und die Bundesärztekammer sich zur Rechtfertigung von »unterlassenden« Maßnahmen am Lebensende gern zurückziehen, zitiert sie nur scheinbar. In Wahrheit ruhen sie auf Formen eines aktiven Überschreibens von Todeswissen und Trauerritualen, mit welchen Europa mindestens zweieinhalb Jahrtausende gelebt hat, bevor Ideologien eines todlosen Lebens dem individuellen Sterben – vermeintlich – alles Tragische genommen haben, ohne dass klar war, was damit folgt.

Der Tod als bloßes »Lebensende«: ist er passiv? Individuell vielleicht, denn hier beherrschen Sterbedienstleistungen das Feld. Biopolitisch mag es sich gleichwohl um eine Gestaltungszone handeln – von der Gewebe- und Organernte bis zur Perfektionierung der Zeitplanungen in der Frage, wann genau das Plateau eines erfolgreich »gesund« gelebten Lebens besser schlagartig (etwa durch assistierten Suizid) verlassen werden sollte, als eine Phase teuren Siechtums zu riskieren.

Halb im Spaß habe ich in diesem Beitrag bereits einmal kurz die Formulierung von Sterbe-*Enhancement* verwendet. Vielleicht könnte man sagen: Schicksal ist das Sterben heutigen Zuschnitts zwar sehr wohl. Es vollzieht sich aber zunehmend in einer gesellschaftlich gelenkten Form. Es ist also keineswegs etwas, das naturbelassen oder kontingent auf uns kommt, sondern ein zugerichtetes Produkt, das sich auf die Kräftefelder eines Bio- oder Vitalkapitalismus einzustellen hat, in welchem die Optimierung und Ausnutzung von Lebenszeit und Lebensstoffen zählen.

Steffen Augsberg

Leben als Höchstwert? Unklarheiten bezüglich Lebensanfang, Lebensende und Lebensbeendigung

I. Problemaufriss: Leben als diffiziles und volatiles Schutzobjekt des Rechts

Das Bundesverfassungsgericht spricht bekanntlich davon, das Leben sei »ein Höchstwert innerhalb der grundgesetzlichen Ordnung«.[1] Dem korrespondieren indes Unklarheiten hinsichtlich der Reichweite und Konsequenzen der Gewährleistung – gerade am Anfang beziehungsweise Ende des menschlichen Lebens.[2] Dass das Rechtsgut Leben geschützt werden muss, ist demnach klar. Welches Leben gemeint ist, wie weit der Schutz reicht und wie er ausgestaltet sein muss, ist hingegen weiterhin umstritten. Kriseninduziert sind aktuell gewichtige Stimmen zu vernehmen, die einen (nahezu) absoluten Schutz einfordern.[3] Zugleich sind Relativierungstendenzen zu erkennen: Für Lebensbeginn und -ende ist hier namentlich auf (bio-)technologische Weiterentwicklungen und besondere Konkurrenz- und Knappheitssituationen hinzuweisen. Darüber hinaus haben zuletzt im Umfeld beziehungsweise Nachgang der Suizidhilfeentscheidung des Bundesverfassungsgerichts[4] Voraussetzungen und Grenzen der Beendigung des eigenen Lebens erhöhte Aufmerksamkeit gefunden.[5] Das Rechtsgut Leben ist dabei zwar

1 Vgl. etwa BVerfGE 153, 182 (270); 115, 118 (139); 115, 25 (45); 49, 24 (53); 46, 160 (164); 39, 1 (42).

2 Vgl. zum Schutz außerhalb der »Normallage« näher Stephan Rixen, in: Sebastian Heselhaus, Carsten Nowak (Hg.), *Handbuch der Europäischen Grundrechte*, München ²2020, § 14; siehe auch ders., in: Michael Sachs (Hg.), *GG. Grundgesetz. Kommentar*, München ⁹2021, Art. 2 Rn. 141 ff.

3 Siehe vor allem den Beitrag von Jürgen Habermas in diesem Band.

4 BVerfGE 153, 182 ff.

5 Siehe bspw. die Beiträge in: Arnd Uhle, Judith Wolf (Hg.), *Entgrenzte Autonomie? Die assistierte Selbsttötung nach der bundesverfassungsgerichtlichen Entscheidung vom 26. Februar 2020*, Münster 2021, sowie die Beiträge zur »Neuregelung der Suizidassistenz« in: *Zeitschrift für medizinische Ethik* 67/4 (2021).

sachgeprägt, aber nicht einfach durch Rückgriff auf nachbarwissenschaftliche Erkenntnisse, sondern normativ zu bestimmen.[6] Das verweist auf das Verhältnis zum Selbstverständnis (in individueller wie in gesellschaftlicher Perspektive) und zur Selbstbestimmung des Menschen. Gerade Letztere wird zwar auch auf das Rechtsgut Leben erstreckt und erfasst deshalb prinzipiell das Recht, über das eigene Lebensende zu entscheiden. Dementsprechend ist ein informiertes Behandlungsveto für Ärzte und Pflegepersonal selbst dann verbindlich, wenn die Nichtbehandlung zum Tode des Patienten führt. Weil anderenfalls eine – grundrechtlich inakzeptable – »Pflicht zum (Weiter-)Leben« bestünde, sind auch (freiverantwortlich getroffene) Suizidentscheidungen grundrechtlich geschützt. Was Selbstbestimmung hier konkret bedeutet, wie etwa Relationalitätsaspekte einbezogen sowie insbesondere die Ambivalenz und Volatilität von Sterbewünschen angemessen berücksichtigt werden können, ist allerdings weitgehend ungeklärt und Gegenstand intensiver rechtstheoretischer, rechtsdogmatischer und rechtspolitischer Debatten.[7] Vor diesem Hintergrund dienen die nachfolgenden Ausführungen dazu, eine zunächst recht einfache, aber mit weitreichenden Konsequenzen versehene These zu plausibilisieren: Abwägungen von Leben und Freiheit sind schon infolge der unterschiedlichen Schutzperspektiven diffizil. Geht es einmal um Integritäts-, also Bestandsschutz, wird mit der Selbstbestimmung gerade das Entwicklungs- und Handlungsmoment in den Blick genommen. Das deutet bereits unterschiedliche Schwierigkeiten an, im Rahmen der Verhältnismäßigkeitsprüfung epistemische Ungewissheit und zeitliche Perspektiven zu berücksichtigen.[8] Auch deshalb erscheint es nachvollziehbar,

6 Vgl. dazu etwa Steffen Augsberg, »Würde des Menschen als Gattungswesen. Zur Verrechtlichung des Gattungsargumentes«, in: Peter Dabrock u. a. (Hg.), *Gattung Mensch. Interdisziplinäre Perspektiven*, Tübingen 2010, S. 385-402, hier S. 390 ff. m.w.N.; siehe auch Dan Wielsch, »Die Vergesellschaftung rechtlicher Grundbegriffe. Vom Universalismus zum Multilateralismus in der Rechtserzeugung am Beispiel des Eigentums«, in: *Zeitschrift für Rechtssoziologie* 38 (2019), S. 304-337.

7 Siehe bspw. Frauke Rostalski, »Freiheit und Sterben. Zu den Kriterien autonomen Sterbens und ihrer Beachtung im System der Tötungsdelikte«, in: *JuristenZeitung* 76/10 (2021), S. 477-484.

8 Vgl. schon Johannes Saurer, »Die Globalisierung des Verhältnismäßigkeitsgrundsatzes«, in: *Der Staat* 51 (2012), S. 3-33, hier S. 31 f.; Arno Scherzberg, »Risikosteuerung durch Verwaltungsrecht: Ermöglichung oder Begrenzung von Innovationen?«, in: *Veröffentlichungen der Vereinigung der Deutschen Staatsrechtslehrer* 63

wenn nach Möglichkeiten gesucht wird, durch klarere Grenzziehungen und Hierarchisierungen Abwägungen zu vermeiden oder doch vorzustrukturieren.[9] Konkret werden allerdings Lebens- und Selbstbestimmungsschutz teils nicht als kontextsensibel zu erfüllende und aufeinander bezogene Aufgaben verstanden, sondern erst die (überzogene beziehungsweise jedenfalls kritisch zu hinterfragende) Erwartung, selbstbestimmtes Entscheiden könne unterstellt oder zumindest prozedural hinreichend abgesichert werden, erlaubt es, dieser Freiheit pauschalen Vorrang vor dem Leben einzuräumen. Das soll helfen, das Abwägungsdilemma jedenfalls für die Fälle der Selbsttötung zu vermeiden, führt aber in eigene Schwierigkeiten.

II. Verfassungsnormative Relevanz des »Höchstwerts« Leben: Zwischen absolutem Schutz und kontextbezogener Abwägungsoffenheit

Im Ausgang ist die Rede vom Leben als »Höchstwert« Ausdruck einer unmittelbar einleuchtenden verfassungsnormativen Vorgabe. Sie trägt der Einsicht Rechnung, dass der einzelne Mensch im Zentrum unserer Rechtsordnung steht. Zudem ist angesichts der offensichtlichen Irreversibilität von Eingriffen besonders große Vorsicht geboten. Schließlich ergibt sich das Erfordernis hoher Sensibilität aus der spezifischen Metaschutzfunktion des Lebensschutzes: Er ist »Grund der Grundrechte« nicht in einem normativen beziehungsweise historischen,[10] sondern in einem realen beziehungsweise vitalen Sinn. Denn obwohl in Grenzen ein postmortaler Grund-

(2004), S. 214-263, hier S. 246 ff., 249 ff., sowie zuletzt mit Blick auf die epistemischen Unsicherheiten der »Coronakrise« Friedhelm Hase, »Verfassungsrechtswissenschaft in der Corona-Krise – worauf kommt es an?«, in: *JuristenZeitung* 75/22 (2020), S. 1107 f.; Hans-Heinrich Trute, »Ungewissheit in der Pandemie als Herausforderung«, in: *Zeitschrift für das Gesamte Sicherheitsrecht* 3/3 (2020), S. 93-101.

9 Vgl. kritisch zum Abbau rechtsdogmatischer Bestände und deren Ersetzung durch das »flexible bis nichtssagende Paradigma der Interessen- oder Werteabwägung« schon Niklas Luhmann, *Das Recht der Gesellschaft*, Frankfurt/M. 1993, S. 539.

10 Vgl. dazu nur Uwe Volkmann, in: Matthias Herdegen u. a. (Hg.), *Handbuch des Verfassungsrechts. Darstellung in transnationaler Perspektive*, München 2021, § 16 Rn. 4 ff.

rechtsschutz anerkannt wird,[11] liegt doch auf der Hand, dass das eigene Leben essentielle Voraussetzung gehaltvoller Grundrechtsgewährleistung ist. Indes klingt schon in der Betonung des Bundesverfassungsgerichts, das Leben sei »ein« Höchstwert, eine deutliche Distanzierung an. Verstärkend tritt die systematisch vorgegebene Möglichkeit, Eingriffe zu legitimieren, also den »Höchstwert« im Einzelfall doch zu übertrumpfen, hinzu.[12] Folgerichtig zeigt sich bei näherer Betrachtung, dass der Schutz keineswegs so eindeutig, weitreichend und stark ist, wie es das Schlagwort vom »Höchstwert« suggeriert.

Das ist zumal angesichts der in der jüngeren Vergangenheit geäußerten Forderungen nach einem sehr weit gehenden, »normalen« Abwägungsverfahren entzogenen und somit letztlich (nahezu) absoluten Lebensschutz hervorzuheben. Wenn mit Blick auf die Covid-19-Infektionsschutzmaßnahmen argumentiert wird, es sei inakzeptabel, vom Ziel der Reduktion von Infektionszahlen (und damit auch von tödlichen Verläufen) auf die Vermeidung eines überlasteten Gesundheitssystems umzustellen,[13] wird der Staat verpflichtet, letztlich jeden einzelnen »vermeidbaren« Sterbefall zu verhindern. Diese in expliziter Auseinandersetzung mit rechtswissenschaftlicher Kritik an einem »Supergrundrecht« Leben und Gesundheit[14] entwickelte Position ist in mehrfacher Hinsicht problematisch: Indem sie dem Staat schlicht sämtliche infektionsbedingten Todesfälle zurechnet, unterstellt sie eine normativ relevante Ursächlichkeit, die so nicht besteht.[15] Dass Todesfälle – in Grenzen – in Kauf genommen werden, ist weder allein Ausdruck eines faktischen Kausalzusammenhangs noch einer rechtlich relevanten Verantwor-

11 Vgl. nur Klaus Stern u. a., in: ders. (Hg.), *Das Staatsrecht der Bundesrepublik Deutschland*, Bd. IV/2: *Die einzelnen Grundrechte*, München 2011, S. 1039 f. m.w.N.

12 Vgl. dazu näher etwa Stephan Rixen, in: Sachs (Hg.), *GG*, Art. 2 Rn. 164 ff. m.w.N.

13 Siehe hierzu den Beitrag von Jürgen Habermas in diesem Band.

14 Vgl. Hans Michael Heinig u. a., »Why Constitution Matters – Verfassungswissenschaft in Zeiten der Corona-Krise«, in: *JuristenZeitung* 75/18 (2020), S. 861-872, hier S. 864.

15 Umgekehrt wird in dem als Gegenbeispiel herangezogenen Fall der Schleyer-Entführung die tatsächlich gegebene Kausalität des (Nicht-)Handelns der Regierung für den Tod Schleyers verneint, anstatt auf den normativ relevanten Aspekt der Zurechnung abzustellen. Für diesen Hinweis danke ich Reinhard Merkel.

tungsübernahme. Im Grunde liegt die Schwierigkeit damit gerade in der Bestimmung der »Vermeidbarkeit«: Wer sie rein faktisch-medizinisch versteht, also normative Zurechnungs- und Abwägungsaspekte ausschließt, kann nicht nur, sondern müsste letztlich selbst schlimmste technokratisch-totalitäre Gegenmaßnahmen, wie sie aktuell in Teilen der Volksrepublik China zu beobachten sind, für verfassungsrechtlich geboten erachten. Umgekehrt würde es mindestens stark erschwert, wenn nicht unmöglich, grundrechtlich relevante »Kollateralschäden« der Lebensschutzanstrengungen (etwa langfristige Gesundheitsfolgen oder wirtschaftliche, soziale, kulturelle Auswirkungen) zu berücksichtigen. Darüber hinaus stellte die Annahme einer solchen absoluten Lebensschutzgarantie nicht nur die Trennung von Abwehr- und Schutzdimension[16] in Frage, sondern ebnete zumal bestehende strukturelle Unterschiede von Menschenwürde und Lebensgrundrecht ein. Zwar gibt es kein »würdeloses« menschliches Dasein.[17] Dennoch ist eine Differenzierung sinnvoll, weil absoluter Schutz als unüberwindbares Hindernis wirkt, das staatliches Handeln nicht nur moderiert, sondern vollständig ausbremst und deshalb nur dann funktional nachvollzogen werden kann, wenn es einen stark begrenzten Einsatzbereich behält.[18] Unabhängig von den vorliegend nicht zu rekapitulierenden, sehr differenzierten Debatten über die Menschenwürde[19] muss es deshalb jedenfalls für den Regelfall der sonstigen Grundrechte dabei bleiben, dass sie zwar *prima facie* Handlungsalternativen ausschließen, aber keine pauschalen Tabus errichten, sondern in ihrer Schutzintensität über Erwägungen zur Verhältnismäßigkeit modifiziert werden können. Die deontologisch starke Menschenwürdegarantie stellt damit nicht nur im internationalen Vergleich,[20] sondern zumal im System des deutschen Verfassungsrechts eine

16 Vgl. dazu nur Rixen, in: Sachs (Hg.), *GG*, Art. 2 Rn. 18 ff., 182 ff.

17 BVerfGE 39, 1 (41), 88, 203 (252); zustimmend etwa Josef Isensee, »Menschenwürde – die säkulare Gesellschaft auf der Suche nach dem Absoluten«, in: *Archiv des öffentlichen Rechts* 131/2 (2006), S. 173-218, hier S. 215.

18 Vgl. dazu Karl-Heinz Ladeur, Ino Augsberg, *Die Funktion der Menschenwürde im Verfassungsstaat. Humangenetik – Neurowissenschaft – Medien*, Tübingen 2008, insb. S. 8 ff., S. 27 ff.

19 Dazu statt vieler sehr instruktiv Manfred Baldus, *Kämpfe um die Menschenwürde: Die Debatten seit 1949*, Berlin 2016.

20 Vgl. dazu etwa Horst Dreier, in: ders. (Hg.), *Grundgesetz Kommentar: GG*, Tübingen ³2013, Art. 1 Rn. 28 ff.

Ausnahmebestimmung, einen »Grenzbegriff des Rechts mit einem sehr eng zu ziehenden Anwendungsbereich«[21] dar. Regelhaft haben Grundrechte keine entsprechende Alles-oder-nichts-Struktur, sondern sind skalierbare Beschränkungen staatlicher Tätigkeit, deren Reichweite und Bedeutung vom konkreten Verwendungskontext abhängt. Grundrechte dienen in diesem Sinne nicht dazu, den Staat zu lähmen oder einseitig zu verpflichten, sondern sollen nur eine angemessene Berücksichtigung individueller Belange bei der Verfolgung der im Kollektiv beschlossenen Ziele gewährleisten. Das setzt eine Kaskade gestufter, in sich jeweils mit spezifischen Rationalitätsanforderungen versehener Verfahrensschritte voraus, insbesondere im Zusammenhang der Verhältnismäßigkeitsprüfung. Es tritt aber noch nicht einmal mit dem Anspruch »mathematischer Präzision« an,[22] sondern belässt den staatlichen Stellen bewusst einen gewissen Einschätzungs- und Entscheidungsspielraum.[23] Dementsprechend mag man politisch darüber streiten, wie weit das Kriterium der »vermeidbaren« Todesfälle reicht; eine unmittelbar wirkende, direkt aus der Verfassung ableitbare Verpflichtung lässt sich hingegen auf diese Weise nicht begründen. Gerade weil mithin (auch) das Lebensrecht kein absolutes Stoppsignal beinhaltet, staatliches Handeln also nicht verbietet, sondern nur in verhältnismäßige Bahnen lenken soll, kann ein dynamischer, in die Zeit hinein wirksamer und bereichsbezogen angepasster Grundrechtsschutz entwickelt werden. Dass damit kein bloßes *anything goes* verbunden ist, sondern im Gegenteil stets eine Rückbindung an grundlegende Schutzintentionen erforderlich ist, lässt sich an drei exemplarischen Entwicklungs- und Relativierungskonstellationen – dem Lebensanfang, dem Lebensende und der Lebensbeendigung – nä-

21 Ladeur/Augsberg, *Die Funktion der Menschenwürde im Verfassungsstaat*, insb. S. 29 f.

22 Dass auch die höhere Mathematik sich dieser simplifizierenden Vorstellung entzieht, sondern auf stärker intersubjektiv relevante Kriterien wie insbesondere die Ästhetik Bezug nimmt, steht auf einem anderen Blatt. Für diesen Hinweis danke ich Matthias Fahrenwaldt.

23 Vgl. ebenso mit Blick auf staatliche Entscheidungen in der Coronakrise Deutscher Ethikrat, *Stellungnahme: Vulnerabilität und Resilienz in der Krise – Ethische Kriterien für Entscheidungen in einer Pandemie*, 2022, S. 127 f. m.w.N., ⟨https://www.ethikrat.org/fileadmin/Publikationen/Stellungnahmen/deutsch/stellungnahme-vulnerabilitaet-und-resilienz-in-der-krise.pdf⟩, letzter Zugriff 29. 05. 2022.

her entfalten. Die Darstellung betrifft divergente Phänomene und beansprucht nicht, einen umfassenden Trend zu belegen. Dennoch lässt sie sich als Indikator für übergreifende, auf einer abstrakteren Ebene noch nicht bewältigte Problemstellungen verstehen.

1. Lebensanfang

Traditionell bestehen Unklarheiten hinsichtlich des einsetzenden Schutzes am Beginn der menschlichen Existenz.[24] Insoweit verbinden sich aktuell ältere, aber keineswegs ausgefochtene Debatten über den Menschen und das *proprium humanum*[25] mit neueren Technologien und Erkenntnissen insbesondere aus Biologie und Medizin.[26] Ungeachtet der Tatsache, dass das Recht entsprechende Diskussionen und Entwicklungen selbstredend nicht einfach ignorieren kann, weil sich rechtliche Verständnisse auch auf dem Forum der Öffentlichkeit und der (Nachbar-)Wissenschaften argumentativ erklären lassen müssen,[27] bedarf es einer rechtssysteminternen, normativen Einordnung. Dies verdeutlicht der Umgang mit extra- und intrauterinem vorgeburtlichem Leben.

(a) Genomeditierung, Reproduktionsmedizin und Embryonenschutz

Gerade im Kontext der Medizin stellen moderne technologische Möglichkeiten/Verfahren traditionelle normative Vorstellungen und selbst grundlegende Überzeugungen in Frage.[28] Teilweise

24 Vgl. nur Rixen, in: Sachs (Hg.), *GG*, Art. 2 Rn. 143 ff. m.w.N.

25 Dazu etwa Jörn Ahrens, *Frühembryonale Menschen? Kulturanthropologische und ethische Effekte der Biowissenschaften*, Paderborn, München 2007, sowie die Beiträge in: Detlev Ganten u. a. (Hg.), *Was ist der Mensch?*, Berlin, Boston 2008.

26 Vgl. aus der Fülle der Literatur exemplarisch etwa Kathrin Meyer, *Genetische Untersuchungen zu medizinischen Zwecken und zu Forschungszwecken an nicht einwilligungsfähigen Personen*, Berlin 2017; Alexander Weigand, *Embryonenschutz und Biotechnologie. Genome Editing als Motor für ein Fortpflanzungsmedizingesetz in Deutschland*, Berlin 2022; Anne Wolf, *Staatliche Steuerung der Biotechnologie am Beispiel des Klonens von Menschen*, Berlin 2005, sowie die Beiträge in: Josef Franz Lindner (Hg.), *Die neuronale Selbstbestimmung des Menschen. Grundlagen und Gefährdungen*, Baden-Baden 2016.

27 Ähnlich Rixen, in: Sachs (Hg.), *GG*, Art. 2 Rn. 144.

28 Vgl. dazu etwa Jens Kersten, *Das Klonen von Menschen. Eine verfassungs-, europa- und völkerrechtliche Kritik*, Tübingen 2004, insb. S. 308 ff., S. 541 ff.

werden sie zum Anlass genommen, um ohnehin bestehende ältere Vorstellungen zu reaktualisieren. So wird etwa die CRISPR/Cas-Methode (sogenannte Genomeditierung)[29] herangezogen, um die Debatte über den Embryonenschutz wiederaufzunehmen und insbesondere dem Konzept eines »gestuften« (Lebens- und Würde-)Schutzes beziehungsweise einer differenzierten Behandlung unterschiedlicher Embryonen das Wort zu reden.[30] Dabei bleiben die auf der Hand liegenden verfassungsrechtlichen Probleme weitgehend außen vor.[31] Indes hat das Bundesverfassungsgericht[32] sich zwar bislang nicht explizit zum Status extrakorporaler Embryonen und der verfassungsnormativen Zulässigkeit embryonenbezogener Differenzierung geäußert. Es hat jedoch im Jahr 1993 noch einmal hervorgehoben, dass der Embryo auch dem Schutz der Menschenwürdegarantie des Art. 1 GG untersteht.[33] Nimmt man diese verfassungsgerichtliche Vorgabe ernst, wird das legislative Handeln weitreichend vorstrukturiert und begrenzt.[34] Es ist daher zumindest missverständlich, zu behaupten, weite Bereiche des Fortpflanzungsmedizinrechts ließen sich »ohne Beantwortung des Statusproblems regeln«.[35]

29 Vgl. zum tatsächlichen Hintergrund Deutscher Ethikrat, *Stellungnahme: Eingriffe in die menschliche Keimbahn*, 2019, S. 59 ff., ⟨https://www.ethikrat.org/fileadmin/Publikationen/Stellungnahmen/deutsch/stellungnahme-eingriffe-in-die-menschliche-keimbahn.pdf⟩, letzter Zugriff 29. 05. 2022.

30 Vgl. Deutsche Akademie der Naturforscher Leopoldina e.V., *Ethische und rechtliche Beurteilung des genome editing in der Forschung an humanen Zellen*, 2017, ⟨https://www.leopoldina.org/fileadmin/redaktion/Publikationen/Diskussionen/2017_Diskussionspapier_GenomeEditing.pdf⟩, letzter Zugriff 29. 05. 2022; siehe auch Weigand, *Embryonenschutz und Biotechnologie*.

31 Siehe zum Folgenden schon Steffen Augsberg, »Never Settle for Second Best? Embryonenschutz zwischen rechtspolitischem Reformeifer und verfassungsnormativen Beharrungstendenzen«, in: *medstra* (2020), S. 323 ff.

32 Ähnliches gilt für die supra- beziehungsweise internationale Ebene; vgl. etwa EuGH, Urt. v. 18. 12. 2014 – C-364/13 (International Stem Cell Corporation/Comptroller General of Patents, Designs and Trade Marks), GRUR 2015, 156 f.; EuGH, Urt. v. 18. 10. 2011 – C-34/10 (Brüstle/Greenpeace), GRUR 2011, 1104 ff.; siehe auch Stefan Kirchner, »Grenzen des vorgeburtlichen Lebensschutzes in der Rechtsprechung des EGMR«, in: *Zeitschrift für Lebensrecht* 24/1 (2015), S. 17-21.

33 Deutlich BVerfGE 88, 203 (251): »Menschenwürde kommt schon dem ungeborenen Leben zu, nicht erst dem menschlichen Leben nach der Geburt oder bei ausgebildeter Personalität.«

34 Siehe schon BVerfGE 39, 1 (67).

35 Josef Franz Lindner, »Das Problem des grundrechtlichen Status des Embryos.

Nun steht es jedem frei, die genannten Entscheidungen als verfehlt[36] oder gesellschaftlich überholt[37] zu betrachten – obschon das Bundesverfassungsgericht gerade Letzterem explizit einen Riegel vorgeschoben hat.[38] In jedem Fall sind sie bei Diskussionen über den Embryonenschutz, seine Reichweite und (In-)Adäquanz zur Erreichung der gesetzten Ziele zu berücksichtigen[39] – gerade dann, wenn sie im Ergebnis kritisch gesehen werden. Es geht deshalb an dieser Stelle nicht darum, das Zentralproblem, ob das Grundgesetz es zulässt, beim vorgeburtlichen Leben Würde- und Lebensschutz sowie objektive und subjektive Schutzdimension stärker zu entkoppeln,[40] *en détail* nachzuvollziehen. Doch muss der Hinweis erlaubt sein, dass es gerade angesichts der Dynamik der naturwissenschaftlichen Erkenntnisse zumindest sehr plausibel ist, anzunehmen, die besseren Gründe sprächen für einen inklusiven, früh ansetzenden Lebensbegriff.[41] Von diesem liberalen Grundmodell abweichende personelle Schutzbereichsbegrenzungen blieben zudem nicht folgenlos: wer einen »gestuften Lebensschutz« am Lebensanfang fordert, darf sich nicht wundern, wenn das damit grundsätzlich akzep-

in vitro – eine Aporie«, in: *Zeitschrift für Lebensrecht* 24/1 (2015), S. 10-17, hier S. 11.

36 Vgl. etwa Reinhard Merkel, *Forschungsobjekt Embryo. Verfassungsrechtliche und ethische Grundlagen der Forschung an menschlichen embryonalen Stammzellen*, München 2002; siehe auch ders., in: Urs Kindhäuser u. a. (Hg.), *Strafgesetzbuch-Kommentar*, Baden-Baden [5]2017, § 218a Rn. 53 ff.

37 Vgl. etwa Renate Künast, »Am Anfang steht die Menschenwürde: Ein Grundgesetz für das 21. Jahrhundert«, in: *Neue Juristische Wochenschrift* (2009), S. 1723-1727, hier S. 1724.

38 Siehe BVerfGE 39, 1 (67): »Auch ein allgemeiner Wandel der hierüber in der Bevölkerung herrschenden Anschauungen – falls er überhaupt festzustellen wäre – würde daran nichts ändern können.«

39 Vgl. zur Diskussion statt vieler Klaus Stern, in: ders., *Das Staatsrecht der Bundesrepublik Deutschland*, Bd. IV/1: *Die einzelnen Grundrechte*, München 2006, S. 28 ff.

40 Siehe etwa Angelika Siehr, »Regulierungsauftrag für den Staat im Bereich der Fortpflanzungsmedizin?«, in: *Veröffentlichungen der Vereinigung der Deutschen Staatsrechtslehrer* 78 (2019), S. 393-440, hier S. 432 ff. m.w.N.); vgl. auch Horst Dreier, »Stufungen des vorgeburtlichen Lebensschutzes«, in: *Zeitschrift für Rechtspolitik* 35/9 (2002), S. 377-383; dezidiert kritisch etwa Josef Isensee, »Menschenwürde – die säkulare Gesellschaft auf der Suche nach dem Absoluten«, in: *Archiv des öffentlichen Rechts* 131/2 (2006), S. 173-218, hier S. 198, S. 215.

41 Siehe etwa Wolfram Höfling, in: Sachs (Hg.), *GG*, Art. 1 Rn. 61 m.w.N.

tierte Konzept auch am Lebensende in Ansatz gebracht wird.[42] Im Übrigen kommt es aber zunächst darauf an, das verfassungsrechtliche Problem überhaupt als solches wahrzunehmen und zu akzeptieren, dass es nicht aus ideologischen oder Praktikabilitätsgründen zur Seite geschoben werden darf.

(b) Schwangerschaftsabbruch

Ähnliche, aber noch stärker politisch-ideologisch aufgeladene Diskussionen prägen seit jeher das Abtreibungs(straf)recht. Dass dieser hochemotionale, alle Beteiligten massiv beanspruchende Bereich weitgehend allein als Strafrechtsproblem verstanden wird, ist für sich gesehen skandalös. Anstatt lediglich mit Bestrafung zu drohen (und nur unter bestimmten Bedingungen von ihr abzusehen), müssten – im Interesse des Lebens- wie des Selbstbestimmungsrechts! – leistungsrechtliche Maßnahmen ausgeschöpft werden. Die Bundesregierung zielt indes auf eine andere »Stärkung des Selbstbestimmungsrecht[s] der Frauen«. Als einschlägige Mittel nennt der Koalitionsvertrag neben der Abschaffung von § 219a StGB und verbesserten Ausbildungsstandards vor allem die »flächendeckende Versorgung mit Beratungseinrichtungen« und die Möglichkeit, eine Schwangerschaftskonfliktberatung auch online wahrnehmen zu können.[43] Weiter gehende Reformen sind damit wohl nicht zu erwarten. Damit bleibt es bei der derzeitigen, in vielerlei Hinsicht kompromisshaften Regelungslage.[44] Auch der verfassungsgerichtliche Auftrag zur Evaluation der Schutzeffektivität dürfte weiterhin unbeachtet bleiben.[45] Im vorliegenden Zusammenhang ist

42 Vgl. etwa Elisa Hoven, »Die »Triage«-Situation als Herausforderung für die Strafrechtswissenschaft«, In: *JuristenZeitung* 75/9 (2020), S. 449-454, hier S. 451 ff.; gegen die zugrunde liegende, aus Gerechtigkeits- wie Verfassungsgründen inakzeptable These, mit der Zunahme des Alters nehme der Anspruch auf Weiterleben ab, siehe schon Reinhard Merkel, Steffen Augsberg, »Die Tragik der Triage«, in: *JuristenZeitung* 75/14 (2020), S. 704-714, hier S. 709 f.

43 »Mehr Fortschritt wagen«, Koalitionsvertrag zwischen SPD, Bündnis 90/Die Grünen und FDP, 2021, S. 82, 116, ⟨https://www.spd.de/fileadmin/Dokumente/Koalitionsvertrag/Koalitionsvertrag_2021-2025.pdf⟩, letzter Zugriff 29. 05. 2022.

44 Vgl. dazu statt vieler Merkel, »Strafgesetzbuch-Kommentar«, § 218 Rn. 1 ff.; ders., »Strafgesetzbuch-Kommentar«, § 218a Rn. 51.

45 Siehe dazu kritisch Merkel, »Strafgesetzbuch-Kommentar«, § 218a Rn. 51; zum Hintergrund Ino Augsberg, Steffen Augsberg, »Prognostische Elemente in

indes gerade die Betonung des Selbstbestimmungsgedankens von einer gewissen Brisanz: Einerseits wird nämlich das Selbstbestimmungsrecht der Mutter (»Verlangen«) als vorrangig gegenüber dem Lebensrecht des Kindes eingestuft;[46] andererseits gilt diese Selbstbestimmung als prekär und unterstützungsbedürftig. Letzteres leuchtet ein, weil es ersichtlich um eine besonders belastende Ausnahmesituation geht. Bei etwas genauerer Betrachtung zeigt sich aber, dass damit eine recht einseitige Sichtweise gepflegt wird, die als Begründung gerade dann nicht überzeugt, wenn man eine prinzipielle Verfügungsbefugnis der werdenden Mütter über den eigenen Körper und damit auch über den Embryo/Fötus *in utero* anerkennt.[47] Vielmehr wird Selbstbestimmung hier in spezifischer Weise dekontextualisiert, aus sozialen Bindungen herausgelöst gedacht. Fragilität wird zu Recht auf staatliche Ingerenzen bezogen. Dabei bleibt indes die soziale Schutzbedürftigkeit zu wenig präsent und der vom Bundesverfassungsgericht betonte relationale Gehalt[48] unterbelichtet. Letztlich bestärken daher die vorgeschlagenen Änderungen das bisherige Beratungskonzept, das gerade nicht darauf abzielt, wirklich selbstbestimmtes Entscheiden beziehungsweise Entscheidenkönnen sicherzustellen, sondern lediglich überstürzte Entscheidungen vermeiden helfen[49] und damit – wenn auch unvollkommen – dem Schutz des pränatalen Lebens dienen soll. Die pauschale Abwägung zugunsten des Selbstbestimmungsrechts ist so schon deshalb problematisch, weil sie selbstbestimmtes Vorgehen eher unterstellt als überprüft.

der Rechtsprechung des Bundesverfassungsgerichts«, in: *Verwaltungsarchiv* 98 (2007), S. 290-316.

46 Anders namentlich Merkel, »Strafgesetzbuch-Kommentar«, § 218a Rn. 63a, der eine solche Vorrangstellung verneint und genau deshalb einen grundrechtlichen Lebensschutz des Embryos ablehnt.

47 Vgl. dazu etwa Horst Dreier, »Menschenwürdegarantie und Schwangerschaftsabbruch«, in: *Die öffentliche Verwaltung* 48/24 (1995), S. 1036-1040.

48 Siehe BVerfGE 153, 182 (272): »Menschliche Entscheidungen sind regelmäßig von gesellschaftlichen und kulturellen Faktoren beeinflusst; Selbstbestimmung ist immer relational verfasst.«

49 Vgl. etwa Gunnar Duttge, in: Dieter Dölling u. a. (Hg.), *Gesamtes Strafrecht*, Baden-Baden [5]2022, § 218a StGB Rn. 13.

2. Lebensende

Für das vorliegende Thema von Interesse sind ferner Überlegungen zum Ende des menschlichen Lebens, insbesondere im Rahmen der sogenannten Hirntodkonzeption.[50] Deren rechtliche Relevanz wurde durch den medizinischen Fortschritt erst ermöglicht und eingefordert;[51] zugleich werden ihre Grundlagen durch neuere naturwissenschaftliche Forschungsbeiträge (eigentlich) kontinuierlich reaktualisiert.[52] Erneut kann es nicht darum gehen, einen älteren und komplexen Streit zu entscheiden: Dass ungeachtet neuer Fragen das Hirntodkonzept rechtspraktisch und rechtswissenschaftlich weitgehend konsentiert ist,[53] dürfte aber im Wesentlichen darauf zurückzuführen sein, dass der erreichte Rechtsfrieden nicht angetastet werden soll. Der dem geltenden Recht zu entnehmende Kompromisscharakter – der Hirntod wird im Transplantationsgesetz bekanntlich nicht als gesetzliche Todesdefinition, sondern als Entnahmevoraussetzung festgelegt[54] – wird ersichtlich ebenso

50 Vgl. statt vieler Stephan Rixen, *Lebensschutz am Lebensende. Das Grundrecht auf Leben und die Hirntodkonzeption. Zugleich ein Beitrag zur Autonomie rechtlicher Begriffsbildung*, Berlin 1999, passim.

51 Vgl. Wolfram Höfling, »Hirntodkonzeption und Transplantationsgesetzgebung«, in: *Medizinrecht* 14/1 (1996), S. 6-8; siehe auch Douglas J. Gelb, »Building a Fence Around Brain Death: The Shielded-Brain Formulation«, in: *Neurology* 97/16 (2021), S. 780-784, ⟨https://n.neurology.org/content/97/16/780⟩, letzter Zugriff 01. 07. 2022.

52 Vgl. etwa Matthew P. Kirschen u. a., »New Perspectives on Brain Death«, in: *Journal of Neurology, Neurosurgery and Psychiatry* 92/3 (2021), S. 255-262, ⟨https://jnnp.bmj.com/content/92/3/255⟩, letzter Zugriff 01. 07. 2022; David M. Greer, »Determination of Brain Death/Death by Neurologic Criteria: The World Brain Death Project«, in: *Journal of the American Medical Association* 324/11 (2020), S. 1078-1097, ⟨https://jamanetwork.com/journals/jama/article-abstract/2769149⟩, letzter Zugriff 01. 07. 2022.

53 Vgl. aber skeptisch etwa Rainer Beckmann, »Der ›Hirntod‹ – kein überzeugendes Todeskriterium«, in: *Neue Justiz. Zeitschrift für Anwalts- und Gerichtspraxis* 74/7 (2020), S. 298-303; Thaddeus Pope, »Brain Death and the Law: Hard Cases and Legal Challenges«, in: *Hastings Center Report* 48/S4 (2018), S. S46-S48, ⟨https://onlinelibrary.wiley.com/doi/epdf/10.1002/hast.954⟩, letzter Zugriff 01. 07. 2022; Christopher M. Burkle u. a., »Brain Death and the Courts«, in: *Neurology* 76/9 (2011), S. 837-841, ⟨https://n.neurology.org/content/76/9/837⟩, letzter Zugriff 01. 07. 2022.

54 Siehe nur Ulrich Schroth, in: ders. u. a. (Hg.), *TPG. Transplantationsgesetz. Kommentar*, München 2005, § 3 Rn 26.

hingenommen wie ein potentieller Verfassungsverstoß.[55] Das kann man als Abwägungsvermeidungspragmatismus[56] verstehen, soweit damit etwa die überaus diffizilen Fragen nicht beantwortet zu werden brauchen, ob ein sterbender Mensch[57] wirksam in eine Organentnahme einwilligen und ob es unter diesen Umständen überhaupt eine »erweiterte«, nämlich nicht durch den Betroffenen selbst, sondern durch nächste Angehörige ausgesprochene Zustimmung geben kann.[58]

Spezielle, im verfassungsnormativen Grundsatz der Lebenswertindifferenz wurzelnde Herausforderungen haben sich im Kontext der Coronapandemie gezeigt: Sie betreffen zunächst die Grundidee des Lebensschutzes als Personenschutz. Von ökonomischer Seite ist darauf hingewiesen worden,[59] durch die Infektionsschutzmaßnahmen würden nicht Menschenleben, sondern Lebenszeit gerettet. Diese an sich altbekannte Einsicht (*mors certa, hora incerta*) könnte Abwägungsszenarien deutlich verändern. Denn Lebenszeit kann etwa auch durch sinkendes Wirtschaftswachstum verloren gehen, weil, wie insbesondere an der statistischen Lebenserwartung abzulesen ist, Wohlstand ein signifikant lebenszeiterhöhender Faktor ist und zwischen den sozialen Schichten dramatische Unterschiede bestehen.[60] Juristisch ist dies allerdings kaum abbildbar, weil es einen Widerspruch zum grundlegenden Postulat der Gleichwertigkeit allen menschlichen Lebens darstellte. Der »Höchstwert« impliziert insoweit vor allem auch ein Vergleichs- und Aufrechnungsverbot.[61]

55 Vgl. dazu nur Rixen, in: Sachs (Hg.), *GG*, Art. 2 Rn. 142 m.w.N.

56 Zum Abwägungspragmatismus vgl. begriffsprägend Bernhard Schlink, *Abwägung im Verfassungsrecht*, Berlin 1976, S. 143 ff.; ferner Karl-Heinz Ladeur, *Kritik der Abwägung in der Grundrechtsdogmatik. Plädoyer für eine Erneuerung der liberalen Grundrechtstheorie*, Tübingen 2004; Thomas Vesting, »Gegenstandsadäquate Rechtsgewinnungstheorie – Eine Alternative zum Abwägungspragmatismus des bundesdeutschen Verfassungsrechts«, in: *Der Staat* 41/1 (2002), S. 73-90.

57 Siehe Höfling, in: Sachs (Hg.), *GG*, Art. 1 Rn. 65.

58 Vgl. dazu Wolfram Höfling, »Organspende oder Organgewinnung? Zur Neuausrichtung der Transplantationsmedizin in Deutschland«, in: *Zeitschrift für Rechtspolitik* 52/1 (2019), S. 2-5, hier S. 3 ff.

59 Vgl. Bernd Raffelhüschen, »Verhältnismäßigkeit in der Pandemie: Geht das? Corona, Lockdown und verlorene Lebensjahre«, in: *Wirtschaftliche Freiheit*, 03. 07. 2020 ⟨http://wirtschaftlichefreiheit.de/wordpress/?p=27630⟩, letzter Zugriff 29. 05. 2022.

60 Vgl. dazu den Beitrag von Stefan Huster in diesem Band.

61 Vgl. zur Menschenwürde Höfling, in: Sachs (Hg.), *GG*, Art. 1 Rn. 56.

Allerdings verdeutlicht dies auch, dass dessen Konsequenzen kaum oder jedenfalls kaum offen thematisiert werden, obwohl insbesondere die Rückwirkungen auf mittelbare Auswirkungen und ihre Entscheidungsrelevanz offenkundig sind. Das verweist auf das oben schon angerissene Problem der zu bewältigenden prognostischen, grundrechtsdogmatischen und demokratietheoretischen Schwierigkeiten, wenn die hierfür herkömmlich nur eingeschränkt vorbereitete Übermaß- und Untermaßverbotsprüfung auch entferntere zukünftige beziehungsweise nur mit einer gewissen statistischen Wahrscheinlichkeit zu erwartende Entwicklungen einbeziehen soll.[62] Erschwerend tritt die ebenfalls schon angesprochene Parallelität von hypertrophem und hypotrophem Lebensschutz hinzu: Der verfassungsrechtlich nicht haltbaren Beteuerung, »jedes einzelne« menschliche Leben müsse geschützt werden, korrespondiert nicht nur eine erstaunliche Indolenz gegenüber sonstigen Folgeschäden, sondern zumal eine spezifische Ignoranz gegenüber eigenen Versäumnissen.[63] Letztlich tritt hier ein übergreifendes, das Abwägungsthema in spezifischer Weise betreffendes Desiderat zutage: es fehlt an einer klaren Strategie und praktikablen Verfahren, um zu bestimmen, welche Risiken gesellschaftlich akzeptabel sind beziehungsweise wie unvermeidbare Risiken aushaltbar gestaltet werden können.[64]

Gut veranschaulichen lassen sich die Auswirkungen des lebensschutzbasierten Differenzierungs- und Abwägungsverbots in der Situation der sogenannten Triage:[65] Auch wenn das Bundesverfas-

62 Exemplarisch abzulesen an der Debatte über die »intertemporale Freiheitssicherung« und die »eingriffsähnliche Vorwirkung«, auf die das BVerfG in seinem »Klima-Beschluss« abstellt; vgl. BVerfG, NJW 2021, 1723 (1729, 1737); siehe dazu etwa Marc Ruttloff, Lisa Freihoff, »Intertemporale Freiheitssicherung oder doch besser ›intertemporale Systemgerechtigkeit‹? – auf Konturensuche«, in: *Neue Zeitschrift für Verwaltungsrecht* 40/13 (2021), S. 917 ff.; Sabine Schlacke, »Klimaschutzrecht – Ein Grundrecht auf intertemporale Freiheitssicherung«, in: ebd., S. 912-917.

63 Vgl. hierzu jetzt auch Deutscher Ethikrat, *Stellungnahme: Vulnerabilität und Resilienz in der Krise – Ethische Kriterien für Entscheidungen in einer Pandemie*, 2022, ⟨https://www.ethikrat.org/fileadmin/Publikationen/Stellungnahmen/deutsch/stellungnahme-vulnerabilitaet-und-resilienz-in-der-krise.pdf⟩, letzter Zugriff 29.05.2022.

64 Vgl. zum Risikomanagement etwa Steffen Augsberg, in: Andreas Voßkuhle u. a. (Hg.), *Grundlagen des Verwaltungsrechts*, München ³2022, § 8 Rn. 44 ff. m.w.N.

65 Vgl. dazu nur die Beiträge in: Tatjana Hörnle u. a. (Hg.), *Triage in der Pandemie*, Tübingen 2021.

sungsgericht in seiner insgesamt wenig überzeugenden Entscheidung[66] darauf verzichtet hat, sich ausdrücklich hierzu zu äußern, ist in der Logik seiner Suizidhilfeentscheidung[67] weiterhin davon auszugehen, dass es dem Gesetzgeber verwehrt ist, materielle Differenzierungskriterien aufzustellen, mittels derer eine lebensrettende Behandlung zugewiesen würde.[68] Dass das Recht an dieser Stelle seine Steuerungsoptionen selbst begrenzt, stellt kein Abdanken, sondern eine »Selbstbehauptung« des Rechtsstaats dar. Es bedeutet kein Abgleiten in rechtsfreie beziehungsweise anomische Zustände,[69] sondern verdeutlicht, dass normative Direktiven und Abwägungserfordernisse auch diesseits des positivrechtlich Normierten existieren und bedeutsam sind.[70]

3. Lebensbeendigung

Schließlich sind Konstellationen der (eigenen) Lebensbeendigung aufschlussreich für das Verhältnis von Lebens- und Selbstbestimmungsschutz. Den vieldiskutierten Anknüpfungspunkt liefert das Suizidhilfeurteil des Bundesverfassungsgerichts. Dabei kann es hier nicht um eine ausführlichere Exegese und Kritik dieses Urteils gehen, sondern nur um dessen Relevanz für das Verhältnis von Leben und Selbstbestimmung. Das Gericht verortet den Grundrechts-

66 BVerfG, NVwZ 2022, 139 ff.; knappe, überzeugende Kritik bei Reinhard Merkel, »Steine statt Brot«, in: *FAZ*, 13.01.2022, S. 8, ⟨https://www.faz.net/aktuell/politik/staat-und-recht/reinhard-merkel-kritisiert-triage-entscheidung-unpraezise-kriterien-17728156.html⟩, letzter Zugriff 29.05.2022; siehe auch Tonio Walter, »Keine Verpflichtung zu einem Triagegesetz – und kaum Vorgaben dafür«, in: *Neue Juristische Wochenschrift* 75/6 (2022), S. 363-366.

67 Vgl. BVerfGE 153, 182 (309).

68 Vgl. dazu nur Merkel/S. Augsberg, »Die Tragik der Triage«, S. 704 ff.; Steffen Augsberg, »Regelbildung für existentielle Auswahlentscheidungen«, in: Hörnle u. a. (Hg.), *Triage in der Pandemie*, S. 3 ff.

69 Vgl. Karsten Gaede u. a., »Rechtmäßiges Handeln in der dilemmatischen Triage-Entscheidungssituation«, in: *Zeitschrift für Medizinstrafrecht* 3 (2020), S. 129 ff., die einen »staats-, regelungs-, rechts- und wertungsfreien Raum« befürchten. Dagegen schon Merkel/S. Augsberg, »Die Tragik der Triage«, S. 704 (707).

70 So schon Deutscher Ethikrat, *Ad-hoc-Empfehlung: »Solidarität und Verantwortung in der Corona-Krise«*, 2020, S. 3 f., ⟨https://www.ethikrat.org/fileadmin/Publikationen/Ad-hoc-Empfehlungen/deutsch/ad-hoc-empfehlung-corona-krise.pdf⟩, letzter Zugriff 29.05.2022.

schutz für Suizid(hilfe) im Persönlichkeitsrecht und betont den Würdebezug:

Die selbstbestimmte Verfügung über das eigene Leben ist […] unmittelbarer Ausdruck der der Menschenwürde innewohnenden Idee autonomer Persönlichkeitsentfaltung; sie ist, wenngleich letzter, Ausdruck von Würde. […] Der Mensch bleibt nur dann als selbstverantwortliche Persönlichkeit, als Subjekt anerkannt, sein Wert- und Achtungsanspruch nur dann gewahrt, wenn er über seine Existenz nach eigenen, selbstgesetzten Maßstäben bestimmen kann.[71]

Die intensive Bezugnahme auf die Menschenwürde dient wie die postulierte Einzigartigkeit und besondere Wertigkeit des Selbsttötungsentschlusses erkennbar dazu, Abwägungsergebnisse vorwegzunehmen oder doch den Abwägungsvorgang weitgehend vorzubestimmen.[72] Das setzt aber, wie das Verfassungsgericht anerkennt, gerade eine nähere Beschäftigung mit Grundlagen und Gefährdungen selbstbestimmter Entscheidungsfindung voraus. Entsprechend setzt sich das Urteil ausführlich mit materiellen und prozeduralen Kriterien auseinander. Erstere werden als grundsätzlich unzulässig angesehen, denn das Recht auf Selbsttötung bestehe »in jeder Phase menschlicher Existenz« und sei »insbesondere nicht auf schwere oder unheilbare Krankheitszustände oder bestimmte Lebens- und Krankheitsphasen beschränkt«.[73] Dem Gesetzgeber sei es untersagt, eine »Beurteilung nach Maßstäben objektiver Vernünftigkeit« vorzunehmen und »die Zulässigkeit einer Hilfe zur Selbsttötung materiellen Kriterien zu unterwerfen, sie etwa vom Vorliegen einer unheilbaren oder tödlich verlaufenden Krankheit abhängig zu machen«.[74] Demgegenüber sollen prozedurale Differenzierungen zulässig sein; die angeführten Gefährdungen legen eine entsprechende gesetzgeberische Aktivität sogar nahe.[75] Der Staat habe »dafür Sorge zu tragen, dass der Entschluss, begleiteten Suizid zu begehen, tatsachlich auf einem freien Willen beruht.«[76] Was Gegenstand dieses

71 BVerfGE 153, 182 (211), Nachweise weggelassen.

72 Vgl. schon Steffen Augsberg, »Legislative Folgeprobleme der Suizidhilfeentscheidung«, in: *Zeitschrift für medizinische Ethik* 67/4 (2021), S. 525-535, hier S. 529 ff.

73 BVerfGE 153, 182 (263).

74 BVerfGE 153, 182 (309).

75 BVerfGE 153, 182 (309).

76 BVerfGE 153, 182 (271). Vgl. auch Julia Ströhlein, *Prozedurale Lebensschutzkon-*

Schutzkonzepts sein könnte, lässt sich der relativ langen Liste an positiven (»Voraussetzungen einer freien Willensentscheidung«) und negativen (»Gefahren für eine freie Suizidentscheidung«) Voraussetzungen entnehmen.[77] Dass dieser Zuweisung weitreichender Regelungsverantwortung eine die Effektivität der Schutzmaßnahmen in Frage ziehende Forderung nach weitgehenden Freiräumen korrespondiert,[78] verdeutlicht das Dilemma, vor dem der Gesetzgeber steht.

III. Prozeduralisierungsbestrebungen im Verhältnis von Integritäts- und Selbstbestimmungsschutz

Die Suizidhilfeentscheidung steht in der Tradition zunehmender, teilweise (bewusst) kontrafaktischer Betonung individueller Selbstbestimmung.[79] Das bedeutet nicht nur einen interessanten Kontrast zu egalitären und kollektivistischen Tendenzen der Coronazeit, sondern verweist auch auf Folgeprobleme dieses Prozeduralisierungsoptimismus. Die zentrale Fokussierung auf Selbstbestimmung ist gerade im gesundheitlichen Kontext keine Selbstverständlichkeit. Die Einsicht, dass nicht das Wohl, sondern der Wille des Patienten über die Legitimität und Legalität medizinischer Maßnahmen entscheidet, hat sich vielmehr erst in jüngerer Zeit durchgesetzt.[80]

zepte des Medizinstrafrechts. Eine Analyse der prozeduralen Vorschriften am Anfang und am Ende des strafrechtlichen Lebensschutzes, Berlin 2021.

77 BVerfGE 153, 182 (273 ff.).

78 Vgl. BVerfGE 153, 182 (308 f.).

79 Vgl. näher hierzu Steffen Augsberg, »Menschenbild, Freiheit und Gleichheit – Anmerkungen zur Widersprüchlichkeit der gesellschaftspolitischen Diskussion«, in: *Die politische Meinung* 66/571 (2021), S. 63-67, ⟨https://www.kas.de/de/web/die-politische-meinung/artikel/detail/-/content/menschenbild-freiheit-und-gleichheit⟩, letzter Zugriff 25. 05. 2022.

80 Vgl. hierzu etwa Wolfram Höfling, »Salus et/aut voluntas aegroti suprema lex – Verfassungsrechtliche Grenzen des Selbstbestimmungsrechts«, in: Albrecht Wienke u. a. (Hg.), *Die Verbesserung des Menschen. Tatsächliche und rechtliche Aspekte der wunscherfüllenden Medizin*, Berlin, Heidelberg 2009, S. 119 ff.; Grischa Merkel, »Patientenwille und Lebensschutz – Klärungsversuch in einer unwegsamen Debatte«, in: *Medizinrecht* 35/1 (2017), S. 1-8, sowie die Beiträge in: Claudia Wiesemann, Alfred Simon (Hg.), *Patientenautonomie. Theoretische Grundlagen – Praktische Anwendungen*, Münster 2013.

Nach wie vor bestehen Unklarheiten und Spannungslagen hinsichtlich der tatsächlichen Voraussetzungen und ihrer rechtlichen Relevanz. Das verdeutlicht etwa eine Entscheidung des Bundesverfassungsgerichts aus dem Jahre 2016: Soweit hier eine Krebstherapie gegen den natürlichen Willen einer Patientin durchgesetzt wurde, bleibt, um einen zweifellos unzulässigen Paternalismus auszuschließen und einer Diskriminierung kognitiv beeinträchtigter Menschen entgegenzuwirken, letztlich nur das (seinerseits etwas hilflose[81]) Argument, die staatliche Gemeinschaft dürfe »den hilflosen Menschen nicht einfach sich selbst überlassen«.[82] Neben dieser spezifischen Unsicherheit hinsichtlich nicht einwilligungsfähiger Personen[83] ist mittlerweile anerkannt und empirisch gut belegt,[84] dass der *informed consent* allgemein weniger eine im Einzelfall tatsächlich umsetzbare denn eine als übergreifendes Ideal wirkende Maßgabe darstellt. Das zieht seine normative Relevanz nicht prinzipiell in Zweifel. Es wirft aber die Frage auf, ob und wie zusätzliche prozedurale Sicherungsmechanismen etabliert werden können – und zwar sinnvollerweise in Abhängigkeit von Wertigkeit und Gefährdungsgrad des betroffenen Rechtsguts.[85] Vieles spricht dafür, die Suizidhilfeentscheidung als Versuch anzusehen, dieses komplizierten Regelungsproblems Herr zu werden. Die gewöhnungsbedürftige, pleonastisch anmutende[86] Rede von der »autonomen

81 Kritisch etwa Adrian Schmidt-Recla, »Karlsruhe ›On Liberty‹: Über die Freiheitsrechte einwilligungsunfähiger Personen«, in: *Medizinrecht* 35/2 (2017), S. 92-96.

82 BVerfGE 142, 313 (339).

83 Vgl. dazu näher Steffen Augsberg, »Grundrechtliche(r) Status der betreuten Person«, in: Josef Franz Lindner (Hg.), *Selbstbestimmung durch und im Betreuungsrecht*, Baden-Baden 2018, S. 43 ff.

84 Vgl. nur Tomasz Pietrzykowski, Katarzyna Smilowska, »The Reality of Informed Consent: Empirical Studies on Patient Comprehension-Systematic Review«, in: *Trials* 22/57 (2021), ⟨https://trialsjournal.biomedcentral.com/articles/10.1186/s13063-020-04969-w⟩, letzter Zugriff 01. 07. 2022.

85 Ein interessantes Beispiel liefern die sogenannten Lebendspendekommissionen nach § 8 TPG.

86 Vgl. Wolfram Höfling, »›Autonome Selbstbestimmung‹ – und was nun? Kritische Anmerkungen und rechtspolitische Fragen zum Urteil des Bundesverfassungsgerichts zu § 217 StGB«, in: *Zeitschrift für medizinische Ethik* 66/2 (2020), S. 245-257, hier S. 249; siehe zur Differenzierung von Autonomie und Selbstbestimmung instruktiv etwa – mit Bezug auf Härle – Michael Coors, »Selbstbestimmung: relational – responsiv – hermeneutisch. Evangelisch-theologische Perspektiven«, in: Wiesemann/Simon (Hg.), *Patientenautonomie*, S. 154 f., hier S. 155.

Selbstbestimmung« deutet darauf hin, dass hier eine besondere Bedeutung, aber auch eine spezifische Fragilität wahrgenommen wird: Das differenzierende Attribut dient so dazu, rechtlich relevante von weniger relevanter Selbstbestimmung zu unterscheiden. Erstere darf dann indes nicht »einfach so« angenommen werden, sondern ist als voraussetzungsvolles, gegebenenfalls durch ein staatliches »Schutzkonzept« abzusicherndes Konstrukt zu verstehen. Eindeutige Festlegungen sind dabei dem Verfassungsrecht auch in verfahrens- und organisationsrechtlicher Hinsicht nicht zu entnehmen. Darüber hinaus wäre genau darauf zu achten, welche Menschenbilder und welche subkutanen Abwägungsvorgänge in solche Prozeduralisierungsstrategien einfließen.

Blickt man auf die unterschiedlichen Regelungsvorschläge zur Suizidhilfe, fällt zunächst auf, dass die oben beschriebene, nahezu aporetische Situation pragmatisch gehandhabt wird. In der Tat dürfte es vorzugswürdig sein, Ambivalenzen der Urteilsbegründung nicht durch eine »Suizidermöglichungsgesetzgebung« umzusetzen, sondern die Überprüfung selbstbestimmter, freiverantwortlicher Entscheidungen als nur mittels komplexer Mechanismen handhabbare Aufgabe zu verstehen. Allerdings besteht damit nicht nur das Risiko, eine in den Augen des Gerichts zu weit gehende Restriktion vorzunehmen. Folgeprobleme ergeben sich umgekehrt auch aus einem strengen Kontrollregime. Denn gerade wenn selbstbestimmtes Entscheiden in dieser Form staatlich überwacht wird, ist zum einen offen, inwieweit die Umsetzung des Suizids allein dem »Markt« überlassen werden kann. Zum anderen dürfte die politisch weiterhin unterstützte Abgrenzung zu § 216 StGB an Plausibilität verlieren. Ein zweites Gesetzgebungsvorhaben, in dem die Prozeduralisierung eine zentrale Rolle spielen dürfte, ist das in der letzten Legislaturperiode gescheiterte, aber nunmehr wieder aktuelle (explizit so genannte) »Selbstbestimmungsgesetz«, mit dem auf die Transgender-/Genderdysphorieproblematik reagiert und die genderbezogene Selbstbestimmung der betroffenen (jungen) Menschen gesichert werden soll. Diesseits biologistischer Engführungen dürfte feststehen, dass prinzipiell auch die Zugehörigkeit zu einem (oder keinem) Geschlecht individueller Selbstbestimmung zugänglich ist.[87]

87 Vgl. nur BVerfGE 147, 1 (18 ff.); Mirjam Siedenbiedel, *Selbstbestimmung über das eigene Geschlecht. Rechtliche Aspekte des Behandlungswunsches transsexueller Minderjähriger*, Baden-Baden 2016.

Unter welchen Voraussetzungen, in welchem zeitlichen Rahmen und ab welchem Alter dies von der Rechtsordnung anerkannt werden sollte, ist damit jedoch noch nicht gesagt. Insbesondere dürften berechtigte Bedenken dagegen bestehen, derartig weitreichende Entscheidungen an (bestimmte) Gutachter zu delegieren – die Erfahrungen aus dem Betreuungsrecht stimmen insoweit wenig optimistisch. Außerdem wären Inkonsistenzen zu anderen Rechtsbereichen (nicht nur der allgemeinen Volljährigkeitsregeln, sondern zumal des Kastrationsgesetzes und der Lebendspende nach § 8 TPG) zu vermeiden, und allgemein dürften die Diskussionen über die Suizidhilfe für ein komplexeres Schutzkonzept sprechen.

IV. Ausblick: Konsistenter Freiheits- und Lebensschutz als Verfassungsaufgabe

Resümierend lässt sich daher festhalten, dass die beschriebenen Dynamiken und Ungewissheiten in durchaus divergierender Form wirken beziehungsweise eingesetzt werden: Während sie im Kontext des Lebensanfangs vor allem dazu führen, dass eine Abwägung überhaupt erfolgen kann[88] (weil ihr anderenfalls die Einschlägigkeit der Menschenwürdegarantie entgegenstünde[89]), dienen sie bei den Debatten um Lebensende und Lebensbeendigung gerade dazu, Abwägungen auszuschließen oder doch in eine eindeutige Richtung zu drängen. Auch diese Tiefenschicht der Teleologien gilt es mithin im Kontext dieser Diskussionen mitzuberücksichtigen. Der Schutz des Lebens und – eng damit zusammenhängend – auch der Schutz der Freiheit, das eigene Leben beenden zu können, bleiben schwierige Herausforderungen für Verfassungspraxis und -wissenschaft. Die jüngsten verfassungsgerichtlichen Entscheidungen zur Suizidhilfe verdeutlichen insoweit charakteristische Reflexionsdefizite und blinde Flecken der Auseinandersetzung, bieten selbst aber kaum konkret verwendbare Hilfestellungen. Zugegeben: Ein echter Lösungsansatz kann auch hier noch nicht präsentiert werden. Aller-

88 Vgl. etwa Merkel, *Forschungsobjekt Embryo*, S. 269.

89 Vgl. zur Menschenwürde als »Schlüsselbegriff für die verfassungsrechtliche Bewertung zahlreicher aktueller Probleme, die mit der neuen Entwicklung auf dem Gebiet der Biomedizin, der Biotechnologie und der Humangenetik zusammenhängen«, schon Stern, in: ders., *Staatsrecht* IV/1, S. 27.

dings erscheint es bedeutsam, zumindest das Problembewusstsein in doppelter Hinsicht zu erhöhen: Erstens muss, was das gesamte Konzept wie die einzelnen Beiträge dieses Bandes auszeichnet, das Verhältnis von Freiheit/Selbstbestimmung und Lebens-/Gesundheitsschutz weiterhin beziehungsweise nun erst recht kritisch beäugt werden. Hier wirkt die namentlich in der Entscheidung zu § 217 StGB erkennbare Überbetonung der Selbstbestimmung (unter Unterdrückung ihres relational-ambivalenten Gehalts und mit der Folge einer eher bedenklichen Heroisierung des Suizids) als Problemindikator. Zweitens, und darauf lag hier der Fokus, lässt sich eine derartige Selbstbestimmungseuphorie nur aufrechterhalten, wenn sie mit stark kontrafaktischen Annahmen operiert und/oder die Möglichkeit bejaht, tatsächlich selbstbestimmtes Entscheiden mit einer hinreichenden Sicherheit überprüfen zu können. Weil die bundesverfassungsgerichtliche Entscheidung zu § 217 StGB materiellen Kriterien einen Riegel vorgeschoben hat, läuft dies in einem ausgesprochen heiklen und dramatischen Kontext auf einen zwangsläufig (zu) optimistischen Prozeduralisierungseffekt hinaus. Diesen auf seine Tragfähigkeit, die damit verbundenen Vor- und Nachteile einschließlich möglicher verdeckter Abwägungen näher zu untersuchen, erlaubt Rückschlüsse auch auf das allgemeinere normative Verhältnis von Freiheit und Leben.

Thorsten Kingreen

Das Recht auf Leben und körperliche Unversehrtheit. Bedeutungsdimensionen und Wandlungen eines Grundrechts

I. Freiheit und Leben

Im Grundgesetz stehen sie schiedlich und friedlich nebeneinander: das Grundrecht auf Leben und körperliche Unversehrtheit in Art. 2 Abs. 2 S. 1 GG und das Grundrecht auf Freiheit der Person in Art. 2 Abs. 2 S. 2 GG. Sie teilen sich sogar den gleichen Gesetzesvorbehalt (Art. 2 Abs. 2 S. 3 GG).

In der Genealogie der Menschenrechte gehören die beiden Grundrechte allerdings unterschiedlichen Generationen an. Sie waren dementsprechend im Herrenchiemseer Verfassungsentwurf und anfangs auch bei den Beratungen im Parlamentarischen Rat[1] noch textlich getrennt: Während das Grundrecht auf Freiheit der Person in der jahrhundertealten britischen Tradition der Habeas-Corpus-Garantie gegen willkürliche Verhaftungen steht, bereits in der französischen Erklärung der Menschenrechte aufgegriffen wurde und dann auch in Art. 138 Abs. 1 der Paulskirchenverfassung und Art. 114 Abs. 1 S. 1 der Weimarer Reichsverfassung garantiert wurde, beginnt die Verfassungsgeschichte des Grundrechts auf Leben und körperliche Unversehrtheit erst nach dem 8. Mai 1945.[2] Art. 3 der am 10. Dezember 1948 verkündeten Allgemeinen Erklärung der Menschenrechte bezeichnet das Recht auf Leben als »Vorbedingung der Ausübung aller anderen Menschenrechte«. Daran konnte der Parlamentarische Rat ebenso anknüpfen wie an frühe landesverfassungsrechtliche Garantien, etwa in Art. 3 der Hessischen Verfassung, der das Grundrecht in den Kontext der Men-

1 *Jahrbuch des öffentlichen Rechts der Gegenwart, Neue Folge* 1 (1951), S. 63 ff.

2 Eine Ausnahme bildet das Verbot der Todesstrafe (Art. 102 GG), das bereits in Art. 139 Abs. 1 der Paulskirchenverfassung geregelt war, in der Weimarer Reichsverfassung dann aber unerwähnt blieb, wohl, weil man in der Abschaffung der Todesstrafe in revolutionären Zeiten ein falsches Signal gesehen hat, siehe Christoph Gusy, *Die Weimarer Reichsverfassung*, Tübingen 1997, S. 296.

schenwürde stellt.[3] In der Absage an ein nicht nur lebens-, sondern auch würdeverachtendes Unrechtssystem liegen die historischen Wurzeln des Grundrechts. Das Bundesverfassungsgericht sieht in ihm dementsprechend »ein Bekenntnis zum grundsätzlichen Wert des Menschenlebens und zu einer Staatsauffassung, die sich in betonten Gegensatz zu den Anschauungen eines politischen Regimes stellt, dem das einzelne Leben wenig bedeutete und das deshalb mit dem angemaßten Recht über Leben und Tod des Bürgers schrankenlosen Missbrauch trieb«.[4]

Trotz ihrer unterschiedlich tief in das konstitutionelle Erdreich reichenden Wurzeln sieht man in den beiden Grundrechten aufgrund ihrer Nachbarschaft in Art. 2 Abs. 2 GG heute Pfeiler des einheitlichen Anliegens, »die physische Basis menschlicher Existenz«[5] zu schützen. Ihre Zusammenführung im Verlauf der Beratungen des Parlamentarischen Rats wird damit erklärt, dass Leben und körperliche Unversehrtheit auf der einen und die körperliche Bewegungsfreiheit auf der anderen Seite gleichermaßen Voraussetzung für die Ausübung anderer Freiheitsrechte seien.[6] Das Bundesverfassungsgericht sieht in der Freiheit der Person die »Basis der allgemeinen Rechtsstellung und Entfaltungsmöglichkeiten des Bürgers«,[7] und auch im Schrifttum wird sie verbreitet als »grundrechtliche Basis des Freiheitsschutzes«[8] angesehen. Ebenso wie das Grundrecht auf Leben und körperliche Unversehrtheit schützt Art. 2 Abs. 2 S. 2 GG damit einen Zustand, der Handlungsfreiheiten nicht garantiert, sondern fundiert.[9] Beide sind gleichermaßen Ausübungs-

3 Dazu etwa Ralf Müller-Terpitz, »Recht auf Leben und körperliche Unversehrtheit«, in: Josef Isensee, Paul Kirchhof (Hg.), *Handbuch des Staatsrechts*, Bd. V, Heidelberg [3]2009, § 147 Rn. 2.

4 BVerfGE 18, 112 (117).

5 So Dieter Lorenz in: Wolfgang Kahl u. a. (Hg.), *Bonner Kommentar zum Grundgesetz*, Heidelberg 2008, Art. 2 Rn. 17.

6 Christian Starck, in: Hermann von Mangoldt u. a. (Hg.), *Kommentar zum Grundgesetz: GG*, Bd. 1, München [7]2018, Art. 2 Abs. 2 Rn. 189.

7 BVerfGE 36, 264 (269); vgl. auch BVerfGE 109, 133 (157): »Grundlage und Voraussetzung der Entfaltungsmöglichkeiten des Bürgers«.

8 Dieter Lorenz, in: Kahl u. a. (Hg.), *Bonner Kommentar zum Grundgesetz*, Heidelberg 2015, Art. 2 Abs. 2 S. 2 Rn. 674.

9 David Kuch, »Die Freiheit der Person: Grundrecht und Grundrechtsvoraussetzung«, in: *Jahrbuch des öffentlichen Rechts der Gegenwart, Neue Folge* 66/1 (2018), S. 205-236, hier S. 221 ff.

voraussetzungen für die in den Art. 4 ff. GG gewährleisteten Freiheiten.

Ungeachtet dieser Gemeinsamkeit, haben sich die beiden Grundrechte dann aber so unabhängig voneinander entwickelt, wie es ihre unterschiedlichen Wurzeln vermuten lassen. Das liegt natürlich vor allem daran, dass Eingriffe in die körperliche Bewegungsfreiheit anders als solche in das Leben prospektiv revisibel sind. Die Anwendungsfelder von Art. 2 Abs. 2 S. 1 GG lagen dementsprechend bislang im Bereich schwieriger Grenzfragen am Beginn und am Ende des Lebens. Insbesondere im Schrifttum ist ein beachtlicher Aufwand betrieben worden, um mit den Methoden der Rechtswissenschaft zu bestimmen, wann das Leben beginnt[10] und wann es endet.[11] Das Grundrecht auf Leben und körperliche Unversehrtheit hat durch die Diskussionen über den Schwangerschaftsabbruch und dann später die Präimplantationsdiagnostik, die Stammzellforschung und die Transplantationsmedizin in der Verfassungsrechtsprechung und im Schrifttum eine wesentlich größere Präsenz erlangt als das Grundrecht der Freiheit der Person, das nur vereinzelte und insgesamt wenig rezipierte Entscheidungen des Bundesverfassungsgerichts zu migrationsrechtlichen Aufenthaltsbeschränkungen[12] und im Unterbringungsrecht[13] hervorgebracht hat. Die allgemeine körperliche Bewegungsfreiheit stand eben in den vergangenen 70 Jahren vor Ausbruch der Pandemie nicht ernsthaft in Frage.

Aus der verfassungstextlichen Nachbarschaft von Freiheit und Leben hat sich also kein gemeinsames Bollwerk für den Freiheits- und Lebensschutz entwickelt. Die beiden Grundrechte haben bislang weniger miteinander zu tun, als man das 1949 offenbar erwartet hatte. In der Coronapandemie ist nun aber aus der zuvor immerhin noch freundlich-distanzierten Nachbarschaft ein Gegeneinander der beiden Grundrechtsvoraussetzungen geworden: Nächtliche Ausgangsbeschränkungen[14] und die Anordnung von Quaran-

10 Torsten Hartleb, *Grundrechtsschutz in der Petrischale. Grundrechtsträgerschaft und Vorwirkungen bei Art. 2 Abs. 2 GG und Art. 1 Abs. 1 GG*, Berlin 2006.

11 Stephan Rixen, *Lebensschutz am Lebensende. Das Grundrecht auf Leben und die Hirntodkonzeption*, Berlin 1999.

12 BVerfGE 94, 166; 96, 10.

13 BVerfGE 149, 293.

14 BVerfG, NJW 2022, 139 (159).

täne[15] greifen in einer in präpandemischen Zeiten nicht vorstellbaren Weise in die durch Art. 2 Abs. 2 S. 2 GG geschützte körperliche Bewegungsfreiheit ein, um die einen Satz zuvor geschützten Rechtsgüter des Lebens und der körperlichen Unversehrtheit zu schützen. Die Kollision dieser beiden Ausübungsvoraussetzungen für die anderen Freiheitsrechte mag erklären, warum gerade die nächtlichen Ausgangsbeschränkungen in der Pandemie so kontrovers sind.

Art. 2 Abs. 2 S. 1 GG wurde aber auch über die körperliche Bewegungsfreiheit hinaus zu einem Eingriffstitel in alle Freiheitsrechte, die die Sozialität des Menschen[16] in ihren unterschiedlichen Ausprägungen schützen: das allgemeine Persönlichkeitsrecht (Art. 2 Abs. 1 i.V.m. Art. 1 Abs. 1 GG) ebenso wie die Religionsfreiheit (Art. 4 Abs. 1, 2 GG) und die Kunst- und die Wissenschaftsfreiheit (Art. 5 Abs. 3 GG), Ehe und Familie (Art. 6 Abs. 1 GG), das Grundrecht der Schüler:innen auf Bildung (Art. 2 Abs. 1 i.V.m. Art. 7 Abs. 1 GG) ebenso wie die Versammlungsfreiheit (Art. 8 Abs. 1 GG), die Vereinigungsfreiheit (Art. 9 Abs. 1 GG) und die Berufsfreiheit (Art. 12 Abs. 1 GG). Mit guten Gründen wird schließlich vertreten, dass das Sterben in der Einsamkeit des Pflegeheimzimmers die Menschenwürde (Art. 1 Abs. 1 GG) in Frage gestellt hat.[17]

Staatliches Recht, das bislang das Leben von Menschen in Gemeinschaften und in der Gesellschaft geregelt hatte, war nun angetreten, sie voneinander zu trennen. Art. 2 Abs. 2 S. 1 GG wurde zu einem Supergrundrecht, das in der öffentlichen Diskussion der Anfangsmonate der Pandemie sogar für unabwägbar erklärt wurde[18] und auch in der Folgezeit alle Pflichten zur Einsamkeit legitimieren sollte. Die Freiheit der Person hingegen, die man zuvor ebenso als

15 Insoweit handelt es sich sogar um Freiheitsentziehungen, für die der in der Pandemie durchweg unbeachtet gebliebene Richtervorbehalt gilt, siehe Thorsten Kingreen, »Das Studium des Verfassungsrechts in der Pandemie«, in: *Juristische Ausbildung* 42/10 (2020), S. 1019-1035, hier S. 1023, und Ralf Poscher, »Das Infektionsschutzgesetz als Gefahrenabwehrrecht«, in: Stefan Huster, Thorsten Kingreen (Hg.), *Handbuch des Infektionsschutzrechts*, München ^{2}2022, Kap. 4 Rn. 141.

16 Dieter Suhr, *Entfaltung des Menschen durch den Menschen*, Berlin 1976.

17 Friedhelm Hufen, *Zur verfassungsrechtlichen Beurteilung von Besuchs- und Ausgangsbeschränkungen in Alten- und Pflegeheimen aus Anlass der COVID-19-Pandemie.* Rechtsgutachten im Auftrag der BAGSO – Bundesarbeitsgemeinschaft der Seniorenorganisationen e.V., November 2020, S. 30 f.

18 Vgl. Kingreen, »Das Studium des Verfassungsrechts in der Pandemie«, S. 1027.

Ausübungsvoraussetzung aller anderen Freiheiten ausgemacht hatte, blieb demgegenüber ebenso blass wie zuvor in den 70 Jahren grundgesetzlicher Verfassungsentwicklung.

II. Die Schutzpflicht für das Leben und die körperliche Unversehrtheit: Fehlstart und Konsolidierung

Wer die Entwicklung von Art. 2 Abs. 2 S. 1 GG zu einem Joker für die Legitimation allermöglichen Grundrechtseingriffe eher kritisch sieht, wird versucht sein, sie auf den unglücklichen Start der Schutzpflichtdoktrin in der Rechtsprechung des Bundesverfassungsgerichts zurückzuführen. Sieht man nämlich einmal von der Entscheidung zum Luftsicherheitsgesetz[19] ab, betreffen alle Grundsatzentscheidungen des Bundesverfassungsgerichts zu Art. 2 Abs. 2 S. 1 GG nicht das Abwehrrecht, sondern die Schutzpflicht.

Die Geschichte dieser Rechtsprechung beginnt im Jahre 1975, als das Bundesverfassungsgericht erstmals aus Art. 2 Abs. 2 S. 1 GG eine Schutzpflicht abgeleitet hat, die es dem Staat gebiete, sich schützend und fördernd vor das Leben zu stellen.[20] Es hat seinerzeit gemeint, dass der Gesetzgeber das ungeborene Leben nicht ausreichend schütze, wenn er den Schwangerschaftsabbruch während der ersten drei Monate straffrei stelle, und hat daher statt dieser sogenannten Fristenlösung den Erlass einer strafbewehrten Indikationsregelung verlangt.[21] Dass die Grundrechte dem strafenden Staat Grenzen setzen, wie es das Bundesverfassungsgericht zwei Jahre später in seiner Entscheidung zur Verfassungsmäßigkeit der lebenslangen Freiheitsstrafe genauer justiert hat,[22] war anerkannt. Dass sie nun aber eine Pflicht zum Strafen begründen sollten, war für das liberale Verständnis der Grundrechte als Eingriffsabwehrrechte gegen staatliche Übergriffigkeiten nur schwer zu verdauen.[23]

Aber nach dieser sehr offensiven Einführung der Schutzpflicht

19 BVerfGE 115, 118 (152 ff.).

20 BVerfGE 39, 1 (42).

21 BVerfGE 39, 1 (51 ff.).

22 BVerfGE 45, 187.

23 Klassische Kritik: Ernst-Wolfgang Böckenförde, »Grundrechtstheorie und Grundrechtsinterpretation«, in: *Neue Juristische Wochenschrift* 27 (1974), S. 1529-1538.

in das Repertoire der Grundrechtsfunktionen haben sich die Befürchtungen, die sich mit ihr verbunden haben, eigentlich nicht realisiert. Die Warnung von Ernst-Wolfgang Böckenförde, sie habe das Potential, den parlamentarischen Gesetzgebungsstaat durch einen verfassungsgerichtlichen Jurisdiktionsstaat abzulösen,[24] der nur noch verfassungsgerichtliche Schutzaufträge abarbeitet, bleibt zwar im Raum. Aber in der Rechtsprechungspraxis hat sie sich bislang nicht realisiert. Schon in der Schleyer-Entscheidung, die freilich eine Entscheidung der Exekutive zum Gegenstand hatte, hat das Bundesverfassungsgericht eine staatliche Schutzpflicht für das Entführungsopfer bejaht, diese aber auch auf die potentiellen Opfer der freizupressenden Terroristen ausgedehnt und damit den weiten Entscheidungsspielraum der Bundesregierung begründet.[25] Und in seiner zweiten Entscheidung zum Schwangerschaftsabbruch hat es dem Gesetzgeber, unter maßgeblicher Mitwirkung von Böckenförde, freigestellt, »für den Schutz des ungeborenen Lebens zu einem Schutzkonzept überzugehen, das in der Frühphase der Schwangerschaft in Schwangerschaftskonflikten den Schwerpunkt auf die Beratung der schwangeren Frau legt, um sie für das Austragen des Kindes zu gewinnen, und dabei [...] auf eine indikationsbestimmte Strafdrohung [...] verzichtet«.[26]

Auch danach hat sich die Schutzpflicht für das Leben und die körperliche Unversehrtheit zunächst unauffällig entwickelt. Weder hält die Schutzpflicht den Gesetzgeber an, ein allgemeines Tempolimit auf den Autobahnen zu verhängen,[27] noch muss er Sportwaffen verbieten, wie dies Hinterbliebene des Amoklaufs von Winnenden gefordert hatten.[28] Vor Fluglärm muss er zwar schützen, dabei neue Erkenntnisse aber erst berücksichtigen, wenn sie sich in der wissenschaftlichen Diskussion durchgesetzt haben.[29] Erst 2016 hat es zum ersten Mal seit 1975 wieder eine Verletzung der Schutzpflicht aus Art. 2 Abs. 2 S. 1 GG festgestellt. Der Gesetzgeber sei verpflichtet, für nicht einsichtsfähige Betreute bei drohenden erheblichen

24 Ernst-Wolfgang Böckenförde, »Grundrechte als Grundsatznormen«, in: *Der Staat* 29/1 (1990), S. 1-31, hier S. 25, S. 29.

25 BVerfGE 46, 160 (165).

26 BVerfGE 88, 203 (264).

27 BVerfG, NJW 1996, 651 (652).

28 BVerfG, NVwZ 2013, 502 (502 f.).

29 BVerfG, NVwZ 2018, 1555 (Rn. 50).

gesundheitlichen Beeinträchtigungen unter strengen Voraussetzungen eine ärztliche Behandlung als letztes Mittel auch gegen ihren natürlichen Willen vorzusehen. Um den Ausnahmecharakter der Entscheidung zu verdeutlichen, hat es aber klargestellt, es gebe »keine ›Vernunfthoheit‹ staatlicher Organe über den Grundrechtsträger dergestalt, dass dessen Wille allein deshalb beiseitegesetzt werden dürfte, weil er von durchschnittlichen Präferenzen abweicht oder aus der Außensicht unvernünftig erscheint«. Die Freiheitsgrundrechte schlössen auch das Recht ein, »von der Freiheit einen Gebrauch zu machen, der in den Augen Dritter den wohlverstandenen Interessen des Grundrechtsträgers zuwider läuft«.[30] Eine Schutzpflicht besteht daher nur für Menschen, die »keinen freien Willen in Bezug auf den Umgang mit einer Krankheit bilden [können], weil sie krankheitsbedingt nicht in der Lage sind, die Notwendigkeit einer ärztlichen Maßnahme zu erkennen oder nach dieser Einsicht zu handeln«.[31] In gewisser Weise steht die Entscheidung damit in der Tradition der Urteile des Bundesverfassungsgerichts zur Verfassungsmäßigkeit des Schutzkonzepts bei Schwangerschaftsabbrüchen, insoweit sie die Verletzung der Schutzpflicht mit der fehlenden individuellen Schutzfähigkeit begründet. Verletzungen der Schutzpflicht bleiben damit auf Situationen besonderer Schutzbedürftigkeit beschränkt. Diese Linie hat das Bundesverfassungsgericht in seiner Entscheidung zur Triage in der Pandemie bekräftigt, indem es die besondere Schutzbedürftigkeit von Menschen mit Behinderung (Art. 3 Abs. 3 S. 2 GG) adressiert hat.[32]

Selbst in der Entscheidung zum Klimaschutzgesetz ist das Bundesverfassungsgericht seiner zurückhaltenden Linie hinsichtlich der Aktivierung der Schutzpflicht treu geblieben. Zwar hat es diese nun auch auf künftige Generationen erstreckt und sieht sie auch nicht dadurch in Frage gestellt, dass der deutsche Staat allein den Klimawandel nicht aufhalten kann.[33] Es hält aber an seiner traditionellen Formel fest, dass die Schutzpflicht nur verletzt wäre, »wenn die getroffenen Regelungen und Maßnahmen offensichtlich ungeeignet oder völlig unzulänglich sind, das gebotene Schutzziel zu erreichen, oder wenn sie erheblich hinter dem Schutzziel zurückblei-

30 Zitate jeweils aus BVerfGE 142, 313 (Rn. 74).
31 BVerfGE 142, 313 (Rn. 76).
32 BVerfG, NJW 2022, 380 (Rn. 108 ff.).
33 BVerfGE 157, 30 (Rn. 147, 149).

ben«.[34] Einen solchen Schutzausfall hätte es aber nur bejaht, wenn das Gesetz nicht das Ziel der Klimaneutralität verfolgen oder gar dem Klimawandel ganz freien Lauf lassen würde und sich auf Anpassungsmaßnahmen beschränken würde.[35] Auch das klingt nach den klassischen Pfaden – auf die Entscheidung wird freilich noch zurückzukommen sein.[36]

Man kann also bilanzieren, dass sich die Schutzpflicht nach ihrem etwas holprigen Start zu einer konsolidierten Grundrechtsfunktion entwickelt hat, die übrigens anders als etwa die Figur der mittelbaren Drittwirkung auch im europäischen und internationalen Menschenrechtsdiskurs als »*duty to protect*« anschlussfähig ist. Insbesondere hat sie die Gestaltungsfreiheit des demokratischen Gesetzgebers nicht wesentlich eingeschränkt. Noch nicht einmal hat das Bundesverfassungsgericht dem Gesetzgeber attestiert, seine Schutzbemühungen seien generell ungeeignet gewesen; wenn es eine Schutzpflichtverletzung festgestellt hat, so lag das an spezifischen Schutzbedürfnissen, die der Gesetzgeber nicht hinreichend berücksichtigt hatte.

Daraus wird man folgern können, dass die Schutzpflicht für Leben und körperliche Unversehrtheit Legislative und Exekutive auch nicht zu einer bestimmten Pandemiepolitik verpflichten. Selbstverständlich hätten sich die staatlichen Organe verfassungswidrig verhalten, wenn sie die Existenz des Virus einfach nicht zur Kenntnis genommen hätten. Vermutlich hätte das Bundesverfassungsgericht auch eine Verletzung der Schutzpflicht festgestellt, wenn Gesetzgeber und Landesregierungen im Frühjahr 2020 einfach auf die schnelle Erreichung der Herdenimmunität qua Durchseuchung gesetzt hätten. In der Logik der Entscheidungen zum Schwangerschaftsabbruch und zu den Zwangsbehandlungen hätte es jedenfalls nahegelegen, eine auch verfassungsrechtliche Pflicht zum Schutz der besonders vulnerablen Gruppen in der Gesellschaft zu postulieren. Aber viel konkreter lassen sich die staatlichen Schutzverpflichtungen nicht bestimmen. Zu Recht hat das Bundesverfassungsgericht daher im Mai 2020 einen Beschwerdeführer abblitzen lassen, der sich als besonders gefährdet ansah und daher in den vor-

34 BVerfGE 157, 30 (Rn. 152) mit Bezugnahme auf BVerfGE 142, 313 (Rn. 70).
35 BVerfGE 157, 30 (Rn. 155, 157).
36 Siehe unten, Abschnitt III.

sichtigen Öffnungen am Ende der sogenannten ersten Welle eine Verletzung der Schutzpflicht sah. Das Bundesverfassungsgericht ließ ihn wissen, dass die Zulassung sozialer Interaktion anderen grundrechtlich geschützten Freiheiten Rechnung trage.[37]

III. Schutzpflicht als Eingriffstitel

Anders als es die frühen Kritiker:innen der Schutzpflichten angenommen haben, sind diese nicht deshalb problematisch, weil sie Gesetzgebung und Verwaltung in ihren Entscheidungsbefugnissen zu sehr einengen würden. Dazu sind die Vorgaben für ihre Auslösung viel zu hoch. Es liegt vielmehr genau andersherum: Nach den Erfahrungen in der Pandemie besteht die Gefahr, dass die Schutzpflicht für Leben und körperliche Unversehrtheit zu einem pauschalen Eingriffstitel für Gesetzgebung und Verwaltung wird, der alle Eingriffe in andere Freiheitsrechte mit der zunächst bestechenden Rhetorik rechtfertigt, dass das menschliche Leben innerhalb der grundgesetzlichen Ordnung einen Höchstwert darstelle, weil es Voraussetzung für die Ausübung aller anderen Grundrechte sei.[38] Es stellt sich dann gleichsam umgekehrt die Frage, wie scharf die Rechtsprechung die Abwehrrechte und namentlich die Freiheit der Person (Art. 2 Abs. 2 S. 2 GG) gegen den schützenden Staat stellt.

Namentlich in der Pandemie ist die enorme Strahlkraft des Grundrechts auf Leben und körperliche Unversehrtheit natürlich leicht erklärt. Dass plötzlich jeder Mitmensch eine Gefahr ist, hatten vermutlich selbst leidgeprüfte Menschen in den Slums von Mexico City so noch nicht erlebt. Diese Unmittelbarkeit der Gefahrenquelle, die das Virus von anderen Großgefahren unterscheidet, begünstigt die Projektion der Schäden anderer auf die eigene Person. Das Virus ist uns so nah wie unsere Mitmenschen, denen wir jeden Tag – freiwillig oder unfreiwillig – begegnen. Hingegen sind die Gefahren des Straßenverkehrs, der Luftverschmutzung oder der Atomenergie noch diffus genug, um sie mit den Mechanismen der Gewöhnung und Verdrängung auf Distanz zu halten und in der Abteilung »allgemeines Lebensrisiko« zu verbuchen.

37 BVerfG, NVwZ 2020, 1823 (Rn. 7).
38 BVerfGE 39, 1 (42).

Ein allgemeines Tempolimit auf Autobahnen und Fahrverbote in abgasbelasteten Innenstädten würden zwar Leben retten und die Gesundheit schützen, aber vermutlich eher die von anderen, denn einem selbst wird ja wohl eher nichts passieren. So war es auch bei der Atomenergie – bis die grauenhaften Bilder aus Fukushima den »Das-kann-uns-auch-passieren-Effekt« und dann den Atomausstieg ausgelöst haben. Aber Vieles wird uns eben wahrscheinlich wirklich nicht passieren: Wir werden nicht zu den Tausenden von Menschen gehören, die auch in diesem Jahr auf der Flucht wieder im Mittelmeer ertrinken, und ziemlich sicher auch nicht zu den jährlich mehr als eine Million Toten, die an der weltweit gefährlichsten Infektionskrankheit, der Tuberkulose, sterben, aber eben fast ausschließlich auf der südlichen Erdhalbkugel.

Was halten das Grundgesetz und insbesondere die Rechtsprechung des Bundesverfassungsgerichts einer politischen »Rhetorik des ewigen Winters« (Olaf Scholz) entgegen, die den Schutz von Leben und Gesundheit pauschal über alle anderen Freiheitsrechte setzt? Das ist noch nicht so ganz klar. Geradezu aufreizend nonchalant kommt hier die Entscheidung des Bundesverfassungsgerichts zum Verbot der geschäftsmäßigen Tötung auf Verlangen daher. Es leitet das Recht auf Beendigung des eigenen Lebens nicht aus der negativen Freiheit des Art. 2 Abs. 2 S. 1 GG ab, wie das im Schrifttum durchaus vertreten wird,[39] sondern greift in die höchsten Ränge des Grundgesetzes: »Die selbstbestimmte Verfügung über das eigene Leben« sei »unmittelbarer Ausdruck der der Menschenwürde innewohnenden Idee autonomer Persönlichkeitsentfaltung«; sie sei, »wenngleich letzter, Ausdruck von Würde«. Die Würde des Menschen sei folglich »nicht Grenze der Selbstbestimmung der Person, sondern ihr Grund«. Der Mensch »bleibe nur dann als selbstverantwortliche Persönlichkeit, als Subjekt anerkannt, sein Wert- und Achtungsanspruch nur dann gewahrt, wenn er über seine Existenz nach eigenen, selbstgesetzten Maßstäben bestimmen kann«.[40] Der Gesetzgeber, der die geschäftsmäßige Unterstützung beim Sterben verbiete, verfolge zwar das legitime Ziel, seine Schutzpflicht aus Art. 2 Abs. 2 S. 1 GG für das Leben zu erfüllen.[41] Aber die

39 Ulf Kämpfer, *Die Selbstbestimmung Sterbewilliger*, Berlin 2005, S. 177 ff.

40 Alle vorstehenden Zitate aus BVerfGE 153, 182 (Rn. 211).

41 BVerfGE 153, 182 (Rn. 231).

freie Suizidentscheidung dürfe nicht unmöglich gemacht werden;[42] das gelte keinesfalls nur für schwerkranke Menschen, sondern für jedermann.[43] Es ist bemerkenswert, wie schneidig das Bundesverfassungsgericht die Schutzpflicht für das Leben abgeräumt und wie wenig Gewicht es den Gefahren beigemessen hat, die das Angebot geschäftsmäßiger Suizidbeihilfe ja durchaus mit sich bringt.[44] Weit ist es davon entfernt, ihr die Funktion eines alles überragenden Eingriffstitels beizumessen, hinter dem andere Freiheitsrechte *a priori* zurücktreten müssen. Wer fürchtet, dass das Grundrecht in künftigen Abwägungen alles überragt, wird dieses Urteil als sinnvolle Grenzziehung verstehen. – Das Urteil erging am 26. Februar 2020, die Pandemie war bereits im Anmarsch. Nur wenige Tage später sollte die Schutzpflicht für Leben und körperliche Unversehrtheit einen fulminanten Neustart hinlegen und zu einer Generalvollmacht für die tiefgreifendsten Grundrechtseinschränkungen seit Inkrafttreten des Grundgesetzes werden.

Überhaupt ist es keinesfalls sicher, dass die Entscheidung des Bundesverfassungsgerichts zum Verbot der professionellen Suizidassistenz wirklich eine Blaupause für die verfassungsrechtlichen Grenzziehungen hinsichtlich der Schutzpflicht werden wird. Der zweite Teil der Entscheidung zum Klimaschutzgesetz weist hier möglicherweise in eine andere Richtung. Zwar hat das Bundesverfassungsgericht im ersten Teil der Entscheidung auf den traditionellen Wegen der zurückhaltenden Kontrolle eine Verletzung der Schutzpflicht für Leben und körperliche Unversehrtheit verneint.[45] Dass das Klimaschutzgesetz die Schutzpflicht nicht verletzt, ist zwar aufgrund der Maßstäbe, die sich das Bundesverfassungsgericht selbst gesetzt hat, konsequent. Aber das Ergebnis war ganz offensichtlich nicht gewollt. Daher tauchen die 40 Randnummern, die das Bundesverfassungsgericht auf die Verneinung eines Verstoßes gegen die Schutzpflicht in ihrer traditionellen Form verwendet, im Tenor der Entscheidung überhaupt nicht auf.

42 BVerfGE 153, 182 (Rn. 264 ff.).
43 BVerfGE 153, 182 (Rn. 210).
44 Kritisch Heinrich Lang, »Das BVerfG und die Strafbarkeit des assistierten Suizids. Grundrechtliche Metamorphosen: Vom Autonomiegefährder zum Autonomiewahrer«, in: *Neue Juristische Wochenschrift* 73/22 (2020), S. 1562-1565, hier S. 1564.
45 BVerfGE 157, 30 (Rn. 142-181).

Die Regie übernimmt vielmehr, im Tenor wie in den Urteilsgründen, die Neukreation einer Verpflichtung zur intertemporalen Freiheitssicherung.[46] Der Senat sieht die Beschwerdeführenden in ihren Freiheitsrechten verletzt, weil das Klimaschutzgesetz erhebliche Anteile der durch Art. 20a GG gebotenen Treibhausgasminderungslasten auf Zeiträume nach 2030 verschiebe.[47] Das ist schon etwas überraschend, denn die Beschwerdeführenden gehören ja offensichtlich nicht zu den »künftigen Generationen«, auf die sich Art. 20a GG nach seinem Wortlaut bezieht, sondern sie sind eine gegenwärtige Generation. Auch die vom Gericht konstruierte eingriffsähnliche Vorwirkung bezieht sich auf die Freiheit der Beschwerdeführenden,[48] nicht auf die in Zukunft Geborenen. Man fragt sich, wie das Gericht entschieden hätte, wenn unter den Beschwerdeführenden auch ein 100-Jähriger gewesen wäre, der nach 2030 außer dem postmortalen Würdeschutz vermutlich gar kein Grundrecht mehr wahrnehmen kann. Das Gericht begibt sich nicht in die kargen Ebenen der Wortlautinterpretation, sondern zieht sich lieber auf den Grundsatz der Verhältnismäßigkeit zurück. Aus diesem folgert es, »dass nicht einer Generation zugestanden werden darf, unter vergleichsweise milder Reduktionslast große Teile des CO_2-Budgets zu verbrauchen«,[49] und sieht sich darin durch den »objektivrechtliche[n] Schutzauftrag des Art. 20a GG«[50] bestätigt, dem es dann später eine staatliche Verpflichtung zum Klimaschutz entnimmt.[51]

Den eigentlichen Handlungsauftrag für den Gesetzgeber fundiert der Senat allerdings zumindest äußerlich in einer abwehrrechtlichen Neukonstruktion. Die Entscheidung des Gesetzgebers, bis zum Jahr 2030 die im Gesetz geregelte Menge an CO_2-Emissionen zuzulassen, entfalte »eingriffsähnliche Vorwirkung auf die durch das Grundgesetz geschützte Freiheit der Beschwerdeführenden«, und zwar gleich im Hinblick auf »sämtliche menschlichen Freiheitsbetätigungen« und »jedenfalls durch die in Art. 2 Abs. 1

46 BVerfGE 157, 30 (Rn. 116-134 [Zulässigkeit] und Rn. 182-265 [Begründetheit]).
47 BVerfGE 157, 30 (Rn. 117, 183).
48 BVerfGE 157, 30 (Rn. 184).
49 BVerfGE 157, 30 (Rn. 192).
50 BVerfGE 157, 30 (Rn. 193).
51 BVerfGE 157, 30 (Rn. 184).

GG als dem grundlegenden ›allgemeinen Freiheitsrecht‹ [...] verbürgte allgemeine Handlungsfreiheit«.[52] Der Grundrechtseingriff[53] wird damit zeitlich gestreckt: Eine staatliche Maßnahme im Jahre 2021 führt dazu, dass die Ausübung der grundrechtlich geschützten Freiheit nicht 2021, sondern erst 2030 erschwert wird. Um diese zukünftige unverhältnismäßige Freiheitsbeschränkung zu verhindern, muss der Staat gegenwärtig mehr Freiheiten beschränken. Es handelt sich damit um eine als Abwehrrecht getarnte Schutzpflicht,[54] denn aus der »eingriffsähnlichen Vorwirkung« folgen keine Unterlassungs-, sondern Handlungspflichten, die das Bundesverfassungsgericht im Unterschied zur klassischen Schutzpflicht mit Rücksicht auf die legislative Prärogative aber nicht näher konkretisiert.

Aus der »eingriffsähnlichen Vorwirkung« (man erfährt leider nicht genauer, inwieweit sie dem etablierten Eingriffsbegriff ähnelt) wird also der Sache nach eine Schutzpflicht 2.0, die anderen Regeln folgen soll als die grundrechtliche Schutzpflicht, wie wir sie zu kennen glaubten. Das zeigt die kühne Konstruktion, mit der das Bundesverfassungsgericht die verfassungsrechtliche Verpflichtung begründet, den Anstieg der globalen Durchschnittstemperatur auf deutlich unter 2 °C und möglichst auf 1,5 °C gegenüber dem vorindustriellen Niveau zu begrenzen.[55] Es interpretiert die einfach-rechtliche Zweckbestimmung in § 1 S. 3 KSG als »verfassungsrechtlich maßgebliche Konkretisierung des Klimaschutzziels des Grundgesetzes«, weil dieser das Pariser Übereinkommen zum Klimaschutz als »Grundlage« bezeichne.[56] Die Vorschriften des KSG genügten dem nicht, weil sie die nach Art. 20a GG verfas-

52 BVerfGE 157, 30 (Rn. 184).

53 Zu seiner Definition: Thorsten Kingreen, Ralf Poscher, *Grundrechte. Staatsrecht II*, Heidelberg [37]2021, Rn. 329.

54 In diesem Sinne auch Christian Calliess, »Das ›Klimaurteil‹ des Bundesverfassungsgerichts: ›Versubjektivierung‹ des Art. 20a GG?«, in: *Zeitschrift für Umweltrecht*, 32/6 (2021), S. 355-357, hier S. 356 f.

55 Anders noch Andreas Voßkuhle, »Umweltschutz und Grundgesetz«, in: *Neue Zeitschrift für Verwaltungsrecht* 32/1-2 (2013), S. 1-7, hier S. 6: keine Ableitbarkeit von konkreten Belastungsschwellen aus dem Grundgesetz.

56 BVerfGE 157, 30 (Rn. 209 f.). Dieser Begründungsweg lässt die Annahme von Martin Eifert, »Verfassungsauftrag zum freiheitsschonenden Klimaschutz: Der Klimaschutz-Beschluss des BVerfG«, in: *Juristische Ausbildung* 43/9 (2021), S. 1085-1098, hier S. 1087, das Völkerrecht werde nicht konstitutionalisiert, vielleicht doch als etwas gewagt erscheinen.

sungsrechtlich notwendigen Reduktionen von CO_2-Emissionen nicht vorausschauend über die Zeit verteilten.[57]

Verfassungsrechtsdogmatisch muss man eine solche Schutzpflicht 2.0 schon wollen. Mit ihr löst das Bundesverfassungsgericht zwar das Dilemma, dass die Rechte künftig Geborener eben nur durch gegenwärtig Lebende geltend gemacht werden können und viele von diesen auch 2030 noch leben werden und daher auch ihre eigenen Rechte geltend machen. Und es leuchtet sogar ein, dass ein Verfassungsgericht eine besondere Sensibilität für verfassungsrechtliche Langzeitverpflichtungen zeigt, die in der durch das Demokratieprinzip (Art. 20 Abs. 2 S. 1 GG) bedingten Kurzfristigkeit von Legislaturperioden tendenziell zu kurz kommen.[58] Schon die schmallippigen Stimmen aus der Politik, die die eigene Niederlage vor Gericht masochistisch feierten,[59] könnten die Entscheidung gelohnt haben. Politisch kommt sie ohne Zweifel in jeder Hinsicht zur rechten Zeit. Sie bilanziert eine erschütternd unmotivierte deutsche Klimaschutzpolitik[60] und sendet das Signal an die jüngere Generation, dass sich politisches Engagement für die größte Zukunftsherausforderung lohnt, und das zu einem Zeitpunkt, da man sich des Eindrucks nicht erwehren kann, dass junge Menschen in der Pandemie keine starke Lobby hatten. Der Beschluss setzt sich in der Sache und auch im Ton insbesondere von der Büchel-Entscheidung des 2. Senats aus dem Jahre 2018 ab, der Beschwerdeführende gegen die Stationierung von Atomwaffen in der Nähe ihres Wohnorts wissen ließ, dass gesellschaftliches Engagement »nicht zu einer (verfassungs-)rechtlichen Privilegierung bei der Durchsetzung der eigenen Interessen führe«[61] – als ob ausgerechnet Menschen, die sich für Gemeinwohlbelange einsetzen, vor allem ihre eigenen Interessen im Auge hätten. Zu Recht hält der 1. Senat die Beschwerdeführenden gegen das deutsche Klimaschutzgesetz für

57 BVerfGE 157, 30 (Rn. 243 ff.).

58 BVerfGE 157, 30 (Rn. 206); Michael Kloepfer, Jean-Louis Wiedmann, »Die Entscheidung des BVerfG zum Bundes-Klimaschutzgesetz«, in: *Deutsches Verwaltungsblatt* 136/20 (2021), S. 1333-1340, hier S. 1334.

59 Dazu Gerhard Wagner, »Klimaschutz durch Gerichte«, in: *Neue Juristische Wochenschrift* 74/31 (2021), S. 2256-2263, hier S. 2260 f.

60 Das sehen auch Kritiker der Problemlösungskapazitäten der Judikative so, siehe nur Bernhard Wegener, »Urgenda – Weltrettung per Gerichtsbeschluss?«, in: *Zeitschrift für Umweltrecht* 30/1 (2019), S. 3-13, hier S. 10.

61 BVerfG, NJW 2018, 2312 (Rn. 47).

beschwerdebefugt, weil die Verfassungsbeschwerde anders als die Nichtigkeitsklage im europäischen Recht »eine über die bloße eigene Betroffenheit hinausgehende besondere Betroffenheit, die die Beschwerdeführenden von der Allgemeinheit abheben würde, regelmäßig nicht verlangt«.[62]

Aber die verfassungsdogmatische Konstruktion des 1. Senats ist ambitioniert. Aus dem einfachen Gesetz, das den Prüfungsgegenstand bildet, wird der verfassungsrechtliche Prüfungsmaßstab entwickelt, indem eine seiner Normen zum Verfassungsrecht hochgezont wird. Das Gericht konstruiert also seine eigenen Maßstäbe aus einem Gesetz, das es partiell für verfassungswidrig erklärt. Das stellt nicht nur die Normenhierarchie auf den Kopf,[63] sondern unterstellt dem Gesetzgeber, er habe in einer Norm einen bestimmten Maßstab aufgestellt (= Klimaneutralität), diesen aber zwei Bestimmungen später wieder vergessen. Künftige Generationen von Gesetzgebern werden von nun an genau überlegen, was sie in die allgemeinen Zweckbestimmungen ihrer Gesetze hineinschreiben; sie könnten sich als verfassungsrechtlicher Maßstab gegen sie wenden. Wie wäre eigentlich argumentiert worden, wenn es noch gar kein Klimaschutzgesetz gegeben hätte oder jedenfalls keine Bestimmung, die das Pariser Abkommen als »Grundlage« bezeichnet, wie das eben § 1 S. 3 KSG tut? Man muss befürchten, dass der Senat eine andere Begründung für das gewünschte Ergebnis gefunden hätte.

Das leitet über zu der Frage, ob diese Entscheidung den Schritt in den verfassungsgerichtlichen Jurisdiktionsstaat[64] macht.[65] Die Entscheidung könnte zu einem Passepartout für alle möglichen zukünftigen Freiheitseinschränkungen werden, die irgendwie

62 BVerfGE 157, 30 (Rn. 110).

63 Bent Stohlmann, »Keine Schutzpflicht vor zukünftigen Freiheitsbeschränkungen – warum eigentlich?«, in: *Verfassungsblog*, 04. 05. 2021, ⟨https://verfassungsblog.de/keine-schutzpflicht-vor-zukunftigen-freiheitsbeschrankungen-warum-eigentlich/⟩, letzter Zugriff 01. 03. 2022.

64 Böckenförde, »Grundrechte als Grundsatznormen«, S. 25, S. 29.

65 Kritisch namentlich Wagner, »Klimaschutz durch Gerichte«, S. 1056; und Bernhard Wegener, »Menschenrecht auf Klimaschutz? Grenzen grundrechtsgestützter Klimaklagen gegen Staat und Private«, in: *Neue Juristische Wochenschrift* 75/7 (2022), S. 425-432. Hingegen für den Einsatz von Klimaklagen im Sinne strategischer Prozessführung Alexander Graser, »Vermeintliche Fesseln der Demokratie: Warum die Klimaklagen ein vielversprechender Weg sind«, in: *Zeitschrift für Umweltrecht* 30/5 (2019), S. 271-278.

mit dem Ziel der Klimaneutralität in Verbindung gebracht werden können. Für das kommende Jahrzehnt ist die Entscheidung daher nicht nur eine Anleitung zum (freilich dringend notwendigen!) politischen Handeln, sondern auch eine Freistellung von allzu genauer judizieller Rechtfertigungsprüfung. Sie determiniert nicht nur politische Entscheidungen zukünftiger demokratisch legitimierter Gesetzgeber, sondern auch die Verfassungsauslegung künftiger Generationen von Verfassungsrichter:innen.[66] Allerdings kann man fragen, ob es noch irgendwelche Maßstäbe für die Erfindung neuer Maßstäbe der verfassungsgerichtlichen Kontrolle gibt.[67] Die Entscheidung könnte so verstanden werden, dass die Legitimation neuer Maßstäbe einfach aus dem Umstand folgt, dass die alten Maßstäbe nicht das passende Ergebnis liefern. Es ist eben »eine andere Zeit«, wie es dann gerne schulterzuckend heißt. Weil die traditionelle Schutzpflicht hohe Auslösungsschwellen hat, wird eine als Abwehrrecht ausgeflaggte Schutzpflicht 2.0 aus der Taufe gehoben, die so zugeschnitten wird, dass sie Klimaneutralität fordert. Verfassungsauslegung wird so zu einer *self-fulfilling prophecy*: Aus dem Grundgesetz folgt, was wir doch eigentlich sowieso schon alle immer wollten.

Es liegt nahe, dass die epochale Herausforderung der Klimakrise ein passender Anwendungsbereich für richterliche Rechtsfortbildung ist, und es ist dann auch nicht zu vermeiden, dass sie rechtswissenschaftliche Kritik auf sich ziehen muss, die aus der Perspektive bisheriger Standards argumentiert.[68] Diese Kritik ist aber deshalb nicht »neben der Sache«[69] oder gar »unsinnig«,[70] und ihr

66 Zum Phänomen der Selbstbindung durch Dogmatik Thorsten Kingreen, »Das gute alte Grundgesetz und wir Nachkonstitutionellen«, in: *Der Staat* 59/2 (2020), S. 195-226.

67 Oliver Lepsius, »Die maßstabsetzende Gewalt«, in: Matthias Jestaedt u. a. (Hg.), *Das entgrenzte Gericht. Eine kritische Bilanz nach sechzig Jahren Bundesverfassungsgericht*, Berlin 2011, S. 159-279.

68 Trotz treffender Kritik daher im Ergebnis ebenfalls nachsichtig Jörg Berkemann, »›Freiheitschancen über die Generationen‹ (Art. 20a GG) – Intertemporaler Klimaschutz im Paradigmenwechsel«, in: *Die Öffentliche Verwaltung* 74/16 (2021), S. 701-715, hier S. 715.

69 Martin Eifert, »Verfassungsauftrag zum freiheitsschonenden Klimaschutz: Der Klimaschutz-Beschluss des BVerfG«, in: *Juristische Ausbildung* 43/9 (2021), S. 1085-1098, hier S. 1092.

70 Thomas Groß, »Die intertemporale Dimension des Verfassungsrechts. Politische

sollte schon gar nicht das Schicksal drohen wie manchen vorsichtigen Anfragen an die Coronamaßnahmen: die Stellung ins Abseits der Leugner:innen naturwissenschaftlicher Evidenz durch selbst ernannte Repräsentant:innen des Guten und des Gerechten.[71]

IV. Schluss

Im Verhältnis zwischen persönlicher Freiheit und Gesundheits- und Lebensschutz geht es vor allem um Grenzziehungen zwischen dem Abwehrrecht und der Schutzpflicht. In den ersten sieben Jahrzehnten hat das Abwehrrecht die Rechtsprechung des Bundesverfassungsgerichts derart beherrscht, dass schon kleine Verschiebungen wie die als mittelbare Drittwirkung maskierte Schutzpflicht der Fachgerichte für eine strukturell schwächere Partei[72] zu Großaufregern wurden. Nun scheinen aber mit dem Zeitalter der Schutzpflichten wirklich schwierige Zeiten für das Abwehrrecht anzubrechen. Ihm droht zwischen die Räder immer neuer Schutzpflichterfindungen zu geraten, die das Bundesverfassungsgericht an den Gesetzgeber richtet, diesem aber im Gegenzug zusichert, ihn dann bei der Abarbeitung dieser Aufträge auch nicht zu sehr mit gerichtlicher Kontrolle zu behelligen.

Einen schalen Vorgeschmack auf das neue Schutzpflichtparadigma vermitteln die Entscheidungen des Bundesverfassungsgerichts zur sogenannten Bundesnotbremse gegen die Pandemie aus dem November 2021.[73] In der Entscheidung Bundesnotbremse I wird Selbstverständliches langatmig aufgesagt, Nichtselbstverständliches hingegen wortkarg beschieden: Auf der einen Seite werden 17 lange Randnummern darauf verwendet, die Gesetzgebungskompetenz des Bundes für die Regelungen der Bundesnotbremse unter aus-

Entscheidungen zu Klimaschutz und Generationengerechtigkeit«, in: *Zeitschrift für Rechtspolitik* 55/1 (2022), S. 6-8, hier S. 6.

71 Zu diesem Problem treffend Oliver Lepsius, »Das verfassungsrechtliche Argument hat es schwer«, in: *Legal Tribune Online*, 05. 02. 2021, ⟨https://www.lto.de/recht/hintergruende/h/corona-verfassungsrecht-kritik-hirte-kingreen-tweet-rechtswissenschaft-bundestag-experten/⟩, letzter Zugriff 01. 03. 2022.

72 Siehe nur BVerfGE 89, 214.

73 BVerfG, NJW 2022, 139 – Bundesnotbremse I und NJW 2022, 167 – Bundesnotbremse II.

führlicher Bezugnahme auf das rechtswissenschaftliche Schrifttum zu begründen[74] – die indes niemand jemals ernsthaft in Zweifel gezogen hatte. Auf der anderen Seite werden der umstrittenen und entscheidungserheblichen Frage, ob Freiheitsbeschränkungen im Sinne von Art. 2 Abs. 2 S. 2 und Art. 104 Abs. 1 S. 1 GG unmittelbar durch Gesetz erfolgen dürfen, gerade einmal sieben, zum Teil sehr schmale Randnummern gewidmet,[75] und dies ohne jeden Hinweis auf das rechtswissenschaftliche Schrifttum, das Freiheitsbeschränkungen durch Gesetz auch unter Hinweis auf die im Grundrecht zum Ausdruck kommende Notwendigkeit einer Gewaltenteilung bei Freiheitsbeschränkungen und -entziehungen für verfassungswidrig hält.[76] Dabei sieht das Bundesverfassungsgericht sogar, dass der Wortlaut sowohl von Art. 2 Abs. 2 S. 3 (»nur auf Grund eines Gesetzes«) und Art. 104 Abs. 1 S. 2 GG (»nur auf Grund eines förmlichen Gesetzes«) eher für einen Verwaltungsvorbehalt spricht, deutet die Entstehungsgeschichte, um es vorsichtig zu sagen, sehr kreativ in seinem Sinne und behauptet dann am Schluss, dass gesetzesunmittelbare Freiheitsentziehungen zulässig sein müssten, weil sie einen Eingriff darstellten. Das ist dann auch noch eine klassische *petitio principii*: »Dass auch Gesetze, die keinen Umsetzungsakt vorsehen, die Freiheit der Person beschränken können, bedeutet nicht, dass sie auch zulässig sein müssen. Art. 104 Abs. 1 GG konnte eben gerade solche Gesetze ausschließen wollen, was er nicht könnte, wenn in ihnen kein Eingriff läge.«[77]

Zu diesen handwerklichen Unzulänglichkeiten gesellen sich »lustlose«[78] Verhältnismäßigkeitsprüfungen, denen unausgesprochen die Vorstellung eines Ausnahmezustands im materiellen Sinne

74 BVerfG, NJW 2022, 139 (Rn. 117-133).

75 BVerfG, NJW 2022, 139 (Rn. 267-273).

76 Vgl. die Nachweise bei Thorsten Kingreen, »Grundlagen des deutschen Infektionsschutzrechts«, in: Huster/ders. (Hg.), *Handbuch des Infektionsschutzrechts*, Kap. 1 Rn. 73; siehe ferner namentlich Oliver Lepsius, »Einstweiliger Grundrechtsschutz nach Maßgabe des Gesetzes«, in: *Der Staat* 60/4 (2021), S. 609-651, hier S. 626 ff.

77 Poscher, »Das Infektionsschutzgesetz als Gefahrenabwehrrecht«, Kap. 4 Rn. 140.

78 So zur Entscheidung im einstweiligen Rechtsschutz Christoph Möllers im Interview mit Thorsten Jungholt, »›Wir haben in der Pandemie ein Problem mit unseren Juristen‹«, in: *Die Welt*, 08.05.2021, ⟨https://www.welt.de/politik/deutschland/plus230961753/Corona-Eingriffe-Haben-ein-Problem-mit-unseren-Juristen.html⟩, letzter Zugriff 29.05.2022.

zugrunde liegt. Der gleiche 1. Senat, der noch wenige Monate zuvor aus einem Potpourri von Verfassungsnormen, einfachem Recht und Klimaschutzgroßformeln eine Verfassungsverpflichtung der deutschen Staatsgewalt zur Senkung der globalen Durchschnittstemperatur unter ein genau bestimmtes Niveau gewonnen hatte, erzählt unter der falschen Flagge der Verhältnismäßigkeitsprüfung brav die Erwägungen des Gesetzgebers nach.[79] Er akzeptiert in »Bundesnotbremse I« die schon rechtstatsächlich brüchige[80] Annahme des Gesetzgebers, die nächtlichen Ausgangsbeschränkungen seien ein Vehikel zur Kontrolle der Kontaktbeschränkungen,[81] und nimmt damit zugleich die massenhafte Inanspruchnahme von Nichtverantwortlichen in Kauf. Von einer Person, die einen Abendspaziergang im Freien unternimmt, geht jedenfalls keine Gefahr aus; ihr wurde dieses Verhalten nur deshalb verboten, weil man damit Verstöße gegen Kontaktbestimmungen durch andere meinte unterbinden zu können. Ein solcher Eingriff hat eine ganz erhebliche »Streubreite«: Man darf nicht mehr an die frische Luft, um Rechtsverstöße durch andere zu verhindern. Daraus hatte das Bundesverfassungsgericht in der Entscheidung zur Rasterfahndung noch geschlossen:

> Grundrechtseingriffe, die sowohl durch Verdachtslosigkeit als auch durch eine große Streubreite gekennzeichnet sind – bei denen also zahlreiche Personen in den Wirkungsbereich einer Maßnahme einbezogen werden, die in keiner Beziehung zu einem konkreten Fehlverhalten stehen und den Eingriff durch ihr Verhalten nicht veranlasst haben – weisen grundsätzlich eine hohe Eingriffsintensität auf [...]. Denn der Einzelne ist in seiner grundrechtlichen Freiheit umso intensiver betroffen, je weniger er selbst für einen staatlichen Eingriff Anlass gegeben hat.[82]

Der daher seinerzeit angelegte strenge Prüfungsmaßstab gilt nun nicht mehr. Das Bundesverfassungsgericht konzediert sogar, dass fachwissenschaftlich gar nicht abschließend geklärt sei, »welchen genauen Beitrag Ausgangsbeschränkungen zur Eindämmung des

79 Siehe insb. BVerfG, NJW 2022, 139 (Rn. 276-303). Zur Kontextualisierung beider Entscheidungen treffend Christoph Möllers, Nils Weinberg, »Die Klimaschutzentscheidung des Bundesverfassungsgerichts«, in: *JuristenZeitung* 76/22 (2021), S. 1069-1078, hier S. 1078 ff.
80 Lepsius, »Einstweiliger Grundrechtsschutz nach Maßgabe des Gesetzes«, S. 633 ff.
81 BVerfG, NJW 2022, 139 (Rn. 277).
82 BVerfGE 115, 320 (354).

Pandemiegeschehens leisten können«, hält es aber für ausreichend, dass die Ausgangsbeschränkungen »nicht offensichtlich wirkungslos oder gar kontraproduktiv« sind.[83] Ohnehin seien sie ja in ein Zeitfenster (22 Uhr abends bis 5 Uhr morgens) gefallen, in dem »Aktivitäten außerhalb einer Wohnung oder Unterkunft für die meisten Menschen quantitativ geringere Bedeutung haben«.[84] Obwohl hier also mit Art. 2 Abs. 2 S. 2 und Art. 104 GG die »Basis der allgemeinen Rechtsstellung und Entfaltungsmöglichkeiten des Bürgers«[85] betroffen ist, beruft sich das Bundesverfassungsgericht auf Nichtwissen und flüchtet sich in privatsoziologische Betrachtungen über das Alltagsverhalten der bürgerlichen Gesellschaft. Wir lernen: Ob Grundrechtseingriffe geeignet sind oder nicht, ist zwar ungewiss; aber wenn sie nicht schaden und die Mehrheit ohnehin kaum betreffen, sind sie eben einfach hinzunehmen. Dieses neue Verständnis der Grundrechte als Mehrheitenrechte möchte man ungern auf andere Freiheitsrechte übertragen: Soll man die Versammlungsfreiheit einschränken können, weil die meisten Bürger:innen ohnehin noch nie auf einer Demonstration waren? Nicht minder schlicht und scheinbar der sozialen Realität entrückt fällt die Bilanz der Eingriffe in das zunächst mit enormem Aufwand errichtete Bildungsgrundrecht (Art. 2 Abs. 1 i.V.m. Art. 7 Abs. 1 GG)[86] aus: Der Staat habe »auf angemessene Weise auf die Beeinträchtigungen des Familienlebens und der Möglichkeiten zur beruflichen Tätigkeit von Eltern schulpflichtiger Kinder infolge des Wegfalls von Präsenzunterricht reagiert«.[87] Wirklich?

Man kann noch nicht einschätzen, ob sich die Gewichte zwischen der Schutzpflicht für das Leben und den Freiheitsabwehrrechten noch weiter verschoben haben, seit Uwe Volkmann und ich um den 20. März 2020 herum unabhängig voneinander Beiträge für den *Verfassungsblog* verfassten, weil uns beide die naive Sehnsucht der ersten Tage nach dem starken schützenden Staat und das fehlende Vertrauen in die Vernunft der Gesellschaft beunruhigt

83 BVerfG, NJW 2022, 139 (Rn. 279).

84 BVerfG, NJW 2022, 139 (Rn. 301).

85 BVerfGE 36, 264 (269), siehe zum Gedanken der Freiheitsausübungsvoraussetzung schon oben, Abschnitt I.

86 BVerfG, NJW 2022, 167 (Rn. 42-65).

87 BVerfG, NJW 2022, 167 (Rn. 221).

hatten.[88] Jedenfalls kann man bilanzieren, dass es für das Verhältnis zwischen der Schutzpflicht für das Leben und die körperliche Unversehrtheit und den elementaren Freiheitsabwehrrechten noch kein konsistentes materielles und prozedurales Abwägungsprogramm gibt wie etwa beim Widerstreit zwischen den Kommunikationsfreiheiten und den Persönlichkeitsrechten.[89]

88 Uwe Volkmann, »Der Ausnahmezustand«, in: *Verfassungsblog*, 20.03.2020, ⟨https://verfassungsblog.de/der-ausnahmezustand/⟩, letzter Zugriff 01.03.2022; und Thorsten Kingreen, »Whatever it Takes? Der demokratische Rechtsstaat in Zeiten von Corona«, in: *Verfassungsblog*, 22.03.2020, ⟨https://verfassungsblog.de/whatever-it-takes/⟩, letzter Zugriff 01.03.2022.

89 BVerfG, NJW 2020, 2622; und etwa Stephan Rixen, »Entgrenzte Meinungsfreiheit, reduzierter Persönlichkeitsschutz?«, in: *Juristische Ausbildung* 42/11 (2020), S. 1151-1163.

Stefan Huster

Zwischen Sozialversicherung, medizinischer Infrastruktur und kollektiven Freiheitsbeschränkungen: Die staatliche Verantwortung für Leben und Gesundheit und die Auswahl ihrer Mittel*

Leben und Gesundheit stellen hochrangige Rechtsgüter dar. Aber nicht zuletzt die Coronapandemie hat gezeigt, dass wir nicht so recht wissen, wie hochrangig sie denn nun wirklich sein sollen (I.). Um insoweit zu einer plausiblen Einordnung und Gewichtung zu gelangen, wird hier ein Stufenschema vorgeschlagen (II.). Anschließend wird – wiederum auch mit Bezug auf die Pandemie – erörtert, ob und in welchem Sinne der Schutz von Leben und Gesundheit auch dann ein legitimes Ziel staatlicher Politik darstellt, wenn es nicht um konkrete Menschen, sondern um Effekte geht, die sich zunächst nur auf einer statistischen Ebene abbilden (III.), bevor ein Fazit gezogen wird (IV.).

I. Inkonsistenzen und Unredlichkeiten in der Coronadiskussion

In der Coronapandemie haben sich erstaunlich schnell zwei Lager gebildet, die durchaus quer zu den links/rechts oder sonst üblichen politischen Unterscheidungen stehen: die Befürworter recht harter Maßnahmen zur Eindämmung der Pandemie mit dem Ziel möglichst niedriger Inzidenzen versus die Protagonisten eines flexibleren, auch andere Messzahlen integrierenden Ansatzes des Umgangs mit dem Coronavirus (»Team Vorsicht« versus »Team Öffnung«).

* Ich danke den Teilnehmerinnen und Teilnehmern des Frankfurter Kolloquiums, Julian Krüper und meinen Mitarbeiterinnen Anke Harney, Andrea Kießling, Miriam Lemmert und Lara Wiese für Kritik und Anmerkungen zu einer früheren Fassung dieses Textes.

Die beiden Lager wurden gerne mit den öffentlichen Wortführern der Virologie identifiziert (»Team Drosten« versus »Team Streeck«).

In der politischen und auch juristischen Debatte waren für diese Lagerbildung offensichtlich auch unterschiedliche Einschätzungen zum Stellenwert von Leben und Gesundheit und zu Art und Ausmaß der Bedrohung durch die Pandemie verantwortlich – Aspekte, deren Bewertung für eine angemessene politische Antwort auf die Pandemie ersichtlich nicht ganz unwichtig ist. Idealtypisch lassen sich zwei Positionen unterscheiden. Zum einen das »Die-Braut-von Messina-Team«, das sich dem Chor aus Schillers Drama anschließt: »Das Leben ist der Güter höchstes nicht […].«[1] In diesem Sinne hat sich etwa der Bundestagspräsident geäußert:

> Aber wenn ich höre, alles andere habe vor dem Schutz von Leben zurückzutreten, dann muss ich sagen: Das ist in dieser Absolutheit nicht richtig. Grundrechte beschränken sich gegenseitig. Wenn es überhaupt einen absoluten Wert in unserem Grundgesetz gibt, dann ist das die Würde des Menschen. Die ist unantastbar. Aber sie schließt nicht aus, dass wir sterben müssen.[2]

Ähnlich heißt es bei Michael Hüther, dem Direktor des Instituts der deutschen Wirtschaft, in einem Interview auf die Frage »Was halten Sie denn von der Forderung unter dem Hashtag ZeroCovid, also nicht die Inzidenz von 50 anzustreben, sondern jede Ansteckung zu vermeiden?«:

> Das ist ein seltsamer Blick aufs Leben. Warum sollte diese Forderung bei Corona und nicht bei anderen Viruserkrankungen oder anderen Todesursachen wie Krankenhauskeimen gelten? Würden wir unsere Gesellschaft regelmäßig in den Lockdown versetzen, um alle Todesfälle wegen anderer Viren oder Todesursachen zu vermeiden? Es gilt nach dem Grundgesetz die Unantastbarkeit der Menschenwürde, aber das Recht auf ewiges Leben nicht.[3]

1 Friedrich Schiller, »Die Braut von Messina oder Die feindlichen Brüder. Ein Trauerspiel mit Chören«, in: ders., *Sämtliche Werke*, Bd. II, hg. von Gerhard Fricke und Herbert G. Göpfert, München 1981, S. 813-912, hier S. 912.

2 Wolfgang Schäuble im Interview mit Robert Birnbaum und Georg Ismar, »Schäuble will dem Schutz des Lebens nicht alles unterordnen«, in: *Der Tagesspiegel*, 26.04.2020, ⟨https://www.tagesspiegel.de/politik/bundestagspraesident-zur-corona-krise-schaeuble-will-dem-schutz-des-lebens-nicht-alles-unterordnen/25770466.html⟩, letzter Zugriff 25.02.2022.

3 Michael Hüther im Interview mit Thorsten Mumme, »Eine erneute Lockdown-Ver-

Der richtige Kern dieser Position liegt sicherlich in der Einsicht, dass wir schon vor der Pandemie weder individuell noch kollektiv alles dem Schutz von Leben und Gesundheit untergeordnet haben. Vielmehr nahmen und nehmen wir mannigfache Risiken in Kauf – durch Umweltbelastungen, unser Bewegungs- und Ernährungsverhalten und viele andere, prinzipiell durchaus beeinflussbare Faktoren. Warum sollte das nun in der Pandemie anders sein? Gleichzeitig regt sich intuitiver Widerstand, wenn die Bedeutung des Schutzes von Leben und Gesundheit mit einer leicht heroischen Attitüde relativiert wird: Wie viele (zusätzliche) Tote dürfen die Pandemie und die eingeforderten Lockerungen nach dieser Auffassung denn kosten? Bevor man auf diese Frage keine ehrliche Antwort erhält, ist das alles *cheap talk*. Und sind Menschenwürde und Freiheit nicht wenig wert, wenn man tot oder in seiner Gesundheit massiv beeinträchtigt ist?

Von dieser letzten Intuition lebt zum anderen das »Bremer-Stadtmusikanten-Team« mit seiner Devise: »Etwas Besseres als den Tod finden wir überall.« Welche Freiheitseinschränkung kann schon so schlimm sein wie der Tod? Muss nicht alles erlaubt sein, wenn es um die Rettung von Leben geht? So hieß es etwa bei dem damaligen nordrhein-westfälischen Ministerpräsidenten Laschet: »Es geht um Leben und Tod – so einfach ist das. Und so schlimm.« Sein eindringlicher Appell sei daher: »Bleiben Sie zu Hause.« Nur so helfe man, das Virus einzudämmen.[4] Ganz ähnlich klingt es bei Nordrhein-Westfalens Oppositionsführer Kutschaty, der seine Aussage, die Ausgangssperren könnten helfen, Menschen auf dem Weg zu privaten Treffen zu »erwischen«, folgendermaßen gegen Kritik verteidigte:

Ich bin ein extrem freiheitsliebender Mensch. Der schwerste Grundrechtseingriff ist jedoch leider der Tod. Wenn jemand einen klugen Vorschlag hat, wie wir private Feiern verhindern können, stehe ich jederzeit für ein

schärfung jetzt ist nur schwer nachzuvollziehen«, in: *Der Tagesspiegel*, 18.01.2021, ⟨https://www.tagesspiegel.de/wirtschaft/iw-chef-michael-huether-im-interview-eine-erneute-lockdown-verschaerfung-jetzt-ist-nur-schwer-nachzuvollziehen/26827974.html⟩, letzter Zugriff 25.02.2022.

4 [o. A.] »Laschet zu Coronavirus in NRW: ›Es geht um Leben und Tod – so einfach ist das. Und so schlimm‹«, in: *Die Welt*, 17.03.2020, ⟨https://www.welt.de/vermischtes/article206608883/Laschet-zu-Coronavirus-in-NRW-Es-geht-um-Leben-und-Tod.html⟩, letzter Zugriff 25.02.2022.

Gespräch zur Verfügung. Aber bei vollen Intensivstationen müssen wir handeln.[5]

»Es geht um Leben und Tod – so einfach ist das« – wirklich? Wollen wir, wenn Corona – zum Beispiel aufgrund des Impffortschritts in den besonders gefährdeten Gruppen – nur noch ganz geringe Opferzahlen verursacht, das ganze Land lahmlegen? Es geht zwar auch dann in gewisser Weise noch »um Leben und Tod«, aber ein Restrisiko rechtfertigt schwerlich noch weitgehende Freiheitsbeschränkungen. Und ging und geht es überhaupt um eine Minimierung von Todesfällen oder (schweren?) Erkrankungen?[6] Dann müsste man auch jedes Jahr gegen die Grippe entschiedener vorgehen, von anderen Krankheiten mit sehr viel mehr Opfern ganz abgesehen. Vermutlich waren es ja doch eher die »vollen Intensivstationen«[7] und die Gefahr, in eine Triagesituation zu geraten, die die Politik zu den Coronamaßnahmen gedrängt haben: Bei der Triage geht es aber in einem ganz anderen Sinne »um Leben und Tod«.[8] Und müssten die Coronamaßnahmen direkt eingestellt werden, wenn keine Überlastung der Intensivstationen mehr droht?

Die markigen Sprüche der beiden »Teams« helfen also nicht recht weiter: Beide haben ihren berechtigten Punkt, aber beide sind auch unplausibel und inkonsistent, weil einseitig. Und dies ist so offensichtlich, dass es auch nicht ganz redlich ist, sich hinter einer der beiden Positionen zu verschanzen. Das zu tun, hat sogar erhebliche Nachteile für die Diskussionskultur. Zum einen fördert es den politischen Opportunismus: Je nachdem, ob gerade härtere Maßnahmen oder Lockerungen gefordert werden, kann man sich den

5 Thomas Kutschaty im Interview mit Florian Sädler, »›Ich bin für diese Äußerung massiv bedroht worden‹«, in: *Die Welt*, 16.04.2021, ⟨https://www.welt.de/politik/deutschland/article230418823/Thomas-Kutschaty-Unbelehrbare-die-immer-noch-Partys-feiern.html⟩, letzter Zugriff 25.02.2022.

6 Auf die Unklarheit des Ziels der Coronamaßnahmen ist auch und gerade in der juristischen Diskussion hingewiesen worden; vgl. etwa Uwe Volkmann, »Wir Verdrängungskünstler«, in: *FAZ*, 25.01.2021, S. 12, ⟨https://www.faz.net/aktuell/feuilleton/debatten/wie-lassen-sich-die-corona-massnahmen-begruenden-17162587.html⟩, letzter Zugriff 29.05.2022; zu den Zielen von § 28a Abs. 3 S. 1 IfSG vgl. Andrea Kießling (Hg.), *IfSG*, München 2021, § 28a Rn. 16 ff.

7 Vgl. auch § 28a Abs. 3 S. 1 IfSG, der »die Funktionsfähigkeit des Gesundheitssystems« als eines der Ziele der Coronaschutzmaßnahmen angibt.

8 Zur Analyse der Triage vgl. die Beiträge bei Tatjana Hörnle u. a. (Hg.), *Triage in der Pandemie*, Tübingen 2021.

»Bremer Stadtmusikanten« oder der »Braut von Messina« anschließen. Der bereits zitierte ehemalige nordrhein-westfälische Ministerpräsident dürfte dieser Gefahr mit seiner wechselhaften Coronapolitik nicht immer entgangen sein. Zum anderen verbindet sich diese einseitige Rhetorik mit anderen Narrativen, die aufgrund ihrer verschwörungstheoretischen oder schlicht grobschlächtigen Natur in die Irre führen. So hat der »Braut-von-Messina«-Heroismus sicherlich auch dem einen oder anderen Coronaleugner oder Verschwörungstheoretiker (»Die Politik will die Bürger mit den Coronamaßnahmen versklaven« und Ähnliches) als Vorlage gedient. Umgekehrt geriet bei den »Bremer Stadtmusikanten« jeder, der den Schutz von Leben und Gesundheit mit anderen Gütern und Zielen in ein angemessenes Verhältnis setzen wollte, in den Verdacht, über Leichen gehen zu wollen. Besonders beliebt war insoweit die Mär vom kaputtgesparten Gesundheitswesen: Die Ökonomisierung in den Krankenhäusern mag durchaus ein Problem sein, aber dass die Pandemie ausgerechnet in Deutschland als dem Land mit den weltweit meisten Intensivbetten[9] pro Kopf der Bevölkerung durch einen Ressourcenmangel in der medizinischen Versorgung ihre Dramatik erlangt hat, wird man nicht ernsthaft behaupten können. Eine noch fundamentalere Kritik wurde aufgefahren, wenn der Kapitalismus (oder wahlweise der Neoliberalismus) für die Pandemie verantwortlich gemacht und insbesondere jede Lockerung aus ökonomischen Gründen dementsprechend argwöhnisch beäugt wurde (»Diese Lockerungen zeigen einmal mehr, wie wenig der Wirtschaft ein Menschenleben wert ist«).[10]

II. Der abgestufte Stellenwert von Leben und Gesundheit

Im Folgenden soll im Anschluss an weithin geteilte normative Überzeugungen versucht werden, ein differenziertes Bild des Stellenwerts von Leben und Gesundheit in politischen Entscheidun-

9 Vgl. Statista, »Durchschnittliche Anzahl von Intensivbetten in Krankenhäusern ausgewählter Länder bist 2020« (April 2020), ⟨https://de.statista.com/statistik/daten/studie/1111057/umfrage/intensivbetten-je-einwohner-in-ausgewaehlten-laendern/⟩, letzter Zugriff 25.02.2022.

10 Derartige Tendenzen fanden und finden sich etwa im Umfeld der »Zero-Covid«-Bewegung ⟨https://zero-covid.org/⟩, letzter Zugriff 25.02.2022.

gen zu zeichnen. Angeknüpft wird dabei an die unterschiedlichen Grundrechtsfunktionen, wie sie sich in der Rechtsprechung des Bundesverfassungsgerichts und in der rechtswissenschaftlichen Diskussion entwickelt haben.

1. Die abwehrrechtliche Dimension

Für die in Art. 2 Abs. 2 GG gewährleisteten Güter des Lebens und der körperlichen Unversehrtheit des Menschen besteht ein fast ausnahmsloser Schutz gegenüber staatlichen Eingriffen. Zwar stehen diese Grundrechte unter einem einfachen Gesetzesvorbehalt (vgl. Art. 2 Abs. 2 Satz 3 GG), aber dies kann angesichts des fundamentalen Charakters von Leben und Gesundheit für die personale Identität kein Hinweis auf eine geringe Schutzwürdigkeit sein. Dementsprechend sind auch nur wenige und außergewöhnliche Konstellationen denkbar, in denen die öffentliche Gewalt die Gesundheit oder gar das Leben ihrer Bürger gezielt beeinträchtigen darf;[11] dazu gehören etwa der sogenannte finale Rettungsschuss oder der Abschuss eines entführten Flugzeugs, das gerade in eine Menschenmasse oder in ein Hochhaus gesteuert werden soll.[12]

2. Die grundrechtliche Schutzpflicht

Diesem nahezu ausnahmslosen Tötungs- und Verletzungsverbot gegenüber der öffentlichen Gewalt entspricht im einfachen Recht das an die Bürger gerichtete Gebot, Leben und Gesundheit Dritter nicht zu beschädigen, wie es insbesondere in den Delikten gegen das Leben und die körperliche Unversehrtheit im Strafgesetzbuch (§§ 211 ff., 223 ff. StGB) zum Ausdruck kommt. Den Staat trifft in-

11 Vgl. die Darstellung bei Michael Sachs (Hg.), *GG. Grundgesetz. Kommentar*, München [9]2021, Art. 2 Rn. 20 ff., 171 ff., 182 ff. Dies schließt es nicht aus, dass mit der Übernahme besonderer Aufgaben und Funktionen (Militär, Polizei, Feuerwehr) die Verpflichtung des Eingehens gesteigerter Gefahren für Leben und Gesundheit verbunden ist; vgl. dazu nur Michael Sachs, »Die Pflicht zum Einsatz von Leben und Gesundheit in öffentlich-rechtlichen Dienstverhältnissen«, in: *Bayerische Verwaltungsblätter* 114/15 (1983), S. 460-465 mit Fortsetzung ebd. 114/16 (1983), S. 489-494; Reinhold Zippelius, »An den Grenzen des Rechts auf Leben«, in: *Juristische Schulung* (1983), S. 659-663.

12 Bekanntlich hielt BVerfGE 115, 118 ff. selbst dies für verfassungsrechtlich unzulässig.

soweit eine Schutzpflicht, über deren grundrechtliche Ableitung man streiten kann – nicht aber über ihre grundsätzliche Legitimation: Es gehört zu den Kernaufgaben des modernen Staates, die Sicherheit der Bürger zu schützen. Dies ist im Kern nicht umstritten. Dass hier auch das schärfste Regulierungsmittel, die strafrechtliche Sanktionierung, eingesetzt werden muss, wird ebenfalls kaum zu bezweifeln sein; Vorbehalte dagegen dürften eher damit zu tun haben, dass diese These gerade im Zusammenhang mit der Strafbewehrung des Schwangerschaftsabbruchs in die Welt gekommen ist,[13] der ersichtlich mancherlei Besonderheiten aufweist. Auch die Diskussionen über biomedizinische Grenzfälle – Verbot der Embryonenforschung und Ähnliches – können die Verpflichtung des Staates, im »Normalfall« Leben und Gesundheit effektiv zu schützen, nicht in Frage stellen.

3. Soziale Leistungsrechte

Da Leben und Gesundheit der Menschen insbesondere durch Krankheiten bedroht werden, richtet sich die Aufmerksamkeit auch auf die politische Verantwortung für ein leistungsfähiges und allgemein zugängliches System der medizinischen Versorgung (in Deutschland also primär die Gesetzliche Krankenversicherung – GKV). Dessen Gewährleistung ist eine klassische Aufgabe des Sozialstaats, die aus systematischen und verfassungshistorischen Gründen nicht vorschnell mit schutzpflichtenrechtlichen Kategorien kurzgeschlossen werden sollte.[14]

Sozialstaatliche Leistungspflichten und -rechte werfen für das Verfassungsrecht besondere Schwierigkeiten auf, weil sie schon aufgrund ihrer Abhängigkeit von erheblichen finanziellen Ressourcen immer der Abwägung mit anderen Zielen bedürfen, die typischerweise Aufgabe der Politik und nicht der Gerichte ist. Sehr schön kommt dieses Spannungsverhältnis in der Entscheidung zur verfassungsrechtlichen Garantie des Existenzminimums in der Grundsicherung (»Hartz IV«) zum Ausdruck:

13 Vgl. BVerfGE 39, 1 ff.; 88, 203 ff.

14 Dazu neigt die Rechtsprechung des Bundesverfassungsgerichts, wenn sie auch mit Blick auf Leistungsansprüche gegen das System der Gesundheitsversorgung von der Pflicht des Staates spricht, sich »schützend und fördernd vor die Rechtsgüter des Art. 2 Abs. 2 Satz 1 GG zu stellen«, BVerfGE 115, 25 (45).

Der Leistungsanspruch aus Art. 1 Abs. 1 GG ist dem Grunde nach von der Verfassung vorgegeben. Der Umfang dieses Anspruchs kann im Hinblick auf die Arten des Bedarfs und die dafür erforderlichen Mittel jedoch nicht unmittelbar aus der Verfassung abgeleitet werden. Er hängt von den gesellschaftlichen Anschauungen über das für ein menschenwürdiges Dasein Erforderliche, der konkreten Lebenssituation des Hilfebedürftigen sowie den jeweiligen wirtschaftlichen und technischen Gegebenheiten ab und ist danach vom Gesetzgeber konkret zu bestimmen.[15]

Sehr gut passt das nicht zusammen: ein Anspruch, der auf der einen Seite seine Begründung in der universalistischsten aller Normen, der Menschenwürde des Art. 1 Abs. 1 GG, findet, auf der anderen Seite aber unter Bezug auf die kontingenten »gesellschaftlichen Anschauungen über das für ein menschenwürdiges Dasein Erforderliche« konkretisiert werden muss. Aber das geht hier wohl nicht anders, weil derartige Ansprüche immer unter dem »Vorbehalt des Möglichen«[16] stehen, und was hier »möglich« ist, lässt sich nicht allgemein, sondern nur unter Berücksichtigung der konkreten (insbesondere ökonomischen) Rahmenbedingungen eines Gemeinwesens bestimmen, die auch die Auffassungen über das »Erforderliche« prägen.

Trotz dieser strukturellen Schwierigkeiten und des Umstandes, dass das Grundgesetz keine sozialen Rechte kennt,[17] hat sich jedenfalls für die medizinische Versorgung ein erstaunlicher verfassungsrechtlicher Rigorismus durchgesetzt. So hat das Bundesverfassungsgericht für lebensbedrohliche Situationen eine Leistungspflicht der Gesetzlichen Krankenversicherung auch für Maßnahmen angenommen, die ihre medizinische Wirksamkeit noch nicht erwiesen haben.[18] Auf die Kosten ist dabei bisher keine Rücksicht genommen worden: Selbst Jahrestherapiekosten von mehr als 800 000 Euro für ein Arzneimittel, das für den begehrten Einsatz nicht einmal arzneimittelrechtlich zugelassen war, konnten das Gericht

15 Vgl. BVerfGE 125, 175 (224).

16 Zu diesem Begriff vgl. BVerfGE 33, 303 (333 ff.).

17 Vgl. dazu Josef Isensee, »Verfassung ohne soziale Grundrechte«, in: *Der Staat* 19/3 (1980), S. 367-384.

18 Vgl. BVerfGE 115, 25 ff. Zur Diskussion dieser Entwicklung vgl. nur Jonathan Ströttchen, *Verfassungsrechtliche Ansprüche auf konkrete medizinische Leistungen*, Baden-Baden 2019.

nicht beeindrucken.[19] Zudem sind die Versorgungsansprüche äußerst differenzierungsfeindlich: Die medizinische Versorgung im Dienste von Leben und Gesundheit wird so hoch geschätzt, dass niemand auf die Teilhabe an der Standardversorgung soll verzichten müssen; auch die Gesundheitsversorgung der Bezieher von Grundsicherung und Sozialhilfe knüpft daher an das GKV-Niveau an. Selbst die Entscheidung des Gesetzgebers, für die ersten 18 Monate des Asylverfahrens den Versorgungsanspruch auf die »Behandlung akuter Erkrankungen und Schmerzzustände« einzuschränken (§ 4 Abs. 1 Satz 1 Asylbewerberleistungsgesetz), ist massiver verfassungsrechtlicher Kritik ausgesetzt.[20]

4. Public-Health-Politik

In den bisher betrachteten Konstellationen stehen konkrete oder zumindest individualisierbare Menschen vor dem geistigen Auge, die durch die öffentliche Gewalt oder Dritte in ihrem Leben oder ihrer Gesundheit beeinträchtigt werden oder medizinische Hilfe benötigen. Hier sind wir geneigt, recht verbindliche und sogar äußerst kostenintensive Pflichten zum Schutz von Leben und Gesundheit anzunehmen. Anders sieht es dagegen aus, wenn es um Krankheitsprävention und Gesundheitsförderung geht, die sich auf die Vielzahl von sozialen Faktoren beziehen, die für Gesundheit und Krankheit relevant sind.[21] Tatsächlich liegen in diesem Feld

19 Vgl. BVerfG, Beschl. vom 11.04.2017-1 BvR 452/17, in: NZS 2017, 582 ff. Vgl. dazu Stefan Huster, »Hat das Leben keinen Preis? Absolute und relative Ansprüche im System der Gesundheitsversorgung«, in: Joachim Hruschka, Jan C. Joerden (Hg.), *Jahrbuch für Recht und Ethik/Annual Review of Law and Ethics*, Bd. 22, Berlin 2014, S. 251-267.

20 Vgl. nur Eberhard Eichenhofer, »Gesundheitsleistungen für Flüchtlinge«, in: *Zeitschrift für Ausländerrecht und Ausländerpolitik* 33/5-6 (2013), S. 169-175; Katharina Dinter, »Die medizinische Versorgung Geflüchteter aus rechtlicher Sicht«, in: *Neue Zeitschrift für Sozialrecht* 30/8 (2021), S. 285-290; Markus Kaltenborn, »Die Neufassung des Asylbewerberleistungsgesetzes und das Recht auf Gesundheit«, in: *Neue Zeitschrift für Sozialrecht* 24/5 (2015), S. 161-165; Eva-Maria Müller-Krah, »Die Gesundheitsleistungen für Asylbewerber nach §§ 4, 6 AsylbLG – gesundheitliches Existenzminimum unterhalb des Existenzminimums?«, in: *Gesundheit und Pflege* 2/4 (2012), S. 132-143.

21 Zu einem Ansatz, trotz der Vielzahl dieser Faktoren ein Rechtsgebiet des Gesundheitsrechts zu bestimmen, vgl. jetzt Andrea Kießling, *Das Recht der öffent-*

die maßgeblichen Determinanten für den Gesundheitszustand der Bevölkerung und auch die Verteilung der Gesundheitschancen. Trotzdem richten sich die politische und auch die juristische Aufmerksamkeit selten auf diese Public-Health-Zusammenhänge. Dies mag zunächst daran liegen, dass hier der Lebensstil von erheblicher Bedeutung ist; eine Public-Health-Politik, die daran ansetzen wollte, wäre in einer freiheitlichen Gesellschaft sofort dem Paternalismuseinwand ausgesetzt.[22] Dies gilt aber nicht für alle sozialen Gesundheitsfaktoren; Umwelteinflüsse, Arbeits- und Wohnbedingungen und sozialstrukturelle Faktoren sind sicherlich nicht immer in einem relevanten Sinne Bestandteile eines »frei gewählten« Lebensstils. Vermutlich ist daher hier eine andere Eigenschaft der Public-Health-Politik ausschlaggebend: Sie ist nicht individual-, sondern populationsbezogen. Es geht bei »Public Health« nicht darum, konkrete Individuen zu schützen oder ihnen in ihrer gesundheitlichen Not zu helfen, sondern Faktoren zu beeinflussen, die sich auf einer statistischen Ebene auf Gesundheitsergebnisse und -verteilung auswirken. Dieser Gruppenbezug hat erhebliche Auswirkungen. Zunächst führt er zum sogenannten Präventionsparadox. Dieser Begriff ist in der deutschen Diskussion während der Coronapandemie weithin als Bezeichnung des Umstands aufgefasst worden, dass präventive Maßnahmen das Unglück verhindern können (was nicht heißt, dass sie es tatsächlich tun), dessentwegen sie ergriffen worden sind.[23] Diese Einsicht ist aber in keiner Weise paradox, sondern hochgradig trivial und schöpft die Bedeutung des Präventionsparadoxes nicht aus.[24] Dieses Paradox bezieht sich in seiner ursprünglichen Bedeutung vielmehr auf das Verhältnis von Individuum und Gruppe in der Public-Health-Politik und be-

lichen Gesundheit – Krankheitsprävention und Gesundheitsförderung als Aufgaben des Staates, im Erscheinen.

22 Vgl. dazu Stefan Huster, »Selbstbestimmung, Gerechtigkeit und Gesundheit. Normative Aspekte von Public Health«, in: Horst Dreier, Dietmar Willoweit (Hg.), *Würzburger Vorträge zur Rechtsphilosophie, Rechtstheorie und Rechtssoziologie*, Heft 49, Baden-Baden 2015, S. 17 ff. m.w.N.

23 Statt vieler vgl. Udo Di Fabio, *Coronabilanz*, München 2021, S. 27.

24 Ganz zu Recht hat das Markus Gabriel, »Das Präventionsparadox«, in: *Die Welt*, 20. 05. 2021, S. 26, klargestellt, ⟨https://www.welt.de/kultur/plus231201333/Lockdown-Mythen-Das-Praeventionsparadox-Paradox.html⟩, letzter Zugriff 29. 05. 2022.

schreibt zum Beispiel den Umstand, dass Public-Health-Maßnahmen aus individueller Sicht häufig nur eine geringfügige Reduktion des Erkrankungsrisikos bewirken, auf der kollektiven Ebene aber erhebliche Effekte zeitigen können, wenn nur genügend Personen diesem Risiko ausgesetzt sind.[25]

Aus einer normativen Perspektive scheint der Populationsbezug dieser Maßnahmen ihre Dringlichkeit nun deutlich zu relativieren: Derartige Effekte für »statistische Leben« begründen nicht in gleicher Weise Rechte und Pflichten, wie dies der Fall ist, wenn konkrete identifizierbare Menschen an Leben und Gesundheit betroffen sind.[26] Dies dürfte letztlich damit zusammenhängen, dass der Bezugspunkt normativer Rücksichtnahme nicht die Rechtsgüter von Leben und Gesundheit als solche sind, sondern die konkreten Personen, die Träger dieser Güter sind. Diesen Personen haben wir mit gleicher Achtung und Respekt zu begegnen,[27] und eine Gefährdung oder Verletzung von Leben und Gesundheit stellt eine Missachtung dieser Personen dar, weil diese Güter für ihre individuelle Entfaltung von fundamentaler Bedeutung sind. Können wir dagegen Gesundheitsgefahren und die Wirkungen von Public-Health-Maßnahmen nicht einmal ansatzweise bestimmten Individuen zuordnen, sondern sehen lediglich statistische Effekte, werden wir in der Regel nicht geneigt sein, eine starke Verpflichtung zur Durchführung dieser Maßnahmen anzunehmen. Selbst Produkte und Verhaltensweisen, die – wie der Tabakkonsum und oder die Feinstaubbelastung – schon seit langem pro Jahr sehr viel mehr Todesopfer als die Coronapandemie fordern, haben bisher nicht zu besonders entschiedenen Maßnahmen geführt;[28] dies mag

25 Grundlegend dazu vgl. Geoffrey Rose, »Sick Individuals and Sick Populations«, in: *International Journal of Epidemiology* 14/1 (1985), S. 32-38.

26 Zu diesem Phänomen vgl. grundlegend Thomas C. Schelling, »The Life You Save May Be Your Own«, in: Samuel Brown Chase Jr. (Hg.), *Problems in Public Expenditure Analysis*, Washington 1968, S. 127-161; und die Beiträge in I. Glenn Cohen u. a. (Hg.), *Identified versus Statistical Lives*, New York 2015. Im Rahmen der Priorisierung im Versorgungssystem vgl. Walter Krämer, »Statistische versus individuelle Menschenleben«, in: Georg Marckmann (Hg.), *Gesundheitsversorgung im Alter. Zwischen ethischer Verpflichtung und ökonomischem Zwang*, Stuttgart 2003, S. 219-223.

27 Vgl. dazu Ronald Dworkin, *Bürgerrechte ernstgenommen*, übers. von Ursula Wolf, Frankfurt/M. 1984.

28 Sehr weitgehende Vorschläge jetzt in der »Strategie für ein tabakfreies Deutsch-

man kritisieren und für unklug, aber schwerlich in der gleichen Weise für einen moralischen Skandal halten, als brächte der Staat diese Menschen um oder ließe sie ohne jeden Schutz bei Angriffen und Erkrankungen.

Dabei mag es durchaus Abstufungen und Grauzonen geben. Gesundheitsgefahren betreffen gelegentlich alle Bürger in gleicher Weise. Weil ihnen dann kein distributiver Charakter zukommt, liegt es nahe, ihre Bewältigung nicht in Form individueller Rechte, sondern in demokratischen Entscheidungsverfahren zu suchen: Die Mitglieder des politischen Gemeinwesens diskutieren und entscheiden, ob und zu welchen Kosten sie ein bestimmtes Gesundheitsrisiko ausschalten oder reduzieren wollen. Mit dem Ergebnis derartiger kollektiver Präferenzentscheidungen wird der eine oder andere dann nicht zufrieden sein, aber der Einwand der Ungerechtigkeit drängt sich nicht auf, solange mehr oder weniger alle Bürger in gleicher Weise von diesem Risiko betroffen sind.[29]

Viele Gesundheitsrisiken sind dagegen mehr oder weniger stark gruppenspezifisch ausgeprägt; in Abhängigkeit etwa vom Alter, vom sozialen Status und von den damit verbundenen Lebensumständen beziehungsweise -gewohnheiten, aber auch vom Geschlecht, von der Region oder Ähnlichem. Hier muss man jeweils genau schauen, welche Verteilungseffekte ein Vorgehen gegen bestimmte Gesundheitsrisiken – oder natürlich auch dessen Unterlassen – mit sich bringt und ob sich diese Effekte als unfaire Benachteiligung einer Gruppe darstellen. Die Public-Health-Bewegung hat immer wieder aus den ungleichen Gesundheitschancen und -ergebnissen, die die sozialen Einflussfaktoren bewirken, politische Schubkraft zu gewinnen versucht, und immerhin hat es der Auftrag, dass Primärprävention und Gesundheitsförderung »zur Verminderung sozial bedingter sowie geschlechtsbezogener Ungleichheit von Gesund-

land 2040« ⟨https://www.dkfz.de/de/krebspraevention/strategie-tabakfrei-2040.html⟩, letzter Zugriff 25.02.2022.

29 Dies gilt übrigens selbst für das Versorgungsniveau eines Gesundheitssystems; vgl. dazu Stefan Huster, »Grundversorgung und soziale Gerechtigkeit im Gesundheitswesen«, in: Bettina Schöne-Seifert u.a. (Hg.), *Gerecht behandelt? Rationierung und Priorisierung im Gesundheitswesen*, Paderborn 2006, S. 121-145; im Anschluss an Ronald Dworkin, »Justice and the High Cost of Health«, in: ders., *Sovereign Virtue. The Theory and Practice of Equality*, Cambridge 2000, S. 307-319.

heitschancen beitragen« sollen, inzwischen in das Gesetz geschafft (§ 20 Abs. 1 Satz 2 Sozialgesetzbuch V). Aber oft ist es nicht so klar, wie ungerecht diese Gesundheitsungleichheiten wirklich sind, und so verwundert es nicht, dass eine Skandalisierung nicht recht gelingen will.[30]

III. Public-Health-Politik als legitime Risikovorsorge: das Beispiel der Pandemiepolitik

Blickt man vor diesem Hintergrund nun wieder auf die Coronapolitik und die durch sie ausgelöste Diskussion, verliert die »Es-geht-um-Leben-und-Tod«-Rhetorik der »Bremer Stadtmusikanten« aus zwei Gründen ihre Plausibilität. Zum einen lässt sich der Schutz vor einer schweren Erkrankung mit Covid-19 in einem erheblichen Umfang der individuellen Eigenverantwortung zuschreiben. Von Beginn an konnte man das Infektionsrisiko durch eine Reduktion der sozialen Kontakte und die Einhaltung der einschlägigen Vorsichtsmaßnahmen (»AHA-Regeln«) in einem erheblichen Maße selbst steuern. Dies galt allerdings nie unterschiedslos: Der Büroarbeiter im Homeoffice hatte es hier einfacher als die Kassiererin im Supermarkt, das Rentnerehepaar konnte sich leichter isolieren als die Familie mit schulpflichtigen Kindern. Spätestens seit der allgemeinen Verfügbarkeit eines Impfstoffs im Laufe des Jahres 2021 hat es aber jeder – abgesehen von der kleinen Gruppe, die sich aus medizinischen Gründen nicht impfen lassen kann – in der Hand, jedenfalls den Eintritt eines schweren Verlaufs fast ausnahmslos auszuschließen. Vor diesem Hintergrund ist es plausibel, dass es für die politischen Entscheidungsträger nicht auf die nackte Zahl der Todesfälle durch Corona ankommt, sondern auf die Vermeidung einer Überlastung des Gesundheitssystems, an der auch Dritte zu leiden haben. Im Grunde wird man sogar sagen müssen: Wenn wir nicht – aus nachvollziehbaren Gründen – davor zurückschreckten, die Ungeimpften beim Zugang zur medizinischen Versorgung zu posteriorisieren, wäre selbst das kein guter Grund mehr, die freiheitseinschränkenden Coronamaßnahmen aufrechtzuerhal-

30 Zur Diskussion vgl. Huster, »Selbstbestimmung, Gerechtigkeit und Gesundheit«, S. 61 ff. m.w.N.

ten. Hier verbinden sich die Diskussionen über die Legitimität dieser Maßnahmen und über die Einführung einer Impfpflicht, weil es letztlich immer um diese Wahl geht: Lockdown, Überlastung des Gesundheitssystems oder Impfung.[31]

Zum anderen ist es eben höchstens auf einer epidemiologisch-statistischen Ebene richtig, dass es bei den Maßnahmen der Coronabekämpfung um »Leben und Tod« geht: Niemand stirbt unmittelbar, weil keine Masken getragen oder Schulen nicht geschlossen werden. Am Ende wird man in den Sterbestatistiken (vermutlich) sehen, dass der Verzicht auf derartige Maßnahmen hier und da Leben gekostet hat, aber aus der Sicht des Einzelnen handelt es sich allenfalls um eine gewisse Beeinflussung des Risikos, sich mit dem Virus zu infizieren und dann auch noch einen schweren oder gar tödlichen Verlauf zu erleiden. Das mag anders sein bei noch sehr viel ansteckenderen Viren, die zudem bei nahezu jedem Infizierten zum Tode führen und gegen die es keine Impfung gibt: Hier wäre dann praktisch jeder allein durch die Existenz dieses Virus in seinem Recht auf Leben und Gesundheit unmittelbar betroffen. Dies wird man aber über Corona nicht sagen können.

Gelegentlich sind die Haltungen hier auch nicht sehr konsistent, denn dass es etwa beim Zugang zum Coronaimpfstoff um die »Zuteilung von Überlebenschancen« gehe,[32] kann man nicht gut vertreten, wenn man (vernünftigerweise) gleichzeitig bei der Verteilung des knappen Impfstoffs Kriterien (etwa die Vulnerabilität oder das Alter) zu akzeptieren bereit ist, die über den reinen Zufall hinausgehen: Wo bliebe denn da die viel beschworene Lebenswertindifferenz? Plausibler ist es daher, auch die Coronaschutzimpfung als eine Maßnahme der Risikoreduktion zu betrachten, die epidemiologisch von großer Bedeutung ist, aber gewiss nicht den Regeln der *rule of rescue* folgt.

Man darf das Kind aber auch nicht mit dem Bade ausschütten, wozu die »Braut-von-Messina«-Fraktion neigt. Dass ein Gesundheitsrisiko besteht und Menschen an Corona versterben oder schwer erkranken, ist ein guter Grund für politische Maßnahmen.

31 Vgl. dazu bereits Stefan Huster, »Impfung oder Lockdown«, in: *taz*, 05.02.2022, S. 15, ⟨https://taz.de/Corona-und-Impfpflicht/!5830407/⟩, letzter Zugriff 29.05.2022.

32 Stephan Rixen, »Impfschutzrecht«, in: Stefan Huster, Thorsten Kingreen (Hg.), *Handbuch Infektionsschutzrecht*, München ²2022, Kap. 5 Rn. 16.

Es ist schwer zu bestreiten, dass auch der abstrakte Lebens- und Gesundheitsschutz ein legitimes politisches Anliegen ist, das Freiheitseinschränkungen rechtfertigen kann. Am Ende sind nämlich auch die statistischen Opfer konkrete Menschen,[33] deren Schutz nun aus den genannten Gründen vielleicht keine höchste Dringlichkeit hat, aber allemal ein staatliches Eingreifen legitimiert. Dies gilt insbesondere auch mit Blick auf die Intensivstationen: Triagesituationen, in denen ein Mensch über Leben und Tod konkreter anderer Menschen entscheiden muss, sind in einem Rechtsstaat ein derartiger Fremdkörper, dass man gut nachvollziehen kann, dass die Vermeidung dieser Situation ein hohes politisches Anliegen ist.[34] Nun steht aber selbst in dem insoweit konkurrenzlos gut ausgestatteten deutschen Gesundheitswesen nur ein Intensivbett für circa 3000 Einwohner zur Verfügung. Verschiebungen im Infektionsgeschehen, die geringe relative Veränderungen darstellen, können sich über diesen riesigen Hebel in absoluten Zahlen niederschlagen, die dann schnell zu einer Überlastung der Intensivstationen oder zumindest zu einer Verschiebung anderer medizinisch gebotener Behandlungen führen. Auch dieser Zusammenhang gehört in den Kontext des Präventionsparadoxes.

Die simple Wahrheit dürfte daher lauten: Das Risiko, sich mit Corona zu infizieren und schwer zu erkranken oder gar zu sterben, ist vorhanden, aber nicht so groß, dass wir deshalb alle anderen Belange vollständig zurückstellen müssten. Schutzmaßnahmen sind daher keinesfalls schon deshalb einer Abwägung entzogen, weil sie Leben und Gesundheit dienen. Die Frage, »ob der demokratische Rechtsstaat Politiken verfolgen darf, mit denen er vermeidbare Todes- und Infektionszahlen in Kauf nimmt«,[35] beantwortet sich insoweit von selbst: Er darf das und er tut das auch ständig, solange er nicht individualisierbare Menschen schutzlos lässt oder sie gar

33 Diese Formulierung verdanke ich Weyma Lübbe.

34 Vgl. dazu Stefan Huster, »Wer hat Angst vor der Triage? Ähnlichkeiten und Unterschiede zu anderen Priorisierungsentscheidungen und ihre normative Bedeutung«, in: Hörnle u. a. (Hg.), *Triage in der Pandemie*, S. 83-107. Die Entscheidung des BVerfG zur Triage (BVerfG, Beschl. vom 16. 12. 2021-1 BvR 1541/20, in: NVwZ 2022, S. 139 ff.) hat insoweit leider nichts geklärt; vgl. Stefan Huster, »Much Ado about Nothing: Die Triage-Entscheidung des BVerfG ist eine einzige Enttäuschung«, in: *Verfassungsblog*, 29. 12. 2021, ⟨https://verfassungsblog.de/much-ado-about-nothing/⟩, letzter Zugriff 25. 02. 2022.

35 Vgl. den Beitrag von Jürgen Habermas in diesem Band.

selbst schädigt, sondern lediglich das »allgemeine Lebensrisiko« für jedermann konkretisiert.[36] Natürlich wissen wir individuell und kollektiv, dass bestimmte Verhaltensweisen das Risiko des frühzeitigen Versterbens erhöhen: Jede Zigarette kostet durchschnittlich – je nach Berechnung – zwischen fünf und zehn Minuten Lebenszeit, die Feinstaubbelastung jedes Jahr in der Europäischen Union mehr als 300 000 Tote,[37] und der Verzicht auf ein Tempolimit auf den deutschen Autobahnen wird schon auch für ein paar Tote mehr verantwortlich sein. Aber was heißt das? Ist es dann von vornherein zynisch, in eine Abwägung einzutreten? Zunächst einmal mag es ja mit Blick auf das Tempolimit skurril wirken, die volkswirtschaftlichen Kosten einer langsameren Fortbewegung gegenzurechnen,[38] und gegen die vielerorts ganz üblichen Kosten-Nutzen-Berechnungen auch bei Entscheidungen, die Leib und Leben betreffen,[39] mag man vielerlei Einwände erheben.[40] Aber zum einen kann es angesichts der Ressourcen, die nie unendlich sind, gerade Leben und Gesundheit kosten, wenn man derartige Berechnungen nicht vornimmt und dann weniger Leben rettet, als möglich gewesen wären. Zum anderen hat auch die Pandemie klargemacht, dass die Reduzierung eines gesundheitlichen Risikos nicht das letzte Wort sein muss: Nicht nur ökonomische, sondern auch soziale und kul-

36 In der verfassungsrechtlichen Diskussion wird dementsprechend oft betont, dass die Schutzpflicht zugunsten Leben und Gesundheit nicht absolut sei und dem Grundrecht auf Leben und körperliche Unversehrtheit (Art. 2 Abs. 2 S. 1 GG) keine Sonderstellung zukomme; vgl. nur Di Fabio, *Coronabilanz*, S. 32 ff.

37 Nach Angaben der Europäischen Umweltagentur, vgl. ⟨https://www.spiegel.de/wissenschaft/mensch/feinstaubbelastung-verursachte-mehr-als-300-000-todesfaelle-in-der-eu-a-cdbece2f.-76a8-4904-81a7-e40d75b3365b⟩, letzter Zugriff 25. 02. 2022.

38 So etwa eine Publikation aus dem Kieler Institut für Weltwirtschaft, vgl. Ulrich Schmidt, »Generelles Tempolimit auf Autobahnen: Hohe volkswirtschaftliche Kosten sind zu berücksichtigen«, in: *POLICY BRIEF* 2020, ⟨https://www.ifw-kiel.de/fileadmin/Dateiverwaltung/IfW-Publications/-ifw/Kiel_Policy_Brief/2020/KPB_145.pdf⟩, letzter Zugriff 25. 02. 2022.

39 Vgl. grundsätzlich W. Kip Viscusi, *Pricing Lives: Guideposts for a Safer Society*, Princeton, Oxford 2020; zu Corona dann ders., »Pricing the Global Health Risks of the COVID-19 Pandemics«, in: *Journal of Risk and Uncertainty* 61 (2020), S. 101-128; James K Hammitt, »Valuing Mortality Risk in the Time of COVID-19«, in: ebd., S. 129-154.

40 Vgl. Frank Ackerman, Lisa Heinzerling, *Priceless: On Knowing the Price of Everything and the Value of Nothing*, New York, London 2004.

turelle Kollateralschäden der Pandemiebekämpfung machen die Frage unausweichlich, wann denn das Gesundheitsrisiko gering genug ist, um auf diese Maßnahmen verzichten zu können. Auf die Menschenwürde können sich hier alle berufen (»Das Leben ist die Basis der Menschenwürde« versus »Zur Menschenwürde gehören auch soziale Kontakte und schulische Bildung«), deshalb trägt sie insoweit kaum etwas aus.

IV. Fazit: Recht und Politik der Risikoabwägung

Dass in einer Gesellschaft, die andere existentielle Gefahren und Risiken weithin überwunden hat, der Gesunderhaltung und der Verlängerung der Lebensdauer eine gesteigerte Bedeutung zugemessen wird, ist nicht überraschend und eigentlich auch kaum zu kritisieren. Man mag das trotzdem kulturkritisch bemäkeln und die insoweit ergriffenen Maßnahmen – von Freiheitsbeschränkungen bis zu Gesundheitsaufklärungen und -warnungen – an der einen oder anderen Stelle übertrieben finden. Ob die bis zu 20 000 Grippetoten pro Jahr in Deutschland dafür sprechen, auch mit Blick auf Corona gelassener zu sein, oder eher nahelegen, in Zukunft mindestens die Masken in jedem Winter zu tragen, um die Opfer der Influenza zu reduzieren, ist noch nicht ausgemacht.[41] Hier muss das Gemeinwesen seine Position noch finden.

Ob das Verfassungsrecht und insoweit insbesondere die Grundrechte dabei eine zentrale Rolle spielen können, ist durchaus zweifelhaft. Zur Struktur der grundrechtlichen Verhältnismäßigkeitskontrolle ist inzwischen auch im Zusammenhang der Coronabekämpfungspolitik viel Kluges gesagt worden; insbesondere sollte sie so konkret wie möglich erfolgen, eine abstrakte Gegenüberstellung von Rechtsgütern leistet gar nichts.[42] Das ändert aber letztlich

41 Vgl. etwa Jens Kersten, Stephan Rixen, *Der Verfassungsstaat in der Corona-Krise*, München ^{2}2021, S. 272 mit Bezug auf Risiken des Straßenverkehrs: »Die COVID-19-Pandemie ist daher zum Beispiel auch eine Chance, die risikoethischen Wertungen neu zu diskutieren.«

42 Vgl. Klaus Ferdinand Gärditz, »Grundrechtsschutz in der Pandemie«, in: *Neue Juristische Wochenschrift* 74/38 (2021), S. 2761-2766; Holger Greve, »Grundrechtsschutz und Grundrechtseingriff im Zuge der Coronavirus-Pandemiebekämpfung«, in: *Zeitschrift für Gesetzgebung* 36/1 (2021), S. 25-41; Anna Katharina Man-

nichts daran, dass in unserem Gemeinwesen unterschiedliche Vorstellungen zur rechten Gewichtung des Lebens- und Gesundheitsschutzes auf der einen Seite und der Freiheitsrechte auf der anderen Seite bestehen. Die Legitimität von Freiheitseinschränkungen danach zu beurteilen, ob wir uns in anderen Situationen mit einem vergleichbaren Risiko entsprechend verhalten (sogenannter Risikovergleich),[43] liegt auf den ersten Blick nahe, konfrontiert die Politik aber mit Konsistenzerwartungen, denen sie nicht gewachsen sein dürfte. Dies gilt gerade für die Einschätzung von Risiken; hier haben die Psychologen und Verhaltensökonomen vielfach dargelegt, wie irrational sich Menschen insoweit oft verhalten.[44] Trotzdem oder gerade deshalb dürfte jedes Bemühen, den Umgang mit Risiken zu versachlichen, in der Zukunft von großer Bedeutung sein.[45]

Insgesamt ist es schon aufgrund ihrer Unbestimmtheit nicht zu erwarten, dass die Grundrechte das Gewicht des Gesundheitsschutzes und sein Verhältnis zu anderen Rechtsgütern und Zielen maßgeblich bestimmen werden;[46] vermutlich werden politische

gold, »Relationale Freiheit. Grundrechte in der Pandemie«, in: *Veröffentlichungen der Vereinigung der Deutschen Staatsrechtslehrer* 80 (2021), S. 7-35; Dietrich Murswiek, »Die Corona-Waage – Kriterien für die Prüfung der Verhältnismäßigkeit von Corona-Maßnahmen«, in: *Neue Zeitschrift für Verwaltungsrecht-Extra* 40/5 (2021), S. 1-15; Tim Niklas Dapprich, »Die Pflicht zur Präzisierung eines legitimen Zwecks – Die Dogmatik des Verhältnismäßigkeitsgrundsatzes am Beispiel der Corona-Politik«, in: *Covid-19 und Recht* 2/12 (2021), S. 717-722; Stefan Huster, Lara Wiese, »Einschränkbarkeit der Grundrechte des Grundgesetzes in Ausnahme- und Krisenzeiten«, in: Pierre Thielbörger, Sascha Rolf Lüder (Hg.), *Die Bewältigung des Coronavirus SARS-CoV-2 (COVID-19) als Herausforderung an das Völkerrecht, das Verfassungsrecht und das Verwaltungsrecht*, Berlin 2022, i. E.; Anna Leisner-Egensperger, »Der legitime Zweck als Bezugspunkt der Verhältnismäßigkeit«, in: *JuristenZeitung* 76/19 (2021), S. 913-924; Oliver Lepsius, »Partizipationsprobleme und Abwägungsdefizite im Umgang mit der Corona-Pandemie«, in: *Jahrbuch des öffentlichen Rechts der Gegenwart, Neue Folge* 69/1 (2021), S. 705-762.

43 Vgl. Murswiek, »Die Corona-Waage«, S. 10.

44 Vgl. Gerd Gigerenzer, *Risiko: Wie man die richtigen Entscheidungen trifft*, München 2013; Daniel Kahnemann, *Schnelles Denken, langsames Denken*, München 2011.

45 Vgl. dazu jetzt auch Julian Nida-Rümelin, Nathalie Weidenfeld, *Die Realität des Risikos. Über den vernünftigen Umgang mit Gefahren*, München 2021.

46 Die äußerst zurückhaltenden Entscheidungen des Verfassungsgerichts zu den Maßnahmen der sogenannten Bundesnotbremse bestätigen jetzt diese Einschätzung; vgl. BVerfG, Beschl. vom 19. 11. 2021-1 BvR 781/21, 1 BvR 798/21, 1 BvR 805/21, 1 BvR 820/21, 1 BvR 854/21, 1 BvR 860/21, 1 BvR 889/21 (Bundesnotbrem-

und kulturelle Entwicklungen insoweit federführend sein. Das Verfassungsrecht sollte sich daher darauf konzentrieren, dass die demokratischen Verfahren und Institutionen funktionieren, damit sich die Perspektive nicht auf einen – etwa medizinischen, epidemiologischen, virologischen oder aber auch ökonomischen – Tunnelblick verengt, sondern auch andere Belange hinreichend Gehör finden.

se I), in: NJW 2022, 139 ff. und BVerfG, Beschl. vom 19. 11. 2021-1 BvR 971/21, 1 BvR 1069/21 (Bundesnotbremse II), in: NJW 2022, 167 ff.

Ursula Wolf

Freiheit oder Glück? Überlegungen im Anschluss an die antike Ethik

Unsere Leitfrage lautet: Gesundheit oder Freiheit? Schon der Sinn dieser Frage ist klärungsbedürftig. Obwohl auch der Gesundheitsbegriff in der Philosophie kontrovers ist,[1] nehme ich ihn in unserem Kontext in einem sehr basalen physischen Sinn, über den wenig Streit bestehen dürfte. Man könnte die Frage auch verschärfen in die Frage »Freiheit oder Leben?«, denn wenn man so will, kann man den Tod als die endgültige Form des Verlusts der Gesundheit sehen.

Doch was ist Freiheit? Freiheit von Einschränkungen oder Behinderungen? Freiheit, alles Beliebige zu tun, was man gerade wünscht? Autonomie beziehungsweise Selbstverwirklichung? Und wie ist das Verhältnis zwischen den beiden Begriffen gemeint? Gesundheit oder Freiheit ein und derselben Person? Oder die Auswirkung der Freiheitsausübung der einen Person(en) auf die Gesundheit der anderen? Die Auswirkung auf Individuen oder auf das Gemeinwohl? Stehen Gesundheit und Freiheit überhaupt auf derselben Ebene, um miteinander konfrontiert und gegeneinander abgewogen werden zu können? Wie diese offenen Fragen zeigen, ist hier eine genaue Begriffsklärung erforderlich, um überhaupt das gemeinte Problem präzise formulieren zu können. Meine Absicht im Folgenden beschränkt sich auf einen solchen Versuch, den Sinn der Frage zu explizieren.

Besondere Schwierigkeiten wirft dabei der heute vielfach beanspruchte Freiheitsbegriff auf. Gerade deswegen möchte ich diesen nicht direkt thematisieren, sondern die Facetten des Problems zunächst von einer Sichtweise her entwickeln, in der dieser Begriff nicht prominent ist, nämlich ausgehend von der antiken Konzeption menschlichen Lebens und Handelns.

1 Dies gilt insbesondere für den Begriff der psychischen Gesundheit beziehungsweise Krankheit; vgl. Thomas Schramme, *Patienten und Personen. Zum Begriff der psychischen Krankheit*, Frankfurt/M. 2000.

1. Sokrates: Das menschliche Nicht-Wissen des Guten

Der Redner und Sophist Protagoras rühmt sich in Platons gleichnamigem Dialog, dass er es geschafft habe, bis ins hohe Alter zu überleben (*Protagoras* 316c-317c). Dem Redner gelingt das Überleben durch Manipulation der Zuhörer und Sich-Anpassen an ihre Wünsche. Sokrates, sein Dialogpartner in Platons Dialog, beharrt hingegen auf der Wahrheit, provoziert die Mitbürger und wird in Athen zum Tode verurteilt. So lässt Platon Sokrates im Dialog *Gorgias* den Redner Kallikles fragen: »[...] soll der Mensch nur dafür sorgen, dass er die längstmögliche Zeit lebe [...]« (*Gorgias* 511b), und er lässt Sokrates antworten, ein Mann müsse vielmehr sehen, »auf welche Weise er während der Zeit, die er nun zu leben hat, am besten leben möge« (*Gorg.* 512e).

Die griechische Ethik kommt darin überein, dass unser letztes Ziel als Menschen nicht das Leben, sondern das gute Leben, die *Eudaimonia*, ist. Aber worin besteht dieses gute Leben, und wie verhält es sich zum bloßen Überleben? Platon orientiert sich in seinen frühen Dialogen an der Figur des Sokrates, der in Athen dadurch aufgefallen ist, dass er sein Nichtwissen betont hat. Der Bereich dieses Nichtwissens ist gerade das vollkommen Gute, die *Eudaimonia*, das Glück. Platon weist dieses Nichtwissen in seinen sokratischen Dialogen dadurch auf, dass jeder Versuch, die *Eudaimonia* inhaltlich zu bestimmen, scheitert, da in der Erfahrungswelt das, was für die eine Person gut ist, für eine andere in einem anderen Lebenskontext schlecht sein kann, ebenso wie für ein und dieselbe Person das, was ihr jetzt zuträglich ist, ein andermal schlecht sein kann. Hinzu kommt, dass das individuelle Leben wesentlich in der *Polis* verortet ist und sich seine Aufgabe aus der Stellung in deren Ordnung ergibt. Für ein wahrhaft gutes Leben müsste die *Polis* vollkommen wohlgeordnet sein, was Platon der faktischen politischen Ordnung seiner Zeit jedoch gerade abspricht. Die vollkommene Ordnung ist die göttliche, jedoch ist dieses vollkommen Gute für Menschen nicht direkt und vollständig erkennbar, sondern nur indirekt und näherungsweise. Die inhaltliche Suche nach der *Eudaimonia* wird so bei Sokrates beziehungsweise Platon ersetzt durch eine Methode, durch Überprüfung unserer vorhandenen Meinungen daraufhin, ob sie konsistent sind, ob sie klare Begriffe und hinreichende Differenzierungen enthalten. Das ist die Methode des

Elenchos, des Prüfungsgesprächs, von der Sokrates sagt, dass »eben dies das größte Gut für den Menschen ist, täglich über die Tugend sich zu unterhalten, [...] ein Leben ohne Selbstprüfung aber gar nicht verdient, gelebt zu werden« (*Apologie* 38a).

Doch ehe wir in der praktischen Philosophie an den Punkt kommen, wo nur das Methodische bleibt, lässt sich davor doch einiges an begrifflicher Klärung bezogen auf Inhalte vornehmen. Daher wende ich mich jetzt zunächst Aristoteles zu, der versucht, das gute Leben aus der menschlichen Natur abzuleiten.

2. Aristoteles: Das Glücksstreben als grundlegendes Merkmal des Menschen

Auch für Aristoteles ist klar, dass es uns als Menschen nicht um das bloße Leben gehen kann. Denn dieses teilen wir mit Pflanzen und Tieren, während das Gut für den Menschen sich aus seinen spezifischen Fähigkeiten ergeben muss.

Aristoteles leitet die *Eudemische Ethik* mit der Kritik an einer Inschrift ein, die unsere praktischen Bewertungen drei *verschiedenen* Gegenständen zuschreibt. Ihr Verfasser behauptet, das Wertvollste sei die Gerechtigkeit, das Beste die Gesundheit, das Lustvollste, zu erlangen, was man liebt (1214a5 ff.). Aristoteles entgegnet: »Wir aber stimmen ihm nicht zu; denn die *Eudaimonia*, als das wertvollste und beste von allem, ist das lustvollste.« Welche Bewertungen sind hier angesprochen? Die Gerechtigkeit ist wertvoll, das heißt, sie ist gut im moralischen Sinn. Die Gesundheit ist als Mittel oder Bestandteil des guten Lebens objektiv nützlich beziehungsweise wünschenswert. Das Lustvolle ist das subjektiv Gute, in der Inschrift die Befriedigung unserer Wünsche. Warum muss es für Aristoteles genau *eines* geben, das diese subjektiven und objektiven Weisen des Guten in sich vereint, und warum hält er die *Eudaimonia* für eine geeignete Kandidatin?

Dass es *einen* letzten Bezugspunkt des Guten, ein *summum bonum*, geben muss, erläutert Aristoteles so: Menschen sind wesentlich so verfasst, dass sie in allem ihrem Tun jeweils nach einem Ziel beziehungsweise Gut streben. Soll das Streben nicht ins Unendliche gehen, muss es, so Aristoteles, Güter geben, die nicht nur Mittel zu anderen Gütern sind, sondern einfachhin, um ihrer selbst willen gewünscht werden. Und es muss ein letztes Gut geben, das diese Ziele ordnet, damit wir wie Bogenschützen *einen* Zielpunkt haben, auf den hin wir unser Leben orientieren können. In diesem Ziel soll sich das Streben vollständig erfüllen. Faktisch nennen alle Menschen dasselbe Ziel, die *Eudaimonia*. Darüber, was diese inhaltlich ausmacht, weichen allerdings die Vorstellungen ab.

Die Frage, welche Glücksvorstellung die richtige ist, versteht Aristoteles gegen Platon gerichtet so, dass wir nicht ein fernes Ideal, die jenseits der Erfahrungswelt angesiedelte Idee des Guten, suchen, sondern das durch Handeln *erreichbare* Gut für den Menschen. Unter Verwendung der damals üblichen Unterscheidung zwischen äußeren, körperlichen und seelischen Gütern bedeutet das: Was hinsichtlich der Realisierung bei uns liegt, sind nicht die äußeren Güter wie materielle Ausstattung oder günstige Gelegenheiten; auch nicht die körperlichen Güter wie Gesundheit oder Schönheit; beides können wir nur zum Teil und nicht vollständig kontrollieren. Vollständig bei uns liegt vielmehr nur die Erreichbarkeit der seelischen Güter, das heißt das Gutsein unserer eigenen Seelenvermögen und ihrer Ausübung. Die spezifisch menschlichen Seelenvermögen sind erstens die theoretische Vernunftfähigkeit, deren gute Ausführung im Leben der *theoria*, der Betrachtung, besteht. Aristoteles schwankt, ob diese Lebensform wirklich menschlich oder für Menschen nur so weit geeignet ist, als sie etwas Göttliches in sich hat. Klammern wir also diese Form ein. Zweitens besitzen Menschen – ebenso wie die anderen Tiere – das Strebevermögen, das Affekte und Antriebe enthält, aber sich beim Menschen dadurch auszeichnet, dass es von der Klugheit (*Phronesis*) geleitet werden kann, die ein Teil des Vernunftvermögens ist.

Dieses Zusammenspiel ist allerdings nicht immer perfekt, vielmehr gilt das nur beim guten Menschen. Aristoteles nimmt an, dass Menschen in verschiedenartigen Lebenssituationen verschiedenartige Affekte erfahren, zum Beispiel Furcht oder Mut in Gefahrensituationen, Zorn bei der Erfahrung von Geringschätzung. Ein Affekt reagiert jeweils auf einen Sachverhalt, zum Beispiel darauf, dass Gefahr droht oder dass man geringgeschätzt wird. Er ist lustvoll (zum Beispiel Mut) oder unlustbesetzt (Furcht, Zorn). Ferner enthält er eine Strebung, einen Handlungsantrieb, zum Beispiel Furcht den Antrieb zum Weglaufen, Zorn den Antrieb zur Rache. Die Affekte werden durch Lob und Tadel, Belohnung und Strafe in der Erziehung so gewöhnt, dass feste Charakterdispositionen entstehen, je nachdem Tugenden oder Laster. Dabei bestimmt Aristoteles eine Tugend als mittlere Haltung zwischen zwei Extremen, also die Tapferkeit als richtige Mitte zwischen Feigheit und Tollkühnheit. Die Rede von der Mitte ist nicht quantitativ gemeint. Die Tugend besitzt, wer bei den *richtigen* Anlässen Lust oder Unlust empfindet, und was richtig ist, ergibt sich aus dem Urteil der Klugheit. Umgekehrt ist die Überlegung wesentlich praktisch, das heißt, Charaktertugenden und *Phronesis* sind wechselseitig voneinander abhängig, da schlechte Affekte die Überlegung verdrehen. Wer beides hat, die Charaktertugenden und die Klugheit, realisiert die Lebensform der *eupraxia*, der Ausübung der Charaktertugenden im Sinn der Klugheit.

Für die Handlungen aus den Charakterdispositionen sind wir verantwortlich. Damit die Handlungen den Akteuren zugeschrieben und überhaupt Gegenstand von Lob und Tadel sein können, müssen sie in irgendeinem Sinn bei uns liegen. Dabei unterscheidet Aristoteles zwei Stufen. Auf einer ersten Stufe sind die Handlungen *hekousion*, willentlich. Das heißt, dass sie frei in einem elementaren Sinn sind, nämlich selbstbewegt, frei von äußerem Zwang; außerdem informiert, ohne Irrtum über die Fakten der Handlungssituation. Zweitens müssen sie in der konkreten Situation unter Einschätzung der Faktoren und Abwägung aller Daten überlegt gewählt sein. Das Ergebnis ist die *Prohairesis*, der gewählte konkrete Handlungsvorsatz. Der schwache Begriff des *hekousion*, den Aristoteles auch bei Kleinkindern und Tieren verwendet, kommt, so könnte man sagen, dem heutigen schwachen Begriff der Handlungsfreiheit nahe, dem Tun-Können, was man will. Jedoch entspricht die *Prohairesis* nicht unserem starken Begriff der Willensfreiheit im Sinn einer freien Bestimmung des eigenen Wollens, einer autonomen Wahl. Denn das Ziel ist durch das Streben vorgegeben, welches im durch Erziehung geformten Charakter enthalten ist, während die Überlegung nur die Wege zum Ziel auffindet. Die Wollensinhalte ergeben sich für Aristoteles immer relativ zur Gesamtausrichtung auf das Glück, das sich in Ziele für jeweilige Lebensbereiche auseinanderlegt, welche in den Charakterdispositionen internalisiert sind.

Ein Ziel wie »Ich will hier und jetzt das Gerechte tun« gibt noch keine konkrete Handlung vor. Es ist immer noch vage und allgemein und muss erst durch Überlegung in der konkreten Situation so weit auf Mittel oder Teilschritte zurückgeführt werden, bis eine Handlung erreicht wird, die hier und jetzt getan werden kann. Aristoteles formuliert hierfür folgenden praktischen Syllogismus: »Ich will nicht ungerecht sein. Geschuldetes nicht zurückgeben ist Unrecht. Folgerung: Ich will das Geschuldete zurückgeben« (*An. Post.* 85b30 ff.). Doch denken wir an Platons Beispiel, dann würde man, wenn das Geschuldete eine Waffe ist, die man ausgeliehen hat, und der Besitzer sich gerade in einem Zustand der Raserei befindet, zu dem Ergebnis kommen, dass die Situation nicht geeignet ist, die Waffe zurückzugeben (*Politeia* 331c).

Nun sollte die *Eudaimonia* dasjenige Gut sein, das wir insgesamt erstreben und das lustvoll ist. Die Tugenden verlangen aber teilweise Handlungen, die nicht im gewöhnlichen Sinn lustvoll sind, zum Beispiel die Tapferkeit, im Krieg unter Lebensgefahr standzuhalten. Aristoteles versucht, dieses Problem durch seine Theorie der Lust zu beheben. Die Standardauffassung der Lust, die Aristoteles vorfindet, ist an der sinnlichen Lust orientiert. Da diese Lust mit der Auffüllung eines Mangelzustands, zum Beispiel Hunger, einhergeht, der als unangenehm empfunden wird, ist sie nach Aristoteles keine reine Lust. Reine Lust erfahren wir im ungehinderten Vollzug von Tätigkeiten, die wir einfachhin wollen und in denen wir unser Leben äußern, zum Beispiel wahrnehmen oder denken. So hat der Tapfere zwar in Situationen der Lebensgefahr zu Recht den Affekt der Furcht, welcher den lustvollen Lebensvollzug stört. Er kann sich aber *über* diese Furcht stellen und sich daran freuen, dass er gut ist, oder – genauer – daran, dass er sich als gut handelnd wahrnimmt (NE 1170b8 ff.).

Die Tapferkeit ist eine Tugend, die zwischen zwei Arten schillert. In der Grundbedeutung der Tapferkeit im Krieg ist sie eine politische Tugend. Doch Aristoteles redet auch von Tapferkeit im erweiterten Sinn als Ausdauer in der Verfolgung der eigenen Ziele. Hier ist sie zusammen mit der Mäßigkeit, welche die Gesundheit und Funktionsfähigkeit des Organismus erhält, eine Hilfstugend, die als Mittel zum guten Leben erforderlich ist. Doch die Inhalte der meisten Tugenden sind auf Handlungen bezogen, die andere Menschen betreffen (Freigebigkeit, Ehrlichkeit usw.), implizieren also moralische Normen, das, was Aristoteles die Gerechtigkeit im weiten Sinn nennt.

Nach heutiger Sicht würde man denken, dass solche Normen

Handlungen fordern, die nicht den individuellen Strebungen zu entsprechen brauchen, sondern gerade deren Einschränkung verlangen und daher eine Motivationsfrage aufwerfen. Aristoteles hingegen sieht den Menschen wesentlich als *zoon politikon*, das schon von Natur aus nach Gemeinschaft strebt und im guten Staat durch Leitung in der Erziehung einen durchgängig gerechten Charakter entwickelt. Wer einen solchen Charakter erworben hat, hat dadurch auch die geeigneten Motive und Ziele, so dass die Ansprüche der Moral und der *Polis* für ihn nicht von außen kommen.

Der Mensch ist für Aristoteles ganz in derselben Weise ein politisches Lebewesen wie andere sozial lebende Tiere. Das Besondere beim Menschen ist jedoch, dass er nicht nur sozial ist, sondern Vernunft besitzt und so über den gemeinsamen Nutzen Überlegungen anstellen kann (*Pol.* 1253a1-20). Die Vereinigung zu einem Staat hat die *Eudaimonia* zum Ziel, in dem Sinn, dass der Staat so geordnet ist, dass alle Bürger glücklich sind. Das setzt eine geeignete Staatsverfassung voraus, welche die Freiheit und Gleichheit der Bürger sichert. Fehlerhafte Staatsverfassungen, insbesondere die Tyrannis, ordnen den Staat ganz auf den Nutzen der Regierenden hin (*Pol.* 1279a18) und vernachlässigen das Wohl aller. Die optimale Staatsverfassung ist für Aristoteles ebenso wie für Platon die Herrschaft der Besten, die Aristokratie (*Pol.* 1293b18 f.), weil er der großen Menge ein Leben gemäß der *Phronesis* nicht zutraut, sondern annimmt, dass sie stärker von Lust und Affekten geleitet lebt und immer wieder durch positive und negative Sanktionen gelenkt werden muss (NE 1179b9-19).

Trotz dieser elitären Züge hält Aristoteles die Demokratie für die erträglichste unter den von der Aristokratie abweichenden Verfassungen und gesteht ihr ein gewisses Recht zu. In der Demokratie ist der Bürger frei (*eleutheros*). Dieser Freiheitsbegriff ist für Aristoteles kein komplizierter philosophischer Grundbegriff, sondern wird von ihm in einem einfachen alltäglichen Sinn verwendet. Freiheit im elementaren Sinn ist die sogenannte negative Freiheit,[2] die Freiheit von Zwang, die Möglichkeit, sich aus eigenem Antrieb und Wollen zu verhalten, selbstbewegt im Gegensatz zu fremdbewegt,

2 Siehe den berühmten Aufsatz von Isaiah Berlin, »Two Concepts of Liberty«, in: ders. (Hg.), *Four Essays on Liberty*, Oxford 1969, dort S. 118-172 (dt. »Zwei Freiheitsbegriffe«, in: ders., *Freiheit. Vier Versuche*, übers. von Reinhard Kaiser, Frankfurt/M. 2006, S. 197-256).

entspricht also ungefähr dem Begriff des *hekousion*. Im politischen Kontext bedeutet das: frei ist, wer kein Sklave ist, wer Bürger mit Teilnahmerechten an der Regierung der *Polis* ist.[3]

Insofern das Vorliegen der negativen Freiheit von der Staatsverfassung abhängt, in der sich der Bürger vorfindet, gehört sie zu den äußeren Gütern. Hingegen sollte die *Eudaimonia* das gute Leben sein, sofern es bei uns liegt, die unbehinderte lustvolle Ausübung der gewünschten Lebenstätigkeiten; sie gehört also zu den seelischen Gütern. Sie bedarf allerdings der äußeren und der körperlichen Güter: Sie braucht körperliche Güter, also Leben und Gesundheit, als *Voraussetzung*, und sie braucht eine hinreichende materielle Ausstattung und Handlungsspielräume als *Mittel* zur Realisierung der Wünsche. Nun liegt das Gegebensein der äußeren und körperlichen Güter nicht allein bei uns, sondern ist auch von Bedingungen abhängig, die wir nicht kontrollieren können. Damit führt aber die größere Realitätsnähe der aristotelischen *Eudaimonia*-Konzeption offensichtlich in Schwierigkeiten. Denn wenn wir diese Güter teils als Voraussetzung, teils als Mittel für die *Eudaimonia* brauchen, dann hemmen ungünstige Bedingungen den lustvollen aktiven Lebensvollzug und bedrohen das Glück.

Wie oben am Beispiel der Tapferkeit erläutert, sind die Charaktertugenden bei Aristoteles dafür zuständig, den Umgang mit solchen Bedingungen zu leiten und affektive Reaktionen so zu regulieren, dass sie die Ausübung menschlicher Aktivitäten nicht zu sehr behindern. Sie sind aber auf Normalbedingungen zugeschnitten. So wird man hinsichtlich der moralischen Tugenden das

3 Wie Aristoteles formuliert: »Grundlage der demokratischen Verfassung ist die Freiheit [...]. Von der Freiheit aber ist zunächst ein Stück, daß das Regieren und Regiertwerden reihum geht. Denn das demokratische Recht ist die Gleichheit nach der Zahl und nicht nach der Würdigkeit [...]. Das ist denn das eine Merkmal der Freiheit, welches alle Demokratien als Grundbestimmung dieser Verfassung hinstellen, das zweite aber ist, leben zu können, wie man will; sie behaupten nämlich, dies sei die wirkliche Aufgabe der Freiheit, wenn es die Eigentümlichkeit des Sklaven ist, nicht leben zu können, wie er will. Aus dieser Bestimmung der Freiheit folgt nun aber wieder, daß man sich nicht regieren läßt, und zwar am liebsten von niemandem, so weit aber dies unmöglich ist, nur abwechslungsweise, und so trifft denn hierin das zweite Merkmal der Freiheit wieder mit dem ersten, nämlich der Gleichheit zusammen« (zitiert nach Aristoteles, *Politik*, übers. mit Anm. von Franz Susemihl und Wolfgang Kullmann, Reinbek bei Hamburg 1994, 1370a40-b18). Siehe dazu auch Otfried Höffe, *Aristoteles-Lexikon*, Stuttgart 2005, S. 168-170.

Zurückbleiben hinter den in ihnen implizierten Forderungen für entschuldbar halten und verzeihen, wenn eine Extremsituation vorliegt, das heißt dann, »wenn jemand Dinge, die man nicht tun soll, unter Bedingungen tut, welche die menschliche Natur übersteigen und die keiner aushalten würde« (NE 1110a25 ff.).

Ähnlich gilt für die Glückstugenden, dass ihre Leistung bei einem gravierenden Mangel an körperlichen oder äußeren Gütern auf Grenzen stößt (NE 1153b18 ff.). Wenn Priamos im Trojanischen Krieg alle seine Söhne verliert, also einen extremen Schicksalsschlag erleidet, kann man ihn kaum glücklich nennen (NE 1100a7 f.). Aristoteles versucht, dieses Problem durch den Hinweis zu lösen, das seelische Glück sei unverlierbar, weil wir uns auch noch unter den schlimmsten Bedingungen daran freuen können, dass wir, soweit es an uns liegt, gut handeln (NE 1100b30 ff.). Doch die Anforderungen, die er selbst an die *Eudaimonia* stellt, dass sie nämlich, wenn man auf gute Weise lebt, das Leben vollkommen gut macht, so dass nichts fehlt, dass sie Autarkie bedeutet (NE I 5), erfüllt diese bloße Reflexionslust auf zweiter Ebene sicher nicht.

Wenn Aristoteles nach dem durch menschliches Handeln *erreichbaren* Gut fragt, wäre es daher klarer, er würde die Spannung zwischen dem Grenzbegriff eines Guts, dessen Erlangung das Leben *vollkommen* gut machen würde, und dem *prakton agathon*, welches dies nur begrenzt beziehungsweise über einen Kunstgriff leistet, explizit machen. Dann aber stellt sich die Frage, ob für das letzte Ziel *menschlichen* Strebens, dessen Bestimmung Aristoteles sich in seiner Ethik zur Aufgabe macht, der Glücksbegriff beibehalten werden kann oder durch einen anderen Begriff ersetzt werden muss.

3. Autonomie statt Glück?

Die heutige Alternative in der Kant-Tradition, die unter anderem Höffe vertritt, ist Freiheit im starken Sinn von Autonomie.[4] Höffes Kritik am aristotelischen Strebensmodell betrifft Punkte, die ich teilweise schon erwähnt habe. Eine Schwierigkeit sieht er in der begrenzten Attraktivität der *Eudaimonia* – also darin, dass sie nur das

4 So verfährt Otfried Höffe in seinem Buch *Lebenskunst und Moral oder Macht Tugend glücklich?*, München 2007.

menschenmögliche gegenüber dem vollkommenen Glück bezeichnet. Ein weiterer Einwand lautet, die Tugenden würden manchmal die Zurückstellung des eigenen Glücks fordern und dieses sei somit nicht mehr das höchste Prinzip des Handelns. Dieser Einwand trifft jedoch nur unseren alltäglichen Glücksbegriff, nicht hingegen die aristotelische Konzeption, welche die Tugenden gerade zum Inhalt der *Eudaimonia* macht.

Schließlich der zentrale Einwand: Zum Strebensmodell gehöre der Begriff der Klugheit, die bei Aristoteles ein eigenständiger Bereich der Vernunft neben dem theoretischen ist. Aristoteles binde aber die Klugheit an die Affektivität. Denn ihre Aufgabe ist es, die aus Strebensdispositionen kommenden Ziele für jeweilige Handlungssituationen zu konkretisieren. Diese Konzeption der praktischen Überlegung sei unzureichend, unter anderem weil sie nichts darüber sagen kann, wie man bei Zielkonflikten vorgehen soll. Deshalb müssten wir wie Kant eine reine praktische Vernunft annehmen, die eine von aller Sinnlichkeit freie Antriebskraft darstellt. Kann das letztlich Gute nicht im Strebensziel liegen, erfährt die volitive Seite des Handelns eine Steigerung derart, dass aus der gewöhnlichen Verantwortlichkeit ein freies, autonomes Wollen wird, das durch die Gesetze der reinen praktischen Vernunft bestimmt ist.

Doch wie schon Kant weiß, ist die Wirksamkeit eines absolut freien Vernunftwollens in der Erfahrungswelt nicht nachzuweisen. Zum Handeln gehört wesentlich beides, die Verantwortung *und* das Ziel, wie zur menschlichen Natur beides, Vernunft *und* Streben beziehungsweise Affektivität, gehört. Das sieht die antike Ethik zweifellos richtig. Einen absoluten Freiheitsbegriff gibt es hier nirgends, mit gutem Grund, weil auch die Freiheit im stärkeren Sinn der überlegten Entscheidung keine freischwebende, sondern eine in das affektiv verankerte Wollen eingebundene ist. Was wir im Leben anstreben, liegt in unseren inhaltlichen Wünschen und Zielen, die sozial geprägt sind. Natürlich können wir diese reflektierend hinterfragen, aber wir können nicht aus dem Bereich körper- und affektgebundener Wünsche heraus. Damit ist das Handlungsmodell des Aristoteles vorzuziehen. Es trägt der Vielheit von Affektbereichen und Lebenssituationen Rechnung und betrachtet die menschlichen Fähigkeiten realistisch.

Dennoch verengt auch Aristoteles durch die Orientierung an genau zwei Formen von Vernunft die Konzeption guten Lebens.

Wo er den Menschen nicht naturwissenschaftlich definiert, sondern alltägliche Vorstellungen aufnimmt, wird klar, dass zu einem guten Leben nicht nur die Betätigung der theoretisch-wissenschaftlichen Vernunft und die überlegte Aktualisierung der Charaktertugenden gehört, sondern auch das Pflegen von Freundschaftsbeziehungen oder der ästhetische Genuss. Außerdem hat Höffe recht, dass die realisierbare Konzeption von *Eudaimonia*, die Aristoteles vorschlägt, das Kriterium der Vollkommenheit nicht erfüllt. Man sollte daher das, was Menschen unter wechselhaften Bedingungen und in begrenzter Zeit erstreben und erreichen können, statt als das vollkommene Glück besser als ein gutes oder befriedigendes Leben bezeichnen. Und schließlich hat Platon recht, dass dieses nur als gutes vor der Folie eines Grenzbegriffs vollkommenen Glücks qualifiziert werden kann (siehe Abschnitt 6).

Von Aristoteles festhalten kann man die Einsicht, dass ein befriedigendes Leben bestimmte Voraussetzungen und Mittel braucht, die noch keine Bestandteile des Glücks bilden. Das sind erstens körperliche Güter, das Leben selbst und Gesundheit, oder, neutraler formuliert, hinreichende Funktionsfähigkeit, um sein Leben aktiv vollziehen zu können. Zweitens äußere Güter, insbesondere (i) die als Mittel nötige zureichende materielle Ausstattung und (ii) eine politische Verfassung derart, dass alle Bürger frei und gleich sind und auf diese Weise leben können, wie sie wollen, also genügende Spielräume der Realisierung der eigenen Ziele haben (*Pol.* 1317b11 ff.). Für Aristoteles bedeutet die Freiheit zugleich, nicht regiert zu werden, was in der direkten athenischen Demokratie, in der die Bürger abwechselnd die Regierungsgeschäfte übernehmen mussten, die Gleichheit in der Abwechslung von Regieren und Regiertwerden bedeutet. Wir könnten sagen, dass es um Handlungsfreiheit als Mittel zur Realisierung des Lebens geht, um die Möglichkeit, ohne Abhängigkeit von der Macht anderer das eigene Leben gestalten zu können, um die Freiheit, zu tun oder nicht zu tun, was man will, also das, was man negative Freiheit nennt. Schließlich müsste man zu den Vorbedingungen noch Erziehung und Bildung rechnen, da diese erst die Fähigkeiten und Dispositionen entwickeln, die man braucht, um sinnvolle Beziehungen und Beschäftigungen in der Gemeinschaft finden zu können.

Man könnte dann drei grundlegende Dimensionen des Lebens unterscheiden, deren Realisierung für das Individuum möglich sein muss, um sein eigenes Leben befriedigend leben zu können: die passive, die aktive und quer dazu die soziale Seite der Existenz. Mit der passiven Seite meine ich die Möglichkeit, erfreuliche Erfahrungen zu machen, mit der aktiven Seite, sein Leben in erfüllenden Tätigkeiten realisieren zu können, die den eigenen Begabungen entsprechen und Freude machen, mit der sozialen Seite die Möglichkeit, Beziehungen zu anderen zu unterhalten.

4. Der moderne Begriff politischer Freiheit

Wenn der Staat, wie Aristoteles sagt, zum gemeinsamen Nutzen der freien und gleichen Bürger entstanden ist, liegt es nahe zu sagen, dass Aufgabe des Staates die Herstellung und Sicherung von Bedingungen ist, unter denen alle gleichermaßen ein gutes Leben gemäß den genannten zentralen Dimensionen leben können. Da wir heute keine direkte Demokratie haben, sieht diese Sicherung natürlich etwas anders aus. Aber grundsätzlich kann man die Gesichtspunkte der Freiheit im einfachen negativen Sinn und der Gleichheit als konstitutiv für die Demokratie übernehmen.

Im modernen liberalen Staat spielt dabei die Freiheit eine stärkere Rolle. Sie hat nicht nur den Sinn, nicht einer Macht unterworfen zu sein, sondern enthält, wenn wir an Mill anknüpfen, auch die Vorstellung, dass jeder das Recht hat, seine Wünsche auszuleben und sein Glück zu suchen, solange er nur keinen anderen schädigt, also auch jedem anderen dieses Freiheitsrecht zuerkennt. Genau genommen ist diese Vorstellung von Freiheit im Sinn des Tun-Könnens, was man will, schon bei Aristoteles vorhanden. Aber auch der stärkere Begriff der Autonomie scheint in manchen juristischen Formulierungen anzuklingen. So heißt es in Artikel 2 des Grundgesetzes:

(1) Jeder hat das Recht auf die freie Entfaltung seiner Persönlichkeit, soweit er nicht die Rechte anderer verletzt und nicht gegen die verfassungsmäßige Ordnung oder das Sittengesetz verstößt.

(2) Jeder hat das Recht auf Leben und körperliche Unversehrtheit. Die Freiheit der Person ist unverletzlich. In diese Rechte darf nur auf Grund eines Gesetzes eingegriffen werden.

Absatz 1 scheint mit dem Ausdruck »Entfaltung der Persönlichkeit« anspruchsvolle Vorstellungen von Freiheit als Autonomie der Person zu implizieren, enthält aber letztlich durch den Hinweis auf die Schranke in den Rechten anderer Mills Vorstellung, dass jeder beliebig seine Wünsche ausleben kann, solange er andere nicht schädigt. Denn es kann hier, wenn man den Individuen nicht bestimmte positive Freiheitskonzeptionen vorschreiben will, nur um die einfache negative Freiheit gehen, die Freiheit, tun zu können, was man will.[5] Absatz 2 betrifft den Schutz vor Eingriffen in die körperliche Unversehrtheit. Entgegen der Reihenfolge im Gesetz scheint der zweite Punkt der grundlegendere, denn Leben und Gesundheit sind Voraussetzungen der Selbstentfaltung. Gegen Kant, der das Individuum dank seines Anteils an der reinen Vernunft für zur Selbsterhaltung verpflichtet hält, impliziert diese radikale liberale Vorstellung allerdings auch die Erlaubnis zur Selbstschädigung. Sie bezieht sich auf das faktische Wollen und verbietet jeden Paternalismus, durch den der Staat dem Individuum ein vernünftiges Wollen aufzudrängen versucht.

Dem Staat scheinen nach einem solchen Verständnis von einem Recht auf Freiheit enge Grenzen für Eingriffe gesetzt. Man muss sich aber fragen, ob das eine sinnvolle Auffassung von individueller Freiheit im politischen Kontext ist. Nach Ronald Dworkin ist dies nicht der Fall. Er versteht Rechte als starke Instrumente, als eine Art Trümpfe, welche den Bürgern ermöglichen, Ansprüche gegen den Staat zu stellen. Gerade deswegen aber gibt es nach Dworkin »kein allgemeines Recht auf Freiheit als solche«.[6] So hat man kein Recht, eine bestimmte Straße zu durchfahren, nur weil man das will, vielmehr kann der Staat, wenn das zum allgemeinen Nutzen beiträgt, sie zur Einbahnstraße machen, ohne dass er deswegen gegenüber der Person, deren Willkürfreiheit er damit begrenzt, eine Rechtfertigungspflicht hätte.

Freiheitsrechte sind nach Dworkin nur dort gegeben, wo sie auf dem Recht auf Gleichheit beruhen, welches fundamental ist, genauer: dem Recht auf gleiche Rücksicht und Achtung. Die Einschränkung der Redefreiheit eines Individuums zum Beispiel würde bedeuten, dass es nicht als Person mit Meinungen ernst genommen wird, dass ihm die Beteiligung an der politischen Willensbildung verweigert wird, was anders als das Verbot des Durchfahrens der

5 Vgl. Stefan Huster, *Rechte und Ziele. Zur Dogmatik des allgemeinen Gleichheitssatzes*, Berlin 1993, S. 79.

6 Ronald Dworkin, *Bürgerrechte ernstgenommen*, übers. von Ursula Wolf, Frankfurt/M. 1984, S. 433.

Einbahnstraße eine echte Verletzung darstellt, insofern es Ausdruck mangelnder Anerkennung als Bürger ist.

Doch wie kann man genauer zwischen legitimen und unzulässigen Einschränkungen der negativen Freiheit unterscheiden? Das möchte ich anhand der Pandemieproblematik überlegen.

5. Die Pandemie als Ausnahmesituation

Mit Aristoteles müsste man die Pandemie als extremes Unglück bezeichnen, da sie, wenn man sie einfach laufen lässt, für viele Menschen die notwendige Grundlage des guten Lebens, nämlich die körperlichen Güter (die Gesundheit) beziehungsweise das Leben selbst, bedroht. Insofern der Staat das Leben und die Gesundheit der Bürger zu schützen hat oder, mit Aristoteles geredet, die Mittel und Voraussetzungen zum guten Leben sichern muss, scheint klar, dass er angesichts der Pandemie oder anderer vergleichbar umfassender Gefahrenlagen zum Handeln aufgerufen ist. Doch welche Strategien lassen sich dabei rechtfertigen?

Die meisten Staaten haben mit massiven Einschränkungen der Bewegungsfreiheit, der sozialen Kontakte, der Versammlungsfreiheit, der Freiheit der Berufsausübung usw. reagiert, und das monatelang. Diese Maßnahmen sind keine Kleinigkeiten, vielmehr bedeuten sie den Verzicht auf zentrale Bestandteile eines guten Lebens über längere Zeit hinweg, mit Langzeitfolgen für viele Menschen wie Verlust der beruflichen Existenz, Vereinsamung, psychische Erkrankungen, Störungen in der Entwicklung von Kindern und Jugendlichen. Mit Aristoteles kann man daher sagen, dass dieses eingeschränkte Leben eine Extremsituation darstellt, die unsere normale Fähigkeit des Ertragens von Lebenshindernissen überschreitet. Müsste der Staat dann nicht auf die Eingriffe verzichten und es der Freiheit der Einzelnen überlassen, ob und wie sie sich vor einer Erkrankung schützen? Was die Selbstschädigung angeht, könnte man das bejahen. Doch es sind nicht dieselben, die sich selbst gefährden und die der Staat schützt. Der Staat muss, wenn die Gefahr groß ist, diejenigen schützen, die sich nicht anstecken wollen, und ebenfalls diejenigen, die aus anderen Gründen medizinische Behandlung brauchen und sie angesichts eines überlasteten Gesundheitssystems nicht mehr erhalten könnten.

Es liegt hier eine Bedrohung der Vorbedingungen jedes guten Lebens, eine Bedrohung von Leben und Gesundheit vieler, vor. Als solche ist diese Situation nicht mit üblichen Risiken vergleichbar. Angenommen, das Rasen auf Autobahnen würde enorm zunehmen und zu vielen schweren Unfällen führen, dann wäre der Staat vermutlich berechtigt, ein Tempolimit einzuführen. Seine Einhaltung wäre aber *keine* Zumutung, die über normale menschliche Fähigkeiten hinausgeht. Denn mit Dworkin geredet, gibt es kein Recht auf Freiheit in dem Sinn, dass alles möglich sein muss. Ein Tempolimit zu befolgen übersteigt nicht unsere Fähigkeiten und nimmt uns nicht die Möglichkeit des aktiven Lebens. Der Nervenkitzel, den das Rasen mit dem Auto bieten mag, kann auch durch andere Aktivitäten erreicht werden, in denen man nicht die Mitmenschen gefährdet. Und solange es genügend Spielräume und Alternativen zu der verbotenen Handlungsweise gibt, besteht hier kein tiefer gehender Eingriff in die Freiheit, wie das für Maßnahmen wie Ausgangssperren und Kontaktverbote durchaus gilt.

Mit der Verfügbarkeit von Impfstoffen sind diese Maßnahmen nicht mehr im gleichen Umfang nötig, vorausgesetzt, die Impfung wird von fast allen angenommen, was ohne Impfpflicht nicht zu funktionieren scheint. Hier tritt dann die andere Frage auf, ob eine solche Pflicht nicht gegen Art. 2 Abs. 2 Satz 1 GG, das Recht auf körperliche Unversehrtheit, verstößt. In aristotelischen Begriffen würde sie das eindeutig nicht tun, da die Impfung für niemanden eine ernsthafte Beeinträchtigung des guten Lebens oder eine Reduktion seiner Vorbedingungen und Mittel darstellt.

6. Platons methodische Behandlung ethischer Probleme

Aristoteles unterscheidet mit Recht zwischen Voraussetzungen, Mitteln und Bestandteilen guten Lebens. Diese Unterscheidung von Ebenen und die inhaltliche Komplexität des Glücks zeigen, dass wir einen umfassenden Begriff guten menschlichen Lebens und Zusammenlebens brauchen, wenn wir in einer Extremsituation, in der unsere üblichen Verhaltensweisen zusammenbrechen, auch nur sinnvolle Fragen stellen wollen. Während Aristoteles durch die Festlegung auf Inhalte und die Vernachlässigung des Grenzbegriffs eines vollkommenen Guts die Frage in die Enge führt, geht Platon hier grundsätzlicher, weil methodisch vor. Auch er geht davon aus, dass wir ein vollkommen gutes Leben und Zusammenleben erstreben, betont aber, dass wir Begriffe wie »gut«, »gerecht«, »moralisch richtig« nicht ein für alle Mal inhaltlich definieren können. Solche allgemeinsten Wertbegriffe sind, wie er es ausdrückt, *amphisbetesimon*, es sind strittige Begriffe, über die in der Gesellschaft immer von neuem debattiert wird.

Wie lässt sich dann angesichts dieser Offenheit der normativen Grundbegriffe eine konkrete moralische Entscheidungsfrage beantworten? Aus der Sicht des Individuums steht eine moralische Entscheidung im Kontext einer praktischen Entscheidung des guten Lebens. Doch dieses umfassende Ziel, die *Eudaimonia*, das vollkommen gute Leben durch die ganze Lebenszeit hindurch, können wir nicht vorab im Allgemeinen definieren, um dann individuelle Entscheidungen daraus abzuleiten. Die Alternative zu einer solchen deduktiven Konzeption des Guten kann nur in dem liegen, was Platon in den Frühdialogen vorführt: in der Methode des *Elenchos*, des Prüfungsgesprächs.

Platon lässt Sokrates in den Frühdialogen Prüfungsgespräche mit Rednern und Sophisten führen, die ohne Ergebnis bleiben. Der *Elenchos* ist zunächst ein kritisch-negatives Verfahren, mit dem begriffliche Unklarheiten, Mehrdeutigkeiten und logische Inkonsistenzen aufgewiesen und beseitigt werden. Er hat aber dennoch ein Ziel vor Augen, das Gute im Sinn der Idee des Guten, dem er sich schrittweise anzunähern versucht. Zudem vollzieht sich die Prüfung immer an gegebenem Material, nämlich den vorhandenen Meinungen über Tugenden beziehungsweise inhaltliche Normen der mittleren Ebene, dem, was die Leute für gut halten, vor dem Hintergrund dessen, was Sokrates dagegen für gut hält. Der *Elenchos* besteht dabei nicht im *Abwägen* zwischen Werten oder inhaltlichen Normen. Vielmehr ordnet er die jeweils strittige Frage, zum Beispiel ob Gerechtigkeit notwendig zum Glück gehört, in ein umfassenderes Feld des Verstehens ein, indem er auf benachbarte oder verwandte Begriffe verweist und dieses weitere Feld des Praktischen zu ordnen und zu strukturieren versucht.

Wir haben ein System von moralischen Normen der mittleren Ebene internalisiert, mit Platon und Aristoteles geredet: Tugenden; wir verwenden außerdem ein Netz ethischer Grundbegriffe wie »gut«, »nützlich«, »moralisch richtig«, »gerecht«, »Glück«, die miteinander verflochten sind. Bei Entscheidungen kommt es auf die Artikulation des umliegenden Phänomen-, Meinungs- und Begriffsfelds an, auf die Entwicklung begrifflicher Differenzierungen und das Beseitigen von Inkonsistenzen. Diese Artikulations- und Strukturierungsarbeit ist immer schon von einer antizipierten vagen Konzeption des Guten geleitet, die nicht inhaltlich definierbar ist, die vielmehr ihrerseits in diesem Prozess erst Konturen gewinnt.

Das wird natürlich komplizierter, wenn wir politische Entscheidungen betrachten, an denen viele Individuen beteiligt sind, wenn wir noch dazu keinen gewöhnlichen Fall, sondern eine Extremsituation haben, in der Grundwerte in Konflikt zu geraten scheinen. Doch die erläuterte platonische Methode zeigt gerade, dass die Annahme eines solchen direkten Abwägens zwischen Werten verkürzt ist und schon deswegen das Vorgehen nicht richtig beschreibt, weil normative Grundbegriffe wie Freiheit, Gerechtigkeit, Glück gar keine feste Definition haben, weshalb die Aufgabe immer zugleich in deren weiterer Artikulation besteht. Abwägen kann man konkrete Handlungsalternativen in einer konkreten Situation, also ob man in der Mittagspause Kaffee trinkt oder spazieren geht. Aber wie Platon mit Recht ausführt, ist die Auseinandersetzung über schwierige normative Fragen als Abwägung nicht angemessen beschrieben, sondern erfordert eine anspruchsvollere Methode, die breite Herausarbeitung von Ebenen und Strukturen des Verstehens und Handelns vor dem Hintergrund eines vage antizipierten Guten. Im politischen Kontext ist dieses nicht die *Eudaimonia*, sondern die Leitidee hinter der universalistisch-egalitären Moral, das Ideal eines Zustandes, in dem alle gleichermaßen Rücksicht und Achtung und, wo nötig, Unterstützung erfahren.

II.
Konzepte von Freiheit und Autonomie

Günter Frankenberg

Glück im Öffentlichen – Angst im Privaten

1. Öffentliche Freiheit – Glück im Öffentlichen*

Nach der Befreiung des Weltlich-Diesseitigen oder kurz: der Lebenswelt von der Regie der organisierten Religion, nachdem monarchische Herrschaft die Burka göttlicher Gnade und göttlichen Rechts abgestreift hatte, schließlich nach der hoffnungslosen Diskreditierung anderer Spielarten der Unfreiheit öffnete sich eine Handlungssphäre, die seitdem mal demokratisch, mal republikanisch oder freiheitlich genannt wird. In dieser kann *Politik* zur Geltung kommen. Die Emanzipation von kirchlich-religiöser Bevormundung, von traditionaler Bindung wie auch von sonstiger autokratischer Gängelung hat allerdings ihren Preis: Sie verlangt nach der Gründung einer neuartigen Autorität, die nicht auf untertäniger Unterwerfung oder erzwungener Zustimmung beruht, sondern die Mitglieder der Bürgerschaft in einer *reziproken Beziehung* – als solche – zu Wort kommen lässt. Sie rechnet das Risiko ein, dass die Legitimität von Herrschaft stets und grundsätzlich in Frage gestellt werden kann. Diese Beziehung entfaltet sich in Konzepten von Souveränität, Integration, Autonomie oder Selbstregierung.

Der Modus des politischen Handelns, der sich in einer solchen Autoritätsbeziehung entfalten kann, erweist sich nach Hannah Arendt in einer Praxis öffentlicher (republikanischer oder demokratischer) Freiheit. Diese setzt die Möglichkeit voraus, ein politisches Gemeinwesen zwang- und gewaltlos im Zusammenhandeln zu gründen oder auch umzuwidmen, die Grenzen des öffentlichen Raumes zu demarkieren und sich an den »gemeinschaftlichen Ge-

* Für zahlreiche Anregungen danke ich den Teilnehmer:innen des von Klaus Günther und Uwe Volkmann organisierten Workshops. Zum Folgenden: Hannah Arendt, *Über die Revolution*, München 1974, und dies., *Macht und Gewalt*, München 1970, S. 45; Ulrich Rödel u. a., *Die demokratische Frage*, Frankfurt/M. 1989, S. 47-57; vor allem Claude Lefort, *Essais sur le politique*, Paris 1986; Günter Frankenberg, *Die Verfassung der Republik*, Frankfurt/M. 1997.

schäften der Gesellschaft« zu beteiligen.[1] Wenn man von Arendts Nativismus, ihrer Abspaltung der »sozialen Frage« von der Revolution und ihrer wohl zu emphatischen Vorstellung vom Glück im Öffentlichen absieht,[2] lässt sich die auf Kommunikation und Zusammenhandeln gründende Konzeption öffentlicher Freiheit ohne weiteres an die Lehre vom *status constituens* oder auch an die Konnexgarantien politischer Kommunikation und Teilnahme des *status activus* anschließen.[3] Diese fügen dem *status negativus* der auf Eingriffsabwehr fokussierten Freiheiten[4] und dem *status positivus*, den Grundrechte als Leistungsrechte ausformen und dem Staat die Rolle als Förderer zuweisen,[5] eine unmittelbar politische Dimension hinzu, die sich zwanglos der Arendt'schen Konzeption öffentlicher Freiheit vermittelt.

Pursuit of happiness als eigentumsgestützte Freiheit

Freilich leidet diese darunter, dass bei deren Konzeptualisierung im Kontext der US-amerikanischen Revolution zum einen die Skla-

1 Arendt, *Über die Revolution*, S. 147-182. Zu den gemeinschaftlichen Geschäften: Karl Marx, Friedrich Engels, *Das Kommunistische Manifest*, Hamburg 1999.

2 Zumal bezogen auf die Gründungsgeschichte der Sklaven haltenden und die »First Nations« ausrottenden USA. Nach wie vor aktuell: Richard Slotkin, *Regeneration Through Violence. The Mythology of the American Frontier*, überarb. Ausgabe, Norman (OK) 2000. Zu realistischen Sichten auf die Gründungsgeschichte: Larry J. Zimmerman, *American Indians: The First Nations. Native North American Life, Myth, and Art*, London 2003; Sven Beckert, *King Cotton. Eine Geschichte des globalen Kapitalismus*, München 2015; und Michael J. Klarman, *The Framers' Coup. The Making of the United States Constitution*, Oxford 2016.

3 Erhard Denninger, *Der gebändigte Leviathan*, Baden-Baden 1990, S. 15, S. 51 ff. Vgl. auch Rödel u. a., *Die demokratische Frage*, S. 71-74 (»Die alltägliche Neugründung im politischen Protest«) und S. 74-82. Zur Statuslehre: Georg Jellinek, *Das System der subjektiven öffentlichen Rechte*, Tübingen ²1905; zur Dogmatik der Grundrechte: Friedhelm Hufen, *Staatsrecht II Grundrechte*, München 2020, § 5, Rn. 1 ff.

4 Gertrude Lübbe-Wolff, *Grundrechte als Eingriffsabwehrrechte*, Baden-Baden 1988; Ralf Poscher, *Grundrechte als Abwehrrechte. Reflexive Regelung rechtlich geordneter Freiheit*, Tübingen 2003.

5 Zur Kontroverse um Leistungsrechte oder auch »soziale Grundrechte« als originär, unmittelbar bindende oder derivative Teilhabeansprüche: die Referate von Häberle und Mertens, »Grundrechte im Leistungsstaat«, in: *Veröffentlichungen der Vereinigung der Deutschen Staatsrechtslehrer* 30 (1972), S. 7 ff. und S. 43 ff., oder BVerfGE 33, 303.

verei völlig aus ihrem Bildfeld gerät. Zum anderen befasst sie sich nur am Rande mit den Eigentumskonnotationen von Glück, obwohl sie notiert, dass in früheren Deklarationen »der ›Verfolg des Glücks‹, also das Erwerbsstreben, im Vordergrund« stand.[6] In dem von Arendt konstruierten Bermudadreieck, das von der Gründung der Freiheit, dem *pursuit of happiness* und der »amerikanischen Erfahrung« gebildet wird, treiben *Polis*-Nostalgie und Tugendlehre den reinen – von Eigentümerinteressen und Demokratieängsten[7] der Elite bereinigten – Verfassungsstaat hervor. Den Ahnen der Verfassungsgründer schreibt Arendt das Motiv zu, beim Verlassen der britischen Herrschaftsgebiete in Europa ein Recht auszuüben, »das die Natur allen Menschen verliehen hat«, nämlich »neue Gesellschaften zu etablieren und Gesetze und Regelungen zu erlassen, welche ihnen am besten geeignet scheinen, das *öffentliche* Glück zu fördern«.[8] Arendt übersieht die bis heute konstitutive, interne Verknüpfung von Freiheit, *rule of law* und Eigentum: »Der Grad, bis zu dem die Gesellschaft an das Recht gebunden ist und sich für Verfahren einsetzt, die es ermöglichen, Eigentumsrechte durch rechtliche Regeln zu sichern, die vorhersehbar angewandt werden und nicht von den Launen einzelner Personen abhängen, ist von Bedeutung. Die Verpflichtung zu solchen Verfahren ist das Wesen der Rechtsstaatlichkeit.«[9]

Die *rights of Englishmen* im *Common Law* mutieren damit unter der Hand zu universalistischen (wenngleich realiter halbierten) Menschenrechten, und die Erfahrung des Glücks im Öffentlichen löst sich von Eigentums- und Erwerbsstreben und erfüllt sich »in der Ausübung legitimer Macht, bzw. nach Jeffersons eigenen Wor-

6 Arendt, *Über die Revolution*, S. 162-164, S. 163 für das Zitat; dies., *Elemente und Ursprünge totaler Herrschaft*, München 1991, Kap. 9.

7 Nachzulesen bei Klarman, *The Framers' Coup*, bes. S. 73-125 mit ausführlicher Analyse der ökonomischen Krise im ausgehenden 18. Jahrhundert; trotz der Einwände gegen die empirischen Grundlagen der Interessen- und Klassenanalyse noch immer instruktiv: Charles Beard, *An Economic Interpretation of the Constitution*, London 1998; Woody Holton, »The Capitalist Constitution«, in: Christine Desan, Sven Beckert (Hg.), *American Capitalism*, New York 2018, S. 35-62.

8 Arendt, *Über die Revolution*, S. 33-42, S. 163 für das Zitat.

9 Zum Beispiel Ronald Cass, »Property Rights Systems and the Rule of Law«, in: Enrico Colombatto (Hg.), *The Elgar Companion to the Economics of Property Rights*, Oxford 2004, S. 131-163.

ten in ›der Anteilnahme an der Regierung und Leitung öffentlicher Angelegenheiten‹«.[10]

Will man Arendt dennoch, dem Grunde nach, folgen, darf die Glücksformel weder auf eine Platzhalterin für Eigentum (ausdrücklich benannt in früheren Deklarationen) reduziert noch auf die staatliche »Geschäftsleitung« enggeführt werden. Trotz ihrer ökonomischen Konnotationen in der Gründerzeit – *prosperity, wellbeing, thriving*[11] – und Jeffersons interessierter Verknüpfung des Glücks mit der Staatsleitung lässt sich dem *pursuit of happiness* auch die politisch-demokratische Bedeutung als Glück im Öffentlichen abgewinnen. Hier möchte ich diese Art von Glückserfahrung republikanisch[12] verstehen als ein in öffentlich ausgetragenen Konflikten[13] und öffentlicher Kommunikation gelingendes (politisches) Leben. Zu realisieren ist diese Glückserfahrung nur *in Gesellschaft*, genauer: in einer Gemeinschaft der ihre diversen Lebenspläne, Interessen und Geschäfte autonom bestimmenden Individuen. Das heißt: ausdrücklich nicht im Medium einer homogenen, identitären Sittlichkeit nach dem *Polis*-Vorbild der Antike oder umfangen von einer elitären, nach innen blinden Moral, die den Gründungsvätern der USA gestattete, Sklav:innen zu halten, zu veräußern und sich ihrer zur sexuellen Befriedigung zu bedienen.[14]

10 Zitiert nach Arendt, *Über die Revolution*, S. 163, dort auch weitere Nachweise.

11 Zu dem starken Eigentumsbezug in der amerikanischen Unabhängigkeitserklärung: Carli N. Conklin, *The Pursuit of Happiness in the Founding Era: An Intellectual History*, Columbia (MO) 2019.

12 Im Sinne des Republikanismus, nicht der Republikanischen Partei in den USA. Dazu Günter Frankenberg, *Die Verfassung der Republik*, Frankfurt/M. 1997.

13 Ausführlich dazu Günter Frankenberg »Tocquevilles Frage – Zur Rolle der Verfassung im Prozess der Integration«, in: ders., *Autorität und Integration. Zur Grammatik von Recht und Verfassung*, Frankfurt/M. 2003, S. 136-157, und Rödel u. a., *Die demokratische Frage*, S. 128-143.

14 Dass die »Verkünder der Freiheit schlechthin«, James Madison (112 Sklav:innen) und Thomas Jefferson (über 600) ihren Wohlstand auf Sklav:innenarbeit stützten, wird Hannah Arendt in der Idealisierung der nordamerikanischen Revolution nicht zum Problem. Zur Rolle der Sklav:innenhalter:innen: Stephanie Jones-Rogers, *They Were Her Property*, New Haven 2020; Heather A. Williams, *American Slavery: A Very Short Introduction*, Oxford 2014; Ronald D. Gerste, »Der Präsident und seine Sklavin«, in: *ZEITonline*, 19. 02. 2020, ⟨https://www.zeit.de/2020/09/sklaverei-thomas-jefferson-us-gruendervater⟩, letzter Zugriff 02. 06. 2022. Zur Statistik der sklavenhaltenden Präsidenten der USA bis 1877 – ⟨https://de.statista.com/statistik/daten/studie/1133981/umfrage/anzahl-

Glück, Publizität und Konflikt

Eine zeitgemäße Konzeption vom Glück im *Öffentlichen* hat folglich Publizität und Konflikthaftigkeit einzurechnen. Zu erfahren ist dieses Glück, anders als das private, in der Praxis öffentlicher Freiheit: Ihre Träger sind Individuen als Vereinzelte oder in Gruppen (deutlich bei der Versammlungsfreiheit). Öffentliche Freiheit entfaltet sich im gemeinsamen Durchleiden von Kontroversen, die aus der Vielfalt von Lebensplänen, Interessen und politischen Forderungen resultieren.[15] Beispiele wären die lange Zeit erbitterten Auseinandersetzungen über die Einwanderungsgesellschaft und die Aufnahme von Flüchtenden in Not (insbesondere 2015) oder aktuell die Proteste gegen die Anerkennung des vorrangigen Schutzes besonders vulnerabler Gruppen in der Pandemie sowie die Priorisierung der Impfungen und die Verteilung staatlicher Fördermaßnahmen (siehe Querdenken, #allesdichtmachen, #lockdownfürimmer).

Ihr konstituierender Aspekt unterscheidet öffentliche Freiheit von der auf Eingriffsabwehr und Staat als Gefahr angelegten negativen Freiheit oder der auf positive Leistungen gerichteten (sozialen) Freiheit. Allerdings setzt deren Verbürgung eine *notwendige* verfassungsrechtliche Bedingung für die aktive Beteiligung am öffentlich ausgetragenen Streit.

(Selbst-)Gefährdungen öffentlicher Freiheit

Öffentliche Freiheit gerät in Gefahr, wenn und soweit auf der Grundrechtsebene Eingriffsabwehr und staatliche Schutzpflichten sich auf Kosten des kommunikativen Aushandelns von Konflikten in Gründungsphasen oder der alltäglichen Praxis in den Vordergrund drängen. Zum Problem wird dies, wenn die Symmetrie der Autoritätsbeziehung zwischen Staat und Bürgerschaft in eine Schieflage gerät. Das ist, *erstens*, dann der Fall, wenn grundrechtliche Schutzpflichten sich zu einem protektiven Paternalismus

der-sklavenhalter-unter-den-us-amerikanische-praesidenten/⟩, letzter Zugriff 26. 05. 2021.

15 Es wäre, abweichend von Hannah Arendt, auch an die Arbeitswelt an eine weitere Freiheits- und Konfliktsphäre zu denken, die durch das kollektive Arbeitsrecht eingehegt, durch Arbeitskämpfe ausgefüllt wird und Glückserfahrung zulässt.

verdichten und dogmatische Konstruktionen erzeugen, die einem werthaften Schutzgut (prominent: die Sicherheit von Leben und Gesundheit, eingeführt als vitale Basis aller Grundrechte) einen *nicht angreifbaren Vorrang* als legitimem Staatszweck einräumen. Das hätte zur Folge, dass vor Eintritt in eine Abwägung von Zweck und Mittel nach Maßgabe der Verhältnismäßigkeit oder von kollidierenden Verfassungs-»positionen« (Rechten und Werten) zum schonenden Ausgleich bei praktischer Konkordanz[16] das Ergebnis *immer schon* zugunsten der Schutzpflicht vorentschieden ist. »Nicht angreifbar« und »immer schon« markieren ungenau das unwegsame Terrain, auf dem praktische Konkordanz (die ihrem methodischen Anspruch gerecht wird) zwischen Lebens- und Gesundheitsschutz einerseits und der Gefährdung öffentlicher Freiheit andererseits vermitteln soll. Zumal in epidemischen oder pandemischen Situationen stets bedrohter Allgemeinheit muss Konkordanz staatliche Interventionen zum Infektionsschutz deutlich *vor* der Grenze zur Gesundheitsdiktatur aufhalten, um einen schonenden Ausgleich hinzubekommen, und müssen Zweck und Mittel von Freiheitseingriffen unter den Bedingungen von Ungewissheit[17] besonders sensibel zu den gesellschaftlichen Verhältnissen, die aus ihren Verankerungen gerissen sind, in Beziehung gesetzt werden.

Die erbitterten Proteste etwa von »Querdenken«, aber auch die Debatten in der juristischen Zunft und die kontroversen gerichtlichen (Eil-)Entscheidungen[18] zeigen, dass – mit der die Pandemie immer noch begleitenden Ungewissheit – Konkordanz in den Strudel eines Dilemmas gerät und Verhältnismäßigkeit ihre Halt und Maß gebenden Kriterien (wie etwa Systemrelevanz und Inzidenzwert) verliert.[19] Kann im Protest gegen das Virus, in der

16 Die mit der Abwägung der Verhältnismäßigkeit verwandt ist, aber dennoch von ihr unterschieden werden sollte. Konrad Hesse, *Grundzüge des Verfassungsrechts der Bundesrepublik Deutschland*, Heidelberg 1999, Rn. 308; aus der Rechtsprechung: BVerfG-K, NJW 2019, 1277.

17 Aufschlussreich dazu die von Wissenschaftler:innen zusammengetragenen Coronaerkenntnisse, die jüngst in *The Lancet* veröffentlicht wurden: ⟨www.thelancet.com/article/PI-1S2213-2600(21)00218-6/fulltext/⟩, letzter Zugriff 28. 05. 2021.

18 Gut zu verfolgen auf dem *Verfassungsblog*!

19 Kritisch: Dietrich Murswiek, »Die Corona-Waage – Kriterien für die Prüfung der Verhältnismäßigkeit von Corona-Maßnahmen«, in: *NVwZ-Extra* 5 (2021), S. 1-15; Günter Frankenberg, »COVID-19 und der juristische Umgang mit Ungewissheit«, in: *Verfassungsblog*, 25. 04. 2020, ⟨https://verfassungsblog.

maskenlosen Umarmung – jenseits von Verhältnismäßigkeit und Konkordanz –, immerhin das Glück im Öffentlichen erfahren werden? Wenn man im Querdenken und im selbst- und fremdgefährdenden Umarmen nicht (riskante) kommunikative Glückserfahrungen ohne konstituierende Bedeutung sehen will, muss das wohl bezweifelt werden. Darauf ist am Ende zurückzukommen.

Zweitens (und mit dem protektiven Paternalismus verwandt) leidet öffentliche Freiheit, wenn ihr Raum abgeschnürt oder überwacht wird und sich Ängste im Öffentlichen zu Lasten des Glücks ausbreiten. So nachzuweisen in den staatssozialistischen Systemen, wenn autoritäre Regime den Raum des Öffentlichen administrativ sequestrieren und nahezu jegliche Freiheitspraxis unter ein repressives Verbot mit Dispensvorbehalt stellen, das nur für die Formen manipulierter politischer Beteiligung, sprich Akklamation, und Massenfeste (für die an eine andere Form des Glücks im Öffentlichen zu denken wäre, das keine Konfliktbewältigung im Zusammenhandeln oder gar Gründungselan voraussetzt) ausgesetzt wurde.[20] Eine moderate Variante wäre die situative oder themenspezifische Schließung des öffentlichen Raumes, etwa indem Regierungsmaßnahmen einfach für alternativlos[21] erklärt und der Diskussion (auch

de/covid-19-und-der-juristische-umgang-mit-ungewissheit/⟩, letzter Zugriff 17.06.2022; Oliver Lepsius, »Vom Niedergang grundrechtlicher Denkkategorien in der Corona-Pandemie«, in: *Verfassungsblog*, 06.04.2020, ⟨https://verfassungsblog.de/vom-niedergang-grundrechtlicher-denkkategorien-in-der-corona-pandemie/⟩, letzter Zugriff 17.06.2022.

20 Zur sequestrierten Öffentlichkeit im Staatssozialismus: siehe das Nachwort bei Frankenberg, *Autoritarismus*, S. 71-75, und Rödel u. a., *Die demokratische Frage*, S. 51-53. Zur Kritik der Literatur, die Öffentlichkeit im Sozialismus nur als defizitäre bürgerliche Öffentlichkeit begreift: Malte Rolf, *Das sowjetische Massenfest*, Hamburg 2006. Das gilt, *mutatis mutandis*, auch für China, wo Zensur, parteiamtliche *publicity*-Politik und konsequentes Monitoring der öffentlichen Sphäre besonders Minderheiten nicht nahelegen, nach Quellen für Glück im Öffentlichen zu suchen. Siehe Yu Junjie, »Die Cyberspace-Administration Chinas führt eine spezielle Governance für das grundlegende Management von ›Selbstmedien‹ ein«, in: *xinhua.net*, 29.07.2020, ⟨http://www.xinhuanet.com/politics/2020-07/29/c_1126301557.htm⟩, letzter Zugriff 28.05.2021. Zur Situation und des Glücks im Öffentlichen von Minderheiten: Dru C. Gladney, *Dislocating China*, Chicago 2004.

21 Das ideologische Konzept wurde von Premierministerin Margaret Thatcher eingeführt (TINA – There is no alternative!). Dazu Claire Berlinski, *There Is No Alternative: Why Margaret Thatcher Matters*, New York 2010 oder auch Astrid Seville,

der parlamentarischen Debatte) entzogen werden. Anschauliche Beispiele liefern die regierungsamtliche Begründung des Afghanistaneinsatzes der Bundeswehr, des Schuldenabbaus in der Eurokrise, des *U-Turn* in der Nutzung der Atomenergie nach Fukushima und einige der Entscheidungen über Coronamaßnahmen – mit nachgelagerten, nur mehr »notariellen« Parlamentsdebatten.[22]

De jure wird die Autoritätsbeziehung asymmetrisch verzerrt, wenn grundsätzliche Kritik der Legitimität der Ordnung pönalisiert oder aber öffentliche Freiheit von einem Sicherheitsregime überformt wird, das den Ausnahmezustand mobilisiert oder Befugnisse des Ausnahmefalls unter der Hand normalisiert,[23] um ein autoritäres Recht der Gefahrenabwehr zu etablieren. Illustrieren lassen sich die je unterschiedlichen Asymmetrien an gesetzlichen Kritikverboten betreffend Coronamaßnahmen (wie etwa installiert in Ungarn und der Türkei);[24] oder an Allgemeinverfügungen aufgrund des Infektionsschutzgesetzes, die ohne triftigen Grund das Verlassen der häuslichen Unterkunft untersagen;[25] oder eben an der formellen Aufhebung oder informellen Durchbrechung der Verfassung.[26] Hegel hätte das Resultat jeweils wohl »Freyheit in gemein-

»Angela Merkels Alternativlos-Rhetorik«, in: *taz*, 30.10.2016, ⟨https://taz.de/Angela-Merkels-Alternativlos-Rhetorik/!5346303/⟩, letzter Zugriff 29.05.2022.

22 Stefan Marschall, »Parlament in der Krise?«, in: *apuz*, 11.09.2020, ⟨https://www.bpb.de/apuz/315241/der-deutsche-parlamentarismus-und-die-corona-pandemie/⟩, letzter Zugriff 28.05.2021; Heinig u.a., »Verfassungswissenschaft in Zeiten der Corona-Krise«, in: *JuristenZeitung* 75/18 (2020), S.861-912; ders., »Parlamentarismus in der Pandemie: Beobachtungen und Thesen«, in: *Verfassungsblog*, 25.11.2020, ⟨https://verfassungsblog.de/parlamentarismus-in-der-pandemie/⟩, letzter Zugriff 29.05.2022.

23 Günter Frankenberg, *Staatstechnik. Perspektiven auf Rechtsstaat und Ausnahmezustand*, Berlin 2010, Kap. III; Uwe Volkmann, »Der alltägliche Ausnahmezustand. Oder: Not kennt viele Gebote«, in: *Merkur* 62 (2008), S.369-379, hier S.369.

24 Die die Verbreitung von »Fehlinformationen« über Corona unter Strafe stellen, vgl. ⟨https://www.deutschlandfunk.de/ungarn-orban-will-medien-bei-panikmache-bestrafen-100.html⟩, letzter Zugriff 20.06.2020, sowie ⟨https://www.deutschlandfunk.de/corona-berichterstattung-in-der-tuerkei-waschen-beten-100.html⟩, letzter Zugriff 20.06.2020.

25 Siehe § 28 Abs. 1 S. 1 IfSG i.V.m. § 65 S. 1 ZustV.

26 Zum Beispiel durch Umgehung des Parlaments, *rule by decree* statt *rule of law*. Zur Unterscheidung von *rule of law* and *rule by law*: Jeremy Waldron, »The Rule of Law«, in: *The Stanford Encyclopedia of Philosophy* (Herbst 2016), ⟨https://plato.stanford.edu/entries/rule-of-law/⟩, letzter Zugriff 10.02.2022.

schaftlicher Unterwürfigkeit«[27] nennen können. Unfreiheit wäre treffender, jedenfalls leichter nachzuvollziehen, wenn die aktiv gesollte Bürgerschaft auf ein Publikum, bestenfalls eine Gemeinschaft der Versicherten, heruntergebracht wird, von der keine Beteiligung an öffentlichen Konflikten oder an Gründungsakten erwartet, sondern »zivile Desertion«[28] ins Private eingerechnet wird.

Für protektiven Paternalismus und ausnahmerechtliche Regime, die vorgeben, Freiheit auf dem Altar der Sicherheit zu opfern (es freilich nicht selten beim bloßen Opfer belassen und das Freiheitsversprechen nicht halten), fehlt es nicht an historischen und aktuellen Beispielen. Die Narrative reichen vom »Leviathan« bis zum »Grundrecht auf Sicherheit«,[29] ihre Laboratorien umfassen das Militärregime in Myanmar bis zu Putins »gelenkter Demokratie« samt »Vertikale der Macht«.[30] Bei allen, zum Teil gewiss erheblichen Unterschieden sind sich die Protagonisten mit Hobbes, Hegel und den Protagonisten der katholischen Gegenrevolution in der Angst vor jeglicher »Freiheitsraserei«[31] einig und geben der Erfahrung von Glück im Öffentlichen keinen Raum. In einem eher lebenspraktischen Sinne Glück hat, wer ungeschoren davonkommt.

27 Georg W. F. Hegel, »Kritik der Verfassung Deutschlands«, in: ders., *Schriften und Entwürfe (1799-1808)*, Hamburg 1998, S. 451-454.

28 Zur zivilen Desertion: Marcel Gauchet, »Pacification démocratique, désertion civique«, in: *Le Débat* 6 (1990), S. 87-89.

29 Thomas Hobbes, *Leviathan oder Stoff, Form und Gewalt eines kirchlichen und bürgerlichen Staates*, hg. und eingel. von Iring Fetscher, übers. von Walter Euchner, Frankfurt/M. [6]1994; Josef Isensee, *Das Grundrecht auf Sicherheit*, Berlin 1983.

30 Margareta Mommsen, Angelika Nußberger, *Das System Putin. Gelenkte Demokratie und politische Justiz in Russland*, München 2007, insb. S. 32 ff. Zum Spektrum des politischen Autoritarismus: Günter Frankenberg, *Autoritarismus – Verfassungstheoretische Perspektiven*, Berlin 2020, S. 78-82 und Michael Zürn, »Autoritäre Herrschaftsformen im 21. Jahrhundert – eine Skizze«, in: Günter Frankenberg, Wilhelm Heitmeyer (Hg.), *Treiber des Autoritären*, Frankfurt/M. 2022 (im Erscheinen).

31 Zur Sorge vor den überschießenden Freiheitstendenzen: Hobbes, *Leviathan*; Hegel, *Kritik der Verfassung Deutschlands*; Edmund Burke, *Reflections on the Revolution in France*, New York 1982; Juan Donoso Cortés, *Obras*, Madrid 1855.

2. Zwischenüberlegung zur relationalen Freiheit

Wenn hier Freiheit im Öffentlichen von Freiheit im Privaten unterschieden wird, soll nicht unter der Hand der weithin kritisierten *public/private distinction*[32] das Wort geredet werden. Es ist insbesondere nicht beabsichtigt, die bereits von Marx[33] ideologiekritisch dekonstruierte Trennung von Bourgeois und Citoyen neu aufzulegen. Ebenso wenig geht es darum, den Privatbereich als »naturalisierte« und entpolitisierte Sphäre gegen die Sphäre politischer Freiheit (à la Markt versus Politik/Staat oder Reproduktion versus Gründung) auszuspielen. Wenn öffentliche und private Freiheiten hier in eine Konzeption relationaler Freiheit eingestellt werden, so wird damit eine Akzentverschiebung von Wille und Urheberschaft einerseits zu alternativen Handlungsmöglichkeiten, Optionen und Formen der Anerkennung andererseits vorgenommen und damit betont, dass die Subjekte der Welt gemeinsam begegnen.[34]

Öffentliche und private Freiheit markieren folglich zwei Handlungsbereiche und Lebenswelten, die einander nicht als Sphäre der Freiheit versus Sphäre der Notwendigkeit gegenüberliegen, sondern vielfältig miteinander verschränkt und aufeinander bezogen sind. Für beide gilt, dass wir »immer schon bis zum Hals im eigenen Leben (stecken)«.[35] Gleichwohl werden sie durch je unterschiedliche Beziehungsmuster und Formen des Handelns geprägt. Ob öffentlich oder privat, Freiheit ist also stets relational: eingebettet in persönliche, familiale, arbeitsmäßige, ökonomische, religiöse, traditionale, mitgliedschaftliche oder sonstige Kontexte und Beziehungen, an denen andere Personen beteiligt sind: »Autonom sind wir nie

32 Zur Kritik der *public/private distinction*: Duncan Kennedy, »Stages of the Decline of the Public/Private Distinction«, in: *U Penn Law Review* 130 (1982), S. 1349-1357. Eine Übersicht über diverse Kritikansätze gibt Gerald Turkel, »The Public/Private Distinction: Approaches to the Critique of Legal Ideology«, in: *Law & Society Review* 22 (1988), S. 801-823 mit zahlreichen Nachweisen.

33 Karl Marx, »Zur Judenfrage« und »Zur Kritik der Hegelschen Rechtsphilosophie. Einleitung«, in: *Marx-Engels-Werke* (MEW) I, Berlin 1976, S. 347-377 und S. 203-233.

34 Zur verwandten Konzeption von sozialer Freiheit: Axel Honneth, »Drei, nicht zwei Begriffe der Freiheit«, in: ders., *Die Armut unserer Freiheit. Aufsätze 2012-2019*, Berlin 2020, S. 139-161.

35 Die Metapher entlehne ich Peter J. Conradi, *Iris Murdoch – A Life*, New York 2002.

allein.«[36] Ob öffentlich oder privat: stets bewegen wir uns in einem mal enger, mal weiter geknüpften Netz. Dessen Weit- oder Engmaschigkeit und Belastbarkeit ist von Mitgliedern der Netzwerke, insbesondere von der Unterstützung durch Andere, der Angewiesenheit auf die Verständigung mit Anderen – und nicht zuletzt auch von der Durchschlagskraft rechtlicher Gewährleistungen abhängig, die diese Verständigung absichern.

3. Private Freiheit und Glück im Privaten

Jede Einschränkung von Freiheit im Öffentlichen, die die Intensität eines »Praxisentzugs« (Arendt) hat, führt dazu, dass die politischen Energien sich nicht entfalten können, gelähmt, entmutigt und/oder ins Private abgedrängt werden.[37] Illustrieren ließe sich die Abdrängung öffentlicher Freiheit an einer Grundrechtsdogmatik, die die Außenwirkung der religiösen Bekenntnisfreiheit auf die Hausandacht begrenzte; den Wirkbereich der Kunst auf die Freiheit eines Künstlers limitierte, seine Gemälde nur in den *eigenen* vier Wänden auszustellen; oder die Versammlungen nur in den geschlossenen, *eigenen* Räumen zuließe. Demgegenüber verlässt Kunstfreiheit daher, soweit auch ihr öffentlicher (sozialer) Wirkbereich verbürgt ist, den Raum und die Enge des Privaten. Gleiches gilt für die Glaubensfreiheit, soweit sie die ungestörte Religionsausübung mit anderen umschließt. Für das Recht, sich unter freiem Himmel zu versammeln, versteht sich das konzeptionell und in der Freiheitspraxis von selbst.

Private Freiheiten[38] entfalten sich mithin in der »Isolierzelle der Subjektivität«.[39] Zwar bedürfen ihre Geltung und Absicherung der verfassungsrechtlichen Verbürgung, sie beruhen jedoch, soweit sie

36 So treffend Beate Rössler, *Autonomie. Ein Versuch über das gelungene Leben*, Berlin 2019. Dazu auch Christian Uhle, »Freiheit«, in: *Wienerin Dossier* 2/2018, S. 105-107.

37 Dazu der glänzende Essay von Thomas Assheuer, »Was würde Hannah Arendt dazu sagen?«, in: *Die Zeit*, 06. 05. 2021, S. 51 f., ⟨https://www.zeit.de/2021/19/hannah-arendt-philosophie-aktualitaet-freiheit-menschenrechte-demokratie-debatte⟩, letzter Zugriff 29. 05. 2022.

38 Vgl. dazu die ausführliche Darstellung von Ute Sacksofsky in diesem Band.

39 Hannah Arendt, »Public Rights and Private Interests«, in: Michael Mooney, Florian Stuber (Hg.), *Small Comforts for Hard Times: Humanists on Public Policy*, New York 1977; und Assheuer, »Was würde Hannah Arendt dazu sagen?«.

nicht Kommunikation voraussetzen oder publikumsbezogen sind, nicht *notwendiger*weise auf einem interessierten, kommunikativen oder solidarischen Zusammenhandeln, wie Arendt es nennen könnte. Anders als den öffentlichen Freiheiten geht den privaten ohne Gemeinschaft und Publikum nicht zwangsläufig die Luft zum Atmen aus.[40]

Normgeprägte Privatheit als Eigentumsschutz

Für eine Reihe der die normgeprägte Privatheit rechtlich konstituierenden Freiheiten ist zudem kennzeichnend, dass sie eine *interne, strukturelle* Beziehung zur Eigentumsgarantie aufweisen. Umstritten ist, ob die Theorie des Eigentums auf der Persönlichkeit aufbaut[41] oder ob umgekehrt den Persönlichkeitsrechten eine Eigentumskonzeption – das Eigentum als Archetyp aller Rechte der Person[42] – zugrunde liegt. Eine heute noch überzeugende Antwort wird schwerlich bei Hegel, sondern eher in der Geschichte und aktuellen Rechtsdogmatik der Freiheiten zu suchen sein. Dort zeigt sich der strukturelle Zusammenhang weniger darin, dass private Freiheitsrechte Verhaltensweisen und Phänomene *in* und *gegenüber* der Gemeinschaft schützen sollen, vielmehr als Verfügungs- und Nutzungsrechte eine markante *räumliche* Komponente aufweisen. Das privilegiert die Vorstellung von Eigentum als Archetyp privater Rechte, der freilich einen Menschenwürdekern zur Demarkation und zum Schutz des Unverfügbaren (besonders vor den Gefahren und Risiken moderner Biotechnologien)[43] integrieren muss.[44] Was

40 Im Unterschied zur publikumsbezogenen Privatheit, dazu Jürgen Habermas, *Strukturwandel der Öffentlichkeit* Frankfurt/M. 1990, § 6.

41 Diese Auffassung wird Hegel zum Beispiel von Jeremy Waldron zugeschrieben in *The Rights to Private Property*, Oxford 1988. Anders wohl Peter Stillman, *Hegel's Analysis of Property in the Philosophy of Right*, London 2016, der argumentiert, Hegels politische Philosophie gründe in einer Art Inhaberverhaltnis, das das Eigentum transzendieren könne.

42 So Mikhail Xifaras, »L'individualisme possessif, speculatif (et néanmoins romain) de Hegel. Quelques remarques sur la théorie hégélienne de la propriété«, in: Jean-François Kervégan, Gilles Marmasse (Hg.), *Hegel penseur du droit*, Paris 2004, S. 63 ff.

43 Beispiele und Nachweise bei Hufen, *Staatsrecht II*, § 10 Rn. 35 ff., 46 ff.

44 BVerfGE 109, 279/309 zu dem durch die Menschenwürde vor Lauschangriffen geschützten Kernbereich der Wohnung und BVerfGE 54, 148 zur Verstärkung des

sich für die Wohnung als Sondereigentum[45] ohne weiteres versteht, tritt in den dogmatischen Konstruktionen privater Freiheiten deutlich in den Konzeptionen symbolischer Schutzbereiche oder Schutzgüter hervor, etwa die Intim-, Privat- oder Sozialsphäre, die im *arcanum* nach außen als Geheimnis abgeschirmte Kommunikation[46] und im höchst persönlichen *forum internum,* das sich Glaube und Gewissen mit kreativer Phantasie teilen. Dem Eigentum ähnlich sind auch grundrechtlich modellierte *Schutzgüter* des Privaten: das eigene Bild, der eigene Name, das eigene Wort, die personenbezogenen Daten, die eigene Persönlichkeit und Abstammung, die vertrauliche private Kommunikation sowie letztlich das Leben. Alle sollen, als Grundrechte verbürgt, dem Zugriff anderer grundsätzlich entzogen sein.

Gesetzesvorbehalte ermöglichen und erleichtern den Zugriff allerdings hier wir dort, soweit Eigentum in die Sozialsphäre hineinragt und deshalb »sozialpflichtig« (in gewisser Weise: öffentlich) wird oder aber die Träger von Allgemeinem Persönlichkeitsrecht und unbenannten Rechten sich hin zum oder vollends im symbolischen öffentlichen Raum bewegen, wie Personen der Zeitgeschichte.[47] Die Eigentumsgarantie modelliert mit Verfügungs- und Nutzungsrechten einen privaten Raum des Habens, den erst die Rechte Anderer, Sozialgebot und »Öffentlichkeitsbindung« begrenzen. Demgegenüber ist der Raum öffentlicher Freiheit eine von Hause aus symbolische Sphäre, die erst in der Ausübung dieser Freiheit Gestalt gewinnt und deren Grenzen sich mit der Ausübung von Freiheit und ihrem Entzug verschieben.

APR durch die Menschenwürde. Selbst das Bankgeheimnis stellen Autor:innen unter den Schutz der Menschenwürde: Siegfried Sichtermann, *Bankgeheimnis und Bankauskunft in der Bundesrepublik Deutschland sowie in wichtigen ausländischen Staaten*, Frankfurt/M. 1998, S. 40; Roland Kirchherr, Rudolf Stützle, »Bankgeheimnis und Bankauskunft«, in: *ZIP* 1984, S. 515-523.

45 § 1 Abs. 2 WEG.

46 Zum Beispiel: Art. 10 GG (Brief-, Post- und Fernmeldegeheimnis); Art. 2 Abs. 1 i.V.m. 1 GG (Bankgeheimnis); Art. 12 oder 14 Abs. 1 GG (Geschäftsgeheimnis).

47 Siehe die Rechtsprechung zu den Situationsvorteilen von Eigentum, zur Sozialbindung des Art. 14 Abs. 2 GG oder aber die Schranken des APR und des Rechts auf informationelle Selbstbestimmung; Nachw. bei Hufen, *Staatsrecht II*, § 38 und §§ 11, 12. Siehe auch § 23 KunstUrhG zum eingeschränkten Schutz von Personen der Zeitgeschichte.

Die Konnexgarantien von Privatheit muten *prima facie* als Verbürgungen eines kleinbürgerlichen Quietismus an. Bei Lichte betrachtet, erweisen sie sich jedoch (und das hebt in heutiger Zeit trotz Verschränkung von politischem Regime und Eigentumsordnung[48] ihre Bedeutung hervor) als notwendige Bedingung des Glücks im Öffentlichen,[49] wobei die Bindung an eine Eigentumskonzeption zugleich den Imaginationsraum für Glück einschränkt. Entgegen Hannah Arendts Auffassung haben private Freiheiten also mehr normatives Gewicht als nur Regelungen zum Schutz von *private interests*.[50] Ohne Wohnung als sicheren Rückzugsraum, ohne geschützte Subjektivität durch das APR und die unbenannten Freiheiten wird Hannah Arendt auf dem Weg zur Erfahrung des Glücks im Öffentlichen nur schwerlich Begleitung finden. Denn wie so manches lebt auch dieses Glück, frei nach Böckenförde, von Voraussetzungen, die hier *öffentliche* Freiheiten allein nicht gewährleisten.

4. Angst im Privaten

»Wenn er sich schlafen legt, verschließt er seine Tür; selbst wenn er im Haus ist, verschließt er seine Truhe«, schreibt Thomas Hobbes im *Leviathan*. Er weiß aus Erfahrung, dass das freie Individuum in Angst lebt, solange Gesetze und Polizei nicht den Besitz schützen. In gesellschaftlichen Bedrohungssituationen wie der gegenwärtigen Pandemie steigert sich die Angst, infolge des Praxisentzugs in der Quarantäne, im Lockdown und in der Atomisierung, der sich Fürchtenden. Der Schutz von Heim und Besitz verbürgt keine Angstfreiheit mehr. Die Grundrechtsdogmatik ist auf die pandemi-

48 Vgl. Habermas, *Strukturwandel der Öffentlichkeit*; Tilo Wesche, »Demokratie und ihr Eigentum. Von der Marktfreiheit zur Wirtschaftsdemokratie«, in: *Deutsche Zeitschrift für Philosophie* 62/3 (2014), S. 443-486.

49 Anders in Systemen, in denen Eigentümer das politische Publikum konstituieren und die Eigentum zur Voraussetzung politischer Beteiligung machen oder diese danach abstufen, wie das Drei-Klassen-Wahlrecht. Vgl. Hedwig Richter, *Moderne Wahlen. Eine Geschichte der Demokratie in Preußen und den USA*, Hamburg 2017.

50 Arendt, »Public Rights and Private Interests«.

sche Modalität der Befürchtungen[51] noch nicht eingestellt: Ängste vor Ansteckung und Weitergabe des Virus, vor den beruflichen und finanziellen Folgen, vor sozialer Isolation[52] und gesundheitlichen Schäden,[53] vor schulischem Scheitern und verlorener Lebenszeit lassen viele zunächst befürchten, den Anschluss oder ihre berufliche Existenz zu verlieren. Die Rückkehr in und Teilnahme an einer normal gelebten und erlebten Öffentlichkeit aus den Augen zu verlieren und als Privatiers ihres Glücks im abgeschotteten Privaten zu enden, dürfte zu Beginn der Pandemie eine *cura posterior* sein. Mit deren Verstetigung oder mutmaßlicher Erledigung melden sich Sorgen und Ängste zurück, Arendt hin oder her, wenn die Bedrohung der (privaten) Person weggewünscht wird oder mit Verschwörungstheorien abgeschüttelt werden soll.

Pandemieängste treffen das Individuum in seiner/ihrer durch Kontakt- und Bewegungsverbote eingegrenzten häuslichen Klausur mit kontrollierten Ausgängen: jetzt also wirklich in der »Isolierzelle der Subjektivität«. Angetrieben von einer Art gesamtgesellschaftlichen Quarantäne, dringen die Befürchtungen jedoch wie ein Schwelbrand, paradoxerweise über Berührungs- und Kontaktverbote, zu den Verknüpfungen mit der Gemeinsamkeit der Welt vor. Mit der Ausbreitung und Verstetigung konkreter Ängste, die vom Virus und von staatlichen Maßnahmen ausgelöst werden, also vor realen Gefahren warnen, wären Foren wichtig, auf denen sich die Betroffenen mit anderen *coram publico* über die Gefährlichkeit der

51 Günter Frankenberg, »Negative Globalität der Angst«, in: *Deutsche Zeitschrift für Rechtsphilosophie* 2022 (im Erscheinen).

52 Siehe Diana Kinnert, *Die neue Einsamkeit*, Hamburg 2021.

53 Eoin McElroy u. a., »Demographic and Health Factors Associated with Pandemic Anxiety in the Context of COVID-19«, in: *British Journal of Health Psychology* 25/4 (2020), S. 934-944, ⟨https://bpspsychub.onlinelibrary.wiley.com/doi/full/10.1111/bjhp.12470⟩, letzter Zugriff 17.03.2021; Daniel Kwasi Ahorsu u. a., »The Fear of COVID-19 Scale: Development and Initial Validation«, in: *International Journal of Mental Health and Addiction* 20/3 (2022), S. 1537-1545, ⟨https://link.springer.com/article/10.1007/s11469-020-00270-8⟩, letzter Zugriff 09.02.2022; Mark Shevlin u. a., »Anxiety, Depression, Traumatic Stress, and COVID-19 Related Anxiety in the UK General Population During the COVID-19 Pandemic«, in: *BJPsychOpen* 6/6 (2020), ⟨https://www.cambridge.org/core/journals/bjpsych-open/article/anxiety-depression-traumatic-stress-and-covid19related-anxiety-in-the-uk-general-population-during-the-covid19-pandemic/50A4F50EF32B5D75C531B77FB913D53A⟩, letzter Zugriff 21.06.2022.

Bedrohung, über durch diese ausgelöste Ansteckungs- und Staatsängste und Möglichkeiten des Selbstschutzes austauschen können, um in ihrer Isolation nicht den Verstand zu verlieren.

Fluchten aus der Bedrohung

Fehlt es an zwanglosen, geschützten (!) sozialen Kontakten und Verständigungen, an Foren für Konflikte, stehen dem Maßnahmenpublikum, wenn Resilienz fehlt, vor allem zwei Wege offen: *Erstens* können die Sich-Fürchtenden in den sozialen Medien, dem Zwischenbereich von privater und öffentlicher Freiheit, Resonanz suchen. Dort treffen sie auf ein Angst-Dispositiv, das (je nach Bildungsniveau und Medienkompetenz) die Erfahrung des massiven Kontrollverlusts in der Pandemie verstärkt, den zuvor die bereits erfahrenen Kontrollverluste durch kapitalistische Landnahmen, nukleare Bedrohung, Globalisierung, Migration und Klimawandel aufbereitet hatten. Von Twitter, TikTok, Instagram und Facebook werden nun die pandemischen Ängste im Privaten medienöffentlich verbreitet und massenhaft geteilt. Sie treiben einen Alarmismus an, den auch Print- und Bildmedien bedienen. In der Folge werden die Realängste durch Verstetigung und Diffusion hinterrücks sekundär neurotisiert. Ähnlich Freuds neurotischer Angst und Baumans »liquid fear«[54] können sie kein Ziel finden.

Weil sich der psychische Alarmzustand nicht auf Dauer aufrechterhalten lässt, steht den Ängsten ein weiterer Fluchtweg offen: Sie können sich vor den konkreten Bedrohungen in die bewusstseinsfernen Kulissen zurückziehen: in das kollektiv besetzte, neurotische *forum internum* der abgeschotteten Filterblasen. Dort treiben sie Wahnvorstellungen, Gespensterglauben und Verschwörungstheorien an.[55] Diese sind allesamt auf die Leugnung oder Beschwichtigung der Gefahren angelegt; sie versuchen, dem Virus ein Gesicht zu geben. Das Problem: die querdenkenden oder nichtdenkenden

54 Zygmunt Bauman, *Liquid Fear – Fließende Angst*, München 2021. Angst ist danach die Bezeichnung unserer Unsicherheit angesichts der allfälligen Gefahren, die unser »flüssiges modernes Zeitalter« kennzeichnen. Sie wird verstärkt durch unsere Unwissenheit über die Bedrohung und unsere Unfähigkeit, zu bestimmen, was dagegen zu tun ist.

55 Michael Butter, *»Nichts ist, wie es scheint«. Über Verschwörungstheorien*, Berlin 2018.

»Kulissenschieber« verweigern sich überwiegend jeder nüchternen Verständigung über Bedrohung und Abhilfe.[56] Wo zudem ein Regime erratischer Verbote die offene Diskussion über die Pandemie und ihre Bekämpfung erschwert; wo Recht als »normatives Orientierungsmedium«[57] ausfällt, je mehr die pandemische Gefahrenlage von einer immer noch beträchtlichen Ungewissheit begleitet wird; wo die freiwillige Übernahme von Verantwortung beim Infektionsschutz[58] vereitelt wird; dort toben sich die geleugneten Ängste beim maskenlosen Auftritt – die Coronaleugnung vom Illegalitätsprotz maskiert – im unbeugsamen, argumentfernen Aktionismus aus.

Zuzugeben ist den Anticoronaprotesten, dass staatlicher Infektionsschutz bestenfalls partiell überzeugt, dass Perspektiven- und Politikwechsel von Bund und Ländern Verwirrung stiften. Zuzugeben ist ferner, dass die Pandemie uns Verhaltensweisen zumutet (wie die Vermeidung von Menschenmengen, Abstand halten, Masken tragen), die in normalen Zeiten als neurotisch durchgingen. In maskenlos-enthemmten Umarmungen suchen die Anticoronaakteure, soweit sie nicht einer rechtsextremistischen Agenda oder ihrer eigenen Ignoranz auf den Leim gehen, die Glückseligkeit vor dem Virus und die Hoffnung auf Normalität im demonstrativen Event, nicht in einer Praxis öffentlicher Freiheit, die im Konflikt ihre Ängste (mit-)teilt. Erfahren werden sie auf Dauer wohl eher das private Unheil einer Pandemie als das Glück im Öffentlichen.

56 Siehe dazu Eva Horn, »Über alternative Fakten, Wissenschaftsskepsis und Verschwörungsdenken«, in: *Deutschlandfunk*, 07.02.2021, ⟨https://www.deutschlandfunk.de/coronakrise-ueber-alternative-fakten-wissenschaftsskepsis-100.html⟩, letzter Zugriff 15.08.2022.

57 Benno Zabel, »Recht, Angst, Vulnerabilität«, in: *Rechtswissenschaft*, 11/3 (2020), S. 233-261, hier S. 234.

58 Ausführlich Günter Frankenberg, »COVID-19 und der juristische Umgang mit Ungewissheit«, in: *Verfassungsblog*, 25.04.2020, ⟨https://verfassungsblog.de/covid-19-und-der-juristische-umgang-mit-ungewissheit/⟩, letzter Zugriff 29.05.2022.

Ute Sacksofsky

Relationale Freiheit – Philosophische Wurzeln und grundrechtstheoretische Implikationen

Ein relationales Verständnis von Freiheit weist ein rein individualistisches Freiheitskonzept als unzureichend zurück. Der Beitrag untersucht, wie sich ein solches relationales Verständnis näher bestimmen lässt und welche Folgen es für das Grundrechtsdenken hat. Ausgangspunkt ist eine feministische Perspektive; viele der angesprochenen Aspekte lassen sich aber auch auf andere Ungleichheitslagen übertragen.

Dieser Beitrag geht in drei Schritten vor. In einem ersten Schritt geht es kurz um eine Unterscheidung, die in der philosophischen Diskussion eine wichtige Rolle spielt: jene zwischen negativer und positiver Freiheit (I.). In einem zweiten Schritt wird einer individualistischen eine relationale Sichtweise von Freiheit gegenübergestellt, zugleich aber betont, dass ein relationales Freiheitsverständnis unterschiedliche individuelle Auffassungen von Freiheit integrieren, also plural sein muss (II.). Im dritten Schritt werden diese Überlegungen in die Sprache der Grundrechtstheorie und Grundrechtsauslegung »übersetzt« (III.).

I. Zur Unzulänglichkeit negativer Freiheit

Die Unterscheidung von negativer und positiver Freiheit, an die viele Philosoph:innen anknüpfen, ist zwar seit längerem bekannt, wurde aber insbesondere von Isaiah Berlin in seiner Oxforder Antrittsvorlesung Ende der 1950er Jahre entfaltet.[1] Unter negativer Freiheit versteht er die Abwesenheit von menschlich verursachten externen Hindernissen oder äußerem Zwang.[2] Es handelt sich also um einen klassischen liberalen Begriff von Freiheit. Unter positiver

1 Isaiah Berlin, *Two Concepts of Liberty*, Oxford 1958. Zitiert nach der deutschen Übersetzung: Isaiah Berlin, »Zwei Freiheitsbegriffe«, in: ders., *Freiheit. Vier Versuche*, Frankfurt/M. 2006, S. 197-256.

2 Ebd., S. 201-210.

Freiheit fasst Berlin die Fähigkeit zur Selbstrealisierung oder auch die persönliche Autonomie, die er – die Geschlechterforscherin merkt auf – kennzeichnet als den »Wunsch des Individuums […], sein eigener Herr zu sein«.[3]

Der Unterschied zwischen negativer und positiver Freiheit könnte so beschrieben werden, dass sich eine Konzeption negativer Freiheit – wegen des alleinigen Fokus auf externe Hindernisse – nicht mit der Frage beschäftigen muss, wie es dazu kommt, dass eine Person eine bestimmte Handlung überhaupt vornehmen will. Doch gerade diese Frage scheint mir zentral. Plastisch wird dies, wenn wir uns einen Drogenabhängigen vorstellen, der zur Befriedigung seiner Sucht das Geld seiner Mutter stiehlt. Der Drogenabhängige wird diesen Diebstahl kaum selbst als »freie« Entscheidung bezeichnen, auch wenn keine externen Zwänge im Spiel sind.[4]

Der Sprachgebrauch der philosophischen Diskussion ist auch im Anschluss an Berlin nicht einheitlich. So ist beispielsweise in Frage gestellt worden, ob die Unterscheidung zwischen negativer und positiver Freiheit wirklich trägt.[5] Die umfänglichen philosophischen Debatten können hier nicht nachgezeichnet werden. Jedenfalls greift ein eng verstandener negativer Freiheitsbegriff mit seinem alleinigen Fokus auf externe Hemmnisse zu kurz. Ein sinnvoller Freiheitsbegriff muss sich auch mit den Voraussetzungen und Bedingungen von »freien Entscheidungen« beschäftigen. Dies hat zur Folge, dass der Freiheitsbegriff mit Autonomie untrennbar verbunden ist.

Was bedeutet nun aber Autonomie? Grundlegend für alle Diskussionen um Autonomie bleibt Immanuel Kant: Für ihn ist die Autonomie des Willens oberstes Gebot der Sittlichkeit. In seiner klassischen Formulierung lautet das Prinzip der Autonomie des Willens: »nicht anders zu wählen als so, daß die Maximen seiner Wahl in demselben Wollen zugleich als allgemeines Gesetz mit begriffen sei«:[6] Autonomie als Selbstgesetzgebung. Was dies genau

3 Ebd., S. 211.

4 Am Beispiel eines Rauchers näher expliziert bei Ian Carter, »Positive and Negative Liberty«, in: *The Stanford Encyclopedia of Philosophy* (Frühling 2022), ⟨https://plato.stanford.edu/entries/liberty-positive-negative/⟩, letzter Zugriff 29. 05. 2022.

5 Gerald C. MacCallum, Jr., »Negative and Positive Freedom«, in: David Miller (Hg.), *Liberty*, Oxford 1991, S. 100-122.

6 Immanuel Kant, *Grundlegung zur Metaphysik der Sitten*, in: ders., *Werkausgabe in*

heißt, hat eine umfangreiche Diskussion in der Philosophie ausgelöst. Ich möchte nur vier zentrale Elemente hervorheben;[7] dabei stütze ich mich auf Beate Rössler, deren Grundansatz ich teile.[8]

Erstens: Autonomie setzt Selbstreflexion voraus. Wir müssen uns selbst gegenüber Rechenschaft darüber ablegen, wie wir leben wollen, was unsere Vorstellung eines sinnvollen Lebens ist. Damit stellt sich die Frage nach den Bedingungen, die gegeben sein müssen, um eine solche Selbstreflexion zu ermöglichen. Aufmerksamkeit muss daher der Frage gewidmet werden, welche individuellen Eigenschaften oder Fähigkeiten Personen zugeschrieben werden müssen, um zu solch einer Selbstreflexion fähig zu sein. Gleichzeitig geht es nicht nur um die Fähigkeiten der individuellen Person, sondern auch um die sozialen Bedingungen, die dafür erforderlich sind.

Zweitens: Autonomie besteht nur, wenn eine Handlung die *eigene* Wahl der jeweiligen Person ist. Relevant ist daher nicht nur, *was* die oder der Einzelne wählt – und dass wir darin nicht von außen gehindert worden sind –, sondern auch, dass wir selbst es sind, die die Wahl getroffen haben. Es müssen also die eigenen Gründe sein, die uns bestimmen. Dafür kann auch der Begriff der Authentizität verwendet werden.[9] Damit ist klar, dass Entscheidungen, die ohne Zwang, aber aufgrund von Manipulation getroffen wurden, nicht als autonome Entscheidungen zu begreifen sind – ein Problem, dem ein auf negative Freiheit reduzierter Begriff nicht begegnen kann.

Drittens: Zur Autonomie gehört nicht nur die Abwehr von Hindernissen, sondern auch ein Horizont von sinnvollen und wünschenswerten Optionen.[10] Die zur Verfügung stehenden Optionen, zwischen denen wir wählen können, müssen auch in irgendeiner Form erstrebenswert für ein selbstbestimmtes Leben sein. Auch hie-

12 Bänden, Bd. VII: *Kritik der praktischen Vernunft. Grundlegung zur Metaphysik der Sitten*, hg. von Wilhelm Weischedel, Berlin ^{21}2014, S. 74 f.

7 Vorüberlegungen zum Folgenden bei Ute Sacksofsky, »Autonomie und Fürsorge«, in: *Kritische Justiz* 54/1 (2021), S. 47-61.

8 Beate Rössler, *Autonomie. Ein Versuch über das gelungene Leben*, Berlin 2019, S. 31.

9 John Christman, »Autonomy in Moral and Political Philosophy«, in: *The Stanford Encyclopedia of Philosophy* (Herbst 2020), ⟨https://plato.stanford.edu/entries/autonomy-moral/⟩, letzter Zugriff 29. 05. 2022; Rössler, *Autonomie*, S. 50.

10 Rössler, *Autonomie*, S. 43.

rin zeigt sich, dass Autonomie nicht auf negative Freiheit reduziert werden darf. Die Wahl zwischen Skylla und Charybdis ist keine autonome Entscheidung.

Viertens: Autonomie darf nicht als ein praktisch unerreichbares Idealmodell konzipiert werden. Es wäre unsinnig, Autonomie so zu fassen, dass sie nur unter idealen Bedingungen bestehen kann, also beispielsweise den vollkommen rationalen, sich selbst völlig transparenten Akteur voraussetzt.[11] Rössler arbeitet Autonomie in einer Weise aus, die ein selbstbestimmtes Leben auch unter realen Bedingungen als solches anerkennt, sich also mit der Autonomie von sozial situierten, unvollkommenen und verletzlichen Personen befasst. Als wesentliche Voraussetzung reicht ihr aus, dass eine Person ihre Vorhaben, hinter denen sie steht und für die sie sich entschieden hat, selbständig entwickeln kann.[12] Gerade deshalb ist für Rössler Autonomie kein binäres Konzept, welches Autonomie entweder annimmt oder ablehnt. Autonomie liegt nicht entweder vor oder nicht vor, sondern Personen können Autonomie in unterschiedlichen Graden aufweisen. Auch ist nicht zwingend, Autonomie als globales Konzept zu deuten, so dass Menschen in jeder Hinsicht autonom sind. Autonomes Handeln kann sich auch nur auf bestimmte Bereiche beziehen; erinnert sei an das Beispiel des Süchtigen, der – möglicherweise – in Bereichen, die seine Suchtbefriedigung betreffen, nicht autonom handelt – wohl aber in vielen anderen.

II. Individualistische versus relationale Freiheit

Paradigmatisch wird mit dem Konzept der negativen Freiheit ein individualistisches Verständnis erfasst. Negative Freiheit bedeutet – wie erwähnt – die Abwesenheit von externen Beschränkungen und Hindernissen. Damit erscheinen andere Menschen als Gefahr für die eigene Freiheit; sie sind diejenigen, die diese Freiheit einschränken und bedrohen können. Doch ein solchermaßen individualistisches Bild ist nicht auf ein Konzept negativer Freiheit beschränkt, auch Freiheit als Autonomie kann auf individualistischem Boden entwickelt werden. Selbständigkeit und Unabhängigkeit

11 Ebd., S. 394.
12 Ebd., S. 43-61.

sind zentrale Motive im herkömmlichen Denken über Autonomie. Autonomie als Autarkie, fast schon Autismus.

Es ist kein Zufall, dass das Individuum, welches einer solch individualistischen Sichtweise zugrunde liegt, männlich konnotiert ist. Seyla Benhabib hat besonders schön herausgearbeitet, wie stark sich diese traditionelle Vorstellung von Autonomie auf Bilder vom Naturzustand und damit auf die Botschaft gründet: »Am Anfang war der Mann allein.«[13] Sie exemplifiziert dies an einem Bild von Thomas Hobbes, der die Menschen betrachten wollte, »als ob sie eben jetzt aus der Erde gesprießt und gleich Pilzen plötzlich ohne irgendeine Beziehung zueinander gereift wären«.[14] Konsequenz dieses Denkens ist das souveräne Ich, welches durch die Begegnung mit anderen allenfalls gestört wird. Überspitzt formuliert könnte Robinson Crusoe geradezu als Idealbild dieses Autonomieverständnisses erscheinen.

Kritik an einer solchermaßen individualistischen Konzeption des Menschen ist von mancher Seite geübt worden.[15] Traditionell wird dem individualistischen Verständnis der Sozialbezug des Menschen gegenübergestellt, der häufig auf die Stellung eines Menschen als Glied einer Gemeinschaft blickt.

Aus der Perspektive der Geschlechterforschung greift jedoch auch die Anerkennung des Sozialbezugs von Menschen noch zu kurz. Es geht nicht nur um die Stellung der Einzelnen in Kollektiven, sondern um die elementaren Abhängigkeiten und Verbindungen, die zu anderen Menschen bestehen. Das autonome Subjekt ist nicht »einfach da« und wendet sich dann anderen Menschen zu. Schon die Konstitution des autonomen Subjekts kann nur situiert, innerhalb seiner (oder eben ihrer) jeweiligen Lage, erfolgen.[16] Die

13 Seyla Benhabib, »Der verallgemeinerte und der konkrete Andere. Ansätze zu einer feministischen Moraltheorie«, in: Elisabeth List, Herlinde Studer (Hg.), *Denkverhältnisse. Feminismus und Kritik*, Frankfurt/M. 1989, S. 454-487, hier S. 464.

14 Zitiert nach ebd., S. 464.

15 Siehe beispielsweise aus der Perspektive des Kommunitarismus: Charles Taylor, *Negative Freiheit? Zur Kritik des neuzeitlichen Individualismus*, Frankfurt/M. 1992; Michael Walzer, *Kritik und Gemeinsinn. Drei Wege der Gesellschaftskritik*, Berlin 1990.

16 Einen guten Überblick über die verschiedenen feministischen Ansatzpunkte einer Kritik geben Catriona Mackenzie, Natalie Stoljar (Hg.), *Relational Autonomy. Feminist Perspectives on Autonomy, Agency, and the Social Self*, New York 2000.

Vorstellung des auf sich selbst gestellten, quasi autarken Individuums ist – selbst wenn sie nur als Idealisierung gedacht wird – daher für ein Verständnis von Autonomie wenig hilfreich.

Sie kann überhaupt nur aufkommen, solange allein der gesunde, junge, erwachsene Mann betrachtet wird.[17] Kinder und Kranke sind offensichtlich von Zuwendung und Versorgung durch andere Menschen abhängig, Frauen werden typischerweise ohnehin als *caregiver* imaginiert. Doch nicht nur Kindheit, Alter und Krankheit bestimmen das Verhältnis zu anderen Menschen. Jede Person lebt in einem Geflecht von Beziehungen, welches ihr Sein, Denken und Handeln prägt.

Die Konzeption der relationalen Freiheit ermöglicht, diese vielfältigen Beziehungen zu anderen Menschen in die Analyse einzubeziehen.[18] Dies bedeutet, dass das Selbst nicht ohne die komplexen sozialen und historischen Kontexte, in die das handelnde Subjekt eingebettet ist, theoretisch erfasst werden kann. Freiheit muss daher für Subjekte gedacht werden, die emotional, körperlich, kreativ und fühlend ebenso wie rational sind. Die Berücksichtigung der sozialen Kontexte verlangt, Aufmerksamkeit auch darauf zu richten, welche Strukturen Autonomie gefährden.

Es geht dabei nicht um die Einbindung in Kollektive, was häufig mit einem vertikalen, tendenziell hierarchischen Bild verbunden wird – die Gemeinschaft steht »über« den Einzelnen –, sondern um die – sozusagen horizontal gedachte – Vernetzung von Menschen untereinander.

Diese andere Nuancierung hat Folgen. Berlins Skepsis gegenüber positiver Freiheit stützte sich vor allem darauf, dass er – in den 1950er Jahren gut nachvollziehbar – Sorge hatte, dass ein Kollektiv die Werte vorgibt, die der beziehungsweise die Einzelne anzu-

17 Siehe etwa Virginia Held, »Liberty and Equality from a Feminist Perspective«, in: Neil MacCormick, Zenon Bankowski (Hg.), *Enlightenment, Rights and Revolution. Essays in Legal and Social Philosophy*, Aberdeen 1989, S. 214-228.

18 Zu relationaler Autonomie insbesondere: Catriona Mackenzie, Natalie Stoljar, »Introduction: Autonomy Refigured«, in: dies. (Hg.), *Relational Autonomy. Feminist Perspectives on Autonomy, Agency, and the Social Self*, New York 2000, S. 3-31; Jennifer Nedelsky, *Law's Relations. A Relational Theory of Self, Autonomy, and Law*, Oxford 2011; Robin West, »Relational Feminism and Law«, in: Robin West, Cynthia Grant Bowman (Hg.), *Research Handbook on Feminist Jurisprudence*, Cheltenham 2019, S. 65-72.

streben hat.[19] Autoritäre Systeme könnten ihre Politik dann damit rechtfertigen, dass sie der »wahren Freiheit« dienten, also die Menschen zu ihrer eigentlichen Freiheitsbestimmung bringen.

In einem relationalen Freiheitsverständnis hingegen ist Pluralität schon von vornherein angelegt und mitgedacht. Die Selbstgesetzgebung ist eine je eigene: Die Vorstellungen und Vorhaben, wie eine Person ihr selbstbestimmtes Leben verfolgt, sind von jeder Person eigenständig entwickelt. Relationale Freiheit setzt daher keine einheitliche, autoritativ festgesetzte Vorstellung vom guten Leben voraus, sondern überlässt diese den Einzelnen (insoweit lässt sie sich durchaus liberal rekonstruieren); sie ist daher imstande, mit unterschiedlichen Vorstellungen vom guten Leben umzugehen.

Relationale Freiheit ist zwar kritisch gegenüber der starken Betonung des Individualismus, aber ebenso skeptisch gegenüber denjenigen, die der Gemeinschaft Vorrang gegenüber den Einzelnen geben wollen. Denn in diesen Gemeinschaften spielen Traditionen eine wichtige Rolle – Traditionen, die typischerweise von intersektionalen Marginalisierungsverhältnissen geprägt sind. Die Berufung auf »Gemeinschaft« birgt daher aus Gleichheitsperspektive immer auch die Gefahr, bestehende Diskriminierung zu zementieren. Mit Blick auf patriarchale Strukturen zeigt sich dies etwa an vielfältigen Gesellschaftsanalysen, die den Zerfall der Gesellschaft auf eine zu starke Individualisierung zurückführen; diese beklagen den Untergang der Familie, verbunden mit der ersehnten Rückkehr zur Idee der »heilen Familie« der 1950er Jahre. Die Institution der Ehe ist dafür ein gutes Beispiel. Das Beschwören der ehelichen Gemeinschaft soll gerade verdecken, dass die Lasten dieser Gemeinschaft höchst unterschiedlich verteilt sind, weil patriarchale Traditionen einer gleichberechtigten Partnerschaft entgegenwirken. Hinter den wohltönenden Worten vom Aufgehobensein im Kollektiv verbirgt sich häufig eine diskriminierende Struktur, die einigen Privilegien einräumt, während andere die Kosten dafür tragen.

19 Berlin, »Zwei Freiheitsbegriffe«, S. 250-256.

III. Grundrechte – relational gedacht

Aus diesen Grundlinien eines relationalen Freiheitsverständnisses möchte ich einige Folgerungen für Grundrechtstheorie und Grundrechtsauslegung aufzeigen. Traditionell sind Grundrechte primär Abwehrrechte gegen staatliche Eingriffe.[20] Hierin liegt ein zentrales Moment von Freiheitsgewährleistung. Im bundesdeutschen Verfassungsrecht ist inzwischen aber allgemein anerkannt, dass Grundrechte über ihre Funktion als Abwehrrechte hinaus weitere Grundrechtsdimensionen aufweisen: Grundrechte können in bestimmten – freilich seltenen – Fällen zu Leistungsrechten erstarken. Sie können prozedurale oder organisatorische Anforderungen stellen oder auch Schutzpflichten auslösen.[21]

Ich möchte im Folgenden zeigen, dass relationale Aspekte bei sehr verschiedenen Grundrechtsdimensionen eine Rolle spielen.[22] Die Überlegungen können natürlich nur Schlaglichter sein; die Frage eines relationalen Grundrechtsverständnisses ist ein laufendes Forschungsprojekt und muss noch genauer ausgearbeitet werden. Daher auch ein Wort der Warnung hinsichtlich der Beispiele: Es geht im Folgenden nicht um eine umfassende Grundrechtsprüfung, sondern es sollen nur einzelne Facetten oder Argumentationslinien angesprochen werden, die das hier vertretene Freiheitsverständnis näher explizieren. Um vier Aspekte wird es gehen: (1) die abwehrrechtliche Dimension, (2) Leistungsansprüche, (3) Schutzpflichten und (4) Antidiskriminierungsrecht als Autonomieschutz.

20 Ständige Rechtsprechung seit BVerfGE 7, 198 (204) – Lüth [1958]; siehe auch BVerfGE 65, 1 (43) – Volkszählung [1983]; BVerfGE 68, 193 (205) – Zahntechniker-Innung [1984]; BVerfGE 111, 147 (158) – Inhaltsbezogenes Versammlungsverbot [2004]; BVerfGE 115, 320 (358) – Rasterfahndung II [2006].

21 Ausführlich dazu Horst Dreier, in: ders. (Hg.), *Grundgesetz Kommentar: GG*, Tübingen [3]2013, Vorb. zu Art. 1 Rn. 89-90.

22 Schon sehr früh dazu Dieter Suhr, *Entfaltung der Menschen durch die Menschen. Zur Grundrechtsdogmatik der Persönlichkeitsentfaltung, der Ausübungsgemeinschaft und des Eigentums*, Berlin 1976; jüngst Anna Katharina Mangold, »Relationale Freiheit. Grundrechte in der Pandemie«, in: *Veröffentlichungen der Vereinigung der Deutschen Staatsrechtslehrer* 80 (2021), S. 7-35, hier S. 13-17.

1. Abwehrrechtliche Dimension

Auf den ersten Blick könnte man meinen, dass in der abwehrrechtlichen Dimension wenig Raum für relationales Grundrechtsdenken besteht. Die Funktion von Grundrechten als Eingriffsabwehrrechte ist geradezu paradigmatisch auf die Gewährleistung negativer Freiheit ausgerichtet.

Trotz der als verkürzt skizzierten Konzeption der negativen Freiheit ist deren Schutz jedoch nicht als solcher abzulehnen, im Gegenteil: Der Schutz vor (ungerechtfertigten) Beschränkungen ist ein wesentlicher Beitrag zur Sicherung eines selbstbestimmten Lebens. Dies gilt zumal, als es bei der Frage des grundrechtlichen Schutzes um ein spezifisches Verhältnis zwischen Bürger:in und Staat geht. Um zu verhindern, dass der Staat bestimmt, was die Vorstellungen von einem guten Leben sind, und die Menschen zu ihrem Glück zu zwingen versucht, ist auch in einem relationalen Freiheitsverständnis Raum für das rechtsstaatliche Verteilungsprinzip.

Die Grundrechte reduzieren die Menschen aber schon von vornherein nicht auf isolierte Individuen. Viele der Grundrechte sind auf Sozialität angelegt – dies ist offensichtlich bei den Kommunikationsgrundrechten, bei der auf Religionsgemeinschaften bezogenen Religionsfreiheit oder der Versammlungsfreiheit. Daher hat auch das Bundesverfassungsgericht schon in seinen frühesten Entscheidungen das soziale Wesen des Menschen, die Gemeinschaftsgebundenheit des Individuums, betont.[23] Sozialität ist den Grundrechten insoweit nicht fern. Was bringt dann ein relationales Freiheitsdenken Neues?

In einem ersten Schritt möchte ich darstellen, wie die Bestimmung des Schutzbereichs relational beeinflusst werden kann. Ich zeige dies an der allgemeinen Handlungsfreiheit (Art. 2 Abs. 1 GG) und dem allgemeinen Persönlichkeitsrecht (Art. 2 Abs. 1 i.V.m. Art. 1 Abs. 1 GG). Diesen Punkt abschließend, folgen einige Bemerkungen zur Rechtfertigung.

(a) Zum Schutzbereich der allgemeinen Handlungsfreiheit

Zunächst zur allgemeinen Handlungsfreiheit: Mit zwei Denkanstoßen möchte ich zeigen, wie bekannte Streitigkeiten in der

23 Entwickelt in BVerfGE 4, 7 (15 f.) – Investitionshilfe [1954].

Staatsrechtslehre durch relationales Denken rekonstruiert werden können. Nach gängigem Verständnis wird die allgemeine Handlungsfreiheit als Auffanggrundrecht konzipiert. Als geschützt wird jedes menschliche Verhalten angesehen.

Erstens: Das wirft die Frage auf, ob auch sozialschädliches Verhalten vom Schutzbereich umfasst wird. Nach wohl überwiegender Auffassung ist dies zu bejahen.[24] Damit wäre auch das Morden und Brandschatzen verfassungsrechtlich geschützt. Diese Konsequenz wollen nicht alle teilen, daher wurde gelegentlich der Versuch gemacht, den Schutzbereich, etwa durch einen »Friedlichkeitsvorbehalt«,[25] zu begrenzen. Die Gefahr solcher Beschränkungen liegt auf der Hand: Sie entziehen bestimmte staatliche Freiheitsbeschränkungen den grundrechtlichen Rechtfertigungsanforderungen.[26] Wie unterschiedlich die Vorstellungen von »Friedlichkeit« sind, zeigten die Diskussionen um den Gewaltbegriff bei gewaltfreien Demonstrationen.[27] Um Schutzlücken zu vermeiden, kann eine Beschränkung also nur in offensichtlichen Fällen angenommen werden. Aus relationaler Perspektive ließe sich dies so formulieren, dass solche Verhaltensweisen schon deswegen nicht in den Schutzbereich der allgemeinen Handlungsfreiheit fallen, da sie die Grundlage unserer Verfassungsordnung, nämlich die wechselseitige Anerkennung als Freie und Gleiche, prinzipiell in Frage stellen. Freilich würde eine solche Rekonstruktion im praktischen Ergebnis nur wenig ändern – dies ist den Vertreter:innen eines umfassenden

24 Mit weiteren Nachweisen Stephan Rixen, in: Michael Sachs (Hg.), *GG. Grundgesetz. Kommentar*, München ^{9}2021, Art. 2 Rn. 53; Udo Di Fabio, in: Günter Dürig u. a. (Hg.), *Grundgesetz. Kommentar*, 95. EL, München 2021, Art. 2 Abs. 1 Rn. 16 f.; Martin Eifert, »§ 18 Persönliche Freiheit«, in: Matthias Herdegen u. a. (Hg.), *Handbuch des Verfassungsrechts. Darstellung in transnationaler Perspektive*, München 2021, S. 1163-1228, hier S. 1183 Rn. 42.

25 Josef Isensee, »Das staatliche Gewaltmonopol als Grundlage und Grenze der Grundrechte. Der Vorbehalt der Friedlichkeit als Kriterium des Grundrechtsbestandes und der Schutzpflicht«, in: Everhardt Franßen u. a. (Hg.), *Bürger – Richter – Staat. Festschrift für Horst Sendler*, München 1991, S. 39-63, hier S. 56-60.

26 Die Kritik wird besonders deutlich formuliert bei Ralf Poscher, *Grundrechte als Eingriffsabwehr. Reflexive Regelung rechtlich geordneter Freiheit*, Tübingen 2003. Siehe auch Christian Starck, in: Hermann von Mangoldt u. a. (Hg.), *Kommentar zum Grundgesetz: GG*, Bd. 1, München ^{7}2018, Art. 2 Rn. 11-13.

27 BVerfGE 73, 206 – Sitzblockaden I [1986]; BVerfGE 92, 1 – Sitzblockaden II [1995].

Schutzbereiches zuzugestehen. Natürlich kann die Begrenzung all dieser Verhaltensweisen gerechtfertigt werden, so dass es ohnehin kein »Recht auf Mord« gibt. Um es an einem anderen Beispiel zu verdeutlichen: Nach der hier vertretenen Konzeption ließe sich der Streit darüber, ob es ein »Recht auf Umweltverschmutzung«[28] gibt, so beantworten, dass es ein solches Recht schon deshalb nicht geben kann, weil dies allein auf die Schädigung anderer gerichtet ist, während es durchaus ein – beschränkbares – Recht auf Umweltnutzung geben könnte.

Zweitens: Eine zweite bekannte Diskussion wird um die Frage geführt, ob wirklich jedes menschliche Verhalten geschützt wird oder ob es nur um solche Verhaltensweisen geht, denen für die Persönlichkeitsentfaltung ein gewisses Gewicht zukommt. In der Entscheidung zum Reiten im Walde wurde dieser Streit ausführlich erörtert.[29] Eine relationale Sichtweise respektiert, dass Menschen unterschiedlich sind, dass das, was für die einen belanglos erscheinen mag, für andere ein wichtiges Moment dessen ist, was ihnen Lebensfreude und Lebensinhalt vermittelt. Es ist daher richtig, alle Beschränkungen solcher Verhaltensmöglichkeiten den grundrechtlichen Rechtfertigungsanforderungen zu unterwerfen.

(b) Zum Schutzbereich des allgemeinen Persönlichkeitsrechts

Der Schutz von Autonomie ist Kern der Gewährleistung der Menschenwürde.[30] Dieser in der Würde des Menschen wurzelnde Gedanke autonomer Selbstbestimmung wird in den Gewährleistungsgehalten des allgemeinen Persönlichkeitsrechts gemäß Art. 2 Abs. 1 GG i.V.m. Art. 1 Abs. 1 GG näher konkretisiert. Es sichert die Grundbedingungen dafür, dass die Einzelnen ihre Identität und Individualität selbstbestimmt finden, entwickeln und wahren können.[31] Die herkömmliche Lesart des allgemeinen Persönlichkeitsrechts fokussiert ganz auf das Individuum, sein Recht der Selbstdarstellung und Identitätsfindung. Aus relationaler Perspektive darf Autonomieschutz aber nicht auf das isolierte Individuum

28 Brun-Otto Bryde, »Vom Grundrecht auf Umweltverschmutzung zum Staatsziel Umweltschutz«, in: *Gießener Universitätsblätter* 2 (1990), S. 17-27.

29 BVerfGE 80, 137 (169) – Reiten im Walde [1989].

30 BVerfGE 153, 182 – Sterbehilfe [2020].

31 Ebd.

beschränkt werden. Die engsten Nähebeziehungen gehören zum Kern des Menschseins. Das Verfassungsrecht erkennt die Bedeutung dieser Nähebeziehungen traditionell nur im Bereich von Ehe und Familie an. Doch dies greift zu kurz. In einer Welt mit pluralen Lebensentwürfen sind auch frei gewählte Nähebeziehungen zu schützen.[32] Es ist irrelevant, ob sie sich aus verwandtschaftlichen Bindungen ergeben, wie beispielsweise Onkel und Neffe, oder ohne Blutsverwandtschaft auskommen, wie beispielsweise Freundinnen: Freundschaft ist in dieser Perspektive ebenso geschützt wie Familie. Dabei hat der Staat kein Recht, Kriterien dafür festzulegen, was als »Nähebeziehung« anzusehen ist. Es muss den Einzelnen überlassen bleiben, definieren zu können, was sie als ihre engen Nähebeziehungen ansehen. Das Recht muss diese Nähebeziehungen und deren persönliche Ausgestaltung – als Teil des Autonomieschutzes – respektieren.

(c) Rechtfertigung

Anerkanntermaßen sind Gemeinwohlbelange wie auch der Schutz der Rechte anderer zur Rechtfertigung von Freiheitsbeschränkungen geeignet. Uwe Volkmann hat bei einer Tagung vor kurzem die Sorge geäußert, dass relationale Ansätze zur weiteren Eingriffslegitimation genutzt werden können.[33] Das wäre ein Missverständnis. Ein relationaler Ansatz stellt keinen Freibrief für staatlichen Paternalismus dar. Im Gegenteil ist – ganz im Sinne liberaler Grundrechtsauslegung – jeweils genau zu prüfen, ob es hinreichende Gründe für Freiheitsbeschränkungen gibt.

Da relationales Grundrechtsdenken nicht zu verwechseln ist mit einem grundsätzlichen Vorrang für Ordnungsvorstellungen der »Gemeinschaft«, tragen Gründe, die auf Tradition oder allgemeinen Vorstellungen des Zusammenlebens basieren, zur Rechtfertigung nicht. »Öffentliche Ordnung« ist kein mit relationalem Grundrechtsdenken kompatibles Rechtfertigungskonzept. Illustrieren lässt sich das an der Entscheidung des Europäischen Gerichtshofs für Menschenrechte zum Verbot der Vollverschleierung

32 Ausführlich dazu, zumal im Kontext von Corona, Sacksofsky, »Autonomie und Fürsorge«, S. 47-61.

33 Uwe Volkmann, »Diskussionsbeitrag«, in: *Veröffentlichungen der Vereinigung der Deutschen Staatsrechtslehrer* 80 (2021), S. 144.

im öffentlichen Raum. Dem Gericht genügte als Rechtfertigung: »Das systematische Verhüllen des Gesichts in der Öffentlichkeit, dem Ideal der Brüderlichkeit widersprechend, genügt nicht den Mindestanforderungen der Rücksichtnahme, das für soziale Beziehungen notwendig ist.«[34] Auch wenn hier auf »soziale Beziehungen« rekurriert wird, ist dies nicht relationales Grundrechtsdenken, sondern ungerechtfertigte Freiheitseinschränkung, sei es aus fremdenfeindlichen oder paternalistischen (zum angeblichen Schutz der Frauen, die gezwungen werden, einen Niqab anzulegen) Motiven.

Bei der Rechtfertigung spielt im Rahmen der Angemessenheit die Intensität des Grundrechtseingriffs eine erhebliche Rolle. Vor kurzem hat diese Frage anlässlich der Impfpflicht eine lebendige Debatte ausgelöst: Ist die Impfung ein »kleiner Piks«, der das Grundrecht der körperlichen Unversehrtheit allenfalls gering beeinträchtigt, oder muss das Gewicht des Eingriffs nach dem Selbstverständnis der Einzelnen bemessen werden, die darin einen gravierenden Eingriff sehen?[35] Auch an dieser Debatte zeigt sich, dass relationales Denken nicht gleichbedeutend mit Fremdbestimmung durch »die Gemeinschaft« ist. Zwar könnte argumentiert werden, dass die kollektive Inpflichtnahme einem relationalen Grundrechtsverständnis inhärent ist, so dass eine Impfung als Beitrag zum Schutz anderer verfassungskonform erscheint. Doch dies wäre verkürzt. Relationales Grundrechtsdenken muss die andere Person als Gegenüber anerkennen und damit bereit sein, einen Perspektivenwechsel zu vollziehen. Die Sichtweise der jeweils anderen Person muss einbezogen werden. Nur so kann die wechselseitige Anerkennung als Freie und Gleiche, die, wie weiter oben bereits ausgeführt, eine unabdingbare Prämisse der Demokratie ist, gelingen. In diesem Sinne kann relationales Grundrechtsdenken liberal rekonstruiert werden.

34 EGMR v. 1. 7. 2014, Nr. 43835/11 – S.A.S. v. France, Rn. 141.

35 Dies illustriert die kontroverse Diskussion in diversen Beiträgen auf dem *Verfassungsblog* ⟨https://verfassungsblog.de⟩, letzter Zugriff 18. 02. 2022, angestoßen durch Ute Sacksofsky, »Allgemeine Impfpflicht – ein kleiner Piks, ein großes verfassungsrechtliches Problem«, in: *Verfassungsblog*, 21. 01. 2022, ⟨https://verfassungsblog.de/allgemeine-impfpflicht-ein-kleiner-piks-ein-groses-verfassungsrechtliches-problem/⟩, letzter Zugriff 29. 05. 2022.

2. Leistungsansprüche

Autonomie setzt voraus, dass eine Auswahl zwischen sinnvollen und wünschenswerten Optionen besteht. Dies verlangt auch einen Blick auf die realen Voraussetzungen von Freiheit. Viele Freiheitsgewährleistungen können von denen nicht in Anspruch genommen werden, die nicht über die je erforderlichen Ressourcen verfügen. Das deutsche Verfassungsrecht ist insoweit sehr zurückhaltend und zieht allenfalls das Sozialstaatsprinzip (Art. 20 Abs. 1 GG) heran. Nur in seltenen Fällen erstarken Grundrechte zu Leistungsansprüchen.

Eine der wenigen Ausnahmen ist der vom Bundesverfassungsgericht in ständiger Rechtsprechung anerkannte Anspruch auf Gewährleistung des Existenzminimums. In diesem erkennt das Bundesverfassungsgericht zu Recht an, dass es hierbei nicht nur um ein bloßes Überleben geht. Neben der Sicherung der physischen Existenz des Menschen – also Nahrung, Kleidung, Hausrat, Unterkunft, Heizung, Hygiene und Gesundheit – müsse auch »die Sicherung der Möglichkeit zur Pflege zwischenmenschlicher Beziehungen und zu einem Mindestmaß an Teilhabe am gesellschaftlichen, kulturellen und politischen Leben« umfasst sein, da der Mensch in sozialen Bezügen existiere.[36] Hierin kommt relationales Denken zum Ausdruck.

Autonomieschutz im relationalen Sinn könnte aber möglicherweise auch dazu führen, einen Leistungsanspruch im Hinblick auf die Gewährleistung von Infrastruktur zur Kinderbetreuung anzuerkennen. Denn Kinderbetreuungseinrichtungen sowie Schulen sind nicht nur aus Gründen der Bildungsgerechtigkeit erforderlich. Ein relationales Grundrechtsdenken verlangt, dass auch die Fürsorge für Kinder, die durch Eltern erbracht werden muss, Berücksichtigung findet. Die Autonomie von Eltern wird massiv eingeschränkt, wenn sie ununterbrochen selbst für die Betreuung der Kinder zuständig sind. Sicher ist die Entscheidung, Kinder zu bekommen, eine, die Autonomieeinschränkungen selbstverantwortet zur Folge hat. Doch der komplette Ausfall von Kinderbetreuungseinrichtungen potenziert die mit der Elternschaft notwendigerweise einhergehenden Autonomieeinschränkungen über das erträgliche Maß

36 BVerfGE 125, 175 (223) – Hartz IV [2010].

hinaus. Die Maßnahmen zur Bekämpfung der Coronapandemie haben dies deutlich vor Augen geführt: Die Schließung von Schulen und Kinderbetreuungseinrichtungen hat nicht nur Kindern geschadet, sondern eben auch den Eltern, die für diese Kinder verantwortlich waren. Viel zu wenig Aufmerksamkeit wurde der Entwicklung von Konzepten zur Aufrechterhaltung von Schulbetrieb und Kinderbetreuung gewidmet. Abhilfe schaffte auch nicht die Aufrechterhaltung eines Notbetriebes der Kinderbetreuung für Eltern mit systemrelevanten Arbeitsstellen. Autonomieschutz darf nicht nur für systemrelevante Eltern gewährleistet werden. Kinderbetreuung ist auch eine gesamtgesellschaftliche Aufgabe.

3. Schutzpflichten

Von großer Bedeutung für die staatliche Verantwortung des Autonomieschutzes sind grundrechtliche Schutzpflichten. Da Grundrechte als Abwehrrechte nur gegenüber dem Staat wirken, kann erst durch die Schutzpflichtdimension von Grundrechten sichergestellt werden, dass auch die Gefahren für Autonomie, die von anderen Menschen ausgehen, in den Blick genommen werden. Für das Grundrecht auf Leben hat das Bundesverfassungsgericht explizit entschieden, dass dieses auch die Pflicht umfasst, sich »schützend und fördernd vor [das] Leben [des:der Einzelnen, U. S.] zu stellen«.[37] Diese weiteren grundrechtlichen Dimensionen gelten auch für den verfassungsrechtlich gewährleisteten Schutz von Autonomie. Dies ist die notwendige Konsequenz daraus, dass die über das Abwehrrecht hinausreichenden Grundrechtsdimensionen grundrechts*theoretisch* fundiert und nicht aus spezifischen Schutzgehalten einzelner Grundrechte abgeleitet werden.[38] Daher weisen grundsätzlich alle Grundrechte diese verschiedenen Gewährleistungsrichtungen auf. Welche Konsequenzen dies im Hinblick auf Autonomieschutz haben kann, sei an zwei Beispielen illustriert.

37 BVerfGE 39, 1 (42) – Schwangerschaftsabbruch I [1975].

38 Siehe zum Beispiel: Dreier, in: ders. (Hg.), *Grundgesetz*, Vorb. zu Art. 1 Rn. 82; Starck, in: von Mangoldt u. a. (Hg.), *Kommentar zum Grundgesetz*, Bd. 1, Art. 1 Abs. 3 Rn. 182-185; Matthias Herdegen, in: Dürig u. a. (Hg.), *Grundgesetz*, 95. EL, Art. 1 Abs. 3 Rn. 13-29; Hans D. Jarass, »§ 38 Funktionen und Dimensionen der Grundrechte«, in: Detlef Merten, Hans-Jürgen Papier (Hg.), *Handbuch der Grundrechte*, Bd. 2, Heidelberg 2006, S. 625-654.

Erstens: Ein großes Hindernis für ein selbstbestimmtes Leben ist Angst vor Gewalt. Daher ist die Bekämpfung von sexueller Gewalt eine zentrale staatliche Aufgabe. Insbesondere häusliche Gewalt gefährdet ein autonomes Leben in extremem Maße. Wenn es keine privaten Rückzugsorte mehr gibt und Angst die intimsten Beziehungen prägt, ist nicht nur die körperliche Unversehrtheit in Gefahr. Die Leidensgeschichten von Frauen, die von häuslicher Gewalt bedroht sind, sind erschreckend; lange wurden ihre Geschichten nicht gehört. Die traditionelle Geschlechterordnung wirkt in dieser pervertierten Form fort. Glücklicherweise hat sich in den letzten Jahrzehnten – nicht zuletzt aufgrund der Intervention von Feminist:innen – der Umgang mit häuslicher Gewalt verbessert; doch das Problem ist damit bei weitem nicht erledigt. Selbstverständlich können rechtliche Regelungen das Vorkommen häuslicher Gewalt nicht verhindern. Die grundrechtliche Schutzpflicht verlangt aber, Strukturen zu schaffen, die die Opfer schützen und die Strafverfolgung real ermöglichen.[39]

Zweitens: Schutzpflichten verlangen auch die Sicherstellung von Autonomievoraussetzungen gerade für diejenigen, die dieses Schutzes am meisten bedürfen. Dies gilt beispielsweise für Menschen, die in Einrichtungen, wie Pflege- oder Altenheimen, leben. Deren Autonomie ist – schon durch das Leben in einer solchen Institution – in vielfacher Hinsicht beschränkt. Staatliche Aufgabe ist es, sicherzustellen, dass der Umgang mit Menschen, die in Institutionen leben, möglichst autonomiefördernd geschieht. Auch hier zeigte die Coronapandemie drastisch, wie wenig Rücksicht auf die Autonomie der Bewohner:innen genommen wurde. Teilweise wurden die Einrichtungen geschlossen, teils wurden Besuchszeiten massiv beschränkt – auf wenige Stunden in der Woche und/oder auf ganz wenige besuchsberechtigte Personen. Teils wurden auch erhebliche Vorsichtsmaßnahmen verlangt: Schutzkleidung, Abstand und Trennungsscheiben. All diese Einschränkungen sind außerordentlich problematisch. Viele alte Menschen wären bereit, Risiken für ihre Gesundheit im Interesse des noch bestehenden Kontaktes zu Angehörigen oder Freund:innen hinzunehmen. Das Recht, diese Wahl selbstbestimmt zu treffen, darf ihnen nicht genommen wer-

39 Hierzu ist Deutschland zudem durch die Istanbul-Konvention verpflichtet (insbes. Art. 18 ff.).

den. Menschen geben auch dann nicht ihr Recht auf Autonomie auf, wenn sie pflegebedürftig werden. Aus demselben Grund sind »technische« Schutzvorkehrungen, die Berührungen unmöglich machen, in ihrer Unbedingtheit nicht hinnehmbar. Für manche alten Menschen ist gerade die liebevolle Berührung das, was für sie den Kontakt ausmacht. Heime müssen Konzepte entwickeln, wie sie Menschen, die das wollen, auch in Zeiten der Pandemie Kontakte ermöglichen.[40] Die grundrechtliche Schutzpflicht stellt sicher, dass eine solche Verpflichtung nicht nur vom Staat betriebene Einrichtungen betrifft, sondern auch privat betriebene Institutionen den Schutz der Autonomie ihrer Bewohner:innen gewährleisten.

4. Antidiskriminierungsrecht als Autonomieschutz

Autonomieschutz hat auch eine gleichheitsrechtliche Seite.[41] Auf den ersten Blick mag dies überraschend klingen, wird in der deutschen Staatsrechtslehre doch traditionell das Spannungsverhältnis von Freiheit und Gleichheit betont: Maßnahmen zur Förderung der Gleichheit werden als Freiheitsbeschränkungen thematisiert.[42] Besonders deutlich trat die Betonung des Vorrangs der Freiheit vor der Gleichheit in den Diskussionen um die Einführung eines Antidiskriminierungsgesetzes zutage.[43] Inzwischen hat sich die Debatte insoweit beruhigt; das Unionsrecht hat sie überholt.[44]

40 Dies gilt zumal, als eine »Kasernierung« des Pflegepersonals – zu Recht – nicht vorgenommen wird. Ein gewisses Risiko mutet man den Bewohner:innen also ohnehin zu.

41 Ausführlich dazu Ute Sacksofsky, »§ 19 Gleichheitsrechte«, in: Matthias Herdegen u. a. (Hg.), *Handbuch des Verfassungsrechts. Darstellung in transnationaler Perspektive*, München 2021, S. 1229-1286.

42 Nachweise bei Ute Sacksofsky, »Geschlechterforschung im Öffentlichen Recht«, in: *Jahrbuch des öffentlichen Rechts der Gegenwart, Neue Folge* 67/1 (2019), S. 377-402, hier S. 384 f.

43 Zum Stand der Diskussion kurz vor Inkrafttreten des Allgemeinen Gleichbehandlungsgesetzes jeweils mit zahlreichen Nachweisen: Matthias Jestaedt, »Diskriminierungsschutz und Privatautonomie«, in: *Veröffentlichungen der Vereinigung der Deutschen Staatsrechtslehrer* 64 (2005), S. 298-254; Gabriele Britz, »Diskriminierungsschutz und Privatautonomie«, in: ebd., S. 355-402.

44 Auch nach Einführung des Antidiskriminierungsgesetzes noch sehr kritisch: Josef Isensee, »Nachwort – Privatautonomie: Freiheit zur Diskriminierung? – Verfassungsrechtliche Vorgaben«, in: Tilman Repgen u. a. (Hg.), *Vertragsfreiheit und Diskriminierung*, Berlin 2007, S. 239-274, hier S. 244: »Verfassungshistorisch

Bei einer solchen Problembeschreibung wird häufig übersehen, dass Antidiskriminierungsmaßnahmen nur dann als Freiheitsbeschränkungen verstanden werden können, wenn man die Perspektive der gesellschaftlich Dominanten einnimmt. In der Tat wird deren Privatautonomie durch Diskriminierungsverbote beschränkt. Stellt man sich indes auf die Position der diskriminierungsgefährdeten Person, zeigt sich, dass Gleichstellungsmaßnahmen ihre Freiheitsspielräume nicht nur nicht gefährden, sondern im Gegenteil vergrößern. Ein Spannungsverhältnis zwischen Freiheit und Gleichheit besteht also nur für bestimmte Personengruppen,[45] für andere hingegen laufen Freiheit und Gleichheit parallel.[46]

Gleichheitsrechte stellen daher einen weiteren wichtigen normativen Ansatzpunkt für das hier vertretene Verständnis relationaler Freiheit dar. Grundlage der Demokratie ist eben nicht nur die wechselseitige Anerkennung als Freie, sondern auch als Gleiche.[47] Diskriminierungsstrukturen behindern dagegen freie, autonome Entscheidungen und enthalten den Entscheidenden sinnvolle Optionen vor.[48] Ein materielles Gleichheitsverständnis verlangt, dass diese Diskriminierungsstrukturen auch im Recht gesehen und bekämpft werden.[49] Gerade bei langanhaltender Diskriminierung gegenüber bestimmten Personengruppen haben sich diskriminierende Strukturen in die Gesellschaft eingeschrieben. Ein formelles Gleichheitsverständnis, welches – ohne Rücksicht auf die Lebensbedingungen der Betroffenen – identische Behandlung verlangt, führt zur Verfestigung bestehender Privilegierungen. Daher hat sich das Antidiskriminierungsrecht seit Jahrzehnten von einem solchermaßen unzureichenden Gleichheitsverständnis verabschiedet.

gesehen, bahnt sich hier eine Wende an, vergleichbar jener der französischen Revolution von der Frühphase, die dem offenen, negativen Freiheitsideal folgte, zur Jakobinerphase: dem Terror der Tugend im Namen der Gleichheit.«

45 Das Verhältnis von Freiheit und Gleichheit in verschiedenen Hinsichten näher ergründend: Magdalena Pöschl, *Gleichheit vor dem Gesetz*, Wien 2008, S. 547-562.

46 Aus zivilrechtlicher Perspektive grundlegend Michael Grünberger, *Personale Gleichheit. Der Grundsatz der Gleichbehandlung im Zivilrecht*, Baden-Baden 2013.

47 Grundlegend: Anna Katharina Mangold, *Demokratische Inklusion durch Recht. Antidiskriminierungsrecht als Ermöglichungsbedingung der demokratischen Begegnung von Freien und Gleichen*, Tübingen 2021.

48 Die Auswirkungen diskriminierender Strukturen auf die Wahrnehmung von Autonomie thematisiert auch Rössler, *Autonomie*, S. 321-325.

49 Ausführlich dazu Sacksofsky, »§ 19 Gleichheitsrechte«, S. 1230-1239.

Ausdruck eines materiellen Gleichheitsverständnisses sind etwa die verfassungsrechtlich anerkannte Rechtsfigur der mittelbaren Benachteiligung, die auch scheinbar merkmalsneutrale Normen auf ihre benachteiligende Kraft untersucht, wie auch das Konzept angemessener Vorkehrungen. Beide nehmen die aus diskriminierenden Strukturen resultierenden Ungleichbehandlungen auf. Antidiskriminierungsrecht ist damit auch Autonomieschutz.

IV. Fazit

Das Konzept relationaler Freiheit baut auf der Einsicht auf, dass menschliches Leben durch die Einbindung in vielfältige Beziehungen zu anderen Menschen geprägt ist. Eine rein individualistische Sichtweise von Freiheit ist damit von vornherein unzureichend. Relationale Freiheit bedeutet damit aber nicht einen unbedingten Vorrang der Gemeinschaft. Im Gegenteil: Relationale Freiheit muss offen sein für unterschiedliche Auffassungen der Einzelnen vom guten Leben; relationale Freiheit ist also pluralistisch zu rekonstruieren. Dies hat erhebliche Folgen für Grundrechtstheorie und Grundrechtsdogmatik, wie sich gerade an Beispielen aus den zahlreichen Maßnahmen der Pandemiebekämpfung illustrieren lässt.

Matthias Mahlmann

Nichts geschenkt. Freiheit und die Verantwortung für das Leben von Anderen

1. Was kümmern uns die Anderen?

Viele Krisen erschüttern auch im 21. Jahrhundert die Welt. Dazu zählen schon fast zum weltpolitischen Alltag gehörende Kriege wie in Äthiopien, Jemen oder Syrien. Der Angriff der Russischen Föderation auf die Ukraine hat die Wirklichkeit des Krieges zurück nach Europa getragen, mit direkt vor den Augen liegendem menschlichen Elend und schwer absehbaren, verschiedenartigen geostrategischen Folgen, die nur die Gemeinsamkeit haben, wenig Gutes zu versprechen. Mit der Möglichkeit ziviler und militärischer Nuklearkatastrophen wurde ein Schatten wiederentdeckt, der seit langem über der Welt liegt. Nicht nur Kriege vertreiben Menschen aus ihrer Heimat, sondern eine Vielfalt von Gründen, nicht zuletzt die Suche nach Glück, die in der *Declaration of Independence* 1776 zum evidenten Menschenrecht erklärt wurde, auch wenn sie regelmäßig an ihren Ankunftsorten nicht besonders willkommen sind. Die Weltwirtschaft flößt wenig Vertrauen in eine ökonomisch prosperierende Zukunft ein. Der Klimawandel schreitet voran, im Kern in seinem Fortgang wenig von der Politik der Staatenwelt gestört, trotz der Versuche vieler, den politischen Willen von unten zu schaffen und die Mittel zu finden, ihn aufzuhalten. Die Covid-19-Pandemie schließlich hat die Menschheit an eine weitere uralte, leiblich-intime Form ihrer Verwundbarkeit erinnert: Krankheit und ihre Folgen, von langem Leiden bis zum Tod.

In diesen Krisensituationen wird dabei in so unterschiedlicher Form, wie die Krisen selbst vielfältig sind, die Frage aufgeworfen, welche ethischen Leitlinien für menschliches Handeln maßgeblich sein sollen und wie diese sich politisch und rechtlich konkret verkörpern könnten.

Eine Frage, die sich dabei sehr schnell ergibt, betrifft die Verantwortung, die man für andere Menschen trägt. Dabei geht es nicht nur um Nahbeziehungen, bei denen Existenz und Gehalt der Verantwortung weniger Zweifeln unterliegen. Dass man die Verantwortung dafür trägt, soweit es in den eigenen Kräften liegt, beispielsweise von den eigenen Kindern die Folgen von Krieg, Umwelt- und Wirtschaftskrisen abzuwenden, wird vielen einleuchten. Problematisch ist vielmehr, wie das in einer komplexen Welt und mit schwachen eigenen Kräften gelingen kann. Die echten grundsätzlichen Schwierigkeiten beginnen, wenn es um die Verantwortung für die vielen Anderen geht, mit denen uns nichts anderes verbindet, als dass sie wie wir Menschen sind. Für was tragen wir Verantwortung diesen vielen Anderen gegenüber, wenn wir unsere ethische Ernsthaftigkeit, die sich an den eigenen Schlussfolgerungen festhalten lassen und für sie einstehen will, nicht durch kitschige Über- und kaltschnäuzige Untertreibungen sowie realpolitische Untauglichkeit der entwickelten Maximen untergraben wollen?

Die Frage nach der Verantwortung für Andere lässt dabei womöglich an eine Weihnachtsansprache eines ideenlos gewordenen Redenschreibers denken, der an der Aufgabe scheitert, unverbindlich Erbauliches einer ebenso ideenlosen Politikerin in den Mund zu legen. Solch ein Tonfall muss vermieden werden, denn er würde es erleichtern, die Frage nach der Verantwortung für Andere mit einem vielleicht gelangweilten, wissenden, durch viele Blicke hinter die Kulissen der Welt zynisch gewordenen »Ja, ja, schon gut!« als heiße Luft von moralisierenden Schwätzern abzunicken und dann dem nächsten Konkurrenten mit gutem Gewissen ökonomisch an die Gurgel zu fahren, Steuern vor allem für Andere gerechtfertigt zu halten, die Flüchtlinge auf Lesbos als ganz gut untergebracht anzusehen (das ist ja immerhin eine Ferieninsel), die Aufgaben des Umgangs mit der Klimakatastrophe notgedrungen im Wesentlichen leider bei den kommenden Generationen anzusiedeln, und zwar bei Impfungen die Priorisierung von Kranken und Alten für sehr problematisch zu erachten, nicht aber die Priorisierung der Gesundheit der Einwohner:innen der wohlhabenden Staaten vor den Armen dieser Welt.

Verantwortung wird manchmal auch in höhere philosophische Zonen verlagert, gar ontologisch begründet.[1] Auch das muss der Idee nicht guttun. Scheinbar in große Höhen des Denkens ent-

1 Vgl. Hans Jonas, *Das Prinzip Verantwortung*, Frankfurt/M. 1979.

rückt, können ihre Konturen undeutlich und ihre Wurzeln in der menschlichen Lebensform unkenntlich werden. Denn tatsächlich wird mit der Frage nach der Verantwortung für Andere im Kern ein wohlvertrautes Problem der Ethik und eines der ethischen Reflexion verpflichteten Rechts angesprochen. Dieses Problem will nicht nur in politischen Großkrisen, sondern auch im Alltag gelöst werden und stellt sich auch hier – jenseits der Aufmerksamkeit und Erinnerung der großen Welt – manchmal mit letztem Ernst. Das Problem lautet: Was schulden wir anderen Menschen? Und damit notwendig verbunden: Was können sie von uns gerechterweise fordern? Welche wohlbegründeten Rechte haben sie uns gegenüber – nicht als Verwandte, Nahestehende, Mitglieder eines Clans oder Mitbürger:innen eines Staats, sondern weil sie wie wir als Menschen durch ihr Leben finden müssen?

Bei der Beantwortung dieser Fragen macht sich zweifellos schnell die Versuchung spürbar, möglichst viele Inhalte von Pflichten außerhalb des eigenen Gesichtsfelds in der Schublade supererogatorischer Handlungen zu verstauen, von Handlungen also, die zwar moralisch lobenswert sind, auf deren Vollzug aber kein moralischer Anspruch besteht. Dieser Versuchung sind manche in der Pandemie erlegen, als zunehmend klar wurde, dass es für alle höchst belastend werden würde, auch für die, die keiner Risikogruppe angehörten und in saturierter Behaglichkeit dahinlebten. Dieser Ausweg ist aber versperrt, denn es gibt – so soll hier in Erinnerung gerufen werden – durchaus harte Solidaritätspflichten anderen Menschen gegenüber, die wir auch durch gewundene Schlaumeiereien mit oder ohne philosophischen Jargon nicht abschütteln können. Diese Pflichten fordern etwas von uns, das weh tun kann; etwas, für das man einen manchmal hohen Preis zahlen muss, jedenfalls in dieser unvollkommenen Welt.

2. Ethik und Wirklichkeit

Die Rolle von moralischen Prinzipen in menschlichen Leben ist in ihrem konkreten Gehalt abhängig von der Eigenart der Welt, auf die sie treffen. In einem politisch-ökonomischen Schlaraffenland wären viele, wenn auch sicher nicht alle Pflichten, die zwischen Menschen bestehen, leicht zu schultern. Viele Rechte, die wir anderen Menschen gegenüber haben, würden einen milden und dauerhaften Schlaf schlummern, weil niemand sie in Anspruch nehmen müsste: Alles, was man braucht und verlangen möchte, würde ja auf dem Silbertablett serviert.

Die beträchtlichen utopischen Energien, die Menschen seit jeher dazu antreiben, sich derartig paradiesische Zustände im bunten Detail auszumalen, ja sogar zu versuchen, sie in dieser Welt zu verwirklichen, unterstreichen jedoch, dass die Wirklichkeit, in der Menschen seit jeher leben, ein derartiges ethisches Luxusleben nicht bereithält – sonst müsste man nicht durch Jahrhunderte hinweg so einfallsreich davon träumen.

Die Krisen dieser Welt werfen auch für die Menschen in den gegen militärische Bedrohungen gesicherten, demokratischen Wohlstandsstaaten der Gegenwart harte Fragen auf. Wie weit müssen wir gehen, um anderen, von Krieg überzogenen Menschen beizustehen? Eine gewaschene, gut erhaltende Jacke bei einer Sammelstelle für Kleiderspenden abgeben, auf bestimmten Energieverbrauch verzichten, gar unsere militärische Sicherheit durch Durchsetzung von Flugverbotszonen gefährden?

Menschen suchen nach einem besseren Leben in Europa und riskieren ihr Leben dafür, dieses Ziel zu erreichen. Kann man diese Menschen im Mittelmeer ertrinken lassen? Wenn man das naheliegenderweise für nicht zulässig hält, stellen die angekommenen Menschen Anforderungen an uns, sie haben Rechte auf unsere Unterstützung, und das bildet, Sozialromantik zur Seite, eine echte Herausforderung, etwas, wofür wir einen Preis zahlen müssen. Die Armut der Welt – schafft diese gerechte Forderungen an uns? Wenn man die Klimakatastrophe für das hält, was sie ist, und ihren Ernst nicht beschönigt, an die asymmetrischen Verursacherbeiträge und die ebenso asymmetrischen notwendigen Beiträge zu ihrer Bewältigung denkt, wird eine Antwort auf diese Herausforderung für Wohlstandsgesellschaften ebenfalls erhebliche Belastungen bedeuten.

Die vielen weiteren möglichen Beispiele dieser Art zeigen, dass die Welt kein gemütlicher Ort und sie in den letzten Jahrzenten sogar deutlich ungemütlicher geworden ist. Dass eine bald erreichte, sich endlos selbst gleichbleibende, in sich ruhende Gegenwart, ein politisch reales *Nunc stans* eines Weltensembles ökonomisch saturierter republikanischer Verfassungsstaaten in ewigem Frieden die Geschichte stillstellen könnte,[2] ist nicht einmal mehr als geschichtsphilosophische Phantasie unterhaltbar. Die Kräfte, die die menschliche Geschichte mit so vielen Tragödien gesättigt haben, lassen weiter ihre Muskeln spielen. Menschliche Geschichte ist kein aufs Gute gerichteter, letzte Versöhnung im alle Leiden aufhebenden, mit Sinn erfüllenden Endzustand verheißender Prozess. Auch die Prachtgebäude säkularisierter philosophischer Theodizeen sind unter den Erdstößen historischer Katastrophen seit langem eingestürzt.[3] Geschichte ist eine – solange Menschen das Ende ihrer eigenen Spezies noch nicht herbeigeführt haben – unablässig fortlaufende Folge von neuem Beginnen. Menschen werden geboren, sind sterblich und folgen auch während ihres Lebens immer wieder neuen, manchmal dabei unheilbringenden Sternen. Deswegen werden die sozialen und politischen Strukturen, in denen Menschen leben, ihre Kultur, ihre Auslegung und ihr Verständnis der äußeren Welt, aber auch der ebenso rätselbehafteten inneren Seiten ihrer Subjektivität, in der sie sich finden, durch Wissenschaft und ästhetische Repräsentation im Kunstschönen in einem sehr realen Sinn von Menschen immer wieder neu geschaffen – zum Verbesserten hin, als graues Weiterspinnen des gerade so Erträglichen oder eben um die Kette der Leiden um ein weiteres Glied zu verlängern.

2 Vgl. zur Idee einer Verwirklichung der mystischen Idee des *Nunc stans* in der unentfremdeten Gesellschaft Ernst Bloch, *Das Prinzip Hoffnung*, Frankfurt/M. 1985, S. 1540: »Nunc stans ist derart die Präzisionsformel für immanenteste Immanenz, das ist für die zeitlich so ferne und noch schlechthin unausgemachte Welt ohne jede mögliche Entfremdung.«

3 Vgl. zum Beispiel paradigmatisch für solche Versöhnungsmetaphysik Georg W. F. Hegel, *Phänomenologie des Geistes*, in: ders., *Werke in 20 Bänden*, Bd. 3, hg. von Eva Moldenhauer und Karl Markus Michel, Frankfurt/M. 1986, S. 591: »Das Ziel, das absolute Wissen, oder der sich als Geist wissende Geist hat zu seinem Wege die Erinnerung der Geister, wie sie an ihnen selbst sind und die Organisation ihres Reichs vollbringen. Ihre Aufbewahrung nach der Seite ihres freien, in der Form der Zufälligkeit erscheinenden Daseins ist die Geschichte, nach der Seite ihrer begriffenen Organisation aber die Wissenschaft des erscheinenden Wissens; beide zusammen, die begriffene Geschichte, bilden die Erinnerung und Schädelstätte des absoluten Geistes, die Wirklichkeit, Wahrheit und Gewißheit seines Throns, ohne den er das leblose Einsame wäre; nur – aus dem Kelche dieses Geisterreiches/schäumt ihm seine Unendlichkeit.« Diese mitreißende Vision lebt davon, zu übersehen, dass die Tatsache, dass die Geschichte in einem sehr konkreten Sinne eine Schädelstätte bildet, jede metaphysische Versöhnungsperspektive durch die Leiden der Opfer, die nicht rückgängig gemacht werden können, verschließt.

Das Faktum, dass Geschichte notwendig mit jedem neu geborenen Menschen einen neuen Anstoß zum Fortgang erhält, das für Hannah Arendt eine Quelle der Hoffnung war, dass auch totalitäre Systeme nicht das Ende der moralischen Geschichte der Menschheit einläuten könnten,[4] bildet deswegen gleichzeitig den Ursprung von Herausforderungen, die man kulturell, sozial und politisch bewältigen muss.[5] Dazu gehört nicht zuletzt, einige Einsichten zu ethischen, rechtlichen und politischen Mindestanforderungen an die Organisation menschlichen Zusammenlebens so gegenwärtig zu halten, dass Menschen sie weiter mit Leben zu erfüllen suchen.[6]

Dass damit keine Aufgabe formuliert wird, die mit didaktisch ansprechend gestalteten Broschüren der Bundeszentralen für politische Bildung und mobilisierenden Videos von Eintagesprominenten gelöst werden könnte, zeigen schon die beispielhaft genannten Problemlagen – von Kriegen über Migration bis zur drohenden Klimakatastrophe.

Zudem werden diese Problemlagen noch durch eine weitere Entwicklung vertieft, die in der wachsenden Bedrohung und Aushöhlung der vielversprechendsten politischen Mechanismen, diese Probleme anzugehen, liegt. Entscheidungsstarke autoritäre Regime stellen diese Instrumente nämlich sicher nicht zur Verfügung – welche destruktiven Kräfte politisch und rechtlich ungebändigte Macht entfalten kann, hat der Krieg in der Ukraine als ein Beispiel unter vielen vermutlich selbst den politisch vergesslicheren Menschen in Erinnerung gerufen. Die notwendigen Mittel zur Bewältigung der vielfältigen politischen Probleme werden vielmehr, wenn überhaupt, von demokratischen Verfassungsstaaten, die in internationale Strukturen der Kooperation eingebunden sind, bereitgestellt – natürlich nicht notwendiger-, aber immerhin möglicherweise, weil sie die Freiheit und die partizipativen Strukturen

4 Zur politischen Bedeutung der »Natalität« Hannah Arendt, *Elemente und Ursprünge totaler Herrschaft. Antisemitismus, Imperialismus, totale Herrschaft*, Hamburg 2005, S. 979.

5 Die Stillstellung der Geschichte kann auch ideologiekritisch als Legitimationsquelle für autoritäre Regime analysiert werden, vgl. dazu Timothy Snyder, *The Road to Unfreedom. Russia, Europe, America*, London 2018 (dt.: *Der Weg in die Unfreiheit: Russland, Europa, Amerika*, übers. von Ulla Höber und Werner Roller, München 2018).

6 Vgl. dazu Matthias Mahlmann, »Der politische Moment der Rechtsphilosophie«, in: *Rechtswissenschaft* 8/2 (2017), S. 181-220.

bieten, die kreativen Lösungen zu finden, die nötig sind, und allein wenigstens annäherungsweise gewährleisten, dass alle Standpunkte und Interessen Einfluss gewinnen können, nicht nur mächtige Partikularinteressen.

Demokratie in Verfassungsstaaten und institutionalisierte internationale Kooperation unter den begrenzenden Bedingungen des Respekts vor Menschenrechten und vor Prinzipien der Rechtsstaatlichkeit sind in den letzten Jahren aber unter erheblichen Druck geraten. Dieser Druck wird von außen aufgebaut, etwa durch die geostrategische Politik konsolidierter autoritärer Herrschaftssysteme wie in China. Am besorgniserregendsten ist aber vielleicht der politische Angriff auf demokratische Verfassungsstaatlichkeit von unten, der sich im hellen Tageslicht offensichtlicher politischer Prozesse vollzieht und eine breite, häufig höchst treffende und scharfsinnige wissenschaftliche Analyse ausgelöst hat,[7] die aber bisher nicht entscheidend dazu beizutragen scheint, beispielsweise einen *Blue-Collar*-Trump-Anhänger davon zu überzeugen, dass er durch seine Unterstützung mit am Grab der US-amerikanischen Demokratie gräbt.

Es ist zudem eine Erosion der politischen Kultur zu beobachten, die diese demokratisch-verfassungsstaatlichen und international kooperativen Strukturen letztendlich trägt. Zu den Ermöglichungsbedingungen ihrer allmählichen Untergrabung gehört dabei auch eine Schwächung einer moralischen, an Autonomie und Gleichheit orientierten sozialen, aber auch geistigen Lebenswelt und eine neue Empfänglichkeit vieler Menschen für das Charisma der autoritären Macht. Diese Erosionserscheinungen normativer Leitprinzipien von demokratischen Verfassungsstaaten und der tieferen ethischen Prinzipien, für die sie stehen, zeigt sich auch im Kampf um politische Leitideen. Die in manchen Kreisen theoretisch schick gewordene Menschenrechtskritik kann dafür wohl ohne Übertreibung als ein Symptom gelten.[8] Auch die philosophische Kultivierung eines

7 Vgl. etwa als jüngeres, sehr aufschlussreiches Beispiel András Sajó, *Ruling by Cheating*, Cambridge 2021.

8 Vgl. zum Beispiel Samuel Moyn, *The Last Utopia. Human Rights in History*, Cambridge (MA) 2010; ders., *Not Enough. Human Rights in an Unequal World*, Cambridge (MA) 2018; Stephen Hopgood, *The Endtimes of Human Rights*, Ithaca 2015; Eric Posner, *The Twilight of Human Rights Law*, Oxford 2014; Michael Ignatieff, *Human Rights as Politics and Idolatry*, Princeton 2001.

epistemologisch oberflächlichen und deswegen eigentlich wissenschaftlich nicht besonders verführerischen ethischen Skeptizismus als erkenntnistheoretisches *Comme-il-faut*, die manche erfasst hat, gehört zu diesen Krisenphänomenen. Zu viele fühlen sich jenseits von Gut und Böse epistemologisch und politisch zu wohl. Manchmal wird sogar der kategoriale Unterschied von Argument, das (bestenfalls) überzeugt und daher die geistige Autonomie von Menschen nicht beschränkt, sondern voraussetzt, und Gewalt, die Menschen äußerlich zwingt, ihre Autonomie also gerade angreift, geschleift.[9] Dieser theoretische Schachzug ist nicht nur ein schaler Aufguss diskreditierter Theorien der Vergangenheit, der sich wie sie in einen schwer zu übersehenden Kategorienfehler verstrickt, sondern bedeutet, wenn man seine Folgen zu Ende denkt, das Ende jeder Auseinandersetzung auf der Basis von Gründen, und damit ausgesprochen schlechte Nachrichten für alle, die nicht glauben, dass in solchen Kämpfen die Richtigen gewinnen werden – wobei in solchen Theorien die Kategorie des Richtigen untergegangen und durch das zeitweise Obsiegen der gerade Mächtigeren ersetzt worden ist.[10]

9 Vgl. zum Beispiel Jacques Derrida, »Force of Law: The ›Mystical Foundation of Authority‹«, in: Drucilla Cornell u. a. (Hg.), *Deconstruction and the Possibility of Justice*, New York 1992, S. 3-67, hier S. 13 (dt. *Gesetzeskraft. Der »mystische Grund der Autorität«*, übers. von Alexander García Düttmann, Frankfurt/M. [7]2014, S. 27 f.): »Das Moment ihrer Stiftung, ihrer (Be)gründung oder ihrer Institutionalisierung (das niemals dem gleichmäßigen Gewerbe einer Geschichte eingeflochten ist, da es die Gestalt einer Entscheidung hat und dieses Gewerbe zerreißt), das Vorgehen, das das Recht stiftet, (be)gründet, eröffnet, rechtfertigt, das das Gesetz diktiert, wäre ein Gewaltakt, eine performative und also deutende Gewalt, in sich selbst weder gerecht noch ungerecht; eine Gewalt, die ihrer Definition gemäß von keiner vorgängigen Justiz, von keinem vorgängigen Recht, von keiner im vorhinein stiftenden Justiz, von keinem im vorhinein stiftenden Recht, von keiner bereits bestehenden Stiftung oder Gründung verbürgt, in Abrede gestellt oder für ungültig erklärt werden könnte. Kein rechtfertigender Diskurs kann oder darf die Rolle einer Metasprache übernehmen und dafür sorgen, daß sie gesprochen wird, wenn es um die Performativität der instituierenden Sprache oder um deren vorherrschenden Deutung geht.« Vgl. ähnlich zum Beispiel Andreas Fischer-Lescano, *Rechtskraft*, Berlin 2013, S. 105 ff., in dem »Kampf« anstelle von Begründung tritt. Zu einem »neuen Recht«, das das »bürgerliche Programm«, »gegen die Gewalt – die Gewalt überhaupt – zu sichern« aufgebe, weil es eine neue Gewalt verkörpere: »Die Gewalt des neuen Rechts ist die Gewalt der Befreiung«, Christoph Menke, *Kritik der Rechte*, Berlin 2015, S. 406 f.

10 Das ist auch gegenüber den Theoretiker:innen festzuhalten, deren politische

Diese Beobachtungen sind vielleicht Allgemeinplätze, aber aufschlussreiche Allgemeinplätze, und für das untersuchte Problem von großer Bedeutung. Gerade die Covid-19-Pandemie hat den Wohlstandsgesellschaften einen, so scheint es jedenfalls, sie über die Realität auch ihres Lebens hinwegtäuschenden Vorhang weggezogen. Die verletzliche, vergängliche menschliche Existenz wurde sichtbar, wie sie wirklich ist, in ihrer ganzen Abhängigkeit von anderen Menschen, ihrem Handeln, ihren Einsichten und Irrtümern, in konkreten politischen Assoziationen, aber auch in der Weltgemeinschaft insgesamt. Manche Wohlstandsgesellschaft hat dies ersichtlich unvorbereitet getroffen, nicht nur im Sinne von nicht vorgehaltenen FFP-2-Masken. Es scheint vielmehr so, als ob es für viele Menschen einfach nicht vorstellbar war, dass auch sie eine existentielle Krise treffen könnte, die nicht einfach vom nächsten Bezirksamt und der gesetzlichen Krankenversicherung beigelegt würde. Mit diesem Mangel an Vorstellungskraft kann vielleicht auch das erstaunliche sozialpsychologische Phänomen Menschen in großer Zahl erfassender phantastischer Verschwörungstheorien zu einem gewissen Teil erklärt werden. Weil man solche Krisen mit der festgefügten Illusion über die problemferne Natur der eigenen Lebenswirklichkeit nicht vereinbaren kann, muss es sich deshalb um eine Verschwörung handeln, mindestens aber um ein unverständliches Totalversagen der Regierung, die die offensichtlich richtigen Maßnahmen nicht ergreift. Die manchmal hysterischen Reaktionen von Coronaleugnern und radikalen Maßnahmegegnern, auch der Gebildeteren unter ihnen, bilden deshalb Anzeichen für ein merkwürdig rosiges Bild der Welt, das zuvor unterhalten wurde, in der es tragische Ereignisse wie eine gerade eben noch beherrschbare Pandemie nicht geben kann, sondern nur die fiesen Taten konspirativ operierender Eliten und echte Opfer um Anderer willen deshalb eigentlich nie nötig werden können.

Für den Rest der Welt ist die Pandemie faktisch nur eine weitere tragische Variante eines Normalzustandes – eines Normalzustandes des Ausgeliefertseins an unbeherrschbare Probleme, von Armut bis zu den verschiedenen Kriegen, die durch mächtige Stellvertreter auf fremden Territorien geführt werden.

Schlussfolgerungen aus ihren theoretischen Ansätzen einem womöglich sehr nahestehen.

Diese Krisen, das Bewusstsein, dass menschliches Leben auch nach einem langen Prozess der Kulturbildung und des technischen Fortschritts verwundbar bleibt, dass Wohlstand und Sicherheit nur vorläufig gewonnen werden können, dass die Geschichte ein offener Prozess bleibt, in dem Menschen immer wieder das Bessere in sich entdecken und das Schlechteste leidenschaftlich bis zur Selbstzerstörung verfolgen, helfen, ein wirklichkeitstaugliches Bild der eigenen ethischen Pflichten zu gewinnen. In einer solchen existentiellen Situation kann dasjenige, was moralisch geboten ist, dasjenige, was kritische ethische Reflexion als verpflichtend und berechtigend manchmal sogar mit kategorischer Kraft ausweist, nicht einfach leicht zu schultern sein. Moralische Integrität als Individuum ebenso wie als Gesellschaft ist zum Nulltarif, zum Preis einer leicht verkraftbaren Flatrate von minimalem moralischen Handeln nicht zu haben.

Die Verantwortung für Andere ist unter diesen Bedingungen kein Kinderspiel. Wenn man sich in dieser Hinsicht Illusionen erspart, ist man besser gerüstet, wenn es einmal auch in den eigenen Breiten ernst wird. Dass es vorkommen kann, dass man um der Gesundheit Anderer willen eine Maske tragen muss, sich impfen lassen sollte, obwohl man selbst kaum bedroht ist, zu ertragen hat, dass Dienstleistungen nicht mehr zur Verfügung stehen, deren Inanspruchnahme zur eigenen Lebensqualität gehören, dass vielleicht sogar schon die eigenen Kinder echte Bürden tragen müssen, weil ihre Schule schließt und der Fußballverein auch noch zumacht und die besten Freunde und Freundinnen unerreichbar werden, es auch die ökonomische Existenz treffen kann, wird einen dann wenigstens nicht überraschen. Damit werden diese Bürden nicht kleiner, verlieren aber vielleicht den Beigeschmack des einfach Vermeidbaren. »Das gehört zum Menschsein dazu, darum kommen wir wohl nie ganz herum. Andere haben noch ganz anderes zu tragen!« – solche Empfindungen und Einsichten können die Entschlossenheit und die Tatkraft stärken und machen Selbstmitleid hinlänglich peinlich.

Etwas Weiteres sollte zudem bedacht werden. In solchen Krisen, unter diesen Bedingungen sozialen Handelns von Menschen in der offenen Geschichte ohne utopisches Erlösungsversprechen wird es keine Lösungen geben, die reine Gerechtigkeit und das vollkommene Gute verwirklichen. Der Krieg in der Ukraine wird nicht in einer Weise befriedet werden, die Gerechtigkeitsmaßstäben oder selbst grundlegenden Völkerrechtsgeboten entsprechen wird. Es wird bei einer politischen Lösung um die Verminderung des Unrechts gehen, alles andere bleibt ein netter Traum. Die Antworten auf die Pandemie haben zweifellos in manchen Fällen ungerechte Belastungen und Vorteile geschaffen und wichtige Rechtsregeln, insbesondere Verhältnismäßigkeitsprinzipien, verletzt. War wirklich zu erwarten, dass die Bilanz in einer solchen Krisenlage besser ausfallen würde? Welche sozialtechnologischen Träume liegen solchen Vorstellungen zugrunde? Damit wird keine quietistische Apologie des verhinderbar Schlechten betrieben, die sich als in das vermeintlich Unvermeidliche klug schickende Weltweisheit tarnt, aber geholfen, auch bei berechtigter Kritik nicht das Augenmaß zu verlieren.

Schließlich haben diese Einschätzungen zur unaufhebbar prekären existentiellen Lage von Menschen eine weitere Konsequenz: Weil die Bewirkung letzter Gerechtigkeit nicht in der Reichweite von Menschen liegt, gewinnen die kleinen Beiträge, die man leisten kann, um einige zentrale ethische Prinzipien und ihre rechtliche Verkörperung am Leben zu halten, bedeutend an Gewicht: Man darf nicht auf den Sankt-Nimmerleins-Tag warten, an dem sich alles durch einen mächtigen Befreiungsschlag zum Guten löst. Was man tun kann, auch um die großen Strukturen der Gesellschaft langsam zu verändern, hat eine oftmals graue, alltägliche Gestalt, ist aber von großer Wichtigkeit, weil mehr für die meisten Menschen nicht zu haben ist. Wenn die Kräfte beschränkt sind, ist es umso wichtiger, zu tun, was man immerhin tun kann. Die kleinen Gerechtigkeiten gewinnen Würde und Gewicht.

3. Herausforderungen

Was sind die Pflichten von Menschen in einer derartig unvollkommenen Welt, gerade für das Leben, aber auch für andere Güter der Menschen? Man muss solche Pflichten zweifellos sehr sorgfältig bestimmen, denn, wie gerade deutlich geworden, sie können erhebliche Bürden schaffen. Um die folgenden Herausforderungen kommt man aus meiner Sicht angesichts der Erfahrungen mit der Pandemie nicht herum:

Erstens: Es geht kein Weg an der Bildung einer substantiellen normativen Theorie vorbei. Man muss sich darauf einlassen, die angreifbare theoretische Drecksarbeit zu machen, materielle normative Aussagen zu formulieren und zu begründen. Man muss deutlich machen können, warum Menschen Anderen gegenüber Pflichten haben, warum wir die Verantwortung für ihr Wohlergehen tragen, wie weit diese Pflichten und die Verantwortung reicht und wo ihre Grenzen liegen. Dazu gehört auch die theoretische Courage, Ergebnisse der Reflexion zu verteidigen, wenn sie es uns allen nicht zu leicht machen, den berechtigten Forderungen der Ethik zu entsprechen.[11]

Es bildet dabei einen Mythos, dass in der Geschichte der Reflexion über menschliche Rechte die liberalen und politischen Rechte den sozialen und ökonomischen Rechten vorausgegangen oder dass starke Solidaritätspflichten eine unerhörte neue Erfindung seien. Das ist schon für die Menschenrechtsgeschichte des 20. Jahrhunderts in dieser Pauschalität unzutreffend,[12] und Gleiches gilt für die Ideengeschichte. Thomas von Aquin hat zum Beispiel eine Eigentumstheorie entworfen, die Eigentumsrechte unter den naturrechtlichen Vorbehalt stellt, dass eine Notlage Anderen ein vorrangiges Recht an den Gegenständen, die Objekt des Eigentumsrechts bilden, einräumen kann – eine Version starker Sozialbindung von Eigentum im Rahmen der Metaphysik des christlichen Naturrechts.[13] Leibniz hat es für selbstverständlich gehalten, dass man Anderen bei der Verfolgung ihrer Glückseligkeit helfen müsse, auch wenn Hilfestellungen für einen selbst kleine Nachteile bedeuteten.[14] Kant hat die Beförderung fremder Glückseligkeit zur zentralen, auf Andere gerichteten Tugendpflicht erhoben.[15] Die Liste der Beispiele lässt

11 Vgl. zu einem Versuch in dieser Hinsicht und zum Folgenden Matthias Mahlmann, *Mind and Rights. Why Human Rights Have Deep Roots in Human Psychology, History, Ethics, and Law*, Cambridge 2022 (im Erscheinen).

12 Im Vorfeld der Entstehung der *Universal Declaration of Human Rights* haben zum Beispiel verschiedene einflussreiche Stellungnahmen soziale Rechte einbezogen, vgl. zum Beispiel Hersch Lauterpacht, *An International Bill of the Rights of Man*, Oxford 2013, S. 155 ff; Jacques Maritain, *Les Droits de l'Homme et la Loi Naturelle*, New York 1942, S. 93 ff.

13 Thomas von Aquin, *Summa Theologica*, II-II, q. 66, 7.

14 Gottfried Wilhelm Leibniz, »Entwürfe zu den ›Elementen des Naturrechts‹«, in: ders., *Frühe Schriften zum Naturrecht*, Hamburg 2003, S. 101, S. 153.

15 Immanuel Kant, *Die Metaphysik der Sitten*, in: *Kants Werke*, Akademie-Ausgabe Bd. VI, Berlin 1968, S. 385; ders., *Grundlegung zur Metaphysik der Sitten*, in: *Kants Werke*, Akademie-Ausgabe Bd. IV, Berlin 1968, S. 421 ff.

sich verlängern, gerade wenn man den Bereich der Theorie verlässt und sich in die Gefilde der Geschichte der Auseinandersetzungen um die gerechte Verteilung der materiellen Güter, die eine Gesellschaft produziert, vorwagt. Einschränkungen des Lebens wie durch die Coronamaßnahmen stellen nach diesen Maßstäben keine besonders exotischen Anforderungen an das moralische Gewissen von Menschen.

Zweitens: Eine normative Theorie muss sich einem universalistischen Rechtfertigungsanspruch stellen. Lokal begrenzte Rechtfertigungsstrategien reichen nicht aus, die etwas abgetragene Trachtenjacke enger Regionalethiken sollte eingemottet werden. Die Pandemie ebenso wie andere Krisen verlangt globale Lösungen, die allgemein über politische und kulturelle Grenzen hinweg gerechtfertigt werden müssen. Die Klimakrise fordert etwa die Formulierung von Prinzipien der Generationengerechtigkeit, die neben den übrigen vielfältigen berührten Interessen und normativen Prinzipien etwa der Umweltethik eine legitime Lösung der Probleme anleiten müssen. Es muss geklärt werden, warum solche Prinzipien nicht nur im Nahbereich gelten, nicht nur akteur-relativ sind, nicht nur für die Mitglieder bestimmter kultureller, religiöser oder politischer Gemeinschaften, sondern für alle Menschen gegenüber allen anderen Menschen normative Kraft entfalten können. Die Beweislast liegt dabei bei denen, die die Geltung grundlegender moralischer Prinzipien auf bestimmte Individuen oder Menschengruppen beschränken wollen, nicht umgekehrt bei denen, die universalistische Prinzipien für naheliegend halten. Der Grund ist die existentielle Einheit des Menschengeschlechts. Menschen in Zürich haben Menschen in Mumbai in der Qualität ihrer Existenzweisen nichts voraus, sondern teilen sie einfach.[16] Alle Menschen besitzen die gleichen wesentlichen kreatürlichen Eigenschaften ebenso wie die gleichen geistigen Erkenntnisvermögen, die gerechtfertigte Normen erschließen. Sie teilen auch die gleiche existentielle Lage eines denkenden, fühlenden, unter moralischen Prinzipien urteilenden und handelnden sterblichen Wesens, das seinen Weg durch sein gar nicht so langes Leben sinnbedürftig und sinnsuchend autonom

16 Aus anthropologischer Sicht gegen den Mythos des »stupid savage« als klassisches Beispiel von unhaltbaren Binnendifferenzierungen der Menschheit, häufig rassistisch motiviert, David Graeber, David Wengrow, *The Dawn of Everything. A New History of Humanity*, London 2021, S. 71.

selbst bestimmen muss und sich dabei seines Denkens und Fühlens, seiner Freiheit, moralischen Gebundenheit und Sterblichkeit im Modus des Subjektseins selbst bewusst ist. Man muss darlegen, warum für gleiche Wesen dieser Art mit gleichen Erkenntnisvermögen, die ihre Lebensziele unter gleichen existentiellen Grundbedingungen verfolgen, unterschiedliche ethische Grundregeln gelten sollten. Keiner der verschiedenen theoretischen Relativismen hat dafür gute Gründe geliefert.[17]

Mit einer universalistischen Ethik und einem entsprechend kalibrierten Recht wird an keinem epistemologischen Wolkenkuckucksheim gebastelt. Man muss keineswegs verschämt die Augen vor kritischen Nachfragen niederschlagen, wenn man solchen erkenntnistheoretischen Pfaden folgt. Im Gegenteil, eine universalistische Theorie bewegt sich auf epistemologisch sicherem Boden, wenn man plausible erkenntnistheoretische Maßstäbe anlegt und darauf verzichtet, für moralische Einsichten einen Grad von Sicherheit zu verlangen, der auch in anderen Bereichen der Erkenntnis nicht zu haben ist.

Das gilt nicht deshalb, weil während einer Höhenwanderung in den Schweizer Bergen ein bisher unbekanntes Letztbegründungskriterium enthüllt worden wäre. Diese Aussage gilt vielmehr einfach aufgrund der epistemologischen Maßstäbe, die sich mindestens seit der wissenschaftlichen Revolution im 16./17. Jahrhundert etabliert haben. Dazu gehören zwei zentrale Pfeiler. Erstens das Bewusstsein, dass menschliches Wissen notwendig begrenzt bleibt, der Erkenntnisanspruch, der Welt die innersten Geheimnisse entreißen zu können, wie es etwa Hegel erhoffte,[18] nicht eingelöst werden kann. Ein wesentliches und konstitutives Ergebnis des wissenschaftlichen Projekts der Neuzeit besteht in der Erkenntnis, dass Wissenschaften

17 Relativismuskritik impliziert dabei kein antipluralistisches Uniformitätsgebot, vgl. Matthias Mahlmann, »Normative Universalism and Constitutional Pluralism«, in: Iulia Motoc u. a. (Hg.), *New Developments in Constitutional Law. Essays in Honour of András Sajó*, Den Haag 2018, S. 271-295.

18 »[D]as verschloßene Wesen des Universums *hat keine Kraft in sich*, welche dem Mute des Erkennens Widerstand leisten könnte; es muß sich vor ihm auftun und seinen Reichtum und seine Tiefen ihm vor Augen und zum Genusse bringen«; Georg W. F. Hegel, »Konzept der Rede beim Antritt des philosophischen Lehramtes an der Universität Berlin, 22. Okt. 1818«, in: ders, *Werke in 20 Bänden*, Bd. 10, hg. von Eva Moldenhauer und Karl Markus Michel, Frankfurt/M. 1986, S. 404.

keine letzte Sicherheit liefern können, dass das, was Menschen nach kritischer Reflexion als Wahrheit über die Welt erscheint, tatsächlich eine Wahrheit über die Welt bildet. Auch ein solches Urteil wäre ja ein Urteil im Rahmen der menschlichen Erkenntnisvermögen, deren Reichweite gerade in Frage steht. Gleiches gilt für ästhetische und – für uns relevant – normative Fragen. Wir können nicht sicher sein, dass das, was für uns als normativ richtig erscheint, objektiv – unabhängig von menschlichen Perspektiven – tatsächlich richtig ist. Das ist die Wahrheit hinter jedem skeptischen Denken, die in ein aufgeklärtes Erkenntnisprojekt tief eingelassen ist. Zweitens aber können wir auch nicht sicher sein, dass wir uns in dem, was wir für wahr oder normativ richtig halten, täuschen; dass das, was uns wahr erscheint, unwahr ist, dass das, was uns normativ richtig erscheint, ethisch objektiv nicht gerechtfertigt ist. Kein skeptisches Argument, keine Kritik der Letztbegründung hat die Möglichkeit der Wahrheit beseitigt.

Diese Erkenntnislage wird auch durch die Praxis belegt. Jede schwere Krankheitsverläufe verhindernde Impfung etwa widerlegt die Annahme, dass die wissenschaftliche Theorie, die der Impfung zugrunde liegt, nur eine kontingente Selbstbeschreibung eines autopoetischen Systems bilde, nur Produkt eines im Strom der Zeit bald abgelösten Epistems sei oder von durch performative Gewalt geschaffenen Bedeutungsstrukturen geboren werde. Jede frei gewählte Impfung – auch eines fortgeschrittenen Skeptikers – impliziert eine epistemologische Positionsnahme, die den Skeptizismus transzendiert, nämlich das Vertrauen darauf, dass die wissenschaftliche Theorie tatsächlich etwas von dem ergreift, was die Welt wirklich ist und weshalb die Impfung wirkt. Genau dieses Vertrauen ist der Geburtsort von Wissenschaft, die mehr ist als ein intellektuelles Spiel.

Die dritte Weichenstellung betrifft die epistemische Hintergrundkultur moderner Gesellschaften. Die Art der Erkenntniskultur einer Gesellschaft zeigt in der Krise ihre politische Bedeutung. Eine wesentliche Voraussetzung der Bewältigung einer Krise wie der Pandemie besteht darin, dass Tatsachen als solche erkannt und sie als Grundlage der Suche nach Lösungsmöglichkeiten respektiert werden. Wissen-Wollen und Bindung an bestimmte grundlegende epistemische Maßstäbe erweist sich als eine normative Pflicht, gerade wenn die Wahrheit nicht leicht zu schlucken ist, weil beides nicht nur die Voraussetzung dafür ist, eigene Interessen erfolgreich zu verfolgen, sondern auch dafür, Anderen – womöglich schweren – Schaden nicht zuzufügen. Selbstverschuldete Unmündigkeit gefährdet in jedem Falle viele Menschen, in einer Krise in ganz konkreter Weise – das gilt für die Covid-19-Pandemie genauso wie für den Klimawandel, bei dem wir die Regionen ja schon hinlänglich genau bestimmen können, die drohen durch Dürre oder Überschwemmung unbewohnbar zu werden. Die Erhaltung bestimmter epistemischer Standards ist nicht nur in Bezug auf die harten wissenschaftlichen Fakten bedeutsam, die es ja gibt, bei allen Unsicherheiten und Kenntnislücken in Bezug selbst auf ein von Tausenden von Expert:innen durchleuchtetes Virus. Diese epistemischen Standards sind auch für die Erhaltungsbedingungen demokratischer Staaten, insbesondere ihre normativen Grundlagen, zentral. Die Ideen, die Demokratie und Menschenrechten unterliegen, bilden nicht nur pittoreske kontingente Erzählungen einer vergehenden Epoche ohne begründeten Richtigkeitsanspruch, für sie streiten zwingende Gründe. Nur wenn man sich in eine politische Phantasiewelt verabschiedet, kann man ein autoritäres Regime für legitimationstheoretisch wohlbegründet halten.

Es spricht dabei einiges dafür, dass die normativen Strukturen der Demokratie selbst politisch-institutionell immer noch den besten Weg bieten, auch eine bestimmte Rationalitätskultur zu erhalten, von der die Stabilität der Demokratie letztendlich selbst zehrt. Die geistige Freiheit, die sie gewährt, ist am Ende die zentrale Ressource, um Rationalitätsstrukturen in der Gesellschaft immer wieder neu zu bekräftigen, weil diese Strukturen Einsichten versprechen, die, wie die wissenschaftlichen Revolutionen illustrieren, große epistemische Anziehungskräfte zu entwickeln vermögen – wenn diese Freiheit auch anders, etwa zur Verbreitung von politischen Wahnvorstellungen, genutzt werden kann.

Solche kulturellen Hintergrundbedingungen entziehen sich offensichtlich dem direkten Zugriff des Rechts – sie können nur von unten her wachsen und erhalten oder eben auch zerstört werden.

Die vierte Weichenstellung betrifft die Inhalte von ethischen Prinzipien. Grundlegend ist dabei das Festhalten am Wert von Menschen als Selbstzweck, an ihrer Stellung als Subjekt, das gegen Instrumentalisierung und Objektivierung zu schützen ist, mithin also jener normative Status, der in gängiger ethischer und rechtlicher Terminologie als die Würde von Menschen begrifflich gefasst wird. Das ist keine hübsche Leerformel »gedankenloser Moralisten«,[19] sondern ein Prinzip von Ethik und Recht mit klaren Konsequenzen, unter dessen Geltung man zum Beispiel nicht das Leben ganzer Bevölkerungskreise für überflüssig erklären kann, wie es etwa in Indien in der Pandemie geschehen ist, als eine große Zahl von Menschen in der indischen Politik offensichtlich keine irgendwie erhebliche Rolle in der Schutzpolitik spielte.[20]

Gerechtigkeit als weiteres zentrales Prinzip bedeutet differenzierte Gleichheit aufgrund von nach Verteilungssphären und ihrem Telos rational unterschiedenen Verteilungskriterien. Das Bedürfnis, das durch Gefährdung aufgrund von Vorerkrankung oder Alter entsteht, ist beispielsweise ersichtlich ein rationales Kriterium für die Verteilung von Impfstoffen. Die Bewahrung der Gleichheit der Würde von Menschen ist dabei eine Grundbedingung einer gerechten Ordnung, weswegen etwa das internationale Impfschutzgefälle ein erhebliches Gerechtigkeitsproblem bildet, weil es ein Minimum von Gesundheitsschutz in Zeiten der Pandemie unterschreitet.

Solidarität mit anderen Menschen ist nicht nur eine supererogatorische Tugend, sondern in wichtigen Hinsichten eine Pflicht. Das gilt für materielle Unterstützung von Anderen, das gilt aber auch in Bezug auf andere Güter. Der Preis, den man für die Erfüllung seiner Solidaritätspflichten gegenüber anderen Menschen zu entrichten hat, kann auch in der Währung von Freiheit eingefordert werden. Das hat die Covid-19-Pandemie exemplarisch gelehrt. Es ist deswegen beispielsweise gerechtfertigt, dass, um vermutlich Zehntausende Menschenleben zu retten, auf den Besuch im Fitnessstudio, Präsenzunterricht in Universitäten oder ein nettes Gespräch nach einer Tagung in Frankfurt in einer Pizzeria verzichtet werden muss. Selbstverständlich wissen wir alle, dass es bei den Diskussionen um die Beschränkungen in der Pandemie um sehr viel mehr ging als nur um den sowieso schon ja sehr hohen Wert der Freiheit. Es ging um die Bedrohung und Vernichtung von wirt-

19 Arthur Schopenhauer, *Preisschrift über das Fundament der Moral*, Hamburg 1979, § 10.

20 Vgl. zum Beispiel Arundhati Roy, »We are Witnessing a Crime against Humanity«, in: *The Guardian*, 28.04.2021, ⟨https://www.theguardian.com/news/2021/apr/28/crime-against-humanity-arundhati-roy-india-covid-catastrophe⟩, letzter Zugriff 29.05.2022.

schaftlichen Existenzen, was Hilfe gebietet, die diese Folgen so weit möglich abmildert. Es geht auch um viele andere sehr ernste Folgen, von verschobenen Operationen bis hin zu dauerhaften Schädigungen der psychischen Gesundheit. Allerdings muss man bei den damit notwendigen Abwägungen im Auge behalten, was eigentlich die Alternativen waren, was beispielsweise eine Bolsonaro-Strategie der Coronabekämpfung für Folgen für die Wirtschaft, die Schulkinder und die psychische Gesundheit der Menschen gehabt hätte.

Fragen der Verhältnismäßigkeit, die in der Grundrechtsdogmatik differenziert entwickelt wurden, helfen hier weiter, Maßnahmen zu kalibrieren. Wir sollten uns allerdings auch nicht vortäuschen, dass einfache Antworten zu haben seien. Offensichtlich kann man einzelne Maßnahmen anders gestalten, und der Vergleich von verschiedenen Ländern und ihrer Politiken ist dabei sehr hilfreich, etwa in Bezug auf den ganz unterschiedlichen Umgang mit Schulen, die in der Schweiz, etwa anders als in anderen Ländern, seit dem ersten Lockdown offen gehalten wurden, vermutlich mit Recht. Auch wenn man mithin wichtige Weichenstellungen der Pandemiepolitik kritisch hinterfragen kann,[21] sollte man das Gesamtbild nicht aus den Augen verlieren, und hier ist doch wohl festzuhalten, dass Regierungen in Europa und anderen Teilen der Welt mehr oder minder verzweifelt versucht haben, Leben und Gesundheit von Zehntausenden Menschen zu retten. Es ging in Deutschland nicht darum, die Kanzlerschaft Angela Merkels bis in das Jahr 2036 zu verlängern, sondern einigermaßen durch diese extreme Krise hindurchzukommen. Wenn man die Ergebnisse anschaut, stehen Länder wie Deutschland oder die Schweiz im internationalen Vergleich ja recht gut da, und mir fehlt die Selbstgerechtigkeit, nicht auch diese Erfolge zu würdigen. Insgesamt muss man wohl festhalten, dass viel Freiheit in der einen oder anderen Weise geopfert werden musste, um durch diese Krise hindurchzukommen. Wir konnten es tun, nicht zuletzt, weil man einigermaßen sicher sein

21 Vgl. zur Diskussion zum Beispiel Anna Katharina Mangold, »Relationale Freiheit. Grundrechte in der Pandemie«, in: *Veröffentlichungen der Vereinigung der Deutschen Staatsrechtslehrer* 80 (2021), S. 7-35; Stephan Rixen, »Verwaltungsrecht der vulnerablen Gesellschaft«, in: ebd., S. 38-67; Matthias Mahlmann, »Demokratie im Notstand? Rechtliche und epistemische Bedingungen der Krisenresistenz der Demokratie«, in: ebd., S. 70-100; Andreas Th. Müller, »Europa und die Pandemie. Zuständigkeitsdefizite und Kooperationszwänge«, in: ebd., S. 105-139.

konnte, dass diese Freiheit politisch nicht verloren gehen würde. Das ist nicht selbstverständlich: Wie wir wissen, haben viele autoritäre Regime in verschiedenen Ländern die Pandemie genutzt, um ihre Macht zu konsolidieren. Die Bürgerinnen und Bürger in Verfassungsstaaten wie Deutschland oder der Schweiz gehören zum Glück nicht dazu, und das lädt dazu ein, die Normen und epistemischen Lebenswelten zu erhalten, die entscheidend dafür sind, dass dies auch dauerhaft so bleibt. Dies ist ein Gebot nicht nur des nüchtern bestimmten Eigeninteresses, sondern auch eine ethische Forderung, denn auch der Schutz von Strukturen politischer Autonomie gehört zu den Gegenständen der Verantwortung, die wir für Andere tragen, die unser Leben schwerer macht und doch den manchmal gar nicht so bescheidenen Lohn bewahrter ethisch-politischer Integrität verspricht.

Stephan Kirste

Riskantes Handeln und die Freiheit zur Selbstschädigung: Paternalismus in der Krise

I. Natürliche Gefahren und menschliche Risiken

Wissenschaft und Technik erweitern den Bereich des menschlichen Risikos sowohl gegenüber natürlichen Gefahren als auch gegenüber Gefahren im Rechtssinn. Sind die ersteren durch Erfahrungsbegriffe und Wahrscheinlichkeiten erklärbar, so können die letzteren durch die Zurechnung von Verantwortlichkeiten bewältigt werden. Der Bereich des Risikos eröffnet aber einen Zukunftshorizont der negativen Folgen menschlichen Handelns, die weder durch wissenschaftliches, insbesondere auch medizinisches Erfahrungswissen allein noch durch klare Zurechnung bewältigt werden können, sondern die einer eigenständigen Bewertung und prozessualen Verarbeitung bedürfen.[1]

Die Ureinwohner Brasiliens sahen sich wie andere indigene Völker auch von den verschiedensten natürlichen Gefahren bedroht, die sie versuchten mythologisch und rituell in Risiken zu übersetzen.[2] Durch solche symbolischen Formen glaubten sie, die natürlichen Gefahren beeinflussen zu können. Sie transformierten so Gefahren in Risiko: Das Ausmaß der Unsicherheit schien nun durch menschliches Verhalten beeinflussbar und von ihm abhängig zu sein.[3] – Zu diesem autonomen kommt nun ein heteronomes Risiko durch die Zwangsmissionierung der populistischen brasilianischen

1 Gotthard Bechmann, »Risiko als Schlüsselkategorie der Gesellschaftstheorie«, in: *Kritische Vierteljahresschrift für Gesetzgebung und Rechtswissenschaft* 74/3/4 (1991), S. 212-214, hier S. 218.

2 Gilberto Freyre, *Herrenhaus und Sklavenhütte*, München 1990, S. 140 ff.

3 Niklas Luhmann, *Soziologie des Risikos*, Berlin, New York 1991, S. 30 f.: »Entweder wird der etwaige Schaden als Folge der Entscheidung gesehen, also auf die Entscheidung zugerechnet. Dann sprechen wir von Risiko, und zwar vom Risiko der Entscheidung. Oder der etwaige Schaden wird als extern veranlagt gesehen, also auf die Umwelt zugerechnet. Dann sprechen wir von Gefahr.«

Regierung. Dadurch wird ihr Risiko erhöht, sich mit Krankheiten wie Covid-19 zu infizieren, gegen die diese Völker keine natürliche Immunisierung besitzen und gegen die sie kaum ärztliche Hilfe erlangen können.[4]

Gefahren mögen uns also ereilen;[5] Risiken gehören zur Freiheit.[6] Freiheit, verstanden als Fähigkeit des Menschen, Handlungsalternativen zu entwickeln, sie kritisch zu durchdenken und sich bewusst zwischen ihnen zu entscheiden, eröffnet erst den Zukunftshorizont, der Risiken und Chancen entstehen und auseinandertreten lässt. Sie bewertet die weiteren Folgen der Handlungen als Risiken negativ oder als Chancen positiv. Das hängt auch von der optimistischen oder pessimistischen Bewertung der offenen Zukunft ab. Jeder Freiheitsgebrauch schafft ein Risiko. Natürlich auftretende Gefahren können so frei in Risiken transformiert werden. In dieser Perspektive ist Risikofähigkeit also eine kulturelle Errungenschaft. Die Freiheit ist freilich auch der Grund für neue Risiken.

Wenn Jürgen Habermas schreibt: »Was Kant noch zum ›Reich der Notwendigkeit‹ gerechnet hatte, hat sich aus evolutionstheore-

4 Lucas Ferrante, Philip M. Fearnside, »Brazilian Government Violates Indigenous Rights: What Could Induce a Change?«, in: *Die Erde* 152/3 (2021), S. 200-211, hier S. 203.

5 Niklas Luhmann, »Das Risiko der Versicherung gegen Gefahren«, in: *Soziale Welt* 47/3 (1996), S. 273-283, hier S. 274: »Wenn negative Folgen, die nicht als notwendige Kosten einkalkuliert waren, auf eine Entscheidung zugerechnet werden, handelt es sich um ein Risiko. Wenn sie auf externe Ursachen zugerechnet werden, die nicht davon abhängen, wie man sich entschieden hatte, handelt es sich um eine Gefahr.«

6 Eberhard Schmidt-Aßmann, *Das allgemeine Verwaltungsrecht als Ordnungsidee. Grundlagen und Aufgaben der verwaltungsrechtlichen Systembildung*, Berlin u. a. ²2006, S. 369, Rn. 163; Ivo Appel, »Limitations of Risk Law«, in: Oliver Christian Ruppel u. a. (Hg.), *Climate Change: International Law and Global Governance*, Bd. I: *Legal Responses and Global Responsibility*, Baden-Baden 2013, S. 867-898, hier S. 871. Zur Abgrenzung von Gefahr und Risiko als Rechtsbegriffen Schmidt-Aßmann, *Das allgemeine Verwaltungsrecht*, S. 161 f., Rn. 93. Dieser Abgrenzung geht es um mehr oder weniger unsicher auftretende negative Folgen menschlichen Handelns und die Zurechnung der Verantwortung dafür. Mag bei Gefahren im Rechtssinn noch eine erfahrungsbasierte Prognose möglich sein, reicht bei Risikovorsorge das Erfahrungswissen kaum noch aus. Die Vorsorge muss hier besonderen Risikoverfahren überantwortet werden. Dabei kann vorausgesetzt werden, dass eine Entwicklung durch menschliches Handeln aus dem Bereich des natürlichen Ablaufs in den menschlichen Bereich transformiert wird. Darum soll es hier gehen.

tischer Sicht in ein ›Reich des Zufalls‹ verwandelt. Die Gentechnik verschiebt nun die Grenze zwischen dieser unverfügbaren Naturbasis und dem ›Reich der Freiheit‹«, dann gilt das auch für das Risiko.[7] Risiko als Unsicherheit über die Folgen des Handelns wird also durch die Verdrängung des Bereichs der Natürlichkeit und die Ausweitung des Bereichs der Praxis durch das Herstellungsbewusstsein ermöglicht und erweitert. Dies hat mindestens zwei Konsequenzen: Erstens können wir die ehemals natürliche Basis und organische Ausgangsbedingung unseres Selbst-Verständnisses manipulieren.[8] Dadurch erweitern wir zweitens die Reichweite unseres Selbstverständnisses und Einflusses in die Sphäre des Anderen, wie das Eingangsbeispiel der indigenen Bevölkerung Brasiliens zeigen kann.[9] Die Erweiterung des menschlichen Handlungsbereiches vergrößert also den Bereich des Risikos sowohl gegenüber natürlichen Gefahren als auch durch die gesteigerte Unsicherheit über die Handlungsfolgen gegenüber dem Bereich der Gefahren im juristischen Sinn.[10]

Es geht bei der Risikobewertung nicht einfach nur um die utilitaristische Orientierung an Gesamtrisiken, sondern um das Risiko für jeden Einzelnen, auch wenn es viele Einzelne sind.[11] Dem trägt auch die Grundrechtstheorie Rechnung. Liberaler Grundrechtstheorie zufolge dienten subjektive Rechte der Abwehr eines Bereichs natürlicher Freiheit.[12] Nur die Vernunftrechtslehre der Aufklärung

7 Jürgen Habermas, *Die Zukunft der menschlichen Natur. Auf dem Weg zu einer liberalen Eugenik?*, Frankfurt/M. 2001, S. 53.

8 Ebd., S. 28 f.

9 Ebd., S. 28: »Die Grenze zwischen der Natur, die wir ›sind‹, und der organischen Ausstattung, die wir uns selber ›geben‹, verschwimmt. Für die herstellenden Subjekte entsteht damit eine neue, in die Tiefe des organischen Substrats hineinreichende Art des Selbstbezuges. Nun hängt es nämlich vom Selbstverständnis dieser Subjekte ab, wie sie die Reichweite der neuen Entscheidungsspielräume nutzen wollen: autonom nach Maßgabe normativer Erwägungen, die in die demokratische Willensbildung eingehen, oder willkürlich gemäß subjektiven Vorlieben, die über den Markt befriedigt werden.«

10 Michael Goldhammer, *Die Prognoseentscheidung im Öffentlichen Recht*, Tübingen 2021, S. 30: Die öffentliche Gewalt betreibt daher immer stärker Risikovorsorge und bekämpft nicht nur bereits bevorstehende Gefahren.

11 Klaus Peter Rippe, »Risiko, Ethik und die Frage des Zumutbaren«, in: *Zeitschrift für philosophische Forschung* 67/4 (2013), S. 517-537, hier S. 525.

12 Stephan Kirste, *Rechtsphilosophie. Einführung*, Baden-Baden 2020, S. 269 f.; siehe dazu den Beitrag von Uwe Volkmann in diesem Band.

verstand den geschützten Bereich der Freiheitsrechte als artifiziellen Raum, der der Verwirklichung moralischer Pflichten dienen sollte. Damit war zugleich dem aufgeklärt absolutistischen Staat die Möglichkeit eröffnet worden, in paternalistischer Weise zum Wohl der Einzelnen für den moralisch bestmöglichen Gebrauch der rechtlich gewährten Freiheit sorgen zu können. Wenn nun aufgrund technischer und medizinischer Entwicklungen der Kreis des natürlich Gegebenen zurückgedrängt und der Kreis des Herstellbaren erweitert wird, dann werden auch die Rückzugsmöglichkeit des Einzelnen auf seine Natur und die zu ihr gehörigen Rechte in Frage gestellt und damit einem neuen, nunmehr technischen und gesundheitsökonomischen Paternalismus die Tore geöffnet. Dieses Problem kann weder aus den scheinbar objektiven Perspektiven der empirischen Wissenschaften noch der Religion bewältigt werden.[13]

Das führt zur Hauptthese dieses Beitrags: Naturwissenschaftliches Expertenwissen, das unbewertet ins Recht einfließt, kann zu paternalistischen Beschränkungen privat und politisch autonomer Entscheidungen über Risiko führen. Diesem Verfügungswissen fehlt das für das Recht wichtige normative Orientierungswissen. Dieses Orientierungswissen hat sich an der Frage zu orientieren, wie weit das Risiko des Einen oder einer Gesellschaft das Risiko des Anderen gegen dessen Willen erweitern oder beschränken darf, wie sich besonders an der Pandemie zeigt.

II. Recht und Risiko

Mit der Verschiebung des Natürlichen zugunsten des Praktischen nehmen nicht nur die Gefahren ab und steigen die Risiken, sondern erweitern sich auch die Steuerungsmöglichkeiten und Notwendigkeiten. Natürliche Gefahren sind nicht zu bewerten, Zulassung von Risiken und Möglichkeiten ihrer Bekämpfung hingegen schon. Das betrifft vor allem die Art der Risiken, die Zumutbarkeit von Risiken und die Verantwortung für Risiken. Die entsprechende Steuerung dieser Praxis als eines Risikoraums erfolgt durch Normen. Normen reduzieren das Risiko, dass die gegenwärtige Zukunft nicht die zukünftige Gegenwart ist, indem sie die Alter-

13 Habermas, *Die Zukunft der menschlichen Natur*, S. 61.

nativen der Zukunft binden.[14] In Rechten und Pflichten werden Risiken individuell zugeordnet. Das gilt schon für Moral- und ethische Normen. Rechtsnormen reduzieren dieses Risiko weiter, indem sie die Unsicherheit der Setzung, Interpretation und Durchsetzung von Normen normieren.[15] Verbleibende Risiken können aber nicht durch materielle Normen der Risikosteuerung bewältigt werden, sondern bedürfen der Verfahren, die Wissen und Bewertungen generieren und durch eine Verfahrensgerechtigkeit für möglicherweise Betroffene gekennzeichnet sind.[16] Empirische und Wertungswissenschaften müssen hier interdisziplinär zusammenwirken.[17]

Subjektive Rechte leisten zur Bewertung des Risikos ebenso wie rechtliche Werte und der Schutz öffentlicher Güter oder des Gemeinwohls wichtige Beiträge. Die rechtliche Möglichkeit zur Freiheit ist in der Würde des Menschen begründet. Als Rechtsprinzip gibt sie ihm einen Anspruch auf Anerkennung als Rechtssubjekt, die die Grundlage von Rechtsverhältnissen als Freiheitsverhältnissen darstellt. So ist sie das Recht darauf, dass Handlungen anderer und von ihnen ausgehende Risiken sich gegenüber dem Einzelnen als Rechtssubjekt in Rechtsverhältnissen zu rechtfertigen haben.[18] Es reicht nicht aus, subjektive Rechte, insbesondere Grundrechte, in ihrer negativen Dimension zur Abwehr von Risiken zu berücksichtigen. Denn gerade wenn es keinen natürlich gegebenen Rückzugsort der Individuen mehr gibt, sondern diese natürlichen und sozialen Voraussetzungen rechtlicher Freiheit erst geschaffen werden müssen, mithin auch Ergebnis von Praxis sind, besteht das Risiko, dass soziale Praktiken das geschützte Substrat der negati-

14 Stephan Kirste, *Die Zeitlichkeit des positiven Rechts und die Geschichtlichkeit des Rechtsbewußtseins*, Berlin 1998, S. 357 f.; Niklas Luhmann, *Gesellschaftsstruktur und Semantik. Studien zur Wissenssoziologie der modernen Gesellschaft*, Bd. 2, Frankfurt/M. 1981, S. 16.

15 Kirste, *Rechtsphilosophie*, S. 113.

16 Appel, »Limitations of Risk Law«, S. 202 ff., S. 219.

17 Ebd., S. 882 f.; zu den Möglichkeiten und Voraussetzungen von Interdisziplinarität vgl. Stephan Kirste, »Voraussetzungen der Interdisziplinarität in den Rechtswissenschaften«, in: ders. (Hg.), *Interdisziplinarität in den Rechtswissenschaften – Innen- und Außenperspektiven*, Berlin 2016, S. 35-85.

18 Stephan Kirste, »Menschenwürde als subjektives Recht – Selbstverhältnis in Rechtsverhältnissen«, in: Ulfrid Neumann u. a. (Hg.), *Menschenwürde ohne Metaphysik*, Stuttgart 2021, S. 123-146.

ven Freiheiten gefährden. Konkret können menschlich verursachte Umweltrisiken und ökonomische Asymmetrien das Risiko erzeugen, dass der Einzelne von seinen negativen Rechten keinen Gebrauch machen kann. Gegenüber diesen Risiken sind also Schutzpflichten des Staates und die positive Dimension der Grundrechte als Leistungs- und Teilhaberechte erforderlich.[19] Schließlich würden wir nicht als rechtlich rechtfertigungsberechtigtes Subjekt geachtet werden, wenn wir nicht als Autoren an den Begründungs-, Interpretations- und Durchsetzungsdiskursen dieser subjektiven Rechte und auch der sie beschränkenden öffentlichen Güter des Gemeinwohls aktiv partizipieren können. Risiken als Praxisfolgen bedürfen also samt allen Parametern zu ihrer Steuerung einer durch die private und politische Autonomie der Bürger legitimierten normativen Ordnung. Denn nur empirische Prognose und normative Bewertung gemeinsam machen Risiken akzeptabel.[20]

III. Probleme der Risikovorsorge

Auch bei der Beurteilung von Risiken kann nicht mehr unterstellt werden, jeder lebe für sich und trage Chancen und Risiken seines Handelns allein. Vielmehr leben wir in Gesellschaften, die durch wechselseitige Kooperationsgewinne sowohl zur Erweiterung von Risiken als auch zur Minimierung von Risiken für alle beitragen.[21] Das gilt gerade auch für das gesundheitliche Risiko. Im Kleinen beginnt es im dialogischen Verhältnis zwischen Arzt und Patient, bei dem sich beide wechselseitig zu ihrer freien Handlung befähigen: der Arzt über Aufklärung, Beratung und die Umsetzung der Selbstbestimmung des Patienten über seine Gesundheit und der Patient, der dem Arzt ermöglicht, seinen Beruf auszuüben. Technischer Fortschritt, Reise- und Migrationsmöglichkeiten erhöhen gerade im medizinischen Bereich die Streubreite von Risiken. Wenn Freiheit in einer rein liberalen Gesellschaft notwendig war, um der Verantwortung für das eigene Risiko genügen zu können, dann erscheint eine Beschränkung der Freiheit in einer kooperativen Ge-

19 Appel, »Limitations of Risk Law«, S. 889 f.

20 Goldhammer, *Die Prognoseentscheidung im Öffentlichen Recht*, S. 152.

21 Ulrich Beck, *Risikogesellschaft. Auf dem Weg in eine andere Moderne*, Berlin 2016, S. 40 f., S. 82.

sellschaft gerechtfertigt. – Allerdings geht es dieser kooperativen Gesellschaft nicht nur irgendwie um eine Risikominimierung, sondern um Gewinne an tatsächlicher Freiheit. Rechtfertigen also gesellschaftlicher technischer Fortschritt und sozialstaatliche Errungenschaften durch ihre vorteilhaften Vorleistungen für den Einzelnen die Einmischung in seine Entscheidungsfreiheit?

Der absolutistische Wohlfahrtsstaat hatte auf der Basis der Aufklärungsphilosophie und mit dem Ziel der Perfektibilität des Menschen umfassend für das Risiko seiner Untertanen vorgesorgt,[22] im wirtschaftlichen Bereich der Gutsherr durch patriarchalische Wohltaten für sein Gesinde soziale Risiken abgefedert. Beide schufen zugleich neue Abhängigkeiten und Freiheiten nur, wie der jeweilige Herrscher sie verstand. Dies diente auch dem paternalistischen Fabrikbesitzer des 19. Jahrhunderts zum Vorbild, der seinen Arbeitern in Zeiten des Arbeitskräftemangels Siedlungen bereitstellte, die Abhängigkeiten erzeugten, die bei Krisen des Arbeitsmarktes zur Drückung der Arbeitsbedingungen und des Lohnniveaus genutzt werden konnten.[23] Sie schlagen in dem Moment in Abhängigkeiten um, in dem der Arbeiter nicht mehr in der Lage ist, sich die zugewendeten Güter selbst zu besorgen. Darf nun der freiheitsermöglichende Sozialstaat den Einzelnen an der Übernahme der Risiken deshalb hindern, weil er sie erst minimiert hat?[24] Im rechtsstaatlichen Sozialstaat muss die Antwort »Nein« sein, soll der Staat nicht durch eine Totalinklusion des Menschen despotisch werden. Auch dort, wo der Sozialstaat über Schutzpflichten zugunsten von Leben und Gesundheit für die öffentliche Gesundheit sorgt, ist er an die Rechte seiner Bürger gebunden. Diese sichern ihnen die Möglichkeit, grundsätzlich selbst über den Gebrauch ihrer Freiheit zu entscheiden und diejenigen Risiken einzugehen, die ihnen sinnvoll erscheinen.

Diese Bindung an verfassungsrechtliche Rechte darf nicht als »Selbst-Paternalismus« der Bürger missverstanden werden: So we-

22 Frank Grunert, »Paternalismus in der politischen Theorie der deutschen Aufklärung« in: Michael Anderheiden u. a. (Hg.), *Paternalismus und Recht*, Tübingen 2006, S. 9-28.

23 Nicholas Abercrombie, Stephen Hill, »Paternalism and Patronage«, in: *The British Journal of Sociology* 27/4 (1976), S. 413-429, hier S. 417.

24 Hans Michael Heinig, »Zu Sozialstaat und Paternalismus«, in: Anderheiden u. a. (Hg.), *Paternalismus und Recht*, Tübingen 2006, S. 157-188.

nig Odysseus sich selbst paternalistisch behandelt, sondern sich frei gegen sein Risiko versichert hat, so wenig handelt ein Volk paternalistisch, das den günstigen Moment der Verfassungsgebung nutzt, um sich vor zukünftigen Risiken seiner Freiheit durch der Politik vorgeordnete Rechte zu schützen.[25] Sie sind Ausdruck seiner Auto-Nomie, nicht ihres Gegenteils.[26] Die Gefahr der Revolution ist autonom in das rechtlich geordnete und deshalb beherrschbare Risiko einer Verfassungsänderung und den sie ausfüllenden Verfassungswandel transformiert worden.

Wenn die Bereitstellung öffentlicher Güter die individuellen Lebensrisiken senkt, dann verliert oft der Einzelne die Einsicht in die Gefährdungen ohne diese Güter und ist weniger bereit, seinen Beitrag für ihre Bereitstellung zu leisten. Das führt dann dazu, dass etwa die Bürger die gegenwärtigen Risiken einer Impfung überschätzen und die Risiken vermeidbarer Infektionskrankheiten unterschätzen.[27]

Mit der Anhebung des Untermaßes der erforderlichen Leistungen des Staates zur Erfüllung seiner Verpflichtung zum Schutz des Lebens sinkt das allgemeine Lebensrisiko des Einzelnen und zugleich des Risikos, das er durch seine freien Entscheidungen eingehen kann. Je umfassender das System von Intensivversorgung, desto geringer die Gefahr, an den Folgen einer Verweigerung von Impfmaßnahmen wirklich leiden zu müssen: In der Bundesrepublik Deutschland kann man also leichter auf der Forderung nach unbeschränkter Selbstbestimmung bestehen als etwa in Brasilien oder Indien, weil die Folgen riskanten Verhaltens durch die öffentliche Gesundheitsversorgung und insbesondere mehr Intensivbetten besser aufgefangen werden können. Doch soll dieser Staat in erster Linie denjenigen helfen, die nicht aus eigener Kraft von ihrer

25 Jon Elster, *Ulysses and the Sirens. Studies in Rationality and Irrationality*, Cambridge 1979, S. 506 f.

26 Klaus Breymann, »Prävention als Risiko«, in: *Zeitschrift für Rechtspolitik* 39/7 (2006), S. 216-219, hier S. 219: »Ein zu viel an Prävention kann freilich zu einem Abgleiten in einen paternalistischen Gendarmenstaat führen.«

27 Georg Marckmann, »Impfprogramme im Spannungsfeld zwischen individueller Autonomie und allgemeinem Wohl«, in: *Bundesgesundheitsblatt, Gesundheitsforschung, Gesundheitsschutz* 51/2 (2008), S. 175-183, hier S. 177: »Heute erleben die meisten Menschen kaum noch, wie schwerwiegend durch Impfungen vermeidbare Krankheiten verlaufen können. Folglich erscheint auch der Nutzen der Schutzimpfungen für sie weniger greifbar als in früheren Zeiten.«

Freiheit Gebrauch machen können, nicht denjenigen, die bereit sind, das Risiko ihres Freiheitsgebrauchs zu steigern.

In einer Gesellschaft mit einer hohen Durchimpfung gegen Masern verringert sich das Risiko der einzelnen Eltern, wenn sie ihr Kind nicht gegen Masern impfen lassen wollen.[28] Das Trittbrettfahrerargument[29] muss hier nicht unbedingt greifen, weil Eltern sich auf alternative Vorstellungen eines guten Lebens berufen und aus diesem Grund Impfungen grundsätzlich ablehnen und auf natürliche »Selbstheilungskräfte« vertrauen können. Ihnen geht es also nicht um die Nutzung des Impfvorteils, sondern um Alternativen zur Impfung, keine kostenlose Inanspruchnahme des Impfvorteils, sondern eine Abwehr einer anderen Gesundheitskonzeption. Lässt sich diese Selbstschädigung verbieten? Wenn der Einzelne sich nur selbst schädigt, weil er weiß, dass der Staat ihn vor den gravierenden Schäden bewahrt, belastet er mit seiner Risikobereitschaft die Allgemeinheit. Er dehnt seine Freiheit zulasten der Freiheit der anderen aus, die diese Folgen tragen sollen.

Dürfte der Staat die Freiheit desjenigen stärker beschränken, dessen Freiheitsvoraussetzungen er bereitstellt, als desjenigen, der seine Freiheit aus eigener Kraft nutzt? Bejahte man dies, hätte er es in der Hand, den Umfang legitimer Freiheit zu bestimmen. Die Freiheit ginge dann nicht mehr vom Einzelnen, sondern vom Staat aus. Außerdem dürfte er dann die Freiheit derjenigen stärker beschränken, die auf die Bereitstellung der Freiheitsvoraussetzungen durch den Staat angewiesen sind, als die derjenigen, bei denen das nicht der Fall ist. Daher sollte sich die staatliche Freiheitsvorsorge auf dasjenige beschränken, was der Einzelne nicht selbst erbringen kann, um von seiner Freiheit Gebrauch machen zu können.

Mit der öffentlichen Gesundheit wird also ein öffentliches Gut produziert, von dessen Genuss der Einzelne nicht ausgeschlossen werden kann, obwohl er vielleicht nichts zur dadurch bewirkten Risikominimierung beigetragen hat oder es vielleicht sogar ablehnt.

28 Deutscher Ethikrat, *Impfen als Pflicht? Stellungnahme, 27. Juni 2019*, Berlin 2019, S. 53.

29 Dies hebt die Bioethikkommission beim Bundeskanzleramt, *Impfen – Ethische Aspekte. Stellungnahme der Bioethikkommission*, Wien 2015, S. 7, hervor.

IV. Deontologischer (Wille des Patienten) und Public-Health-Ansatz (Wohl des Patienten)

Unter welchen normativen Prämissen soll nun das riskante Handeln in der Pandemie bewertet werden? Während der Nationale Ethikrat der Bundesrepublik Deutschland die Gesichtspunkte von Public Health einbezieht und mit deontologischen Rechte- und Pflichtenargumenten abwägt, ist die Bioethikkommission beim österreichischen Bundeskanzleramt um eine objektive, gesellschaftliche Ziele und individuellen Nutzen abwägende Begründung bemüht. Wenn von »gesundheitlichen Interessen des Einzelnen« gesprochen wird, werden diese objektiv bestimmt und nicht unter Berücksichtigung der Selbstbestimmung des Patienten. So heißt es etwa in einer Stellungnahme zur Impfpflicht:

> Ein Blick in die Sozialethik und auf das dort zugrunde gelegte Menschenbild zeigt, dass der Mensch sein Leben in der Gesellschaft u. a. an den Prinzipien der Solidarität, der Gerechtigkeit und des Gemeinwohls ausrichten soll. Die durch den sozialen und medizinischen Fortschritt erreichten Möglichkeiten einer individuellen Selbstbestimmung dürfen daher nicht willkürlich und völlig beliebig genutzt werden, sondern eigenverantwortliches Handeln bleibt an eine gesellschaftliche Verantwortung gebunden.[30]

Explizit sieht sich die Bioethikkommission einem utilitaristisch ausgerichteten Public-Health-Ansatz verpflichtet:[31]

> Bei der Angemessenheitsprüfung ist das Gewicht des öffentlichen Interesses mit der Intensität des Eingriffes in das Selbstbestimmungsrecht des Einzelnen abzuwägen [...]. Je harmloser der Eingriff für die einzelne Person ist, je »gefährlicher« die Krankheit für die Gesundheit der Bevölkerung ist und je größer der Nutzen einer Impfpflicht insgesamt ist, desto eher erscheint der Eingriff in die körperliche Integrität des Einzelnen gerechtfertigt.[32]

30 Bioethikkommission, *Impfen – Ethische Aspekte*, S. 11.

31 Ebd., S. 14: »Eine Gesellschaft hat das Recht, sich vor einer drohenden Epidemie, die ihre Mitglieder gefährdet, zu schützen. Daraus resultiert die ethische Grundfrage, ob es vertretbar ist, die Selbstbestimmung des Einzelnen zum Wohle der Gemeinschaft einzuschränken. Die Public Health Ethik beantwortet diese Frage prinzipiell mit einem klaren ›Ja‹.«

32 Ebd., S. 21.

Grenzen des Zurücktretens der Individualinteressen wie etwa ein Kernbereichsschutz subjektiver Rechte werden nicht genannt. Je größer somit das Risiko für die öffentliche Gesundheit, desto stärker müssen die Grundrechte zurücktreten. Argumente der Legitimität des Paternalismus kommen dabei nicht in Betracht.

Dem Public-Health-Ansatz scheint ein Verständnis von Autonomie zugrunde zu liegen, das sie ganz in einen expertokratischen Rahmen einbindet: Sie wird anerkannt, soweit sie nicht schadet. Interventionen in die Freiheit sind zum gesellschaftlichen Nutzen von Aufklärungspflichten über Anreizsysteme bis hin zu Zwangsmaßnahmen zulässig. Ihr Umfang hängt am gesellschaftlichen Nutzen, konkret also am Nutzen oder wenigstens Nichtschaden für die öffentliche Gesundheit. So schleicht sich fast unbemerkt wieder ein Naturalismus ein: Die Folgen des Handelns können mit medizinischen Methoden analysiert werden und müssen nun nicht ihrerseits etwa im Verhältnis zu subjektiven Rechten bewertet werden.

Gegenüber dieser die Autonomie auf ihre private Funktion zurechtstutzenden Sichtweise müsste ein deontologischer, vielleicht auch republikanischer Ansatz betonen, dass auch das Gemeinwohl in seiner konkreten Ausgestaltung eine Wertentscheidung darstellt, die Ausdruck der Präferenzen der Gesellschaftsmitglieder und mithin ihrer politischen Autonomie sein sollte.[33]

Mit dem Verweis auf die Autonomie – oder breiter: die Freiheit – ist freilich noch nicht so viel gewonnen. Einerseits fließt sie in die utilitaristischen Nutzenkalküle der Public-Health-Theorien als Wert mit ein; andererseits ist die Frage, was denn unter ihr zu verstehen sein mag. Das kann und soll hier selbstverständlich nicht rekonstruiert werden. Freiheit wird in der bioethischen Debatte häufig auf Autonomie reduziert. Das greift in doppelter Hinsicht zu kurz: Erstens kann Freiheit auch negative Freiheit – als Freiheit von Fremdbestimmung – bedeuten; zweitens kann positive Freiheit nicht nur die prinzipien- (oder eben gesetzes-)orientierte Autonomie, sondern auch individuelle Selbstbestimmung bedeuten.[34] Werden hohe Anforderungen an das Vorliegen von Freiheit

33 Stephan Kirste, »Die Realisierung von Gemeinwohl durch verselbständigte Verwaltungseinheiten«, in: Michael Anderheiden u. a. (Hg.), *Gemeinwohl in Deutschland, Europa und der Welt*, Baden-Baden 2002, S. 327-390, hier S. 360-381, S. 389 f.

34 Stephan Kirste, »Recht – Selbst – Bestimmung. Neuere Konzepte der Autonomie

gestellt, wird die Anerkennung von Handlungen und die mit ihnen eingegangenen Risiken als frei erschwert. Das wiederum gibt ihnen ein geringeres Gewicht in Abwägungen und begünstigt so ihre Beschränkung. Wenn also etwa von liberalen Theorien nur »rationale« Handlungen als frei anerkannt werden, dann können »unvernünftige« Handlungen verhindert werden. Wenn hingegen in einem kommunitaristischen Sinn nur ethisch wertvolle Handlungen als frei gelten können, dann gibt es keine Freiheit zu unethischem Handeln.[35] Jedenfalls im Recht stellt sich jedoch die Frage, warum ich nicht unvernünftig handeln und warum ich nicht auch mal unmoralisch agieren darf. Die Antwort ist natürlich, dass beides das Risiko sozialer Schäden mit sich bringen kann. Dabei wird aber übersehen, dass sich diese Schäden nicht alleine mit naturwissenschaftlich-medizinischen oder gesundheitsökonomischen Methoden bestimmen lassen. Vielmehr ist eine wertende Transformation dieser Rationalität durch hinreichend legitimierte Institutionen ins Recht als Ausdruck der politischen Autonomie erforderlich. Recht bedeutet eben nicht einfach Rationalität oder Moralität in einer zwangsmäßig durchsetzbaren normativen Form. Es bedeutet vielmehr die in normierten Verfahren erfolgende Deliberation über die öffentlich verbindliche Rationalität und »Moralität« von Handlungen und deren transformierende Entscheidung in allgemeinverbindliche Normen. Auf diese Weise wird die Begrenzung und Verteilung von Risiken in legitimierte Normen vermittelt. Aus der *Legitimität* der Rationalität gesundheitsökonomischer Erwägungen wird die prozedurale *Legitimation* der Normierung öffentlicher Gesundheit als Teil des verbindlichen Gemeinwohls.[36]

Freiheit gehört, wie man mit Rousseau sagen könnte, zum Menschsein: »Auf seine Freiheit verzichten, heißt auf seine Eigenschaft als Mensch, auf seine Menschenrechte, sogar auf seine

und ihr Verhältnis zum Recht«, in: Daniela Demko u. a. (Hg.), *Würde und Autonomie*, Stuttgart 2015, S. 65-90.

35 Stephan Kirste, »Harter und Weicher Rechtspaternalismus unter besonderer Berücksichtigung der Medizinethik«, in: *JuristenZeitung* 66/17 (2011), S. 805-814, hier S. 806 f.

36 Stephan Kirste, »Arbeitsteilige Herrschaftsausübung im Kontext der Demokratie – Verwaltungsorganisation zwischen Fragmentierung und differenzierter Legitimierung«, in: *Veröffentlichungen der Vereinigung der Deutschen Staatsrechtslehrer* 77 (2018), S. 161-210, hier S. 180 f.

Pflichten verzichten.«[37] Zum Recht gehört grundsätzlich auch die Freiheit zu irrationalen Handlungen (gegen einen anspruchsvollen *liberalen* Freiheitsbegriff). Soll keine leicht totalitäre Rechtsstruktur oder auch ein edukatorischer Staat[38] entstehen, kann auch unmoralisches Handeln rechtliche Anerkennung verdienen (gegen einen *kommunitaristischen* Freiheitsbegriff), weil über Moral und Ethik in einer pluralistischen Gesellschaft kontroverse Auffassungen bestehen und bestehen sollen. Immer ist freilich auch die Frage zu bedenken, ob der Einzelne nicht vor unfreiwilliger Irrationalität durch Irrtümer oder der Immoralität anderer rechtlich zu bewahren ist. Sicher ist auch, dass Information die Autonomie fördert. Nur hinreichend und »richtig« informierte Entscheidungen als freie anzuerkennen, würde jedoch zu einer Bevormundung des Einzelnen führen. In diesem Sinn lässt sich von einem Recht auf Nichtwissen und sogar auf Irrtum sprechen.

Die Rationalitätskonflikte ergeben sich nicht aus der ökonomischen Rationalität der Sicherung öffentlicher Güter verpflichteten Medizin einerseits und den aufklärungsbedürftigen Individuen andererseits, sondern sind Konflikte zwischen privater und öffentlicher Autonomie. In ihren verschränkten Deliberationen muss erst die gesamtgesellschaftliche Rationalität hervorgebracht werden und darf nicht Expertensystemen überlassen bleiben. Dann wird eine gesetzliche Impfpflicht nicht deshalb eingeführt oder abgelehnt, weil sie sich effektiv durchsetzen lässt oder nicht, sondern dann, wenn sie aus öffentlich konsentierten Gründen gerechtfertigt oder nicht gerechtfertigt erscheint. In die Deliberation dieser Gründe mögen sich medizinische und andere Experten einbringen; sie sind Experten für Gesundheit – nicht für das Recht auf Gesundheit. Der Konflikt zwischen der individuellen Bereitschaft zur Risikoübernahme und der gesamtgesellschaftlichen Risikobegrenzung ist also als ein Konflikt zwischen der Privatautonomie und der politischen Autonomie zu rekonstruieren und nicht zwischen der Privatautonomie und der Rationalität der Bereitstellung öffentlicher Güter.[39]

37 Jean-Jacques Rousseau, *Der Gesellschaftsvertrag*, übers. von Hermann Denhardt und Werner Bahner, Leipzig ^{4}1981, I, 4, S. 40.

38 Uwe Volkmann, *Darf der Staat seine Bürger erziehen?*, Baden-Baden 2012, S. 15.

39 Jürgen Habermas, *Faktizität und Geltung. Beiträge zur Diskurstheorie des Rechts und des demokratischen Rechtsstaats*, Frankfurt/M. 1994, S. 134, S. 138.

V. Risiken in der Pandemie und ihre Bewertung

Ist vor diesem Hintergrund in der Krise die Beschränkung der Freiheit zur Selbstschädigung zu rechtfertigen oder befindet sich der Paternalismus selbst in der Krise? Der Münchner Medizinethiker Georg Marckmann bejaht die erste und verneint die zweite Frage: »Die Konvergenz zwischen individuellem und kollektivem Wohl kann hier durchaus eine respektvolle, paternalistische Beeinflussung der Entscheidungsfreiheit des Einzelnen rechtfertigen.«[40] Vor dem Hintergrund des gerade skizzierten anspruchslosen Autonomiebegriffs ist dieser Paternalismus hingegen zu kritisieren.

Freilich ist der Begriff des Paternalismus nicht unumstritten. Am ehesten wird man Einigkeit erzeugen können, wenn man darunter ein Handeln gegen die Freiheit des Einzelnen zu seinem Wohl versteht.[41] Auch darin, dass das Wohl in der Vermeidung von Risiken bestehen kann, wird Einigkeit erzielt werden können. Die Schwierigkeiten treten erstens bei der Frage der Qualifikation der Freiheit und zweitens bei der Bewertung des Schadens auf. Wenn in dem oben genannten Sinn hohe moralische und rationale Anforderungen an die Freiheit gestellt werden, dann verengt sich der Bereich der möglichen freiwilligen Selbstschädigungen und erweitert sich der Bereich der risikovermeidenden Interventionen des Staates oder von Dritten. Bedenkt man aber, dass Grundrechte nicht nur Handlungen schützen, sondern deren meinungshafte, weltanschauliche und religiöse Bewertung, kann keine bestimmte Moral zur Voraussetzung der Geltung freier risikobegründender Entscheidungen gemacht werden. Schwieriger ist es mit der Rationalität. Naturalistische Interpretationen von Rechtsbegriffen können hier die Tore öffnen für den unmittelbaren Einfluss wissenschaftlicher Erkenntnisse in die Definition von Schutzbereichen subjektiver Rechte.

Wenn in diesem Sinn das Grundrecht auf Leben und körperliche Unversehrtheit als Schutz des biologischen Lebens und einer medizinisch zu definierenden Gesundheit verstanden werden, dann wird biologische und medizinische Rationalität ins Recht aufgenommen, so dass diese Wissenschaften darüber befinden, welcher

40 Marckmann, »Impfprogramme im Spannungsfeld zwischen individueller Autonomie und allgemeinem Wohl«, S. 182.

41 Kirste, »Harter und Weicher Rechtspaternalismus unter besonderer Berücksichtigung der Medizinethik«, S. 813.

Umgang des Einzelnen mit seinem Leben und seiner Gesundheit rational und damit grundrechtlich geschützt ist.[42] Die erlaubte Risikoübernahme beschränkt sich dann auf das für dieses rational bestimmte Leben Sinnvolle oder Unerlässliche. In diesem Sinne unvernünftige Risiken werden jedenfalls vom Recht auf Leben und Gesundheit nicht geschützt. Dualistische Theorien, die das Leben als vitale Basis für die Betätigung anderer Grundrechte verstehen, mögen entsprechende Risikoübernahmen in den Schutzbereich anderer Grundrechte verlagern. Sie werden aber dem Umstand nicht gerecht, dass der Umgang mit dem Leben und die Vorstellung des Einzelnen von seiner Gesundheit von ihm selbst bestimmt werden mag. Ein entsprechender Schutz ist nicht Lebensschutz plus sonstiger Selbstbestimmungsschutz, sondern der Schutz der Selbstbestimmung über das eigene Leben und die eigene Gesundheit.

Die Menschenwürde erhebt erst das Leben als natürliches Leben im Sinne der Zoe (ζωή)[43] zum Bios als gutem Leben im Sinne des eu zen (εὐ ζεν) und der Eudaimonia.[44] Gut ist dieses Leben, weil es von der Selbstbestimmungspraxis des Menschen durchdrungen ist. Der Mensch muss seine Autonomie im Diskurs mit anderen entwickeln können und vom Recht auch dann geschützt werden, wenn ihm das nicht aus eigener Kraft gelingt. Seine Autonomie gibt dem Leben die Richtung, so dass seine Biographie (βίος) und sein Leben (ζωή) Ausdruck seiner Persönlichkeit werden. Ein solches Leben wird als gutes Leben *geführt*. Der Einzelne bestimmt in diesem normativen Rahmen selbst, welcher Rationalität und welche Normativität er seiner Lebensführung zugrunde legen will – und sei

42 Ralf Müller-Terpitz, »Recht auf Leben und körperliche Unversehrtheit«, in: Josef Isensee, Paul Kirchhof (Hg.), *Handbuch des Staatsrechts der Bundesrepublik Deutschland*, Bd. 7, Heidelberg ³2009, S. 3-78, § 147, hier Rn. 7. Kritisch bereits Michael Anderheiden, »›Leben‹ im Grundgesetz«, in: *Kritische Vierteljahresschrift für Gesetzgebung und Rechtswissenschaft* 84/4 (2001), S. 353-381, hier S. 368.

43 Eine reduktionistische Konzeption des Lebensschutzes auf ein naturalistisches Verständnis nimmt etwa Hoerster vor: Norbert Hoerster, »Wie begründet man das Recht auf Leben?«, in: *Zeitschrift für Didaktik der Philosophie und Ethik* 3 (1996), S. 164-169, hier S. 167; vgl. auch Müller-Terpitz, »Recht auf Leben und körperliche Unversehrtheit«, S. 3-77, Rn 7.

44 Ein Stück in diese Richtung geht der soziale Gesundheitsbegriff der WHO: »Zustand des vollständigen körperlichen, geistigen und sozialen Wohlbefindens und nicht nur das Freisein von Krankheit und Gebrechen«, Verfassung der Weltgesundheitsorganisation vom 22. Juli 1946, Präambel.

es, dass er sich entscheidet, nicht zu entscheiden und diese Fragen Personen seines Vertrauens zu überantworten. Er darf selbst über sein Wohl entscheiden und lässt es sich nicht von Experten definieren.[45] Das gilt auch gegenüber Juristen: Die grundrechtsdogmatisch sinnvolle Ausdifferenzierung von Schutzbereichen darf zusammenhängende Lebenssachverhalte im Interesse der Grundrechtsträger nicht auseinanderreißen. Freiheit ist eben nicht nur die Handlungsfreiheit, sondern auch die Freiheit, die Gründe seiner Handlungen deliberieren und entsprechend entscheiden zu können. Der Geist der Freiheit schwebt nicht über den Wassern von Gesundheit und Leben, sondern durchdringt sie. Menschliches Leben ist nicht geistiger Mensch plus biologisches Leben, sondern das würdig und autonom geführte Leben.

VI. Die Freiheit zur Selbstgefährdung von Leben und Gesundheit

Abschließend sollen einige Konsequenzen aus dieser Konzeption für die Freiheit des Einzelnen zu Selbstschädigung an Leben und Gesundheit gezogen werden.

1. Eigene Risiken

Zunächst darf jeder die Risiken für sein Leben und seine Gesundheit selbst bestimmen. Die Vorstellungen Anderer über sein Wohl und das Verhalten, das dafür ein zu vermeidendes Risiko bedeutet, finden ihre Grenze an seiner selbstbestimmten Entscheidung darüber. Wenn Rauchen das Risiko von Lungenkrebs erhöht, dann ist Lungenkrebs eben keine natürliche Gefahr, sondern ein Risiko, das man mehr oder weniger bewusst eingehen kann. Auch Impfpräventionen sind dann Risikoentscheidungen, freilich je nach Art der Erkrankung eine, die nur einen selbst (Tetanusimpfung) oder wegen der Übertragbarkeit auch andere betrifft (Covid-19).[46] Die Pflicht zur Impfung gegen die Infektion mit einer Krankheit, die

45 Stephan Kirste, »The Right to Life as a Right to Self-Determination about One's Life«, in: César Landa Arroyo (Hg.), *El Reto de Pensar Sobre Los Derechos Fundamentales en América Latina*, Lima 2017, S. 19-43.

46 Vgl. auch Sabine Roeser u. a., »Risk«, in: Henk ten Have (Hg.), *Encyclopedia of Global Bioethics*, Cham 2016, S. 2570-2579, hier S. 2576.

der Einzelne nicht übertragen kann, wäre danach ihm gegenüber nicht gerechtfertigt. Dies bezieht sich auch auf die Gründe seiner selbstbestimmten Entscheidungen über Gesundheit und Leben. Ein »therapeutisches Privileg«, das dem behandelnden Arzt ein Framing durch Verschweigen von Behandlungsrisiken gewähren würde, um den langfristigen Erfolg der Behandlung sicherzustellen, würde die Autonomie des Patienten nicht hinreichend ernst nehmen.[47]

Grundsätzlich sind Einzelne dann für den Eintritt des Risikos, das sie frei übernommen haben, verantwortlich. Diese Verantwortung kann aber nicht so weit reichen, dass ihre Menschenwürde nicht mehr geschützt wird: Fehlentscheidungen zu treffen gehört zum Menschsein. Verantwortung und Lernen auch. Wenn der Einzelne aber aufgrund von Fehlentscheidungen nicht mehr in der Lage ist, sich selbst helfen zu können, auch praktische Konsequenzen aus diesem Lernen zu ziehen, muss ihm geholfen werden. Derjenige also, der sich gegen eine Covid-19-Impfung entscheidet, dann selbst erkrankt und ohne eine entsprechende Notfallbehandlung sterben würde, besitzt ebenso wie andere einen Anspruch auf diese Behandlung als Sicherung eines menschenwürdigen Existenzminimums.[48] Schließlich ist die Zukunftsoffenheit und mit ihr die Sorge um das damit verbundene Risiko kennzeichnend für den Menschen,[49] denn ohne die Unsicherheit der Entwicklung zu einem Schaden (Risiko) oder zu einer Verbesserung (Chance)[50] gäbe es keine Möglichkeit und Notwendigkeit der Entscheidung und des Handelns.

47 Lucinda Manda-Taylor u. a., »Autonomy«, in: ten Have (Hg.), *Encyclopedia of Global Bioethics*, S. 218-225, hier S. 221, halten dies bei Suizidgefährdung zutreffend für gerechtfertigt. Denn hier soll es um die Ermöglichung der autonomen Entscheidung gehen.

48 Auch Stephan Kirste, Ingo Sarlet, »The Foundation of the Right to a Social Minimum for a Dignified Existence«, in: Elen Pribytkova, Gottfried Schweiger (Hg.), *In Search for a Social Minimum: Human Dignity, Poverty and Human Rights*, im Erscheinen 2022.

49 Martin Heidegger, *Sein und Zeit*, Frankfurt/M. 1972, S. 197; Gotthard Bechmann, »Risiko als Schlüsselkategorie der Gesellschaftstheorie«, in: *Kritische Vierteljahresschrift für Gesetzgebung und Rechtswissenschaft* 74/3/4 (1991), S. 212-240, hier S. 221.

50 Petra Hiller, *Der Zeitkonflikt in der Risikogesellschaft. Risiko und Zeitorientierung in rechtsförmigen Verwaltungsentscheidungen*, Berlin 1993, S. 20 f.

2. Risiken für Andere

Weil dieses Recht, über die eigenen Risikoübernahmen zu entscheiden, aufgrund der Würde jedem in gleicher Weise zukommt, hat niemand das Recht, anderen zusätzliche Risiken gegen ihren Willen aufzuerlegen.[51] Das Recht auf freie Entscheidung über die Gesundheit ist begrenzt durch das positive Recht der anderen auf Schutz ihrer Gesundheit.[52] Das betrifft auch Informationen: Ein behandelnder Arzt kann Informationen eines Patienten, der das Risiko der Nichtbehandlung auf sich nehmen will, einem anderen, der von diesem Verhalten in Gefahr gebracht werden kann, mitteilen (Aids).[53] Wer vom riskanten Verhalten anderer betroffen sein könnte, muss die Möglichkeit haben, in dieses Risiko einwilligen zu können. Es geht nicht darum, dass Experten die Risiken des Handelns *für* dritte Betroffene minimieren, sondern dass diese über die sie betreffenden Risiken selbst *mit*beraten und -entscheiden. Die Steigerung der Akzeptanz von Risiken und damit der Effektivität der Umsetzung von Programmen mag ein Nebeneffekt sein; Hauptgesichtspunkt ist die autonome Mitentscheidung. Nur sie erzeugt die notwendige Legitimation und beschränkt sich nicht auf die optimierte Legitimität von Handlungsfolgen.

Schwierige Fragen der Zukunftsgerechtigkeit ergeben sich hier jedoch dann, wenn sich Untersuchungen der epigenetischen Forschung bestätigen, dass das eigene gegenwärtige Verhalten Auswirkungen auf die Entwicklung der Gene haben kann, die dann auch an die eigenen Kinder weitergegeben werden können. Kann hier die Freiheit zur Risikoübernahme im Interesse der Kinder beschränkt werden?[54]

51 Julian Nida-Rümelin, »Politische Freiheit«, in: *Archiv für Rechts- und Sozialphilosophie* 107/1 (2021), S. 29-41, hier S. 38.

52 Leslie Francis, »Negative Freedom in Crisis Times«, in: *Archiv für Rechts- und Sozialphilosophie* 107/1 (2021), S. 79-89, hier S. 82.

53 Manda-Taylor u. a., »Autonomy«, S. 223.

54 Deutscher Ethikrat, *Die Zukunft der genetischen Diagnostik – von der Forschung in die klinische Anwendung. Stellungnahme. 30. April 2013*, Berlin 2013, S. 13 ff., S. 144 f.

3. Insbesondere das Problem der Impfpflicht

Peter Schaber meint, dass aufgrund dieser Grenze der Risikoübernahme des Einzelnen auch eine allgemeine Impfpflicht gerechtfertigt werden könne.[55] Man könnte hier argumentieren, dass eine Impfpflicht[56] weniger dem Schutz des Einzelnen vor sich selbst[57] als vielmehr der Herstellung einer Herdenimmunität durch eine hohe Durchimpfungsrate, mithin der öffentlichen Gesundheit als eines öffentlichen Guts diene.[58] An diesem Gut würde der Verweigerer zudem partizipieren, ohne selbst zu ihm beigetragen zu haben. Mithin läge ohne Pflicht eine klassische Trittbrettfahrersituation vor.[59] So schreibt auch die österreichische Bioethikkommission:

> Das öffentliche Gut der Herdenimmunität wird durch die Position von ImpfgegnerInnen bedroht, die durch Bezugnahme auf vermeintliche Nebenwirkungen – insbesondere sogenannte »Impfschäden« – ein Verhalten propagieren, das individuellen Nutzen als alleiniges Kriterium für richtiges Verhalten anerkennt oder aber den Nutzen von Impfungen für die Allgemeinheit überhaupt infrage stellt.[60]

In der Tat wird mit dem Ziel einer Durchimpfung der Gesellschaft die Herdenimmunität und damit das öffentliche Gut der allgemeinen Gesundheit gefördert, von dem Einzelne nicht ausgeschlossen

55 Peter Schaber, »Zur Pflicht, sich gegen Covid-19 impfen zu lassen«, in: *Archiv für Rechts- und Sozialphilosophie* 107/1 (2021), S. 42-51, hier S. 43 f.; Alberto Giubilini u. a., »The Moral Obligation to Be Vaccinated: Utilitarianism, Contractualism, and Collective Easy Rescue«, in: *Medicine, Health Care and Philosophy* 21/4 (2018), S. 547-560, hier S. 547.

56 »Von einer staatlichen Impfpflicht im eigentlichen Sinn kann nur gesprochen werden, wenn zwei Voraussetzungen erfüllt sind: Erstens bedarf es präziser Angaben zum verpflichteten Personenkreis und zweitens müssen die Instrumente bestimmt werden, mit deren Hilfe etwaige Verletzungen von Normen sanktioniert werden«, Deutscher Ethikrat, *Impfen als Pflicht*, S. 35.

57 Sie dient der Verhinderung einer weiteren Ausbreitung (§ 20 VI IfSG), nicht der Herbeiführung eines Gemeinschaftsschutzes, Deutscher Ethikrat, *Impfen als Pflicht*, S. 38.

58 Ebd, S. 57; Bioethikkommission, *Impfen – Ethische Aspekte*, S. 12.

59 Allerdings gaben bei Masernimpfungen an: »Der Aussage ›Wenn alle geimpft sind, brauche ich mich nicht auch noch impfen zu lassen‹ stimmten 4 Prozent voll und weitere 2 Prozent eher zu. Demgegenüber gaben 78 Prozent an, der Aussage nicht zuzustimmen«, Deutscher Ethikrat, *Impfen als Pflicht*, S. 33.

60 Bioethikkommission, *Impfen – Ethische Aspekte*, S. 12.

werden können, das von ihnen gleichzeitig ohne Rivalität genossen und nicht in private Güter aufgeteilt werden kann und das als positiver Effekt aus Kooperationen aller Geimpften hervorgeht.[61] Doch verfängt das Trittbrettfahrerargument hier nicht vollständig. Es greift bei demjenigen nicht, der das Konzept der Herdenimmunität ablehnt und für sich bereit ist, die Folgen zu tragen. Bei der Masernimpfung wurde von ihren Gegnern vorgetragen, dass es sinnvoll sei, wenn sich Menschen damit ansteckten, um entsprechende Abwehrkräfte zu entwickeln. Andere mögen sich nicht für gefährdet ansehen oder das Risiko als gering einschätzen. Der Impfverweigerer würde also sagen, dass er eben nicht auf die Straßenbahn aufspringen und kostenlos mitfahren wolle. Mediziner werden solche Argumente mit guten wissenschaftlichen Gründen zurückweisen. Doch schützen Grundrechte auch falsche Wertüberzeugungen und vertrauen darauf, dass sie sich in der öffentlichen Auseinandersetzung der Meinungen korrigieren. Auch insofern erzieht der freiheitliche Staat den Einzelnen nicht zur »richtigen« Meinung, selbst wenn diese medizinisch begründet ist. Solange ihre Gruppe so klein ist, dass ihre Nichtimpfung die Herdenimmunität nicht beeinträchtigen würde, wäre eine Impfpflicht so nicht zu rechtfertigten.[62]

So sind also individuelle Beschränkungen von Impfverweigerern, die die Risikofolgen ihres Verhaltens für Dritte begrenzen, das mildere Mittel. Auch eine indirekte Impfpflicht in Gestalt eines Immunitätsnachweises als Voraussetzung für bestimmte (berufliche, touristische etc.) Tätigkeiten erscheint unproblematisch zur Prüfung der Einhaltung der Grenzen der Risikobelastung anderer. Die Frage bleibt freilich, wie hoch der Staat den Preis für die Konse-

61 Marckmann, »Impfprogramme im Spannungsfeld zwischen individueller Autonomie und allgemeinem Wohl«, S. 180: »Impfprogramme stellen eine in der Regel kosteneffektive Intervention zur Verringerung der infektionsbedingten Morbidität und Mortalität dar, in vielen Fällen können sogar Nettoeinsparungen erzielt werden […]. Angesichts der begrenzt verfügbaren Gesundheitsressourcen sollten Impfprogramme auch aus gerechtigkeitsethischer Sicht eine höhere Priorität genießen, da die eingesparten Mittel anderen bedürftigen Patienten zugutekommen können.«

62 Und die Herdenimmunität würde aus Angst der Bevölkerung vor übertragbaren Krankheiten erreicht; Jens Kersten, Stephan Rixen, *Der Verfassungsstaat in der Corona-Krise* (Sonderausgabe für die Bundeszentrale für Politische Bildung), Bonn 2021, S. 88.

quenzen der freiwilligen Selbstschädigung treiben darf, ohne paternalistisch zu werden. Solange er im Schutz der Anderen besteht, die durch die Selbstschädigung nicht selbst geschädigt werden dürfen, ist das gerechtfertigt. Wer also sein nicht gegen Masern geimpftes Kind zum Schutz anderer nicht in die Kita schicken darf, um andere Kinder nicht zu gefährden, muss dies hinnehmen. Ein Verbot, private Kitas zu öffnen, die auf den Nachweis einer Impfpflicht verzichten, ginge hingegen zu weit. Werden die Bedingungen für die Freiheitsbetätigung zu stark erhöht, droht der Staat in einen paternalistischen Erziehungsstaat zu mutieren, der Maßnahmen zur Selbstdisziplinierung von Individuen setzt.[63] Problematisch können aber die sozial asymmetrischen Auswirkungen werden: Wer sich eine individuelle Kinderbetreuung leisten kann, ist von der Impfpflicht für Kitakinder wenig betroffen. Dem Ethikrat scheint daher die Koppelung von Impfpflicht und Schulzulassung fraglich.[64]

Anreize zur freiwilligen Impfung und Beschränkungen bei Nichtimpfung sind also zur Förderung der öffentlichen Gesundheit gerechtfertigt. Erhöht sich jedoch nicht nur die Infektions-, sondern auch die Hospitalisierungsrate so, dass das Risiko einer Überlastung des Gesundheitssystems droht, sind sowohl Impfpflichten gegenüber dem Gesundheitspersonal als auch eine allgemeine Impfpflicht gerechtfertigt. Wie für LKW-Fahrer ein spezieller Führerschein, so ist als Voraussetzung einer für vulnerable Gruppen gefährdungsfreien Berufsausübung ein Impfnachweis erforderlich.[65] Wer einen entsprechenden Beruf ergreift, kann wissen, dass man sich gegen Infektionskrankheiten gegebenenfalls durch Impfung schützen muss. Wer aus gesundheitlichen Gründen nicht geimpft werden kann, mag vom Träger der ihn beschäftigenden Einrichtung abseits von Patienten eingesetzt werden. Ihre Selbstbestimmung ist durch das Nichtschadensprinzip beschränkt. Auch wenn der Impfschutz nicht vollständig und die Übertragung möglich ist, führt doch die Impfung zu leichteren Verläufen und geringeren Übertragungsraten.[66] Solange die Impfquote bei freiwilliger

63 Ebd., S. 93.

64 Deutscher Ethikrat, *Impfen als Pflicht*, S. 43.

65 Bioethikkommission beim Bundeskanzleramt, *Ethische Fragen einer Impfung gegen COVID-19. Stellungnahme*, Wien 2020, S. 17

66 Vgl. BT-Drucks. 20/899, S. 4 f. sowie die Studie von Jörg Paetzold u. a., »Impacts of Rapid Mass Vaccination against SARS-CoV2 in an Early Variant of Concern

Impfung ausreicht, um vulnerable Gruppen zu schützen und eine Überlastung des Gesundheitssystems zu vermeiden, erscheint jedoch eine allgemeine Impfpflicht nicht erforderlich. Eine allgemeine Impfpflicht ist aber dann gerechtfertigt, wenn sie zum Schutz vulnerabler Gruppen und zur Vermeidung einer Überlastung des Gesundheitssystems, insbesondere von moralisch und rechtlich problematischen Priorisierungen durch Triageentscheidungen, erforderlich ist und sich andere Impfanreize als unzureichend erwiesen haben. Ausnahmen bestehen bei gesundheitlichen Gefährdungen durch die Impfungen.

VII. Schluss

Hier zeigt sich noch einmal die Bedeutung der kollektiven demokratischen Rechtfertigungen der Risikoverteilungen. Aus der politischen Autonomie einer Gesellschaft folgt ihr Recht, selbst über die Risiken zu entscheiden, die sie im Rahmen der Rechte ihrer Mitglieder eingehen möchte. Experten sollten sich in den Deliberationsprozess über diese Risiken einschalten; determinieren können sie ihn nicht, weil sie zwar die Legitimität der Risikoverteilung unterstützen können, nicht jedoch die demokratisch-prozedurale Legitimation.[67]

Der absolutistische Wohlfahrtsstaat hatte zum »erste[n] Grundsatz«, die »Glückseeligkeit [sic]« seiner Bürger in rationaler und moralischer Sicht sicherzustellen.[68] Der freiheitsermöglichende Sozialstaat hingegen fördert seine Bürger dort, wo sie von ihren Rechten nicht aus eigener Kraft Gebrauch machen können; aber er achtet ihr Recht auf Selbstbestimmung über ihre Gesundheit und ihr Leben auch dann, wenn es seinen Experten unvernünftig

Hotspot«, in: *Nature Communications* 13/612 (2022), ⟨https://www.nature.com/articles/s41467-022-28233-8⟩, letzter Zugriff 29.05.2022.

67 Vgl. zur Unterscheidung von Legitimität und Legitimation bereits oben Kirste, »Arbeitsteilige Herrschaftsausübung im Kontext der Demokratie – Verwaltungsorganisation zwischen Fragmentierung und differenzierter Legitimierung«, S. 180 f.

68 Georg Friedrich von Lamprecht, *Versuch eines vollständigen Systems der Staatslehre mit Inbegriff ihrer beiden wichtigsten Hauptteile der Polizei- und Kameral- oder Finanzwissenschaft*, Bd. 1, Berlin 1784, S. 160.

erscheint, sofern sich die Unvernunft nicht in der Verhinderung der Freiheit Anderer und in Gefährdungen der öffentlichen Gesundheit äußert. Diese öffentliche Gesundheit ist ein medizinisch informierter, jedoch der politischen Selbstbestimmung der Bürger entspringender Wert. Der aufgeklärte Wohlfahrtsstaat hat mit seinem Perfektibilitätsziel den liberalen Nachtwächterstaat erst provoziert. Dem gesundheitsvorsorgenden Sozialstaat sollte kein Rückfall in diesen passieren. Auch ein Volk ist eine diskursiv-prozedural sich bildende Einheit, deren politische Autonomie nicht durch eine vorgegebene Rationalität oder Moralität vor der autonomen Risikoübernahme geschützt werden darf. Die Macht der Administration und der sie beratenden Experten bedarf der Rückbindung an die politische Autonomie der Bürger: »Die Rationalität einer fachlich kompetenten Aufgabenerfüllung durch Experten schützt nicht vor einer paternalistischen Selbstermächtigung und Selbstprogrammierung der ausführenden Organe.«[69] Mehr noch: Ohne Rückbindung an öffentlich deliberierte Gründe und die Legitimation der Legislative durch sie lädt diese Rationalität geradezu zum Paternalismus ein. – Der Paternalismus ist selbst ein Krisenphänomen und kein Mittel gegen sie.

69 Habermas, *Faktizität und Geltung*, S. 230.

Uwe Volkmann

Autonome Subjekte oder Kinder des Staates? Vom Verhältnis zwischen natürlicher und staatlich vermittelter Freiheit

I. Die liberale Erzählung

In allen Rechtssystemen dieser Erde lagern sich Narrative ab, die das Bild bestimmen, das sie von sich entwickeln. In liberalen Ordnungen – mit Grundrechten, die durch eine Verfassung gewährleistet werden, mit demokratischen Verfahren, die an der Idee der gleichen Beteiligung aller orientiert sind, mit der prinzipiellen Rechtsbindung aller politischen Gewalt – geht das bis heute zentrale Narrativ in etwa so: Jeder Mensch verfügt, gleichsam als normative Grundausstattung, über eine natürliche Freiheit, die der Freiheit aller anderen gleich ist und die diese darum gegen sich gelten lassen müssen. Aufgehoben ist es in dem Programm universaler Menschenrechte, die jedem Menschen kraft seines Menschseins zustehen und um deren Erhaltung und Sicherung willen staatliche Ordnung überhaupt erst gegründet wird. In den kanonischen Texten des Liberalismus kommt dieses Narrativ auf eine bis heute als gültig empfundene Weise zum Ausdruck: »Die Menschen werden frei und gleich an Rechten geboren und bleiben es«, verkündet die französische Menschenrechtserklärung von 1789. »Wir halten diese Wahrheiten für selbstverständlich: dass alle Menschen gleich geschaffen sind, dass sie von ihrem Schöpfer mit gewissen unveräußerlichen Rechten ausgestattet sind«, heißt es in der amerikanischen Unabhängigkeitserklärung von 1776. Diese Rechte werden dann in positives Recht übersetzt, um wirksam zu werden. Aus den vorstaatlichen Menschenrechten werden dadurch die Grundrechte, aus der natürlichen Freiheit und Gleichheit wird eine rechtliche Zuordnung nach diesen Prinzipien. Mit diesem Inhalt wird das Narrativ auch im Grundgesetz an mehreren Stellen aufgenommen: etwa in der Voranstellung einer »unantastbaren Würde« des Menschen, die aus sich heraus auf etwas verweist, was schon vorher da ist, vor allem aber im Bekenntnis zu den »unverletzlichen und unveräußerlichen Menschenrechten als Grundlage jeder menschlichen Gemeinschaft des Friedens und der Gerechtigkeit in der Welt« in Art. 1 Abs. 2; unmittelbar im Anschluss daran ordnet dann Art. 1 Abs. 3 die Bindung aller staatlichen Gewalten an die »nachfolgenden Grundrechte [...] als unmittelbar geltendes Recht« an. Die natürliche Freiheit, so die Botschaft dieser Zeilen, wird hier in die rechtliche Freiheit transformiert, die aber von ihrer ursprünglichen Idee immer noch inhaltlich bestimmt wird, von ihr Grund, Richtung und Maß empfängt. In diesem Sinne gehört es zu den Grundannahmen einer liberal-rechtsstaatlichen Grundrechtstheorie, dass die Freiheit dem Staat vorausliegt und dass es dementsprechend nicht der Bürger ist, der sich für den Gebrauch dieser Freiheit rechtfertigen muss, sondern der Staat für den Versuch ihrer Beschränkung.[1] Dem entspricht das rechtsstaatliche Verteilungsprinzip, nach dem die Freiheit des Individuums prinzipiell unbegrenzt, die Macht des Staates dagegen prinzipiell begrenzt ist und das eben nicht nur ein bloßes Ordnungselement neben anderen ist, sondern wiederum auf den inneren Legitimationsgrund des Staates insgesamt verweist.[2]

Insofern ist das Narrativ in unserem Rechtssystem nach wie vor präsent und wirkmächtig. Allerdings könnte gerade die Pandemie die Grenzen seiner Erklärungskraft, vielleicht auch das Imaginäre und die Irrationalität des Ganzen, deutlich gemacht haben: Die Zuordnung der Rechtfertigungslast auf den eingreifenden Staat ist sichtlich herausgefordert durch Regelungen, nach denen das eigene Haus oder die eigene Wohnung nur noch bei triftigen Gründen verlassen werden dürfen, wie es in Bayern oder im Saarland ganz generell der Fall war und für die Bundesebene durch die »Notbremse« von § 28b Abs. 1 Nr. 2 IfSG für die Zeit nach 22 Uhr angeordnet war. Die Rechtfertigungslast besteht hier nur noch auf der Ebene der Begründung der Norm, während sie sich im praktischen Vollzug umkehrt; jeder, der überhaupt nur vor die Tür tritt, muss sich

1 Ernst-Wolfgang Böckenförde, »Grundrechtstheorie und Grundrechtsinterpretation«, in: ders. (Hg.), *Staat, Verfassung, Demokratie*, Frankfurt/M. 1991, S. 115-145, hier S. 119 f.

2 Das rechtsstaatliche Verteilungsprinzip erstmals bei Carl Schmitt, *Verfassungslehre*, Berlin 2017, S. 126; bis heute vielfach zustimmend zitiert, siehe etwa Horst Dreier, »Der freiheitliche Verfassungsstaat als riskante Ordnung«, in: *Rechtswissenschaft* 1/1 (2010), S. 11-38, hier S. 23, Anm. 54: »nicht überholte Formel«.

von der Polizei darauf befragen lassen, was ihn dazu befugt.[3] Und auch die geläufige Vorstellung von den Grundrechten als inhaltlich irgendwie umrissene »Bereiche«, »Sphären« oder »Räume«, die dem Zugriff des Staates entzogen sind, im Sinne eines freiheitlichen Gesamtzustandes, der nicht unterschritten werden darf, erweist sich als ganz offensichtlich nicht haltbar: Sind die öffentlichen Interessen nur hinreichend gewichtig, ist die Lage nur dramatisch genug, sind auch Freiheitseinschränkungen bis in die privateste Lebensführung hinein zulässig und für das Recht offenbar kein großes Problem. Was bleibt dann aber von der liberalen Erzählung einer Sphäre, die wir als prinzipiell staatsfrei oder jedenfalls dem Staat vorausliegend denken? Und wie geht speziell das Rechtssystem mit diesem Befund um?

II. Hegels Argument gegen die naturrechtliche Staatsbegründung

Die Frage, die damit aufgeworfen ist, ist nicht neu. In einem Satz zusammengefasst lautet sie, ob es eine Freiheit des Individuums vor dem Recht – im Sinne eines moralischen Anspruchs, der sich dann in das Recht gleichsam nur übersetzt – überhaupt geben kann oder ob Freiheit selbst ausschließlich durch Recht vermittelt wird, also selbst überhaupt nur als rechtliche Freiheit und damit nach näherer Maßgabe des Rechts möglich ist. Als solche ist sie klassisch behandelt worden in Hegels Auseinandersetzung mit der Staatsbegründung des neuzeitlichen Natur- und Vernunftrechts, wie er sie bei etwa Hobbes, Locke oder Rousseau vorgefunden hatte. Sie kommt aber seitdem in periodischen Abständen und in vielfach variierter Form immer wieder auf die Tagesordnung; eine vorerst letzte Auflage hat sie in der Liberalismus-Kommunitarismus-Debatte gefunden, in der die eine Seite der anderen vorwarf, sie vernachlässige die notwendige gemeinschaftliche Situiertheit des Menschen: Der Mensch existiere nur und immer schon in seinen geordneten Beziehungen zu anderen und könne ohne sie gar nicht gedacht werden.[4] Die ältere Staatstheorie hatte demgegenüber be-

3 Zu dieser Umkehrung Saarl. VerfGH, NVwZ-wRR 2020, 514 (Rn. 49).

4 So vor allem der Einwand Michael Sandels gegen die Rawls'sche Gerechtigkeitstheorie, siehe Michael Sandel, *Liberalism and the Limits of Justice*, Cambridge 1982.

kanntlich mit der Figur eines natürlichen Zustands argumentiert, den vollständig freie und gleiche Individuen in einem autonomen Akt des Vertragsschlusses in den staatlichen, das heißt den rechtlich geordneten Zustand überführen.[5] Dieser erscheint aber nur als ein Reflex des natürlichen Zustands vor dem er inhaltlich zu rechtfertigen ist. Das hält Hegel für eine Spekulation, die er mit beißender Schärfe kritisiert. Im Wortlaut lautet sein Argument:

Der Ausdruck *Naturrecht*, der für die philosophische Rechtslehre gewöhnlich gewesen, enthält die Zweideutigkeit, ob das Recht als ein in unmittelbarer Naturweise vorhandenes oder ob es so gemeint sei, wie es die Natur der Sache, d.i. den *Begriff* sich bestimme. Jener Sinn ist der vormals gewöhnlich gemeinte; so daß hier sogleich ein *Naturzustand* erdichtet worden ist, in welchem das Naturrecht gelten solle, wogegen der Zustand der Gesellschaft und des Staates vielmehr eine Beschränkung der Freiheit und eine Aufopferung natürlicher Rechte fordere und mit sich bringe. In der Tat aber gründen sich das Recht und alle seine Bestimmungen allein auf die *freie Persönlichkeit* einer *Selbstbestimmung*, welche vielmehr das Gegenteil der *Naturbestimmung* ist. Das Recht der Natur ist darum das Dasein der Stärke und das Geltendmachen der Gewalt, und ein Naturzustand ein Zustand der Gewalttätigkeit und des Unrechts, von welchem nichts Wahreres gesagt werden kann, als *daß aus ihm herauszugehen* ist. Die Gesellschaft ist dagegen vielmehr der Zustand, in welchem allein das Recht seine Wirklichkeit hat; was zu beschränken und aufzuopfern ist, ist eben die Willkür und die Gewalttätigkeit des Naturzustandes.[6]

Damit wird, richtig interpretiert, auch die Vorstellung einer natürlichen Freiheit, aus der sich irgendetwas für die politische Ordnung ergibt, gegenstandslos; es gibt dann gar keine solche natürliche Freiheit, im Sinne des »einzigen angebornen Rechts« bei Kant,[7] sondern die staatlich-politische Ordnung ist überhaupt erst die Bedingung

5 Thomas Hobbes, *Leviathan oder Stoff, Form und Gewalt eines kirchlichen und bürgerlichen Staates*, hg. und eingel. von Iring Fetscher, übers. von Walter Euchner, Berlin [16]2017, Kap. 17, Kap. 18; John Locke, *Zwei Abhandlungen über die Regierung*, übers. von Hans Jörn Hoffmann, Frankfurt/M. 1977, Kap. II. 2, S. 201 ff.; Jean-Jacques Rousseau, *Vom Gesellschaftsvertrag oder Grundlagen des politischen Rechts*, übers. von Erich Wolfgang Skwara, Frankfurt/M. 2000, Kap. I. 2.

6 Georg W. F. Hegel, *Enzyklopädie der philosophischen Wissenschaften im Grundrisse*, Hamburg 1991, § 502.

7 Immanuel Kant, *Die Metaphysik der Sitten*, in: ders., *Werkausgabe in 12 Bänden*, Bd. VIII, hg. von Wilhelm Weischedel, Berlin [21]2014, S. 345; Zitat leicht abgewandelt.

dafür, dass sich Freiheit entfalten und Wirklichkeit gewinnen kann, so wie sie sich für Hegel als »Idee« in der Geschichte erst gegen eine Vorstellung vom Menschen als Glied eines Allgemeinen durchsetzen musste.[8] Recht ist dann nicht Beschränkung der Freiheit, sondern selbst überhaupt die »Freiheit, als Idee«,[9] Freiheit ihrerseits von vornherein ein dialektischer Begriff, in dem die individuelle Freiheit – die persönliche Besonderheit oder das Recht des Subjekts, wie Hegel meist sagt – in einer objektiven Ordnung aufgehoben ist, sich selbst zu einem objektiven Ordnungs- und Gestaltungsprinzip von Gesellschaft wandelt. Von der Vorstellung einer »natürlichen«, gar noch als Recht oder Anspruch verstandenen Freiheit, bleibt hier nichts zurück; stattdessen ist Freiheit nur in der Gesellschaft möglich und wird durch sie überhaupt erst hervorgebracht. Ähnlich wie ihr geht es auch anderen, verwandten Konzepten, die die politische Theorie nach und nach radikal dekonstruiert hat: dem Konzept der Individualität oder überhaupt des Individuums, zu dem man bei Foucault nachlesen kann, dass und inwieweit es durch staatliche Machttechnik produziert,[10] oder bei Luhmann, dass es seinerseits nur eine Folge funktionaler Differenzierung ist;[11] zuletzt etwa dem Konzept der Rechtssubjektivität, das seinerseits ein Produkt kulturell instituierender Voraussetzungen ist.[12]

III. Die Abhängigkeit der Freiheit von staatlicher Vorleistung

Schon bei Hegel war diese Diagnose – wenn auch eher nebenbei und in mehr ergänzender oder unterstützender Funktion – eingebunden in die Beobachtung einer sich immer weiter ausdifferen

8 Hegel, *Enzyklopädie*, § 482, ferner etwa ders., *Grundlinien der Philosophie des Rechts*, Hamburg 2017, § 124 Anmerkung, §§ 185, 260, 262 Zusatz.

9 Hegel, *Grundlinien*, § 29.

10 Michel Foucault, *Überwachen und Strafen. Die Geburt des Gefängnisses*, übers. von Walter Seitter, Frankfurt/M. 1977, S. 292.

11 Niklas Luhmann, »Individuum, Individualität, Individualismus«, in: ders., *Gesellschaftsstruktur und Semantik. Studien zur Wissenssoziologie der modernen Gesellschaft*, Bd. 3, Frankfurt/M. 1989, S. 149 ff.

12 Thomas Vesting, *Gentleman, Manager, Homo Digitalis. Der Wandel der Rechtssubjektivität in der Moderne*, Weilerswist 2021.

zierenden bürgerlichen Verkehrsgesellschaft, die nach dem Prinzip der Arbeitsteilung organisiert ist und so aus sich heraus eine wechselseitige Abhängigkeit aller von allen begründet.[13] Auch die Freiheit wird, obwohl sie diesen Prozess innerlich vorantreibt, dadurch immer mehr das Resultat oder der bloße Reflex gesellschaftlicher Strukturen, wie es zum Ende des 19. Jahrhunderts dann auch in den soziologischen Untersuchungen von Émile Durkheim herausgearbeitet wird: »Wie geht es zu«, lautete dessen Frage, »daß das Individuum, obgleich es immer autonomer wird, immer mehr von der Gesellschaft abhängt?«[14] Eine für die Rechtswissenschaft klassisch gewordene Beschreibung des Tatbestandes findet sich demgegenüber in der schmalen Schrift *Die Verwaltung als Leistungsträger* von Ernst Forsthoff. Erstmals veröffentlicht im Jahre 1938, ist sie an verschiedenen Stellen nicht frei von problematischen Anlehnungen an den Geist ihrer Entstehungszeit; auf sie kommt es im vorliegenden Zusammenhang aber nicht weiter an. Forsthoff leitet seine Überlegungen mit der anschaulichen Gegenüberstellung zweier idealtypischer »Lebensräume« ein, die er den »beherrschten« und den »effektiven Lebensraum« nennt. Der »beherrschte Lebensraum« ist der Raum, der dem Menschen exklusiv zur Verfügung zugewiesen ist; es ist »der Hof, der Acker, der ihm gehört, das Haus, in dem er lebt«.[15] Der »effektive Lebensraum« – man könnte auch vom vergesellschafteten oder sozialen Lebensraum sprechen[16] – ist demgegenüber der Raum, in dem sich »das Leben über den beherrschten Bereich hinaus tatsächlich vollzieht«.[17] Dieser effektive Lebensraum ist nun durch verschiedene Entwicklungen – die Ausbildung des modernen Verkehrswesens, die damit verbundene Möglichkeit zur Überwindung größerer Entfernungen, den Siegeszug der städtischen, insbesondere der großstädtischen Lebensweise – im Laufe der Zeit immer größer geworden, während der beherrschte Lebensraum immer weiter geschwunden ist und für immer breitere Schichten gar nicht mehr besteht: An die Stelle des Hauses tritt

13 Hegel, *Grundlinien*, § 198.

14 Émile Durkheim, *Über die Teilung der sozialen Arbeit*, übers. von Ludwig Schmidts, Frankfurt/M. 1977, S. 82.

15 Ernst Forsthoff, *Die Verwaltung als Leistungsträger*, Stuttgart 1938, S. 4.

16 Florian Meinel, *Der Jurist in der industriellen Gesellschaft*, Berlin 2012, S. 155, in Anlehnung an Dieter Suhr.

17 Forsthoff, *Die Verwaltung als Leistungsträger*, S. 4.

für sie die Etage, das möblierte Zimmer, die Schlafstelle.[18] Für die Menschen bedeutet dies, dass sie für ihre elementaren Lebensgüter zunehmend auf andere und deren Vorleistungen angewiesen sind; sie müssen sie, wie Forsthoff in Anlehnung an Max Weber sagt, von ihnen »appropriieren«.[19]

Das ist als Beobachtung eines gesellschaftlichen Modernisierungsprozesses und seiner Folgen für den Einzelnen nicht neu; schon bei Durkheim und noch früher bei Hegel steht es ja so.[20] Forsthoffs Pointe besteht aber in der Entdeckung und präzisen Beschreibung der immer weiter wachsenden Rolle, die dem Staat und seiner Verwaltung dabei zukommt. In der alten bürgerlichen Gesellschaft funktionierte die Appropriation über den Markt und in den Formen des Privatrechts: durch Kauf, durch Miete, durch die Inanspruchnahme von Dienstleistungen. Nunmehr wird sie wesentlich eine Sache des Staates und der von ihm zu diesem Zweck immer weiter ausgebauten Verwaltung. Über diese erbringt er einerseits selbst wesentliche Leistungen zur Sicherung der individuellen Existenz: durch die Bereitstellung einer allgemeinen Verkehrsinfrastruktur (Straßen, öffentliche Verkehrsmittel, Kommunikationsnetze), durch Versorgung mit elementaren Lebensgütern (Wasser, Strom, Gas), durch Institutionen öffentlicher Gesundheitsversorgung, zuletzt durch umfassende soziale Absicherungsleistungen. Darüber hinaus rückt er aber auch selbst in eine umfassende Garantenstellung für das Funktionieren der Appropriation ein.[21] Für die Verwaltung mündet dies in eine neue Funktionszuweisung, die Forsthoff als »Daseinsvorsorge« bezeichnet. Ihren Grund hat diese aber in einer entsprechend umfassenderen »Daseinsverantwortung« des Staates insgesamt, die zugleich den inneren Motor der Entwicklung bildet.[22]

Heute ist diese Verantwortung noch einmal durch zwei weitere Entwicklungen ausgeweitet und verstärkt, die sich ihrerseits wechselseitig befeuern: quantitativ durch einen nochmaligen Zuwachs der Staatsaufgaben über die Gewährleistung der sozialen Sicherheit hinaus, wie sie etwa für die Phase bis nach dem Ersten Weltkrieg noch bestimmend war; qualitativ durch eine neuere Veränderung

18 Ebd., S. 5.
19 Ebd., S. 5 f.
20 Meinel, *Der Jurist in der industriellen Gesellschaft*, S. 156.
21 Ebd., S. 155.
22 Forsthoff, *Die Verwaltung als Leistungsträger*, S. 6 ff.

des Zugriffs, die als Hinwendung zur Prävention oder zur Vorsorge beschrieben wird.[23] Die Ausweitung der Staatsaufgaben auf immer weitere Felder – Wirtschaft, Umwelt, Technik, Kultur, Familienförderung, Geschlechtergleichstellung etc. etc. – hat im Ergebnis dazu geführt, dass es heute prinzipiell keinen Sozialbereich mehr gibt, der dem Zugriff des Staates entzogen ist. Dieser ist dadurch seinerseits in eine Globalverantwortung für die Herstellung erwünschter Lagen aller Art eingerückt, aus der heraus die Befugnis zur Sozialgestaltung nicht mehr prinzipiell begrenzt, sondern nur graduell abgestuft ist.[24] Mit der Hinwendung zur Prävention verschiebt sich der Bezugspunkt staatlichen Handelns von der Abwehr unmittelbar bevorstehender Gefahren in deren Vorfeld hinein und auf die Einhegung abstrakter Risiken. Dieses Handeln selbst bekommt dadurch einen stärker zukunftsbezogenen und sozialplanerischen, vielleicht sozialtechnologischen Grundzug, wie man ebenfalls schon bei Forsthoff nachlesen kann.[25] Im Ergebnis wandelt es sich immer mehr zu einem überindividuell-gesamthaften, in die Fläche wirkenden Risikomanagement oder einer allgemeinen »Risikopolitik«, für die am Ende selbst der Tod eine statistische Größe ist, die man auf einen Minimalwert herunterdrücken muss.[26] In diesem Sinne ist sie, wie sich bei Foucault nachlesen lässt, nur vordergründig auf den Einzelnen, in der Sache aber auf die Population und ihre Erhaltung in die Zukunft hinein gerichtet.[27]

23 Zum Letzteren begriffsbildend: Erhard Denninger, »Der Präventionsstaat«, in: *Kritische Justiz* 21/1 (1988), S. 1-15.

24 Dieter Grimm, *Die Zukunft der Verfassung*, Berlin 1991, S. 166 f., S. 410 ff. Eine anschauliche Beschreibung des Tatbestandes bei Niklas Luhmann, *Die Politik der Gesellschaft*, Frankfurt/M. 2000, S. 424 ff.: »Die Dicken melden sich, die Unfallopfer heruntergewirtschafteter Industrien, zu kostspielige Technologieentwicklungen. Und all dies hat sein gutes Recht und seine unabweisbare Legitimität […]. Im Ergebnis gleicht der Staat dann einem Wasserturm, in den die Mittel hinaufgepumpt werden, um von dort aus verteilt zu werden an jeden, der einen Anschluss unterhält.«

25 Vgl. Forsthoff, *Die Verwaltung als Leistungsträger*, S. 6 ff.

26 Andreas Reckwitz, »Risikopolitik«, in: Michael Volkmer, Karin Werner (Hg.), *Die Corona-Gesellschaft. Analysen zur Lage und Perspektiven für die Zukunft*, Bielefeld 2020, S. 241-251.

27 Michel Foucault, *Sicherheit, Territorium, Bevölkerung. Geschichte der Gouvernementalität I*, übers. von Claudia Brede-Konersmann und Jürgen Schröder. Frankfurt/M. 2006, S. 94 f., S. 102 f.; der »überindividuelle« Grundzug ebenfalls bereits bei Forsthoff, *Verwaltung als Leistungsträger*, S. 40.

IV. Die Reaktion des Rechts

Im Rechtssystem kommt dieser Befund allerdings mit einiger Verzögerung an und ist bis heute noch nicht vollständig und zu seiner letzten Konsequenz verarbeitet. Am ehesten und umfassendsten reagiert noch das Verwaltungsrecht: Dieses wird vergleichsweise früh auf die leistende Verwaltung umgestellt, die der älteren Eingriffsverwaltung nun auch theoretisch gleichberechtigt an die Seite tritt. Etwa ab der Jahrtausendwende wird diese Zweiteilung sodann überlagert durch ein neueres Paradigma, dessen Schlüsselbegriff die »Steuerung« ist und das in diesem Sinne das Verwaltungsrecht als Steuerungsressource – gerade eben auch von Gesellschaft – entfalten will. Die Verwaltungsrechtswissenschaft beschreibt sich darüber selbst als »Steuerungswissenschaft«, was programmatisch – und etwas geschichtsvergessen – in ihrer selbstgegebenen Bezeichnung als »Neue Verwaltungsrechtswissenschaft« zum Ausdruck kommt.[28] Das Verwaltungsrecht als solches wird dadurch in der Konsequenz ein Mittel zur planmäßigen Bewirkung von Zwecken, während die Rechts- und Kontrollperspektive, der die »alte« Verwaltungsrechtswissenschaft anhing, in den Hintergrund tritt; sie wird jetzt etwas irgendwie Langweiliges, mit dem man sich jedenfalls wissenschaftlich kaum noch gewinnbringend beschäftigen kann.

In der Verfassung schlagen sich die Veränderungen demgegenüber ab etwa Mitte der 1970er Jahre und dort vor allem in den Grundrechten nieder: in der Ausformulierung sogenannter objektiv-rechtlicher Gehalte, die die Grundrechte über die frühere Funktion als Eingriffsabwehrrechte hinaus zu einem positiven Handlungsprogramm für die staatlichen Handlungsorgane umfunktionieren; in der Ausbuchstabierung einer leistungs- und teilhaberechtlichen Dimension, die heute mindestens einen Anspruch auf Bereitstellung des sozialen, wirtschaftlichen und kulturellen Existenzminimums für jedermann umfasst;[29] in der Idee der grundrechtlichen Schutzpflichten, die den Staat dazu anhalten, sich schützend und fördernd

28 Siehe dazu insbesondere Wolfgang Hoffmann-Riem u. a. (Hg.), *Grundlagen des Verwaltungsrechts*, 3 Bde., München ²2012; das Programm als solches unter dieser Bezeichnung zusammengefasst im einleitenden Beitrag von Andreas Voßkuhle, »Neue Verwaltungsrechtswissenschaft«, Bd. 2, § 1, S. 1-64.

29 Siehe BVerfGE 125, 175; die Grundlagen der leistungsrechtlichen Dimension in BVerfGE 33, 303 – numerus clausus I [1972].

vor die Grundrechte zu stellen.[30] Gerade die Schutzpflichten lassen sich dabei, wenngleich erst relativ spät in das Grundrechtsprogramm aufgenommen, als die verbindende Klammer sämtlicher neuerer Grundrechtsfunktionen ansehen: Zunächst und ursprünglich nur für den Schutz des – ungeborenen – Lebens vor Eingriffen Dritter gedacht, sind sie längst universalisiert worden und verpflichten den Staat in einem umfassenden Sinne zu einer aktiv intervenierenden Grundrechtspolitik. Allerdings bleibt nach wie vor die Verbindung zu einer Vorstellung natürlicher Freiheit aufrechterhalten, die weiter als das Primäre und Bestimmende gilt. Deutlich wird dies etwa im ungebrochenen Festhalten am rechtsstaatlichen Verteilungsprinzip, in der Vorstellung von den Grundrechten als geschützten Räumen, wie sie in der Rede von den »Schutzbereichen« zum Ausdruck kommt, aber auch in der Zuordnung und Hierarchisierung der Grundrechtsfunktionen, für die letztlich immer noch der alte Satz des Lüth-Urteils gilt, dass die Grundrechte »in erster Linie dazu bestimmt [sind], die Freiheitssphäre des Einzelnen vor Eingriffen der öffentlichen Gewalt zu sichern«; alles Weitere hat dann eher nur den Charakter einer ergänzenden Zutat.[31]

Wie sehr man sich daran festhält und klammert, ist vor einigen Jahren in der Reaktion auf einen Vorschlag deutlich geworden, den – eigentlich sehr hellsichtig – der frühere Verfassungsrichter Wolfgang Hoffmann-Riem unterbreitet hat.[32] Dessen Beobachtung war, dass die Wahrnehmung von Grundrechten in modernen Massengesellschaften ohne Bereitstellung einer durch den Staat zu gewährleistenden Infrastruktur nicht mehr denkbar ist: einer tatsächlichen Infrastruktur, einer verfahrensmäßigen Infrastruktur, vor allem aber auch einer rechtlichen Infrastruktur. Dazu verbindet sich mit der Ausübung privater Freiheit häufig die Erwartung von Gemeinwohleffekten, die der Staat durch Bereitstellung eines entsprechenden Rahmens, durch Aufstellung von Spielregeln und wirksame Auffangkonzepte, regulierend sicherstellen muss. Zuletzt kommt diesem auch die immer wichtigere Aufgabe der Sicherung dieser Freiheit gegen private Macht und wirtschaftliche Asymme-

30 Erstmals in BVerfGE 39, 1 – Schwangerschaftsabbruch I [1975].

31 BVerfGE 7, 198 – Lüth [1958].

32 Wolfgang Hoffmann-Riem, »Enge oder weite Gewährleistungsgehalte der Grundrechte?«, in: Michael Bäuerle u. a. (Hg.), *Haben wir wirklich Recht?*, Baden-Baden 2004, S. 53-76.

trien zu, die Hoffmann-Riem anschaulich im Begriff der »Grundrechtsvorsorge« zusammenfasst, der automatisch die Assoziation zur älteren Daseinsvorsorge aufruft.[33] All dies müsse sich, forderte er, in einer entsprechenden Anpassung der Grundrechtsdogmatik niederschlagen, die mindestens die folgenden Elemente umfasse: die Aufwertung der objektiv-rechtlichen Gehalte der Grundrechte gegenüber den subjektiv-rechtlichen, einen Ausbau der Kategorie der Grundrechtsausgestaltung, die nicht mehr an den für Eingriffe entwickelten Schranken zu messen sei, die Verabschiedung der Rede von den »Schutzbereichen«, die ein falsches räumliches Denken suggeriere; stattdessen solle sinnvollerweise nur noch der Begriff des »Gewährleistungsgehaltes« verwendet werden.[34] Insgesamt sollten die Grundrechte so von einem neuen Leitbild des »Gewährleistungsstaates« mit einer entsprechenden »staatlichen Gewährleistungsverantwortung« gedacht und erschlossen werden.[35] Gerade hier setzte dann allerdings auch die Kritik an, die die Grundrechte zur »gestaltungsoffenen Variablen eines staatlichen Gewährleistungssystems« verkommen sah.[36] Der Vorschlag ist dann schnell und entschieden zurückgewiesen worden; er galt als »ein Irrweg, der nicht weiter beschritten werden sollte«.[37]

V. Von der natürlichen zur bewirtschafteten Freiheit

Die bloße Zurückweisung eines dogmatischen Konzepts kann aber nichts an dem nüchternen Faktum ändern, dass Freiheit immer weniger etwas von sich aus einfach Vorhandenes ist, das am besten durch Enthaltsamkeit zu respektieren oder allenfalls durch korri-

33 Ebd., S. 56 ff.

34 Ebd., S. 59 ff.; erläuternd und präzisierend dann ders., »Grundrechtsanwendung unter Rationalitätsanspruch. Eine Erwiderung auf Kahls Kritik an neueren Ansätzen in der Grundrechtsdogmatik«, in: *Der Staat* 43/2 (2004), S. 203-233.

35 Hoffmann-Riem, »Enge oder weite Gewährleistungsgehalte der Grundrechte?«, S. 60.

36 Wolfram Höfling, »Kopernikanische Wende rückwärts?«, in: Stefan Muckel (Hg.), *Kirche und Religion im sozialen Rechtsstaat*, Berlin 2003, S. 329-340, hier S. 338.

37 So Wolfgang Kahl, »Vom weiten Schutzbereich zum engen Gewährleistungsgehalt: Kritik einer neuen Richtung der deutschen Grundrechtsdogmatik«, in: *Der Staat* 43/2 (2004), S. 167-202, hier S. 202.

gierende Eingriffe in das Marktgeschehen zu sichern ist, sondern gegen alle weiterhin aufrechterhaltenen Fiktionen immer mehr das Resultat aktiver Gewährleistung und Bewirkung wird: ein Produkt, das der Staat bereitzustellen oder, wie man heute meist sagt, zu »liefern« hat. Freiheit wandelt sich damit in der Tendenz von der natürlichen Grundausstattung des Menschen, als die man sie lange Zeit begriffen hat, zu einem Gegenstand staatlicher Zuteilung. Die Pandemie hat diesen Grundzug in einer Klarheit wie selten sichtbar gemacht, soweit sich ihre Bekämpfung im Modus eines beständigen Herunter- und Herauffahrens von Gesellschaft vollzog, je nachdem, was die Kurve der Infektionszahlen gerade verlangte. Das lässt schon in der Formulierung die ganze Spannweite der staatlichen Handlungsmöglichkeiten gegenüber der Freiheit erkennen. Aber es spiegelt sich auch sonst in einer Sprache, in der sich zunehmend eine Rhetorik der Zuteilung durchgesetzt hat: die Wiederherstellung eines freiheitlichen Gesamtzustands als Resultat einer großmütigen obrigkeitlichen Gewährung im Sinne einer »Lockerung«, für die das Prinzip der »Vorsicht« gilt; die Freiheit der Geimpften als »Privileg«, dessen Berechtigung sich selbst im Falle der weitgehenden Ungefährlichkeit für andere nicht von selbst versteht und von dem man erst noch fragen muss, ob es unter Gerechtigkeits- und Solidaritätsgesichtspunkten überhaupt zu rechtfertigen ist. Es handelt sich aber insgesamt um einen Vorgang der Bewirtschaftung von Freiheit durch den modernen Verwaltungsstaat, der darin gleichsam Freiheitsbudgets oder Freiheitskontingente unter den Bürgern aufteilt. Ausgangspunkt ist dabei die durch entsprechende Modellierungen zu berechnende Anzahl an Sozialkontakten, die insgesamt noch hinnehmbar erscheint, um den befürchteten exponentiellen Verlauf der Infektionen zu stoppen. Das sich daraus ergebende Kontingent muss dann aufgeteilt werden, und die entscheidende Frage ist, wer es bekommt: die Baumärkte oder die Buchläden, die Restaurants oder die Fitnessstudios, die Schulen, Universitäten und Theater oder die produzierende Wirtschaft; am Ende bekommt es dann meist die produzierende Wirtschaft. Oder es wird aufgeteilt zwischen Alt und Jung, so dass dann in der Folge auch die Sozialkontakte der Jüngeren eingeschränkt werden, obwohl sie durch die Pandemie selbst deutlich weniger gefährdet sind als die Älteren, manche wie die Kinder praktisch überhaupt nicht.

Aus der Freiheit als einem vormals individuellen Recht des Einzelnen gegen den Staat wird so nun eine von vornherein als knapp verstandene Verteilungs- und Verfügungsmasse. Bis zu welchem Ausmaß die Entwicklung vorangeschritten ist und welche Weiterungen hier noch denkbar sind, zeigt nun eindrücklich die Entscheidung des Bundesverfassungsgerichts zum Klimaschutz.[38] Freiheit wird darin um- und neudefiniert zu einer »intertemporalen Freiheit«, die an keinen der klassischen Freiheitsbegriffe oder seine Antinomien – negative und positive Freiheit, subjektive und objektive Freiheit, formale und reale Freiheit, private und politische Freiheit etc. – anschlussfähig und schon von sich aus, als Freiheit über die Zeit gesehen, immer nur als Gegenstand einer staatlichen Verteilung denkbar ist.[39] Auch hier gibt es ein bestimmtes Budget an Freiheit, das sich sogar exakt beziffern lässt und durch die Menge an CO_2 bestimmt wird, die nicht überschritten werden darf, wenn der Prozess der Erderwärmung über seinen Kipppunkt hinaus noch aufgehalten werden soll; diese Menge bildet dann selbst das noch zum Verbrauch zur Verfügung stehende und ausdrücklich so bezeichnete »Restbudget«.[40] Dem entspricht wiederum gedanklich die Menge derjenigen Freiheitsbetätigungen, die mit der Erzeugung oder dem Ausstoß von CO_2 verbunden sind, vom Fahren eines benzingetriebenen Autos bis hin zum Betrieb von Flugzeugen oder Kohlekraftwerken. Diese werden nun vorsorglich verteilt: Damit auch für die nachfolgenden Generationen noch etwas übrig bleibt, müssen sie schon für die jetzige beschränkt und entsprechend kontingentiert werden.[41] Dieser Gedanke lässt sich auf beliebige andere Konstellationen übertragen, auf die Nutzung endlicher natürlicher Ressourcen ebenso wie auf den Gebrauch von Antibiotika, auf die Staatsverschuldung ebenso wie auf den Umgang mit Rentenansprüchen, bei denen es sich grundrechtlich gesehen ebenfalls um geschützte Freiheiten handelt. Schon fordern deshalb die Ersten, die Entscheidung des Bundesverfassungsgerichts zum Anlass zu nehmen, »sämtliche Säulen des gesellschaftlichen Lebens, bei denen Entscheidungen der Gegenwart zu Lasten für künftige

38 BVerfGE 157, 30.

39 BVerfGE 157, 30, Rn. 116ff.

40 Zur Berechnung und zum Herunterbrechen des globalen Restbudgets auf die einzelnen Staaten BVerfGE 157, 30, Rn. 215ff.

41 Treffend spricht das Gericht von der »verhältnismäßigen Verteilung von Freiheitschancen über die Generationen«, BVerfGE 157, 30, Ls. 4, Rn. 183.

Generationen führen, auf mögliche Beschränkungen der intertemporalen Freiheiten abzuklopfen«.[42] Insoweit ist der Vorgang der Bewirtschaftung von Freiheiten nicht schon abgeschlossen, sondern steht möglicherweise erst an seinem Beginn, so dass sowohl die Pandemie als auch die Klimakrise nur diejenigen Bereiche markierten, in denen er in besonderer Weise sichtbar wird.

VI. Verschiebungen von Autonomie

Diesen Befund wird man nicht notwendig so lesen müssen, dass damit die Idee der individuellen Freiheit als einer Freiheit, die vom Einzelnen in prinzipiell selbst verantworteten Entscheidungen realisiert und gelebt wird, insgesamt an ihr Ende gekommen wäre. Der Vorgang ließe sich in seiner Gesamtheit auch als fortwährender Geländegewinn einer demokratischen oder politischen Freiheit beschreiben, die sich gegen die private, staatsabgewandte Freiheit nun mehr und mehr in den Vordergrund schiebt und als der eigentliche Kern heutiger Freiheit hervortritt. Das schließt an eine Deutung an, die sich bei Jürgen Habermas findet, der lediglich statt von privater und politischer Freiheit von individueller und öffentlicher Autonomie spricht: Im Gebrauch ihrer öffentlichen Autonomie bestimmen die zum demokratischen Gespräch versammelten Staatsbürger eben zugleich auch, wie sie ihre Grundrechte als Ausdruck ihrer individuellen Autonomie ausgestalten und unter sich verteilen.[43] Das wäre dann die freundlichere Umschreibung des Vorgangs. Auch in der Bekämpfung der Pandemie ließe sich in diesem Sinne die Ausübung einer gemeinschaftlichen oder demokratischen Freiheit sehen, die nur eben gerade in einer großflächigen – und wie man hofft und sich einredet: nur zeitweisen – Dispensierung individueller Freiheit besteht und sich in ihr äußert.[44] Das Problem

42 Katja Rath, Martin Benner, »Ein Grundrecht auf Generationengerechtigkeit? Die Relevanz des Klimaschutz-Beschlusses des Bundesverfassungsgerichts für andere Rechtsgebiete mit intergenerationaler Bedeutung«, in: *Verfassungsblog*, 07.05.2021, ⟨https://verfassungsblog.de/ein-grundrecht-auf-generationengerechtigkeit/⟩, letzter Zugriff 16.02.2021.

43 Jürgen Habermas, *Faktizität und Geltung. Beiträge zur Diskurstheorie des Rechts und des demokratischen Rechtsstaats*, Frankfurt/M. 1998, S. 151 ff.

44 Christoph Möllers, *Freiheitsgrade. Elemente einer liberalen politischen Mechanik*,

ist nur, dass man unter diesen Bedingungen kaum weiter an der »Gleichursprünglichkeit« und damit prinzipiell auch »Gleichgewichtigkeit« von individueller und öffentlicher Autonomie festhalten kann, wie sie gerade von Habermas vehement vertreten worden ist, sondern offen einräumen müsste, dass sich die öffentliche zur Not auch ganz über die individuelle Autonomie schieben kann.[45] Welchen Eigenwert hätte dann aber noch die individuelle Autonomie oder eben die grundrechtliche Freiheit?

Zudem gibt es auch hier einige Beobachtungen, die diese freundlichere Sicht irritieren könnten. Zum einen haben, von wenigen Ausnahmen abgesehen, fast alle politischen Ordnungen, gleich ob demokratisch oder autoritär oder sogar totalitär, in derselben oder einer ähnlichen Weise auf das Virus reagiert, so wie diese Reaktion überhaupt als Unterordnung unter einen – wissenschaftlich begründeten – Sachzwang erschien: möglicherweise dann doch eher der Vorgang eines Verwaltungsstaates als das Resultat einer demokratischen Verständigung. Zum anderen wurden die Entscheidungen nicht nur hierzulande weitgehend außerhalb der vorgesehenen Formen und Verfahren getroffen: Die Parlamente als zentrale Orte der demokratischen Entscheidungsfindung fielen lange Zeit aus; das Gesetzgebungsverfahren wurde nur verspätet und oft – wie bei der Verabschiedung der sogenannten Bundesnotbremse – eher zweckentfremdet als seinem Sinn entsprechend genutzt; stattdessen wurden die Entscheidungen in exekutiven Runden getroffen, die entweder – wie Kabinette – nicht öffentlich tagen oder – wie die um Kanzleramt und Bundesgesundheitsministerium ergänzte Ministerpräsidentenkonferenz – in der Verfassung nicht vorgesehen sind.[46] Was dann dort an Gründen diskutiert und behandelt wurde, teilte sich dem Publikum nur mit, wenn es jemand »durchgesto

Berlin 2020, S. 274, Nr. 326: »Gemeinschaftsprojekt der Bürgerinnen, in denen der Staat nur als eine Art Regel- und Durchsetzungsmoderator einer freien Vereinbarung der Bürgerinnen fungierte.« In der Sache ebenso Rainer Forst in diesem Band.

45 Diese Gleichursprünglichkeit und Gleichgewichtung bei Habermas, *Faktizität und Geltung*, S. 151 ff.

46 Dass das Bundesverfassungsgericht in seinen Entscheidungen zur Bundesnotbremse an alldem keinerlei Anstoß genommen hat, vgl. BVerfG, Beschl. vom 19. 11. 2021-1 BvR 781/21, Rn. 138 ff., wird man als Indikator für die zunehmende Gewöhnung an diesen Zustand nehmen können.

chen« hat; wo zusätzlich Sachverstand – vor allem virologischer – einbezogen wurde, schien er doch eher selektiv auf das von Anfang an favorisierte Ergebnis hin ausgewählt. In diesem Sinne hatten die Entscheidungen von Anfang an einen stark administrativen oder technokratischen Grundzug, der seine demokratische Legitimität allenfalls durch den zumindest fall- und bereichsweise artikulierten Widerspruch – in welchen verqueren Formen und Äußerungen auch immer – erhielt. Und auch für die entschlossenere Bewältigung des Klimawandels ging der entscheidende Impuls nicht unmittelbar von den Bürgern oder dem an deren Meinungs- und Willensbildung anschließenden parlamentarischen Gesetzgeber aus, sondern mit dem Bundesverfassungsgericht von einer dezidiert nichtmajoritären Institution, von der man erst noch begründen müsste, welchen legitimen Platz man ihr im demokratischen Diskurs einräumt und ob sie dort überhaupt etwas zu suchen hat.[47]

Selbst wenn man aber unter diesen Bedingungen weiter an der Vorstellung eines gemeinschaftlichen demokratischen Projekts festhielte, änderte dies nichts am Schicksal der individuellen Autonomie im Sinne der grundrechtlichen Freiheit, die dann eben der öffentlichen in einem bislang unbekannten Umfang zur Disposition steht und ihr gegenüber allenfalls noch auf Gründen für allfällige Einschränkungen bestehen kann.[48] Man könnte dann kaum noch an der gerade von Habermas aufgestellten These festhalten, dass beide einander prinzipiell gleichrangig seien. Habermas selbst will diesem Problem dadurch entkommen, dass er das komplementäre Verhältnis in Ausnahmesituationen als »gestört« ansieht, so dass sich hier die Politik als Mittel der kollektiven Zielverwirklichung gegen das Recht als Medium der Gewährleistung der subjektiven Freiheiten durchsetzt.[49] Das wirft allerdings die weitere Frage auf, wer über das Bestehen der Ausnahmesituation entscheidet. Will man dies nicht, wie es bei Habermas durchaus anklingt, einer – moralphilosophischen oder juristischen – Elite übertragen, können dies erneut nur die – in welcher vermittelten Form auch immer –

47 Zur generell stark gestiegenen Bedeutung solcher nichtmajoritären Institutionen: Armin Schäfer, Michael Zürn, *Die demokratische Regression*, Berlin 2021.

48 Auch das ist allerdings im Pandemiefall nicht sicher, wenn man an dieser Stelle den Überlegungen von Rainer Forst folgen wollte, siehe dazu dessen Beitrag in diesem Band.

49 Siehe den Beitrag von Jürgen Habermas in diesem Band.

zum demokratischen Gespräch versammelten Staatsbürger sein. Dies wiederum bedeutete nichts anderes, als dass ihnen die Grundrechte eben doch zur prinzipiellen Disposition stehen und sie damit weitgehend nach Belieben verfahren können.[50] Wir hätten es dann mit einer prinzipiellen Verschiebung innerhalb des Konzepts der Freiheit zu tun: Während die demokratische Freiheit (als positive Freiheit, als Freiheit zur Mitwirkung an den gemeinschaftlichen Angelegenheiten, als Freiheit »zum Staat«) immer stärker an Gewicht gewinnt und immer weitere Bereiche des Lebens usurpiert, bleibt von der individuellen Freiheit (als negative Freiheit, als Freiheit im Privaten, als Freiheit »vom Staat«) im praktischen Ergebnis bloß noch der Raum, den die Gesetze übrig lassen, weil an seiner Regulierung kein größeres Interesse besteht. So las es sich auch schon bei Hobbes.[51] Zugleich schwindet damit der Raum, innerhalb dessen der Einzelne selbst entscheiden kann, welche Risiken er für sich einzugehen und zu tragen bereit ist: In der Vorstellung einer von vornherein immer schon kollektiven Risikobewältigung bleibt davon zuletzt nur noch eine entfernte Ahnung zurück.

50 Das gilt erst recht dann, wenn man mit Rainer Forst annehmen wollte, dass gegenüber allen potentiellen Gefahrverursachern schon das prinzipielle Recht auf Rechtfertigung gegenüber allen beschränkenden Maßnahmen nicht mehr bestehen sollte; siehe dazu den Beitrag von Forst in diesem Band.

51 Hobbes, *Leviathan*, S. 165.

III.
Zuordnungen und Abwägungen

Oliver Lepsius

Zum Verhältnis von Lebens- und Würdeschutz im Grundgesetz

1. Werte und Rechte

(a) Verfassungstextliche Annäherung an die Fragestellung

Das Grundgesetz ist erstaunlich klar im Sortieren der Begriffe »Würde« und »Leben«. Die Würde des Menschen steht im Art. 1 Abs. 1 GG bekanntlich am Beginn der Verfassung. Sie zu achten und zu schützen, ist Verpflichtung aller staatlichen Gewalt. Art. 1 Abs. 2 GG folgert daraus, dass sich das deutsche Volk darum zu den unverletzlichen und unveräußerlichen Menschenrechten bekennt, weil sie die Grundlage jeder menschlichen Gemeinschaft, des Friedens und der Gerechtigkeit sind. Bis hierher verwendet das Grundgesetz die Verben achten, schützen und bekennen.

Der nächste Absatz bringt den Kontrast im Hinblick auf die durch das Verb ausgelöste Rechtsfolge. Art. 1 Abs. 3 GG benutzt das Verb »binden«, und er bezieht es auf die Grundrechte und die drei namentlich genannten Gewalten (die Gesetzgebung, die vollziehende und die rechtsprechende Gewalt). Die Rechtsfolge der Bindung ist (im Unterschied zum Achten, Schützen und Bekennen) eindeutig: Die Grundrechte binden als unmittelbar geltendes Recht. Art. 1 Abs. 3 GG bezieht diese Bindungswirkung überdies nur auf die »nachfolgenden« Grundrechte. Daraus schließt man, dass die Grundrechtsverbürgungen erst mit Art. 2 GG beginnen und alles Vorherige, also der Menschenwürdesatz wie das Bekenntnis zu den Menschenrechten, an der grundrechtlichen Bindung nicht teilhat. Anders gesagt: Achten oder Bekennen führt zu einer anderen Rechtsfolge als Binden. Der Menschenwürdesatz ist deswegen jedoch nicht bloß deklamatorischer Natur. Als Verfassungsrechtssatz hat er am Vorrang der Verfassung teil; eine Rechtswirkung muss ihm zukommen – aber sie muss sich von der grundrechtlichen Bindung als unmittelbar geltendes Recht unterscheiden.

(b) Interpretation und Interpretierbarkeit

Schon vor dem Hintergrund der Interpretation der Grundrechte auf der einen und des Menschenwürdesatzes auf der anderen Seite ist diese Differenzierung nachvollziehbar. Die Grundrechte sind der Interpretation zugänglich und bedürftig. Sie betreffen Handlungen, die vor hoheitlichen Eingriffen zum Zwecke des Freiheitsschutzes abgeschirmt werden sollen. Die Interpretation der Grundrechte findet einiges bereits vor: Handlungen und ihre Akteure; Intentionen und Zwecke; über die Regelungsermächtigungen in den jeweiligen Grundrechten auch eine primär gesetzliche Ausgestaltung der jeweiligen Freiheitsbereiche – also rechtlich ausgestaltete Interpretationsangebote; und schließlich finden die Grundrechte Institutionen vor, mit denen der Interpretationsprozess organisiert wird: die Gewalten, aber auch gesellschaftliche Institutionen der Öffentlichkeit und der intermediären Vermittlung. Grundrechtsinterpretation ist daher verfassungsrechtlich eingebettet in einen vierpoligen Zusammenhang von (1) Akteuren und ihren Handlungen, (2) dem Zweck der Freiheit, (3) dem übrigen Recht als Grundinterpretation sowie (4) einer Institutionenordnung.

Auf die Interpretation der Menschenwürde trifft zunächst nichts davon zu. Sie ist nicht von Handlungen abhängig, sondern liegt der Handlungsfähigkeit voraus. Sie hat keine Finalität, sondern ist unantastbar. Der Achtungsanspruch der Menschenwürde verhindert, dass Gesetze ausgestaltend wirken können oder Institutionen einen verbindlichen Interpretationszugriff erhalten könnten. Anders gesagt: Menschenwürde und Grundrechte unterscheiden sich nicht nur in ihren Rechtswirkungen, sondern auch in ihrer Interpretierbarkeit.

Wollte man Würde interpretieren wie ein Grundrecht, ihr also einen Schutzbereich oder Gewährleistungsgehalt zuweisen und diesen auf dem Wege eines gewaltengegliederten Diskursprozesses gewinnen, würde man die Menschenwürde unweigerlich antasten. Sie geriete jedenfalls in die Abhängigkeit einer Kompetenzordnung. Menschenwürde zu interpretieren oder zu konkretisieren, ist schon deswegen latent gefährlich.[1] Die Interpretation der Menschenwür-

1 Vgl. Hans Carl Nipperdey, »Die Würde des Menschen«, in: Franz L. Neumann u. a. (Hg.), *Die Grundrechte: Handbuch der Theorie und Praxis der Grundrechte*, Bd. II, Berlin 1954, S. 1-50, hier S. 1: »Der Begriff der Würde des Menschen bedarf

de muss daher zum Schutze ihrer Unantastbarkeit auf das bezogen werden, was das Grundgesetz Achten und Schützen nennt.[2] Achten und Schützen ist etwas anderes als Interpretieren oder Konkretisieren. Diese Abgrenzung ist schwierig, aber sie muss getroffen werden. Sie zu leisten ist zunächst eine gedanklich-kategoriale Aufgabe.

Von der Verfassungsrechtsprechung darf folglich nicht erwartet werden, diese Abgrenzungsleistung prinzipiell zu erbringen. Zunächst einmal geht es bei Rechtsprechung naturgemäß um die Interpretation von Rechten und nicht um epistemologische Abgrenzungsleistungen. Ein Gericht entscheidet Fälle und Rechtsfragen, nicht mehr und nicht weniger. Die Auslegung einer Norm erfolgt nicht abstrakt, sondern im Lichte eines konkreten Fallbezugs.

Das wiederum erklärt, warum sich im Lauf von 70 Jahren gegenläufige Aussagen des Bundesverfassungsgerichts finden lassen: Mal ist die Würde nur Wert, mal ein »tragendes Konstruktionsprinzip«, mal sogar ein Grundrecht.[3] Mal werden Werte und Rechte klar getrennt, mal aufeinander bezogen. Die Vielfalt der Verfassungsinterpretationen erklärt sich aus den situativen Notwendigkeiten der jeweils zur Entscheidung anstehenden Sachverhalte, auch aus der Kompromissfindung im Gericht.[4] Zum Verhältnis von Würde

keiner weiteren juristischen Definition. Es handelt sich um einen Eigenwert und die Eigenständigkeit, die Wesenheit, die Natur des Menschen schlechthin, die an den Anfang und in den Mittelpunkt der Gesamtordnung gestellt wird.« Ebd., S. 3: »Die Würde […] steht dem Menschen als solchem kraft seiner Wesenheit als Charakter indelebilis zu, unabhängig von der konkreten Situation, in der sich der Einzelne befindet.«

2 Aus dem Wert- und Achtungsanspruch wird die Objektformel abgeleitet, es widerspreche der menschlichen Würde, den Menschen zum bloßen Objekt zu machen, so schon BVerfGE 5, 85 (204), 7, 198 (205). Die Objektformel geht auf Günter Dürig zurück, siehe Günter Dürig, in: Theodor Maunz, ders. (Begr.), *Grundgesetz. Kommentar*, München, Stand: Januar 1976, Art. 1 Abs. 1 Rn. 28.

3 BVerfGE 5, 85 (204) – KPD [1956]: »In einer freiheitlichen Demokratie ist die Würde des Menschen der oberste Wert«; BVerfGE 6, 32 (41) – Elfes [1958]: Menschenwürde als oberster Wert; BVerfGE 7, 198 (205) – Lüth [1958]: »Das Wertsystem des Grundgesetzes findet seinen Mittelpunkt in der innerhalb der sozialen Gemeinschaft sich frei entfaltenden menschlichen Persönlichkeit und ihrer Würde.« Die grundsätzliche Fähigkeit des Menschenwürdesatzes, auch grundrechtlich zu wirken, wurde schon angenommen vom BVerfGE 1, 97 (104) – Kriegerwitwenversorgung [1951]; explizit von einem Grundrecht des Art. 1 Abs. 1 GG spricht BVerfGE 15, 249 (255) – Drohende politische Verfolgung nach Auslieferung [1963].

4 Siehe Thomas Gutmann, »Einige Überlegungen zur Funktion der Menschenwür-

und Grundrechten darf man jedenfalls aus Karlsruhe keine letzte Wahrheit erwarten, sondern muss die Kontextabhängigkeit der Sachverhalte und das Erkenntnisvermögen eines Kollegialorgans berücksichtigen. Zu erwarten, dass sich 70 Jahre Rechtsprechung auf einfache Aussagen reduzieren ließen, würde die Vielgestaltigkeit der Fallgestaltungen dementieren und wäre nur Ausdruck eines recht schlichten Rechtsverständnisses.

Jedenfalls ist zwischen der Menschenwürde des Art. 1 GG und den nachfolgenden Grundrechten zu trennen: kategorial, epistemologisch sowie im Hinblick auf die Rechtsfolge.[5] Das war auch in der Rechtsprechung des Bundesverfassungsgerichts zunächst unumstritten. Es war dort von der Menschenwürde als objektivem Wert, als Höchstwert, aber immer von einem Wert die Rede,[6] und nicht von einem Recht. Leben ist ein Recht, Würde ist ein Wert. Das greift die unterschiedlichen Zugangskontexte auf:

Rechte benötigen Akteure und Interessen, eine Rechtsordnung und Institutionen. Ein Recht (nicht: das Recht) existiert immer nur intersubjektiv. Ein Recht benötigt einen Adressaten. Es hat eine Bindungswirkung; es löst eine Pflicht aus. Das Recht wird zu einem Recht erst dadurch, dass jemand von jemand anderem ein Tun, Dulden oder Unterlassen verlangen kann. Kein Recht ohne Pflicht, denn in der Pflichtigkeit anderer liegt gerade die Natur des (subjektiven) Rechts. Weil Rechte (und somit Grundrechte) auf eine Rechtswirkung abzielen und diese einen Adressaten, einen Pflichtigen, braucht, ist die Einrichtung und Ausgestaltung von Rechten mit den oben genannten vier Grundbedingungen verbunden. Rechte müssen immer wieder konkretisiert werden, was ihre Interpretation voraussetzt.

Werte wirken anders. Sie benötigen weder Intersubjektivität noch eine Rechtsordnung. Wohl aber benötigen sie Handlungen

de als Rechtsbegriff«, in: Thomas Weitin (Hg.), *Wahrheit und Gewalt. Der Diskurs der Folter in Europa und den USA*, Bielefeld 2010, S. 17-40.

5 Vgl. Christoph Enders, *Die Menschenwürde in der Verfassungsordnung. Zur Dogmatik des Art. 1 GG*, Tübingen 1997, S. 92-100.

6 Dieses Grundverständnis lässt sich auf Kant stützen, dessen Begriff der Würde und der Menschenwürde freilich nicht einheitlich war; vgl. Dietmar von der Pfordten, *Menschenwürde, Recht und Staat bei Kant. Fünf Untersuchungen*, Paderborn 2009, S. 9-26; Thomas Gutmann, »Würde und Autonomie. Überlegungen zur Kantischen Tradition«, in: *Jahrbuch für Wissenschaft und Ethik* 15 (2010), S. 3-34.

und Institutionen, weil sie sonst objektiv nicht erkennbar und vermittelbar wären. Über Handlungen und Institutionen werden Werte und Rechte vermittelt.

In den 1950er und 1960er Jahren respektierte die Rechtsordnung diese kategoriale Trennung von Rechten und Werten weitgehend. Zwar bezeichneten die Karlsruher Entscheidungen die Menschenwürde immer wieder einmal als Grundrecht, doch waren das keine tragenden Aussagen.[7] 1969 erging die Mikrozensus-Entscheidung, die in der Unterscheidung Recht/Wert noch glasklar ist.[8] In den 1970er Jahren folgte dann aber eine Reihe von Entscheidungen, in denen Würde entscheidungserheblich für die Konkretisierung von subjektiven Rechten wurde, weil sie zur Verstärkung und Fortentwicklung subjektiver Rechte eingesetzt wurde. Das näherte sie einem Grundrecht an, führte jedenfalls zu Überlappungen mit Grundrechten.[9]

Dieser für sich genommen historisch kontextuell interessante Befund braucht uns hier nicht weiter zu interessieren, weil jedenfalls nach 1990 die alte Unterscheidung von Wert und Recht wieder stärker betont wurde.[10] Von der Gleichsetzung »Würde ist ein Wert und ein Recht« nahm Karlsruhe wieder Abstand.[11] Es ist nun wieder vom Wert die Rede, der jedem Menschen um seiner selbst

7 Enders, *Menschenwürde in der Verfassungsordnung*, S. 94, Fn. 434, führt bis zur Mikrozensus-Entscheidung zehn solche Entscheidungen auf.

8 BVerfGE 27, 1 (6) – Mikrozensus [1969]: Als Wert wird die Menschenwürde zur Konkretisierung des Schutzbereichs des Art. 2 Abs. 1 GG herangezogen (allgemeine Handlungsfreiheit, Persönlichkeitsrechte). Interpretation und Konkretisierung des Grundrechts erfolgen im Lichte eines Menschenbildes, das mit der Würde als Wert gewonnen wird.

9 BVerfGE 30, 1 (25) – Abhörurteil [1970]; 30, 173 (195/195) – Mephisto [1970]; 39, 1 (41/42) – Schwangerschaftsabbruch I [1975]; 45, 187 (228) – lebenslange Freiheitsstrafe [1977]; 57, 250 (275) – Strafbarkeit der Agententätigkeit [1981]. Auch die Literatur behandelte Art. 1 Abs. 1 GG danach als Grundecht, vgl. etwa Bodo Pieroth, Bernhard Schlink, *Grundrechte Staatsrecht II*, Heidelberg 1985, § 7; Christian Bumke, Andreas Voßkuhle, *Casebook Verfassungsrecht*, Tübingen 2013, Rn. 277.

10 Vgl. zum Stand der Diskussion um 1990 in kritischer Distanz Hasso Hofmann, »Die versprochene Menschenwürde« (1993), in: ders., *Verfassungsrechtliche Perspektiven. Aufsätze aus den Jahren 1980-1994*, Tübingen 1994, S. 111-115, hier S. 104.

11 So BVerfGE 109, 279 (311/312) – Großer Lauschangriff [2004]; 115, 118 (153) – Luftsicherheitsgesetz [2006]. In BVerfGE 96, 375 (400) – Kind als Schaden [1997] ist vom Eigenwert des Kindes die Rede.

willen, kraft seines Personseins, zukommt.[12] Deswegen historisiere ich die Rechtsprechung der 1970er und 1980er Jahre als eine Zwischenphase.

Es verwundert nicht, dass die Rechtsprechung über 70 Jahre hinweg kein einheitliches Vorgehen verfolgt, sondern mit der Menschenwürde falllösungsabhängig umgeht. An der grundsätzlichen Trennung von Würde als Wert und als Bezugsgröße von Rechten ändert das nichts.

(c) Bindung und Wirkung

Die Unterscheidung von Recht und Wert ist überdies wichtig, wenn man fragt, wie eine Verfassung beide Verfassungssätze, den Schutz der Würde und den Schutz des Lebens, umsetzen kann. Mit der Deklamation des Schutzes ist es nicht getan. Rechtstexte sind immer auf eine Wirkung gerichtet, sie haben eine normative Aussage. Nun kann man nicht sagen, weil etwas ein Verfassungswert ist, sei es verfassungsrechtlich belanglos, weil Werte keine juristische Bindungskraft haben. Als Verfassungsrechtssatz muss die Würde des Menschen auch als Wert rechtlich von Belang sein. Es erhebt sich die Frage, wie Verfassungsrechtssätze, die keine subjektiven Grundrechtspositionen enthalten, umzusetzen sind.

Ein Recht – verstanden als *right*, als subjektives Recht – ohne korrespondierende Pflicht wäre kein Recht, sondern löste Abgrenzungsprobleme zu Moral, Sitte oder Konventionen aus. Ein Recht setzt jedenfalls voraus, dass jemand anderes etwas tun muss oder unterlassen soll. Und das heißt, ein Recht hat immer eine subjektive Qualität. Daraus aber folgt zugleich die Einsicht: Für die Bindung und Durchsetzung von Verfassungsrecht kann man zwar grundsätzlich auf subjektive Rechte vertrauen, doch reichen diese nicht aus, um der Verfassung die bezweckte Wirkung zu verleihen. Denn die Verfassung besteht ja nicht nur aus einer Ansammlung von Rechten.

So kann es etwa objektive Arrondierungen des subjektiven Rechts geben, etwa in Gestalt der objektiven Grundrechtslehren. Die Geltendmachung des Rechts kann beispielsweise abhängig

12 Markant BVerfGE 115, 118 (152) – Luftsicherheitsgesetz [2006]; siehe auch 153, 182 (261) – Sterbehilfe [2020].

von einer Infrastrukturleistung sein (Rundfunkfreiheit setzt Rundfunk voraus; Berufsfreiheit setzt Bildungseinrichtungen voraus), von Aspekten der Chancengleichheit, ohne welche die subjektive Rechtsstellung entwertet wäre. Das ändert aber nichts daran, dass das Recht immer ein subjektives bleibt, auch wenn es objektiv verstärkt wird, damit es die subjektive Funktion objektiv erfüllen kann. Dazu dienen die objektiven Grundrechtslehren. Sie machen aus Grundrechten noch nichts Objektives.

Umgekehrt liegt es bei der Würde. Wenn die Würde ein Wert ist, ist sie kein Recht, also kann sie nicht isoliert geltend gemacht werden. Man kann keine Verfassungsbeschwerde erheben und sie allein auf eine Verletzung der Menschenwürde stützen. Die Rechtswirkung des Art. 1 GG manifestiert sich anders als durch die Sanktionsformen subjektiver Grundrechte. Nach Art. 1 Abs. 1 Satz 2 GG ist »alle staatliche Gewalt« zur »Achtung« und zum »Schutz« verpflichtet. Das heißt, die Verfassungsbindung erfolgt nicht in der Ausgestaltung von Rechtsbeziehungen, sondern, wie oben bereits gesagt, in dem, was die Verfassung Achten und Schützen nennt. Diese Verben sind auf den »Staat« bezogen.

Das ist insofern eine bemerkenswerte Formulierung des Grundgesetzes, weil die Verfassung den Begriff »Staat« höchst selten verwendet. Man weiß nämlich nicht genau, wer gemeint ist, wenn vom »Staat« die Rede ist. Meint man die Legislative, die Exekutive oder die Judikative? Jede für sich ist bereits »Staat«. Meint man den Bund, die Länder, die Gemeinden? Es gibt insofern endlos viele »Staaten« im Staat des Grundgesetzes. Der Begriff »Staat« führt zu einer institutionellen Entdifferenzierung, und das ist für das Grundgesetz ganz untypisch. Sonst enthält die Verfassung immer eine präzise kompetentielle Zuweisung von Aufgaben oder Pflichten an bestimmte Gewalten oder an die Verbandsebenen von Bund oder Ländern.

Anders ist es beim Art. 1 GG. Die Verfassungsbindung der Würde drückt sich in Schutz und Achtung aus. Sie hat also etwas Objektives und kann in dieser objektiven Dimension einen Adressaten gar nicht klar benennen. Das Wort »Staat« nennt keinen eindeutigen Adressaten für die objektive Bindung. Das heißt umgekehrt nicht, dass die objektive Bindungswirkung der Würde nicht subjektiv arrondiert werden könnte. Wir können vielmehr eine Parallelentwicklung feststellen. Das Recht auf Leben gewährt einen subjektiven Schutz, der objektiv arrondiert wird. Die Würde des Menschen als Wert hat eine objektive Wirkung, die subjektiv arrondiert wird.

Es kann also sein, wie wir das in der verfassungsgerichtlichen Rechtsprechung sehen, dass in einem Einzelfall, in dem es um subjektive Rechte geht, die Würde herangezogen wird. Sie wird dort subjektiv arrondiert, weil jemand in einer ganz spezifischen Eingriffsdimension darlegen kann, dass der Eingriff im Übrigen auch eine Missachtung mit sich bringt, die sich fallspezifisch oder kontextuell besonders artikuliert und deshalb dem Eingriff eine zusätzliche, objektiv beschwerende Qualität beimisst. Dann kommt es zur Bindung einer an sich objektiven Wirkung. Sozusagen akzessorisch zum Recht.

Das führt dazu, dass die praktische Rechtswissenschaft und Rechtsprechung in der Dogmatik auf Menschenwürde kleinteilig und operativ zurückgreifen. Einige Grundkonstellationen haben sich in 70 Jahren herausgebildet:

(1) Zunächst Kombinationsgrundrechte, vor allem Art. 2 Abs. 1 GG in Verbindung mit Art. 1 Abs. 1 GG. Hier bedienen wir uns der Menschenwürde, um den Schutzbereich zu erweitern. Auf diese Weise konnte der abwehrrechtlich ziemlich stumpfe Schutzbereich der allgemeinen Handlungsfreiheit in Art. 2 Abs. 1 GG um ein sehr viel schärferes allgemeines Persönlichkeitsrecht erweitert werden.[13] Kombinationslösungen unter Heranziehung des Art. 1 Abs. 1 GG dienten immer wieder auch zur Herleitung und Erfindung neuer Grundrechte, etwa der Datenschutzgrundrechte (Grundrecht auf informationelle Selbstbestimmung [1983][14] oder auf Gewährleistung der Integrität und Vertraulichkeit informationstechnischer Systeme [2008][15]) oder des sozialen Leistungsanspruchs [2010][16] und schließlich auch des »Klimaschutzgrundrechts« [2021].[17]

(2) Eine andere Grundkonstellation betrifft den Kernbereichs-

13 Die allgemeine Handlungsfreiheit ist letztlich kein Freiheitsrecht, sondern ein Grundrecht auf rationale Begründung des Grundrechtseingriffs. Die Rechtfertigung des Eingriffs verlangt nämlich nur ein sachliches Ziel, das verhältnismäßig verfolgt wird. Anders ist es beim allgemeinen Persönlichkeitsrecht, dessen Untergruppen materielle Abwehrrechte geben.

14 BVerfGE 65, 1 – Volkszählung [1983].

15 BVerfGE 120, 274 – Online-Durchsuchungen [2008].

16 BVerfGE 125, 175 – Hartz IV [2010].

17 Beschl. v. 24. 3. 2021, 1 BvR 2656/18 u. a.

schutz von Grundrechten. Das Wohnraumgrundrecht ist ein Beispiel:[18] Der Schutz bestimmter Räume ist wegen des Menschenwürdebezugs größer als der Schutz anderer Räume. Oder der Schutz bestimmter Verhaltensformen in der Wohnung ist größer – in der Rechtsprechung ist nicht vollends klar, ob es um raum- oder verhaltensbezogene Schutzerweiterungen geht. Mithilfe der Menschenwürde werden in einen Schutzbereich jedenfalls Graduierungen eingefügt, um die Abwägbarkeit mit anderen Belangen zu stoppen. Der Bezug auf die Würde des Menschen dient der Verstärkung subjektiver Rechte, indem entweder der Schutzbereich erweitert oder die Abwägbarkeit reduziert wird. Bemerkenswert ist in dieser Hinsicht die Entscheidung zur Sterbehilfe,[19] weil sie beides kombiniert, indem das Persönlichkeitsrecht aus Art. 2 Abs. 1 GG i.V.m. 1 Abs. 1 GG noch einmal im Lichte von Art. 1 Abs. 1 GG gesehen werden soll. Die doppelte Verstärkung der Gewährleistung mithilfe der Würde ist dogmatisch schon ziemlich anspruchsvoll, aber das ist jetzt nicht unser Thema.

(3) Ferner gibt es den Fragenkreis um Art. 79 Abs. 3 GG (»Ewigkeitsgarantie«). Die Änderungsfestigkeit knüpft immer am Art. 1 GG an und stellt dann die Frage, inwieweit die Änderung eines Grundrechts angesichts des Würdebezugs zulässig ist oder nicht. Dort sind dann dogmatische Feinverteilungen nötig, die in der Regel zugunsten der Änderbarkeit, also zu Lasten der Würde, ausgegangen sind.[20]

(4) Hinzu kommt noch die Schutzpflichtendimension, die dogmatisch zwingend an das Aktivieren von Art. 1 Abs. 1 Satz 2 GG geknüpft ist. Auf sie will ich hier nicht weiter eingehen.

2. Würde und Leben

Die Menschenwürde des Art. 1 Abs. 1 GG wird also vielfältig in Bezug genommen, um den Freiheitsschutz zu konkretisieren, zu arrondieren und auch zu expandieren. Würde ist zu einem dogmatischen Argument geworden, mit dem Rechtfertigungsanforde-

18 BVerfGE 109, 279 – Großer Lauschangriff [2004].

19 BVerfGE 153, 182 – Suizidhilfe [2020].

20 BVerfGE 30, 1 (24-26) – Abhörurteil [1970]; 94, 49 (102-104) – Asylkompromiss [1996]; 109, 279 (310-312) – Großer Lauschangriff [2004].

rungen erhöht und die zulässigen Regelungsziele eingeengt werden. Abgesehen von diesen rechtspraktischen, interpretativen Falllösungstechniken haben Würde und Leben keine besondere oder grundsätzliche Verbindung.

(a) Lebensschutz braucht Würde nicht zur verbesserten Eingriffsabwehr

Leben als grundrechtliches Schutzgut braucht – anders als Persönlichkeits-, Datenschutz- oder Wohnungsrechte – keine Verstärkung durch einen Rückgriff auf Würde. Das mag viele überraschen, weil man immer wieder hört, Leben sei schon deshalb das wichtigste Grundrecht, weil es die Voraussetzung für jeglichen weiteren Freiheitsgebrauch sei. Dies freilich ist nicht die Position unserer Verfassung. Im Grundgesetz sind alle Grundrechte normenhierarchisch gleich ausgestaltet. Abstrakt gesehen gibt es keine wichtigeren oder weniger wichtigen Grundrechte. Den Grundrechten geht es um Freiheit, nicht um Existenz. Die Freiheit wird in ihren vielfältigen Beziehungen gleichermaßen geschützt, gerade auch, weil Freiheitsgebrauch etwas Individuelles ist. Nicht jeder wird von jedem Freiheitsrecht Gebrauch machen, man denke etwa an die Kunst- oder die Wissenschaftsfreiheit, das Versammlungs- oder das Asylrecht. Enthielte die Verfassung eine Hierarchie der Freiheitsrechte, dann wäre sie bereits unfreiheitlich, weil sie die individuelle Inanspruchnahme, das Selbstbestimmungsrecht des freien Menschen, vorstrukturierte. Kunst ist deswegen nicht wichtiger als Eigentum, aber auch Leben und Gesundheit sind nicht weniger wichtig als Meinungs- oder Versammlungsfreiheit.

Deswegen soll bei Grundrechtskollisionen eine Lösung erstrebt werden, die man im Verfassungsrecht praktische Konkordanz oder schonenden Ausgleich nennt. Kein Grundrecht soll zum Schutze eines anderen Grundrechts stärker zurücktreten, als es nötig ist; beide Grundrechte sollen den optimal möglichen Wirkungsraum behalten.[21] Wo Kollisionen entstehen, darf nicht, so Konrad Hesse,

21 Zur praktischen Konkordanz siehe Konrad Hesse, *Grundzüge des Verfassungsrechts der Bundesrepublik Deutschland*, Heidelberg ^{20}1995, Rn. 72, 317 f.; zum schonenden Ausgleich Peter Lerche, *Übermaß und Verfassungsrecht. Zur Bindung des Gesetzgebers an die Grundsätze der Verhältnismäßigkeit und der Erforderlichkeit*, Goldbach ^{2}1999, S. 125 ff.; ders., »Grundrechtsschranken«, in: Josef Isensee, Paul

in vorschneller »Güterabwägung« oder gar abstrakter »Werteabwägung« eines auf Kosten des anderen realisiert werden. Vielmehr müssen beiden Gütern Grenzen gezogen werden, damit beide zu optimaler Wirksamkeit gelangen können.[22]

Was abstrakt nicht geleistet werden darf – eine Hierarchisierung von Freiheitsrechten –, muss im Konfliktfall aber konkret bewältigt werden. Die freiheitliche Konkordanz ist eine *praktische*, keine abstrakt-generelle, keine theoretische. Auf der Ebene der Praxis lassen sich die Spannungsfälle auflösen, oder sie werden zumindest lösbar. Dafür ist gerade der Lebensschutz ein gutes Beispiel. Noch einmal: Leben ist – abstrakt – kein höheres Schutzgut als andere Freiheitsrechte. Ist Leben aber konkret gefährdet, droht der Tod, dann wandelt sich das Leben zu einem Schutzgut, dem Vorrang vor anderen Freiheitsrechten gebührt, und zwar aus dem einfachen Grund, dass der Eingriff in das Leben, der Tod, unumkehrbar ist. Eine praktische Konkordanz von Leben und einem anderen Freiheitsrecht muss zur Rechtsfolge führen, dass man in der konkreten Konfliktsituation überlebt (ob dieser Erfolg eintritt, ist eine andere Frage). Das andere Schutzgut hat also so weit zurückzutreten, wie man es in Anspruch nehmen muss, um den Tod zu verhindern.

In der Konsequenz heißt dies, dass das individuelle Leben bei Todesgefahr typischerweise den Abwägungsvorrang genießt, nicht aber das Leben als solches. Es kommt immer auf die Tatsachen des Einzelfalles an, nicht auf eine abstrakt-generelle Betrachtung. Das verdeutlicht die Konstellation der Abschussbefugnis im Luftsicherheitsgesetz, eingefügt nach den Anschlägen vom 11. September 2001. Das Bundesverfassungsgericht versagte dem Gesetzgeber eine typisierende und notgedrungen quantifizierende Regelung, weil die Würde das Leben als solches und eben nicht das Leben der mehreren schütze.[23] Der aus der Würde folgende Achtungsanspruch besteht gerade unabhängig von der konkreten Lebenslage oder auch der Dauer des individuellen menschlichen Lebens (Opfern der »Todgeweihten«).

Die vielgeteilte Aussage, Leben sei eine Voraussetzung für Würde, ist daher falsch – und zwar schon deshalb, weil sie einen konkre-

Kirchhof (Hg.), *Handbuch des Staatsrechts der Bundesrepublik Deutschland*, Bd. V, Heidelberg 1992, § 122 Rn. 3 ff.

22 Hesse, *Grundzüge*, Rn. 72.

23 BVerfGE 115, 118 (152) – Luftsicherheitsgesetz [2006].

ten Zustand (Leben) mit einer abstrakten Eigenschaft oder Fähigkeit (Würde) vergleicht. Ließe man sich auf diese Aussage, Leben sei eine notwendige Bedingung für Würde, ein, dann müsste man konsequent sagen, Eltern sind eine Bedingung von Würde. Der Zufall, ob und wie sich ein Embryo zum Menschen entwickelt und geboren wird, wäre eine Bedingung von Würde. Wenn man Leben überdies nicht mit der nackten Existenz gleichsetzte, würde eigentlich alles zur Bedingung von Würde: Ernährung und Erziehung, Bildung und Schule; letztlich würde Recht zur Bedingung von Würde. Das führt nicht weiter. Leben ist daher keine notwendige Bedingung von Würde. Würde an Leben zu knüpfen führt nur ein naturalistisches Argument ein, das deontisch fragwürdig ist.

Das mag auch eine Brücke zu der Aussage schlagen, ohne Leben seien die anderen Freiheitsrechte sinnlos. Auch diese Aussage ergibt ja nur individuell, nicht aber abstrakt-generell einen Sinn. Aus diesem Grund war es ja nicht nötig, den Schutzbereich des Lebens durch den Bezug zu Würde zu konkretisieren, zu arrondieren oder zu expandieren, wie wir das bei anderen Freiheitsrechten (Datenschutz, Persönlichkeitsrechte, Wohnung) gesehen haben. Dort bestand für eine kontextuelle Interpretation des Freiheitsrechts im Lichte des Würdesatzes praktischer Bedarf; beim Leben besteht dieser praktische Bedarf schon deshalb nicht, weil beim Eingriff (Tod) sowieso die für das Leben maximal denkbare Abwägungssituation im Konflikt mit kollidierenden Freiheitsrechten ausgelöst wird.

Ist die Gefahr für das Leben nicht konkret, sondern abstrakt, droht also nicht der Tod, sondern eine Lebensverkürzung oder eine geringere Überlebenschance, dann handelt es sich um einen Eingriff in das in Art. 2 Abs. 2 Satz 1 GG parallel geschützte Grundrecht auf körperliche Unversehrtheit (Gesundheit). Dieses ist – anders als Leben – nicht durch eine einzige Eingriffsform (Tod) bedroht, sondern durch nahezu endlos viele Sachlagen, die sich nachteilig auf die Lebenschancen auswirken können. Gesundheitseingriffe sind, wenn sie nicht intentional erfolgen (Blutentnahme, Brechmittel, Impfen etc.), schwer zurechenbar, weil sie in der sozialen wie in der individuellen Dimension nahezu beliebig viele Faktoren und graduell abstufbare Gefährdungen zulassen:

Soziale, objektive Faktoren, die sich auf die Gesundheit auswirken, sind etwa die ärztliche Versorgung und die Kapazität des Gesundheitswesens, Umwelteinflüsse und Umweltverschmutzung, das Verhalten Dritter (zum Beispiel Verkehrsteilnehmer). Individuelle, subjektive Faktoren, die sich auf die Gesundheit auswirken, sind etwa: die eigene Lebensführung und Ernährung, die Abhängigkeit von Eltern oder Betreuern, der Zustand des Immunsystems und die genetische Disposition. Aus der Kombination dieser Faktoren ergeben sich potentiell unendliche Gefährdungen der Gesundheit eines Einzelnen, so dass für den Kollisionsfall mit konfligierenden Grundrechten nun gerade keine prinzipielle Vorrangregel für Gesundheit abgeleitet werden kann. Es kommt auf den Einzelfall an. Generell-abstrakte Regeln, die dem Gesundheitsschutz dienen, müssen in der praktischen Konkordanz auch andere Freiheitsrechte respektieren und weiterhin ermöglichen. Deshalb wird der Straßenverkehr nicht generell-abstrakt verboten, obwohl von ihm jährlich 3500 Todesfälle und Zehntausende schwerer Unfälle ausgehen, sondern die Gesundheitsgefahr durch Verkehrsregeln und Schutzgebote (Helmpflicht, Gurtpflicht etc.) minimiert. Deswegen enthält das Grundrecht auf Leben und körperliche Unversehrtheit in Art. 2 Abs. 2 Satz 3 GG auch nur einen allgemeinen Gesetzesvorbehalt – es wird weder qualifiziert noch gar vorbehaltlos geschützt, weil dies im Hinblick auf die unübersehbaren Gefährdungen der Gesundheit gar nicht umsetzbar wäre und im Hinblick auf den Eingriff in das Leben (Tod) wegen des konkret-individuellen Vorrangs des Lebens nicht nötig ist.

(b) Würde erweitert Lebensschutz pränatal und postmortal

Gleichwohl ist es auch beim Leben zum Bezug auf Würde gekommen, aber aus einer ganz anderen Erwägung heraus, nicht um Leben gegenüber anderen Freiheitsrechten aufzuwerten oder aufgrund eines drohenden Todes, sondern in Konstellationen des postmortalen oder pränatalen Grundrechtsschutzes.[24] Diese Ergebnisrelevanz des Würdebezugs wird besonders wirkmächtig im Ersten Abtreibungsurteil 1975. Das Bundesverfassungsgericht stand hier vor dem Problem, dass der Nasciturus kein Grundrechtsträger war, denn auf welches Grundrecht sollte er sich vor der Geburt berufen? Dieses zunächst prozessuale Problem wird dadurch gelöst, dass der

24 Zur postmortalen Konstellation siehe BVerfGE 30, 173 (195/196) – Mephisto [1971]. Persönlichkeitsrecht des verstorbenen Gustaf Gründgens in Abwägung zur Kunstfreiheit des verstorbenen Klaus Mann.

Lebensschutz mithilfe der Menschenwürde vorverlagert wird. Im ersten Abtreibungsurteil werden Leben und Würde unmittelbar aufeinander bezogen, wenn es dort heißt:

> [...] das sich entwickelnde Leben nimmt auch an dem Schutz teil, den Art. 1 Abs. 1 GG der Menschenwürde gewährt. Wo menschliches Leben existiert, kommt ihm Menschenwürde zu; es ist nicht entscheidend, ob der Träger sich dieser Würde bewußt ist und sie selbst zu wahren weiß. Die von Anfang an im menschlichen Sein angelegten potentiellen Fähigkeiten genügen, um die Menschenwürde zu begründen.[25]

Dadurch wird nun aber der Lebensschutz zu einem in der Würde angelegten objektiven Belang, der kein subjektives Recht und damit keinen Antragsteller benötigt. Deswegen half ein in der Würde angelegter Lebensschutz auch nicht der Familie von Hanns Martin Schleyer, die 1977 vor dem Bundesverfassungsgericht mit dem Versuch scheiterte, die Bundesregierung zu verpflichten, den Forderungen der Entführer stattzugeben. Sie berief sich auf die Maßstäbe aus dem Abtreibungsurteil. Es gebe kein höheres Rechtsgut als das Leben. Demgegenüber stellte das Bundesverfassungsgericht fest, wie die staatlichen Organe ihre Verpflichtung zum Schutz des Lebens erfüllen, sei von ihnen grundsätzlich in eigener Verantwortung zu entscheiden.[26]

Wir sehen erneut, dass Leben und Würde keinen Bezug zueinander haben, wenn es um die konkrete Gefahr des individuellen Todes geht. Dann ist eine Verstärkung des Lebensschutzes durch Würde aus den bereits oben genannten Gründen weder möglich noch nötig. Anders liegt es beim Nasciturus, weil dieser eben noch nicht als Mensch lebt, sondern auf die abstrakte Fähigkeit dazu vertrauen muss.

(c) Leben als natürliche Existenz und als juristisches Geschehen

Beginn und Ende des Lebens festzustellen, wird von Juristen jeweils unjuristisch bestimmt. Den Beginn des Lebens halten Juristen mit der Nidation fest. Das ist ein objektiver medizinischer Vorgang,

25 BVerfGE 39, 1 (41) – Schwangerschaftsabbruch I [1975].
26 BVerfGE 46, 160 (164) – Schleyer [1977].

der keine Bewertung zulässt, was aber insofern kein Erkenntnisproblem verursacht, weil wir als Menschen den Zeitpunkt der Nidation nicht kennen. Die Nidation liegt immer der Kenntnis der Schwangerschaft voraus. Deswegen ist die Nidation kein Problem für das Recht, weil das Recht die Nidation schon vorfindet.

Beim Lebensende ist das anders, weil das Recht das Lebensende nicht als Faktum vorfindet. Man muss feststellen, wann das Leben beendet ist. Dabei haben wir uns darauf verständigt, dass der Hirntod das entscheidende Kriterium sein soll. Seine Feststellung liegt in den Händen diagnostizierender Mediziner. Diese Lösung ist nicht ohne Probleme, vor allem für die Transplantationsmedizin.

Trotz der Bestimmungsprobleme beim Beginn und Ende des Lebens pflegt man davon auszugehen, das Leben sei etwas Natürliches, es komme dem Menschen von sich aus schon zu. So selbstverständlich diese Aussage abstrakt ist, so schwierig ist sie in Einzelfällen anzuwenden, nämlich wenn man genau fragen muss, wann das Leben beginnt und wann es endet. Denn dann ist die Bejahung von Leben immer abhängig von einer Festlegung und diese Festlegung wird nicht in einer objektiv wahrnehmbaren Weise durch die Natur vorgenommen, sondern sie setzt im Zweifel eine medizinische Diagnose voraus. Die juristische Bestimmung von Leben ist dann aber nichts rein Vorfindliches. Leben setzt objektive Naturprozesse voraus, die aber nicht zu einem äquivalenten Kausalverlauf führen. Nicht aus jeder eingenisteten Eizelle wird ein Mensch. Nicht jedes pränatale Leben führt zur Geburt. Nicht jedes Leben wird zum subjektiven Recht namens Leben. Um ein Recht auf Leben zu haben, sind juristische Festlegungen nötig, die von Nichtjuristen vorgenommen werden. Das Recht auf Leben hat deshalb sowohl eine kognitive als auch eine kompetentielle Dimension.

Das ist bei anderen Grundrechten nicht so. Ziehen wir als Vergleich etwa die Redefreiheit heran. Reden ist ein natürlicher Vorgang, der keine objektive Feststellung kennt. Ich brauche die Rechtsordnung nicht, um reden zu können. Wohl aber braucht der Pränatale wie der Postmortale die Rechtsordnung um (im Rechtssinne) »leben« zu können. Grundrechtlich erheblich wird Reden erst in dem Moment, in dem andere die Rede als Meinung empfinden. Bei der Beurteilung von Meinungen gibt es aber keine vergleichbare kognitive oder kompetentielle Problematik. Juristische Aussagen konkurrieren hier weder mit objektiven Naturgegebenheiten noch mit medizinischen oder anderen fachwissenschaftlichen Diagnosen. Wir unterscheiden Reden als einen für sich zunächst juristisch unerheblichen natürlichen Vorgang und die intersubjektive Auswirkung der Rede als juristisch erhebliches Geschehen (bei Grundrechten als Meinung; im Privatrecht als Willenserklärung). Beim Leben hingegen kann man nicht zwischen einem objektiven Vorgang und seiner juristischen Relevanz unterscheiden; beides fließt zusammen. Und überdies gibt es Leben, jedenfalls weder am Anfang noch am Ende, als einen rein natürlich bestimmbaren Vorgang.

(d) Gesundheit als relationales Schutzgut

Ähnlich schwer ist die Bestimmung von Gesundheit. Das Grundgesetz nennt gar nicht den Begriff der Gesundheit, sondern es spricht von körperlicher Unversehrtheit. Hier geht der Verfassungstext von der Unversehrtheit eines Körpers aus, also nicht von Gesundheit als einer Qualität, als gutes Leben. Wie der Körper fühlt und ob er sich seelisch im Gleichklang befindet, was die psychischen Bedingungen der physischen Gesundheit sind, das ist vom Verfassungstext nicht mitgedacht. Gesundheit ist also in der Körperlichkeit nichts, was man qualitativ bewerten kann. Man kann sie nur relational bewerten. Der Mensch ist bekanntlich nie vollständig gesund, sondern immer nur mehr oder weniger krank. Niemand hat nichts; Zahnschmerzen, Bauchschmerzen, Rücken- oder Kopfschmerzen, irgendetwas hat man immer, auch wenn man sich deswegen noch nicht krank fühlen mag. Das heißt, wer auf Gesundheit abstellt, hat es mit einem relationalen Zustand zu tun. Deshalb ist es für das Recht schwer zu sagen, wann Gesundheit relevant wird. Bei alltäglichen Bauch- oder Kopfschmerzen vielleicht nicht. Aber wo beginnt und wo endet die grundrechtliche Relevanz einer Beeinträchtigung der Gesundheit? Gesundheit meint letztlich mehr als körperliche Unversehrtheit.

Das heißt, Leben und Gesundheit sind als solche juristisch nur schwer positiv bestimmbar. Die Gesundheit bietet relationalen und nicht optimalen Schutz (anders wäre es, wenn man auf körperliche Unversehrtheit abstellt). Leben ist zwischen seinem Beginn und seinem Ende eine Frage der Zeitspanne. Es bietet als Rechtsgut einen temporären Schutz. Beim Leben fragt niemand nach dem gesunden Leben. Gesundes Leben zählt nämlich zur Gesundheit, ist also relational zu verstehen. Niemand knüpft den Schutz des Lebens auch an ein glückliches Leben. Glückliches Leben, *pursuit of happiness*, kennen wir nicht als Verfassungsrechtssatz. Also hat Leben eine zeitliche Schutzdimension, die qualitativ nicht bewertet wird. Gesundheit hat eine qualitative Schutzdimension, die relational bewertet wird.

Schließlich muss man hinzufügen, dass beide Schutzgüter von der Eigenverantwortung abhängen. Der Mensch muss selbst etwas dafür tun, dass ihm seine Schutzgüter erhalten bleiben. Wer sich nicht gesund ernährt, kann die gesundheitlichen Effekte nicht auf Dritte abwälzen. Wenn man jetzt noch den Zusammenhang von Gesundheit und Leben hinzudenkt, dann wird die Problematik noch größer: Zunächst hat man es mit einem relationalen Gut »Gesundheit« zu tun, und das wirkt auf ein temporäres Gut »Leben« ein. Die Interdependenz zu erfassen, ist außerordentlich schwierig. Eine Relevanz der Gesundheit für das Leben wird man jedenfalls bejahen, wenn die Qualität einer Gesundheitseinbuße sich auf Lebensverlängerung oder Lebensverkürzung auswirkt; wenn also die temporäre Dimension des Lebensschutzes zur relational-qualitativen Dimension des Gesundheitsschutzes hinzukommt. Solche Zusammenhänge aber kann man nicht graduell in einer Zeitschiene bestimmen. Man kann nicht sagen, die Gesundheitsverletzung führt zu einer Lebensverkürzung. Das wäre eine voraussetzungsvolle Aussage, die abstrakt nicht getroffen werden kann, denn natürlich ist das Leben endlich. Alle werden irgendwann sterben. Und genau zur Frage des Wann kann man nichts Juristisches sagen, zumal wenn man Eigenverantwortung hinzunimmt.

Hier entsteht ein Problem in der Pandemie, weil wir »Leben« im Pandemiediskurs im Sinne der Verhinderung von Tod verstehen – und zwar nicht individuell-konkret, sondern generell-abstrakt. Der abstrakt drohende Tod soll durch konkreten staatlichen Schutz verhindert werden. Es geht dann aber nicht um Leben, sondern um Lebensverlängerung – also ein temporäres Schutzgut. Lebensverlängerung überlappt in der pandemischen Situation aber mit Gesundheit. Dann erfasst sie auch Aspekte der Lebensbedingungen, die in der Pandemie jedoch erstaunlicherweise so gut wie keine Rolle gespielt haben. Man fragt nicht nach den Lebensbedingungen der Alten, Hauptsache sie sind zu ihrem Schutz isoliert. Und man fragt auch nicht nach den Lebensbedingungen der Jüngeren, Hauptsache, sie bleiben zum Schutz der anderen kontaktarm zuhause. Man fragte in der Pandemie nicht nach den Gesundheitsfolgen, die durch die Nichtverfügbarkeit von Infrastruktur und Dienstleistungen entstehen, nicht nach den psychischen Schäden oder langfristigen Depressionen. *De facto* kam die Gesundheit zu kurz in der Pandemie, weil im Namen abstrakter Lebenszeit die konkreten Lebensbedingungen vernachlässigt wurden.

3. Eingriffe und ihre Abwehr

Oben wurde gesagt, kein Recht ohne Pflicht. Rechte sind also nötig, um Pflichten auszulösen; bei Grundrechten bedeutet das, um Eingriffe abzuwehren. Das heißt, ein Grundrecht hat eine Abwehrdimension. Unter dem Aspekt der Eingriffsabwehr werfen die Schutzgüter Leben und Gesundheit besondere Fragen auf. Bezieht man Gesundheit nur auf die körperliche Unversehrtheit, dann herrscht Klarheit. Alkoholtests, Blutentnahme – hier greift der Staat ein, er pikst oder lässt pusten oder eben impfen. Impfen ist ein klassischer Fall für eine Gesundheitsverletzung, die der Staat begeht. Die Abwehrdimension der Gesundheit spielt etwa auch bei Kindern eine Rolle, wenn psychische Schäden durch staatliche Pandemiemaßnahmen mitverursacht werden. Auch dort wird eine Gesundheitsverletzung relevant, selbst wenn sie zunächst nicht gesehen und erst seit kurzem diskutiert wird, weil sie die Unversehrtheit der Körperhülle noch nicht betrifft. Die eigentlich relevante Dimension bei Gesundheit ist jedoch, um an die Ausführungen oben anzuknüpfen, nicht die Abwehrdimension, sondern die Leistungsdimension. Die aktuell zentralen Fragen betreffen nicht das Unterlassen von Eingriffen, sondern was der Staat tun muss, um die Gesundheitsbedingungen zu schützen, so dass die Eigenverantwortung für das eigene Wohlbefinden funktionieren kann. Dazu muss er ein Gesundheitssystem bereitstellen, das auch kapazitätsmäßig ausreichend dimensioniert ist. Der Staat muss auch gesunde Umwelt- und Lebensverhältnisse herstellen, also für sauberes Trinkwasser sorgen und Feinstaub vermeiden. Hier stellen sich ganz andere Fragen.

Beim Leben verhält es sich ähnlich. Der Eingriff in das Leben ist der Tod. Der Staat ordnet den Tod so gut wie nie an. Der finale Rettungsschuss im Polizeirecht wäre ein solches Beispiel, worauf mit einer verschärften Verhältnismäßigkeitsprüfung reagiert wird. Selbst im Kriegsfall, wenn man eingezogen wird, ist nicht der Tod angeordnet. Für den Soldaten im Krieg verkürzt sich nur die Überlebenschance. Die Schleyer-Entführung war 1977 eine Konstellation, in der dem Staat der Tod in der Form des Unterlassens zugerechnet werden könnte. Selbst in diesem Fall hat es das Bundesverfassungsgericht abgelehnt, den Schutz des Lebens auf eine konkrete Maßnahme zu beziehen. Das heißt, in der Pandemiebekämpfung geht es nicht um Eingriffe in die Gesundheit oder das Leben. Der Staat als grundrechtlich Verpflichteter greift weder in Gesundheit noch Leben ein – es ist vielmehr die Natur oder das Schicksal.

Auch Effekte aus dem Sozialverhalten Dritter sind keine Eingriffe in Gesundheit oder Leben, weil sie diesen Schutzgütern nicht zugerechnet werden können. Man kann grundrechtlich keinen Kausalzusammenhang konstruieren, in dem ein menschlicher Kontakt zu einer Infektion, eine Infektion zu einer Erkrankung, eine Erkrankung zu einer intensivmedizinischen Behandlung und letztlich zum Tod führen kann. Solche Kausalketten sind einem Individualverhalten nicht zurechenbar, jedenfalls nicht unter den Bedingungen eines Krankheitsverlaufs von Covid-19. Der abstrakt-generelle hypothetische Zusammenhang zwischen Kontakt und Tod ist von viel zu vielen dazwischentretenden weiteren Ereignissen, Umständen und individuell nicht beeinflussbaren Faktoren abhängig, als dass man das Ergebnis (Juristen sagen wertneutral: den Erfolg) dem Ausgangsverhalten »Kontakt« zurechnen könnte.

Man muss kein Epidemiologe sein, um zu erkennen, welch unterschiedliche Geschehensverläufe denkbar sind: Wie lange dauert der Kontakt und wie intensiv ist er? Drinnen oder draußen? Bei welchen Lüftungsanlagen? Wie sind die Konstitution des Kontaktierten, sein Immunsystem, sein Allgemeinzustand, seine Vorerkrankungen? Wie alt ist der Kontaktierte? Wie ist die medizinische Versorgung vor Ort, im Nachbarlandkreis, im Land, im Nachbarland? Wie ist die Grundbelastung durch andere Erkrankungen? Die Zurechenbarkeit wird durch zu viele Faktoren unterbrochen, die überdies von zu vielen nicht vorhersehbaren und nicht beeinflussbaren subjektiven und objektiven Bedingungen abhängen sowie von staatlich gesteuerten Kapazitäten, auf die der Einzelne keinen Einfluss hat. Aus diesem Faktorenbündel lässt sich keine konkret-individuelle Zurechenbarkeit ableiten, sondern nur ein generell-abstrakter sozialer Gefährdungszustand. Auf diesen antworten Grundrechte nicht mit Eingriffsabwehr, sondern mit einer Leistungsdimension.

4. Grundrechte als Leistungsrechte

Leistung ist der entscheidende Punkt. Leistung freilich ist schwer aus den Grundrechten abzuleiten. Es bestehen dafür drei Möglichkeiten:

(1) Zunächst kennt das Sozialstaatsgebot (Art. 20 Abs. 1 GG) eine Leistungsdimension. Das Sozialstaatsgebot ist in der deutschen Verfassungsrechtslehre aber chronisch unterbeleuchtet. Es verbleibt weitgehend in der Eigenverantwortung der Institutionen. Das ist verfassungsrechtlich nicht zwingend, aber inzwischen unsere Rechtstradition.

(2) Zweitens die objektiven Grundrechtslehren: Sie bleiben jedoch an das subjektive Recht gebunden und lassen sich nicht kollektivieren, selbst wenn man Fallkonstellationen typisieren kann (Organisation, Teilhabe, Verfahren, Chancengleichheit).

(3) Und dann kennen wir als Produkt der Verfassungsinterpretation die grundrechtliche Schutzpflicht. Das ist der Punkt, an dem die Menschenwürde ihr *Re-entry* in die Grundrechtsdogmatik erlebt. Wir brauchen den Bezug zur Würde des Menschen, um die Leistungsdimension begründen zu können. Denn das Verb »schützen« fällt nur in Art. 1 Abs. 2 GG und ist dort auf Würde bezogen. Deswegen ist das Argument, Grundrechte mit aktiver Leistung zu schützen, immer mit einem Bezug zur Würde verknüpft. So hat es sich in der Rechtsprechungstradition dogmatisch entwickelt. Man hätte auch andere Wege beschreiten können, wenn man soziale Grundrechtsbestimmungen gehabt hätte; oder indem man das Sozialstaatsprinzip stärker subjektiviert hätte, einen Weg, den man beim Rechtsstaatsprinzip ja durchaus beschritten hat (über die »allgemeine Handlungsfreiheit« sind für sich genommen objektivrechtliche Grundsätze des Rechtsstaatsprinzips über die Verfassungsbeschwerde einklagbar geworden). Bei der Interpretation des Sozialstaatsprinzips hat man das aber nicht gemacht. So blieb nur der dritte Weg übrig, nämlich Art. 1 Abs. 2 grundrechtlich zu

aktivieren, um den Preis, dass wir uns jetzt mit der Würde auseinandersetzen müssen, um objektive Zustände und Leistungen zu subjektiven Ansprüchen zu machen.

Das hilft für die lebensbezogenen Fragen aber eigentlich recht wenig. Denn ein Recht auf Leben kann es immer nur individuell geben. Jedes Leben ist bekanntlich auch einzigartig. Leben ist ein dispositionsfähiges Individualrechtsgut.[27] Also ist und bleibt es ein subjektives Rechtsgut. Die Würde aber gilt nun gerade nicht individuell, sondern generell. Sie haftet am Menschen an sich. Diese Differenz zu überwinden, muss der Rechtspraxis gelingen. Das Schutzgut Leben ist individuell und muss individuell bleiben. Die Würde ist aber eine *conditio humana*, sie ist eine Fähigkeit, nicht an das Individuum gebunden, sondern kommt dem Menschen kraft Menschseins zu. Diesen Spagat zu überwinden, gelingt also bestenfalls in der individuellen Arrondierung, also in einer Einzelfallkonstellation, mit der weder die Würde prinzipiell individualisiert noch das Leben prinzipiell generalisiert wird.

Wenn wir die Leistungsdimension für Leben und Gesundheit praktisch umsetzen wollen, entstehen drei Probleme. Zunächst das Kompetenzproblem: Welche Gewalt soll was leisten bei den Schutzpflichten? Legislative, Exekutive, Judikative, Bund, Land oder Kommune, wer ist der Verpflichtete?

Das zweite Problem ist das Kommensurabilitätsproblem. Wert und Recht – wie gelingt der Transfer von der Würde als Wert zum Recht? Der Transfer gelingt nicht kategorial, weil beide nicht kommensurabel sind. Bestenfalls gelingt er partikular, weil sich einzelfallbezogen eine Kommensurabilität herstellen lässt.

Dort stellt sich drittens ein kognitives Problem. Was ist die Subsumtionsleistung, die der Würde als *conditio humana* zukommt, wie gelingt diese Subsumtion dann im Hinblick auf den Einzelnen? Das ist vielleicht das leichteste Problem, weil man sachverhaltsbezogen, partikular am flexibelsten argumentieren und überzeugendsten begründen kann.[28]

Was folgt dann aber aus den Würdebezügen bei der Pandemiebekämpfung? Es geht wieder um das Verhältnis von Wert und Recht und damit um das Dilemma, dass wir konkrete verfassungsrecht-

27 Vgl. auch die Analyse von Thomas Gutmann in diesem Band.

28 Dazu generell Cass R. Sunstein, *One Case at a Time. Judicial Minimalism on the Supreme Court*, Cambridge (MA) 1999.

liche Handlungsanweisungen, wie man das in der Pandemie erwarten mag, letztlich aus dem Spannungsverhältnis heraus begründen müssten. Ich bin mir nicht sicher, ob der Bezug auf die Würde hier zusätzliche Klarheit, eine kategoriale Rückversicherung bei pandemischem Handeln, bringt. In der Leistungsdimension geht es um Zuteilung und Kapazität von Intensivbetten, von Infektionsrisiken, von Kontakten. Es geht um Chancengleichheit. Das sind primär die Themen – und nicht die Aktivierung einer Schutzpflicht.

Es geht um Gleichheitsprobleme: Sind alle als gesetzlich Verpflichtete von Pandemiemaßnahmen gleich zu behandeln? Muss nicht zwischen Altersgruppen nach Erkrankungsrisiken differenziert werden? Dürfen bei Kontaktbeschränkungen bestimmte Lebensräume ausgeklammert werden (Industrieproduktion, Berufsleben), während andere Lebensräume stillgelegt werden (Bildung, Kultur, »Freizeit«)? Kann ein effektiver Beitrag für die Pandemiebekämpfung intergenerationell oder interprofessionell oder intersoziokulturell erbracht werden, und zwar – noch konkreter – für welches Schutzgut? Leben (Bedrohungssituation Alter und Vorerkrankung), Gesundheit (Bedrohungssituation subjektiv und objektiv zu kontingent und daher diffus) oder Gesundheitssystem (Solidardimension oder staatliche Kapazitätsverantwortung)? Das sind die konkreten Fragen der Pandemiepolitik. Bei ihnen geht es um Gleichheit und Freiheit, nicht um Würde. Und das führt zum letzten Punkt.

5. Kurzes Fazit

An sich organisiert das Grundgesetz das Verhältnis von Würde und Rechten im Sinne einer kategorialen, man kann auch sagen: epistemischen Trennung. Würde betrifft Werte, und die Werte gelten objektiv. Macht man Würde zu einem Recht, profitiert davon entweder der politische Prozess, weil er die nähere Rechtsstellung ausgestalten müsste, oder der Träger dieses Rechts, weil er sich darauf berufen könnte. Das kann im Sinne einer Rechteexpansion im Einzelfall attraktiv sein, verändert jedoch Schritt für Schritt den Status der Würde als objektiver, absoluter Wert.

In der juristischen Alltagsdogmatik finden sich nach 70 Jahren Applikation so viele Würdebezüge, dass diese inzwischen das Potential besitzen, ergebnisrelevant verwertet zu werden. Würde wird zu einem dogmatischen Vehikel für verschiedene Zwecke, etwa das Erfinden neuer Rechte, die versuchte Hierarchisierung von Rechten, die Schutzbereichsverstärkung, einen Abwägungsstopp oder gewaltenteilende Zwecke, etwa die Begrenzung gesetzgeberischer Regelungszugriffe. Im juristischen Diskurs ist der Bezug zur Würde des Menschen letztlich eine Argumentationsstrategie. Jedenfalls die Juristen wissen bei der Verwendung würdebezogener Argumente nicht mehr, auf welcher kategorialen Ebene das Argument eigentlich angesiedelt ist: In der Philosophie, in der Soziologie, in der Psychologie? In der Empirie oder in der Epistemologie? Mit anderen Worten: Durch den Bezug zur Menschenwürde nimmt die Rationalität des juristischen Diskurses ab und nicht zu. Und das ist naturgemäß nicht anders, wenn Juristen die Würde des Menschen auf sein Leben beziehen. So bleibt als Fazit eine Daumenregel für die juristische Argumentation: Wer Würde vom Leben trennt, argumentiert schärfer, als wer Leben auf Würde bezieht.

Klaus Günther

Die Verschränkung von Würde und Leben*

1. Unübersichtliche Verhältnisse

Nicht erst die Coronapandemie hat die in modernen Gesellschaften lebensweltlich weitgehend vorherrschende Vorstellung, Würde und Freiheit sowie Leben und Gesundheit hingen allesamt irgendwie miteinander zusammen, so dass eins ohne die jeweils anderen nicht zu haben sei, durcheinandergebracht. Michel Foucault hatte mit seinen Analysen zu der mit der Neuzeit einsetzenden und sich immer deutlicher profilierenden Biopolitik darauf aufmerksam gemacht, dass es dem Staat letztlich um die Erhaltung und produktive Steigerung des Lebens und weniger um die Rechte des Einzelnen gehe. Diese Analysen sind von Giorgio Agamben noch einmal radikalisiert worden zu der Behauptung, die Moderne reduziere den Menschen auf ein seiner Rechte und seiner Würde zunehmend beraubtes, auf ein »nacktes Leben«, was mit den freiheitseinschränkenden staatlichen Reaktionen auf die Pandemie nochmals bekräftigt werde. Es gehe nur noch um »das nackte biologische Leben und die Angst, es zu verlieren, dem alles geopfert wird«.[1] In dem 2010 erschienenen Roman *Corpus Delicti* beschreibt die Schriftstellerin Juli Zeh eindringlich die Gefahren einer Gesundheitsdiktatur.[2] Die dort noch als Fiktion in die Zukunft projizierte Wirklichkeit ist für Agamben schon längst unheilvolle Gegenwart: »die Gesundheit [ist] zu einer Pflicht geworden, die alle zu erfüllen haben«.[3]

Dagegen glaubte der vormalige Präsident des Deutschen Bundestages, Wolfgang Schäuble, die Öffentlichkeit in einem Zeitungsinterview kurz nach dem Ausbruch der Pandemie in Deutschland daran erinnern zu müssen, dass das Grundrecht auf Leben und

* Jürgen Habermas und Lutz Wingert danke ich für hilfreiche Hinweise und Kritik; alle verbliebenen Fehler und Unklarheiten liegen ausschließlich in der Verantwortung des Autors.

1 Giorgio Agamben, *An welchem Punkt stehen wir?*, übers. von Federica Romanini, Berlin 2021, S. 26.

2 Juli Zeh, *Corpus Delicti. Ein Prozess*, München 2010.

3 Agamben, *An welchem Punkt stehen wir?*, S. 43.

Gesundheit, wie es im Grundgesetz verbürgt ist, durchaus einer gesetzlichen Einschränkung fähig sei (Art. 2 Abs. 2 S. 3 GG): »Wenn ich höre, alles andere habe vor dem Schutz von Leben zurückzutreten, dann muss ich sagen: Das ist in dieser Absolutheit nicht richtig.« Anderes gelte nur für die in Art. 1 Abs. 1 GG garantierte Menschenwürde: »Wenn es überhaupt einen absoluten Wert in unserem Grundgesetz gibt, dann ist das die Würde des Menschen. Die ist unantastbar. Aber sie schließt nicht aus, dass wir sterben müssen.«[4] Freilich sind die Fälle, in denen der Staat von Verfassungs wegen befugt ist, direkt in das Leben seiner Bürger:innen einzugreifen, marginal. In welchem Umfang jedoch Legislative und Exekutive verpflichtet sind, das pandemiebedingte Sterbenmüssen, wenn und soweit es vorhersehbar und vermeidbar ist, zu verhindern oder zumindest die Wahrscheinlichkeit von Todesfällen zu verringern, ist damit noch nicht gesagt. Schäubles Äußerung ließ sich daher nicht nur so verstehen, dass das Sterben, wenn schon unvermeidlich, so doch wenigstens in Würde geschehen müsse, sondern auch so, dass ein absolut verstandener Lebensschutz die Würde Dritter verletzen könne, die von den lebensschützenden Freiheitseinschränkungen betroffen sind. Nicht nur an den Rändern der Gesellschaft artikulierte sich lautstark ein Freiheitsverständnis, das Gesundheitsgefahren leugnete oder herunterspielte und in jeder freiheitseinschränkenden Maßnahme schon die Heraufkunft eines neuen Totalitarismus wähnte.[5]

Auch unter denen, die ihre Augen nicht vor der Wirklichkeit verschlossen, stellten viele öffentlich die Frage, ob massive Freiheitseinschränkungen für eine Mehrheit von weniger Gefährdeten gerechtfertigt seien, um die Überlebenswahrscheinlichkeit einer Minderheit mit alters- und vorerkrankungsbedingt schlechterer Prognose zu erhöhen. Dramatisch zugespitzt wurde diese Frage mit Blick auf die teilweise völlig überlasteten Intensivstationen in den Krankenhäusern einiger Länder, in denen eine sogenannte Triage

4 Wolfgang Schäuble im Interview mit Robert Birnbaum und Georg Ismar: »Schäuble will dem Schutz des Lebens nicht alles unterordnen«, in: *Der Tagesspiegel*, 26. 04. 2020, ⟨https://www.tagesspiegel.de/politik/bundestagspraesident-zur-corona-krise-schaeuble-will-dem-schutz-des-lebens-nicht-alles-unterordnen/25770466.html⟩, letzter Zugriff 09. 05. 2022.

5 Vgl. dazu den Beitrag von Günter Frankenberg in diesem Band.

tatsächlich vollzogen werden musste oder befürchtet wurde.[6] Bei der Diskussion darüber, ob, in welcher Weise und nach welchen Kriterien eine Patientengruppe gegenüber anderen priorisiert werden dürfe, wenn die tatsächlich einsetzbaren intensivmedizinischen Ressourcen knapper sind als die Zahl der Behandlungsbedürftigen, kehrte das vorher schon in anderen Zusammenhängen (zum Beispiel Luftsicherheitsgesetz, sogenannte Rettungsfolter) erörterte Problem wieder, ob und unter welchen Voraussetzungen das Leben einer Person preisgegeben werden dürfe, um das unmittelbar gefährdete Leben einer anderen zu retten, und ob und unter welchen Voraussetzungen dadurch die Menschenwürde verletzt werde.[7]

Eine ganz andere Perspektive auf das Verhältnis von Würde und Leben eröffnete kurz vor dem Lockdown das Bundesverfassungsgericht, als es in seinem Urteil zum assistierten Suizid vom 26. Februar 2020[8] feststellte, dass zur grundrechtlich geschützten Autonomie jedes Einzelnen, wie sie aus dem allgemeinen Persönlichkeitsrecht folge, das in der Menschenwürde in Verbindung mit den Freiheitsgrundrechten verankert ist, das Recht jedes Einzelnen zur »selbstbestimmten Verfügung über das eigene Leben« gehöre.[9] In das Verhältnis des Einzelnen zu seinem eigenen Leben, so lässt sich das verstehen, darf der Staat das Leben nicht gegen dessen Willen schützen, sonst würde er dessen Würde verletzen.

In welchen weiteren, neuen Fallkonstellationen das Verhältnis von Würde, einschließlich des Persönlichkeitsrechts, und dem Recht auf Leben und körperliche Unversehrtheit thematisiert wird, zeichnet sich bei den ersten Gerichtsentscheidungen ab, in denen es um Maßnahmen zur Verlangsamung des Klimawandels und der Minimierung von anderen Umweltschäden mit negativen Folgen für Leben und Gesundheit der Menschen geht. Das Bundesverfassungsgericht hat in seinem Klimaschutzbeschluss vom 24. März 2021[10] zwar nicht unmittelbar das Verhältnis von Freiheit und Leben thematisiert, sondern das Problem, dass die Folgen des klimaschädlichen Freiheitsgebrauchs der gegenwärtigen Generation

6 Tatjana Hörnle u. a. (Hg.), *Triage in der Pandemie*, Tübingen 2021.

7 Kritisch zur Parallelisierung dieser Fallgruppen der Beitrag vor Jürgen Habermas in diesem Band.

8 BVerfG, Urt. v. 26.02.2020-2 BvR 2347/15 (Suizid).

9 BVerfG (Suizid), Rn. 211.

10 BVerfG, Beschl. vom 24.03.2021-1 BvR 2656/18 (Klima).

dazu führen können, dass künftige Generationen ihre Freiheiten so massiv einschränken müssen, dass dieses Recht für sie nahezu vollständig an Wert verliert.[11] Doch geht es zumindest indirekt um Leben und Gesundheit, weil nur deren zunehmende Gefährdung künftigen Generationen die Entscheidung aufzwingt, klimaschädlichen Freiheitsgebrauch immer umfassender einzuschränken. Explizit geht es darum in der noch nicht rechtskräftigen Entscheidung des Bezirksgerichts Den Haag vom 26. Mai 2021, das aus der Pflicht zum Schutz des Lebens eine Sorgfaltspflicht für das Unternehmen Royal Dutch Shell herleitet, nicht nur die eigene klimaschädliche Produktion einzuschränken beziehungsweise umzustrukturieren, sondern dabei auch die indirekten Auswirkungen durch den Verbrauch seiner Produkte durch Dritte zu berücksichtigen.[12] Nur einen Tag später verkündete der Federal Court of Australia ein Urteil, das die australische Umweltministerin dazu verpflichtete, bei der Entscheidung über die Genehmigung eines Kohletagebauwerks eine Sorgfaltspflicht zum Schutz des Lebens bezüglich der durch den Verbrauch der geförderten Kohle erzeugten klimaschädlichen Emissionen zu beachten.[13]

Gründe genug also, das unübersichtliche Verhältnis von Menschenwürde, Freiheit, Leben und Gesundheit noch einmal genauer zu untersuchen, und zwar nicht nur mit Blick auf die aktuelle Pandemie, sondern auch auf andere aktuelle Entwicklungen. Dabei möchte ich im Folgenden zwei Fragerichtungen verfolgen: Im ersten Schritt wird es entlang der Argumentationslinien, mit denen insbesondere darauf insistiert wird, dass das Leben nicht gegen den Willen (und damit auch die Würde) des Einzelnen geschützt werden dürfe, darum gehen zu fragen, ob hier das Leben als eine Art Substrat (Bundesverfassungsgericht: »vitale Basis«) der Würde ver-

11 BVerfG (Klima), Rn. 116-117.

12 *Milieudefensie et al. vs. Royal Dutch Shell*, ECLI:NL:RBDHA:2021:5339. Vgl. dazu: André Nollkaemper, »Shell's Responsibility for Climate Change: An International Law Perspective on a Groundbreaking Judgment«, in: *Verfassungsblog*, 28. 05. 2021, ⟨https://verfassungsblog.de/shells-responsibility-for-climate-change/⟩, letzter Zugriff 09. 05. 2022; Pierre Thielbörger, Rouven Diekjobst, »Klima-Urteil gegen Shell: Meilenstein für Unternehmen und Menschenrechte«, in: *Legal Tribune Online*, 01. 06. 2021. ⟨https://www.lto.de/persistent/a_id/45095/⟩, letzter Zugriff 11. 07. 2021.

13 *Sharma by her litigation representative Sister Marie Brigid Arthur v Minister for the Environment* [2021] FCA 560.

standen wird. Das Leben steht hier in einem *äußerlichen Verhältnis* nicht nur zur Würde, sondern auch zu allen anderen Individualgrundrechten, das sich durch die triviale Aussage beschreiben lässt, dass es ohne Leben keine Würde (und auch keine anderen Individualgrundrechte) gäbe. In einem zweiten Schritt soll dann umgekehrt gefragt werden, ob die Menschenwürde nicht ihrerseits auf einer leiblich gebundenen Subjektivität aufruht, so dass es neben dem externen Verhältnis auch eine *interne Beziehung* zwischen Leben und Würde gibt. Die Vermutung ist, dass die innere Beziehung jedes Einzelnen zu seinem je eigenen Körper und seiner inneren Natur eine der Quellen ethischer Freiheit ist, die zum Sinn der Menschenwürde gehört. Erst dadurch, so will ich zu zeigen versuchen, lässt sich die Beschreibung der begrifflichen Verschränkung von Würde und Leben so weit vervollständigen, dass sie ein hohes Maß an Lebensschutz rechtfertigt.

2. Würde und Leben: Das Leben als Substrat der Würde

Explizit oder implizit spielt die Menschenwürde eine nicht unerhebliche Rolle in vielen modernen Verfassungen, zumindest dort, wo Verfassungsgerichte über die Verfassungskonformität von Gesetzen entscheiden.[14] Am deutlichsten kommt dies im deutschen Grundgesetz (GG) zum Ausdruck, dessen Art. 1 die Unantastbarkeit der Würde des Menschen an den Anfang der Grundrechtsartikel stellt. Unbestritten ist, dass dies in bewusster Absetzung von der NS-Herrschaft und den von ihr verantworteten Menschheitsverbrechen geschehen ist. Diese bilden daher auch in negierender Form das allgemeine Hintergrundverständnis der Würdegarantie. Wie jedoch ihre verfassungssystematische Rolle und Funktion genauer zu bestimmen sei, bleibt nach wie vor kontrovers. Das zeigt sich nicht zuletzt an einer uneinheitlichen Terminologie. Ob sie ein höchster Wert sei, ein Prinzip, ein Recht oder ein Status, jeweils mit der Funktion, allen anderen Grundrechten Sinn und Bedeutung zu geben, bleibt offen. Für alle Begriffe lassen sich in den relevanten Entscheidungen vom Schwangerschaftsabbruch über das

14 Siehe am Beispiel Kanadas: Robert Leckey, »Embedded Dignity«, in: *Oxford University Commonwealth Law Journal* 5/1 (2005), S. 63-84.

Luftsicherheitsgesetz bis zuletzt zur Entscheidung zum assistierten Suizid Beispiele finden. In der letztgenannten ist in ein und demselben Satz von der Würde »als tragendem Konstruktions*prinzip* und oberstem Verfassungs*wert*«[15] die Rede.

Eine besondere Ausprägung erfährt die Würde vor allem in dem aus dem Grundrecht auf allgemeine Handlungsfreiheit in Art. 2 Abs. 1 GG und der Menschenwürdegarantie in Art. 1 Abs. 1 GG hergeleiteten allgemeinen Persönlichkeitsrecht, als Recht auf individuelle Selbstbestimmung, Autonomie, neben der allgemeinen Handlungs- qua Bewegungsfreiheit. In diesem Sinne ist das allgemeine Persönlichkeitsrecht zentral für die Entscheidung des Bundesverfassungsgerichts zum assistierten Suizid, nach der es zum Recht auf Autonomie gehöre, über das eigene Leben zu verfügen. Soll hier die Autonomie im Verhältnis des Einzelnen zu seinem eigenen Leben zum Ausdruck kommen, in die der Staat nicht ohne weiteres eingreifen darf, wandelt sich dieses Verhältnis, wenn es um den Schutz des Lebens vor drohenden Verletzungen durch Dritte und den Staat sowie durch extreme Gefahren wie Pandemien geht.

Das Leben, wie es im Grundrecht des Art. 2 Abs. 2 S. 1 GG genannt wird, wird allgemein als »körperliches Dasein« bestimmt.[16] Als solches sei es die »vitale Basis aller Grundrechte«[17] und damit auch der Menschenwürde. Damit rückt es in eine Position, die der allgemeinen Interpretation der Menschenwürde als »Konstruktionsprinzip« aller Grundrechte ähnlich ist. Es handelt sich beim Grundrecht auf Leben nicht nur um ein Grundrecht neben anderen, sondern es ist zugleich die organisch-körperliche Voraussetzung aller Grundrechte. Nicht nur keine Würde, sondern auch kein Eigentum, keine Berufsfreiheit, kein Recht auf Bildung usw. ohne das Leben des jeweiligen Grundrechtsträgers. Daher: »Das Recht auf Leben und körperliche Unversehrtheit steht dem Gebot des Art. 1 Abs. 1 GG, die menschliche Identität und Integrität zu achten und zu schützen, nahe.«[18] Es habe »mit anderen Worten einen besonderen Menschenwürdegehalt« (ebd.).

Aber was genau könnte es heißen, dass Leben und Würde einan-

15 BVerfG (Suizid), Rn. 211.

16 Thorsten Kingreen, Ralf Poscher, *Grundrechte – Staatsrecht II*, Heidelberg [35]2019, Rn. 471.

17 »Vitale Basis der Menschenwürde«: BVerfG (Suizid), Rn. 211.

18 BVerfG (Suizid), Rn. 470 und 484.

der nahestehen und Ersteres einen besonderen Menschenwürdegehalt habe? Jürgen Habermas hat vorgeschlagen, von beider »begriffliche[r] Verschränkung« zu sprechen, von der »sich in sterblichen Körpern aus Fleisch und Blut verkörpernde[n] Würde«.[19] Das lässt sich so lesen, dass das Leben gleichsam das Substrat der Würde ist. Es handelt sich um die triviale Einsicht, dass es ohne Leben für den Menschen keine Würde gibt, weil schlicht das Subjekt der Würde fehlt, ganz gleich, wie die Würde näher bestimmt wird. Mit einigen Modifikationen und graduellen Abstufungen gilt das auch für Beeinträchtigungen der Gesundheit und der körperlichen Integrität, bis zu dem Zustand, in dem ein irreversibel zum Tode führender schwerer Krankheitsprozess nicht nur objektiv, sondern auch für den Betroffenen aus der Perspektive der 1. Person die biologischen Grundlagen von Autonomie und Würde zerstört. Insofern sind Leben, körperliche Integrität, Gesundheit, jeweils *mutatis mutandis*, notwendige Bedingungen für die Würde: »the principle that dignity demands bodily integrity as a necessary (though insufficient) component«.[20]

Freilich ist mit der Einsicht, dass Leben und Gesundheit notwendige Bedingungen für die Menschenwürde sind, noch nicht viel gewonnen, weil es darüber hinaus noch eine ganze Reihe von weiteren notwendigen Bedingungen sowohl des individuellen menschlichen Lebens als auch, unabhängig davon, der Würde gibt, die erst alle zusammen hinreichend wären. Außerdem ist das Recht auf Leben, wie oben erwähnt, zugleich immer auch notwendige Bedingung für alle anderen Individualgrundrechte, so dass es sich als notwendige Bedingung der Würde nicht von seiner bedingenden Funktion für andere Grundrechte unterscheidet. Dann wäre damit aber nicht erklärt, warum es gerade das Leben ist, das einen »besonderen Menschenwürdegehalt« im Vergleich zu anderen Grundrechten haben soll – es sei denn, man würde auch dem Recht auf Bildung, Eigentum oder Kunst- und Wissenschaftsfreiheit einen solchen besonderen Gehalt zusprechen. Dann bliebe nur noch die gemeinsame Funktion, die darin besteht, dass die Würde tragendes

19 Jürgen Habermas, Klaus Günther, »Kein Grundrecht gilt grenzenlos«, in: *Die Zeit*, 07.05.2020, ⟨https://www.zeit.de/2020/20/grundrechte-lebensschutz-freiheit-juergen-habermas-klaus-guenther⟩, letzter Zugriff 09.05.2022; siehe auch den Beitrag von Jürgen Habermas in diesem Band.

20 Leckey, *Embodied Dignity*, S. 72.

Konstruktionsprinzip und höchster Wert der Verfassung und damit aller anderen Grundrechte ist und das Leben das körperliche Substrat der Würde und aller anderen Grundrechte. Die Würde kann ein Konstruktionsprinzip aller Grundrechte nur dadurch sein, dass sie ihr körperliches Substrat einschließt, und die anderen Grundrechte hätten keinen Sinn, wenn ihr Träger nicht leben würde.

Gleichwohl lassen sich aus diesem abstrakten Bedingungsverhältnis bereits zwei Bedeutungsdimensionen und Schutzwirkungen herleiten: Die Verpflichtung aller staatlichen Gewalt, die Menschenwürde und als deren notwendige Bedingung auch das Recht auf Leben zu schützen, verlangt allem voran den Schutz vor rechtswidrigen Angriffen Dritter. Auch wenn dem Gesetzgeber ein weiter Spielraum zuzugestehen ist, zu entscheiden, mit welchen Maßnahmen er dies tut (das Strafrecht als *ultima ratio*), zweifelt niemand an dem Kern einer staatlichen Schutzverantwortung. Man muss nicht gleich die neuzeitlichen Konzeptionen des Gesellschaftsvertrages aufrufen, um zu zeigen, dass der Schutz des Lebens und der körperlichen Integrität vor solchen Angriffen die *raison d'être* des modernen (und nicht nur des modernen) Staates ist. Für den modernen Staat historisch noch bedeutsamer ist jedoch vor allem der Schutz des Lebens und der körperlichen Unversehrtheit vor Eingriffen ebendieses Staates selbst, weil dessen Gewaltmonopol stets mit dem Risiko des Missbrauchs, insbesondere der Gewalt gegen Leib und Leben, einhergeht. In dieser Abwehrfunktion gegenüber dem Staat kommt dann auch die Würde zur Geltung.

Wie eng Leben und körperliche Unversehrtheit als notwendige Bedingungen mit der Würde verschränkt sind, zeigt sich aber gerade in solchen Fallkonstellationen, in denen es um den Schutz des Lebens ohne, gegen oder auf Kosten von Würde und Selbstbestimmung des Betroffenen geht. Von wenigen Extremfällen (zum Beispiel medizinische Behandlung eines durch einen Unfall akut einwilligungsunfähigen Patienten) abgesehen, dürfen Leben und Gesundheit immer nur unter Einbeziehung seiner Selbstbestimmung und damit auch der Würde geschützt werden. Darunter fallen insbesondere lebensverlängernde Maßnahmen trotz eines irreversibel tödlichen Krankheitsverlaufs gegen den Willen des Patienten. Insofern ist das Recht jedes Einzelnen, selbstbestimmt über sein Leben zu verfügen, notwendige Folge der Verschränkung von Würde und Leben. So heißt es in der Suizidentscheidung des

Bundesverfassungsgerichts: »Ein gegen die Autonomie gerichteter Lebensschutz widerspricht dem Selbstverständnis einer Gemeinschaft, in der die Würde des Menschen im Mittelpunkt der Werteordnung steht, und die sich damit zur Achtung und zum Schutz der freien menschlichen Persönlichkeit als oberstem Wert ihrer Verfassung verpflichtet.«[21]

Dazu gehört weiterhin auch die Abwehr von staatlichen Maßnahmen, mit denen das Leben um den Preis des vollständigen Verlustes von Autonomie und Würde geschützt wird – also der Extremfall einer »Gesundheitsdiktatur« mit lückenloser Überwachung und Kontrolle des individuellen und kollektiven Gesundheitszustands, umfassenden Präventionsmaßnahmen, kurz: das, was Agamben als den Schutz des nackten oder bloßen Lebens bezeichnet. Erst recht fallen darunter alle staatlichen Maßnahmen, mit denen ein kollektiver Lebensschutz oder gar eine Optimierung des Lebens gegen den Willen der Betroffenen bewirkt werden soll, im Extremfall auch durch die aus der deutschen Vergangenheit nur allzu bekannte Lebensvernichtung oder schwerste Gesundheitsschädigung bestimmter Gruppen oder Individuen (Vernichtung sogenannten »unwerten« Lebens, Menschenexperimente, Eugenik und Selektion zum Zwecke der Züchtung – mit den strittigen Grenzfällen des gentechnischen Eingriffs in den – zur Willensbildung nicht fähigen – Embryo zwischen Krankheitsvermeidung und Optimierung).

Eine weitere Konsequenz dieser Verschränkung ist das Recht, sein Leben selbstbestimmt oder eigenverantwortlich zu führen. Dazu gehört nicht nur die ethische Dimension einer Lebensführung, die sich an einer Vorstellung des guten Lebens orientiert. Hier geht es vor allem um eine eigenverantwortliche Lebensführung in der körperlichen Dimension des Lebens, um die je individuelle Gestaltung des eigenen körperlichen Daseins und Sorge um die eigene Gesundheit, um die eigenverantwortliche Wahrung der körperlichen Integrität, auch in der zeitlichen Dimension der individuellen Lebensgeschichte. Das schließt das Recht auf eigenverantwortliche Selbstgefährdung, das freiwillige Eingehen von Gesundheits- und Lebensrisiken ein, soweit dadurch nicht gleichzeitig oder in der vorhersehbaren und vermeidbaren Folge Dritte geschädigt werden, allem voran deren Leben und Gesundheit. Die bewusste, eigen

21 BVerfG (Suizid), Rn. 277.

verantwortliche Selbstgefährdung oder Selbstschädigung (»No risk, no fun!«, »Lebe wild und gefährlich!«) ist daher straflos. Niemand darf daran gehindert werden, durch Tabakrauchen die eigene Gesundheit zu schädigen, aber ihm darf verboten werden, Dritte solchen Gesundheitsrisiken auszusetzen, die mit dem Passivrauchen einhergehen (Problematik der Selbstschädigung bei Cannabis und anderen Drogen im Vergleich mit Alkohol etc.). Auch hier gibt es die Freiheit, bewusst Gesundheitsrisiken einzugehen, und die Freiheit, sich selbst um die eigene Gesundheit zu sorgen, soweit das durch eigenverantwortliches Handeln möglich ist. Diese Möglichkeit hängt von einer Vielzahl kontingenter und variabler Bedingungen ab, nicht zuletzt von den vorhandenen Möglichkeiten medizinischer Versorgung, deren Inanspruchnahme wiederum von einer individuellen Entscheidung abhängig gemacht wird, auf die jedoch gleichzeitig auch ein Anspruch besteht, sobald der Einzelne nicht mehr fähig ist, sich selbst um seine Gesundheit zu kümmern. Hier geht das vom Einzelnen selbst bestimmte Bedingungsverhältnis zwischen Würde und Leben in die Schutzpflicht für das Leben über, unter anderem dadurch, dass ein kollektives und solidarisches System adäquater medizinischer Versorgung, ein allgemein zugängliches Gesundheitssystem, errichtet wird. Freilich hängt die Nutzung des Gesundheitssystems von der individuellen Entscheidung des Patienten ab (außer in akuten Notfällen), Ausmaß und Umfang seiner Errichtung und Funktionsfähigkeit[22] von der Abwägung mit anderen politischen Zielen und Verfassungsgütern (konkret: wie viel Steuergeld soll in das Gesundheitssystem investiert werden, ohne dass die öffentliche Finanzierung zum Beispiel von Bildungseinrichtungen leidet?).

Schwieriger wird es, wenn es um Gesundheitsrisiken geht, die der Einzelne nicht oder nur um den Preis erheblicher Freiheitsbeeinträchtigungen vermeiden kann, weil sie zu der Art und Weise gesellschaftlicher Kooperation gehören. Dieses Problem stellt sich vor allem für moderne, technologiebasierte Lebensformen. Die modernen Technologien (zum Beispiel mobilisierter Straßenverkehr)

22 Die Aufrechterhaltung der Funktionsfähigkeit kann dann zu einem Zwischenziel des verfassungsrechtlich gebotenen Schutzes von Leben und Gesundheit der Bevölkerung werden, wie in der Entscheidung des Bundesverfassungsgerichts zur sogenannten Bundesnotbremse, BVerfG, Beschl. vom 19.11.2021-1 BvR 781/21, Rn. 174-176 und Rn. 197 (Bundesnotbremse I).

haben ein Janusgesicht. Sie verbessern auf der einen Seite die Bedingungen individueller Freiheit sowie von Leben und Gesundheit. Durch die immense Steigerung der durchschnittlichen Lebenserwartung in diesen Gesellschaften hat sich allein schon der zeitliche Umfang des Freiheitsgebrauchs erheblich vergrößert. Auf der anderen Seite werden Freiheit sowie Leben/Gesundheit dadurch abhängig von einer komplexen technologischen (und ökonomischen) Infrastruktur und damit vulnerabel, abgesehen davon, dass diese Technologien ihrerseits gleichzeitig oder teilweise ein erhebliches Gefahrenpotential in sich bergen. Moderne Gesellschaften folgen dem Imperativ und ermutigen dazu, von dieser Freiheit einen produktiven Gebrauch zu machen, auch und gerade wenn er riskant ist. Nach Foucault (1979) lautet das wahre Motto des Liberalismus daher: »Lebe gefährlich!« (»La dévise du liberalisme, c'est vivre dangereusement.«).[23] Beispiele sind Technologien zur Mobilitätssteigerung oder Technologien wie Atomkraftwerke. Hier handelt es sich um kollektive Risiken, die in Gefährdungen und Schädigungen der Gesundheit/des Lebens Einzelner oder einer größeren Gruppe von Menschen umschlagen können.

Anders als beim Schutz vor direkten Angriffen Dritter fallen solche mit der Teilnahme an ihrerseits riskanten modernen Lebensformen eingegangenen Risiken für Leben und Gesundheit nicht unmittelbar unter die staatliche Schutzpflicht. Einige dieser Risiken lassen sich individuell vermeiden – man muss nicht mit dem Auto fahren –, oftmals allerdings um den Preis der Ungleichheit, der weitgehenden Exklusion von den durch risikoaffine Weisen gesellschaftlicher Kooperation produzierten Vorteilen. Deshalb gibt es politische und rechtliche Mechanismen der Risikoprävention und der Kompensation von Schäden – teilweise durch individuell-eigenverantwortliche Vorsorge und Vorsicht, teilweise durch Gefährdungshaftung, durch Fahrlässigkeitstatbestände im Delikts- und Strafrecht mit Sorgfalts- und Verkehrssicherungspflichten sowie Versicherungslösungen für die Kompensation der Schäden und durch Kontroll- und Überwachungsinstitutionen. In der Summe

23 Michel Foucault, *Geschichte der Gouvernementalität II: Die Geburt der Biopolitik*, übers. von Jürgen Schröder, Frankfurt/M. 2004, S. 101; Michael C. Behrendt, »Accidents Happen. François Ewald, The ›Antirevolutionary‹ Foucault, and the Intellectual Politics of the French Welfare State«, in: *The Journal of Modern History* 82/3 (2010), S. 585-624, hier S. 606.

bedeutet das, das Eingehen von Risiken zu erlauben, aber dessen Folgen einerseits durch ein System von individuellen Sorgfaltspflichten, andererseits kollektiv durch Versicherungslösungen sowie Überwachungs- und Kontrollagenturen zu vergesellschaften. Der moderne Staat ist insofern Präventions- oder »Vorsorgestaat«.[24] Die dann immer noch vorkommenden Verletzungen und Schädigungen werden dem weiten Bereich des »allgemeinen Lebensrisikos« zugeordnet, dem jeder so ausgesetzt ist wie dem Schicksal. Die Grenze zwischen unerlaubtem und erlaubtem Risiko sowie dem allgemeinen Lebensrisiko ist normativ und wird durch politische und rechtliche Entscheidungen festgelegt. Als solche ist sie variabel, strittig und rechtfertigungsbedürftig, wie sich an der Privilegierung des allgemeinen, in der jährlichen Statistik erfassbaren Verkehrsunfallrisikos zeigt:

> Die Privilegierung des allgemeinen Verkehrsunfallrisikos ist [...] seiner Zuordnung zum allgemeinen Lebensrisiko geschuldet. Als dogmatische Figur dient das allgemeine Lebensrisiko im öffentlichen Recht einer wahrscheinlichkeitsorientierten Lastenverteilung zwischen Schutz und Eingriff. Das individuelle Risiko, Verkehrsunfallopfer zu werden, ist so gering, dass die Freiheits- und Wohlfahrtseinschränkungen, die zu dessen weiterer Absenkung erforderlich wären, als nicht mehr hinnehmbar erscheinen und eine Überschreitung der Gefahrenschwelle daher nicht angenommen wird.[25]

Erheblich an Bedeutung zugenommen haben diejenigen Risiken, die sich nicht direkt für die Nutzer dieser Technologien ergeben oder für davon als Dritte Betroffene, sondern indirekt in der Weise, dass die Folgen der Nutzung langfristig die Lebensgrundlagen aller beeinträchtigen. Dazu zählen die Gesundheitsschädigungen derjenigen, die aufgrund ihrer Wohnsituation von hoher Feinstaubbelastung oder Fluglärm in ihrer Gesundheit geschädigt werden, über die Gefahren, die mit der Endlagerung von radioaktiven Abfällen einhergehen, bis zu den gesundheitsschädigenden und teilweise jetzt schon lebensbedrohlichen Folgen von Umweltverschmutzung, Treibhausgasen und Erderwärmung. Wegweisend ist hier der oben

24 François Ewald, *Der Vorsorgestaat*, Frankfurt/M. 1993.

25 Stephan Meyer, »Grundrechtsschutz in Sachen Klimawandel?«, in: *Neue Juristische Wochenschrift* 73/13 (2020), S. 894-900, hier S. 895f.; zum Abgrenzungsproblem zwischen erlaubten und unerlaubten Risiken eingehend: Cornelius Prittwitz, *Strafrecht und Risiko*, Frankfurt/M. 1993.

genannte Klimabeschluss des Bundesverfassungsgerichts, weil er Freiheitsbeeinträchtigungen für künftige Generationen einbezieht und indirekt auch die dadurch sich verschärfende Notwendigkeit, mit immer umfassenderen Freiheitseingriffen Leben und Gesundheit schützen zu müssen.[26] So hat das Gericht in seinem Leitsatz des Beschlusses festgestellt: »Der Schutz des Lebens und der körperlichen Unversehrtheit nach Art. 2 Abs. 2 Satz 1 GG schließt den Schutz vor Beeinträchtigungen grundrechtlicher Schutzgüter durch Umweltbelastungen ein, gleich von wem und durch welche Umstände sie drohen.« Das gilt dann auch für kollektiv eingegangene Risiken mit kollektiven Folgen, denen sich der Einzelne nicht mehr entziehen kann, oftmals mit ungleicher Verteilung der Schäden, auch wenn es sich nur um statistisch erfassbare Risiken für den Einzelnen handelt.[27]

Anders verhält es sich mit solchen Risiken, die nicht – oder jedenfalls nicht unmittelbar – durch menschliche Kooperation erzeugt werden, sondern durch andere Ursachen. Exemplarisch zu nennen wären Pandemien wie Corona. Hier handelt es sich um eine gleichsam von außen kommende, die biologische Natur aller Menschen gleichermaßen bedrohende Gefahr, die für einen großen Teil lebensbedrohlich werden kann. Der Einzelne vermag sie nur begrenzt durch eigenverantwortliche Lebensführung zu beherrschen. Vor allem lässt sich die Gefährdung Dritter durch Infektion nicht ausschließen, insbesondere dann, wenn die Krankheit zu Beginn der Infektion unbemerkt oder bei vielen auch während ihrer Virulenz weitgehend symptomfrei bleibt. Es geht hier nicht mehr nur um die Frage des Verhältnisses von Freiheit und Leben desselben Grundrechtsträgers, sondern auch und vor allem um den Schutz von Leben/Gesundheit vor der Ansteckungsgefahr (»Freiheit«) durch Dritte. Hier besteht eine »Schutzpflicht des Staates [...], die eine Vorsorge gegen Gesundheitsbeeinträchtigungen umfasst«,[28] mit weiter reichenden staatlichen Eingriffsbefugnissen. Stärkere Freiheitseinschränkungen zugunsten des Lebensschutzes sind zulässig, wenn und soweit eigenverantwortliche Schutzmaßnahmen nicht ausreichen oder nur von einigen ergriffen werden, von vielen anderen jedoch nicht. In welchem Umfang dann staat-

26 Klaus Günther, »Die Zeitlichkeit der Freiheit«, in: *Merkur* 875 (2022), S. 18-32.
27 Dazu den Beitrag von Lutz Wingert in diesem Band.
28 BVerfG (Bundesnotbremse I), Rn. 176.

liche Freiheitseingriffe erforderlich, geboten und verhältnismäßig sind, um das Infektionsrisiko für Dritte zu minimieren, hängt aber wiederum von veränderlichen Risikoprognosen über die Krankheitsverläufe ab.[29] Wie groß die Schwankungen hier sind, lässt sich daran erkennen, dass der (indirekte) Impfzwang bei Masern politisch weniger umstritten ist (wegen der höheren Wahrscheinlichkeit von bleibenden Schäden infolge einer Infektion in frühem Lebensalter) als eine Impfpflicht bei Corona (obwohl auch hier gravierende Folgen für Leben und Gesundheit zumindest bei einem Teil der Infizierten allgemein vorhersehbar sind).

Unabhängig davon ist auch noch einmal die Prämisse kritisch zu prüfen, dass es sich bei den meisten Epidemien zumindest in jüngerer Zeit – vermutlich aber auch schon bei früheren Erscheinungen wie zum Beispiel der Pest – um gleichsam aus dem Nichts einer in dieser Hinsicht unbeherrschbaren Natur kommende Virusangriffe auf den Menschen handelte. Viele ernstzunehmende wissenschaftliche Untersuchungen sprechen dafür, dass es sich um sogenannte Zoonosen handelt, also eine Übertragung des mutierenden Virus vom Tier auf den Menschen, und zwar infolge der intensiven Haltung von Haus- und Nutztieren sowie durch die zunehmende Nutzung von Wildtieren oder die durch den Menschen betriebene Zerstörung und Verkleinerung ihrer natürlichen Lebensräume. Das Zeitalter des Anthropozäns ist unter anderem dadurch gekennzeichnet, dass solche Prozesse sich noch beschleunigen und intensivieren (infolge von Massentierhaltung, großflächigen Monokulturen mit Einsatz von Pestiziden, Vernichtung natürlicher Habitate wie tropischer Regenwälder etc.). Bei Zoonosen handelt es sich daher um Risiken, die durch eine bestimmte, bis in die Gegenwart fortgesetzte Weise menschlicher Kooperationen verursacht werden. In dem Maße, wie diese Ursachen von Zoonosen identifiziert und effektive Maßnahmen zur Risikominimierung möglich werden, wandelt sich das allgemeine Lebensrisiko einer Infektion in ein normativ mit Blick auf den Schutz von Leben, Gesundheit und Freiheit zu bestimmendes, rechtlich regulierungsbedürftiges und regulierbares Risiko mit den oben beschriebenen

29 Was wiederum das Problem des Einschätzungs- und Prognosespielraums des Gesetzgebers heraufbeschwört. Letzteres ist einer der Schwerpunkte der Entscheidung des Bundesverfassungsgerichts zur sogenannten Bundesnotbremse, BVerfG (Bundesnotbremse I), Rn. 177-182.

Konsequenzen.[30] In diese Richtung gehen die beiden oben genannten Urteile in den Niederlanden und in Australien im Hinblick auf den Klimawandel, wenn sie eine darauf bezogene Sorgfaltspflicht für klimaschädliche Stoffe produzierende Unternehmen und für Kohleabbau genehmigende Behörden etablieren.

3. Leben und Würde: Die ethische Freiheit leibgebundener Subjektivität

Die voranstehenden Ausführungen haben gezeigt, welche Schlussfolgerungen für das Verhältnis von Freiheit und Leben zu ziehen sind, wenn das Leben als Substrat von Würde und Autonomie konzipiert wird. Das Ergebnis ist, dass es dann nicht nur einfach darum geht, das Leben in jeder Hinsicht um der Würde willen zu schützen (exemplarisch vor rechtswidrigen Angriffen Dritter und des Staates selbst), sondern dass es die Achtung vor der Würde auch gebieten kann, dem Einzelnen das Recht zuzugestehen, über sein Leben autonom mit tödlicher Konsequenz zu verfügen, sein Leben und seine Gesundheit eigenverantwortlich zu gefährden, und insgesamt für eine Organisation des gesellschaftlichen Zusammenlebens zu sorgen, in der eine eigenverantwortliche Lebensführung einschließlich aller damit verbundenen Risiken möglich ist, und zwar auf der einen Seite bis zu der Grenze, jenseits welcher der Einzelne eigenverantwortlich nicht mehr für sich selbst sorgen kann, und auf der anderen Seite bis zur Grenze der vorhersehbaren und vermeidbaren Gefährdung von Leben und Gesundheit Dritter.

An dieser Explikation wird deutlich, dass es hier Würde und Freiheit im Sinne von Autonomie sind, welche das Verhältnis zum jeweils eigenen Leben sowie zur körperlichen Integrität und Gesundheit bestimmen. Zugespitzt formuliert, ist es die Würde, die den Einzelnen als eine Person auszeichnet, die ihrem als körperliches Dasein geführten Leben Sinn und Bedeutung verleiht. Das zeigt sich vor allem in deren Ausprägung als Autonomie oder allgemeines Persönlichkeitsrecht, für deren lebensgeschichtliche Verwirklichung das (körperliche) Leben ge- und verbraucht wird, was

30 Klaus Günther, »Krisenmomente der Freiheit. Ein Panorama mit Schlussfolgerungen«, in: *Archiv für Rechts- und Sozialphilosophie* 107/3 (2021), S. 330-355, hier S. 332 f.

nur *prima facie* paradoxerweise am deutlichsten in dem autonomen Verfügungsrecht über das je eigene Leben zum Ausdruck kommt. Das Leben steht in einem dienenden Verhältnis zur Würde, ist deren Vehikel. Auch dort, wo es nicht um Würde und Autonomie im modernen, zum Beispiel kantischen Sinne geht, sondern um das gute Leben wie in der Antike und in der Folge bei den aristotelischen Ethiken, steht das Leben in diesem Verhältnis zur Vernunft (*logos*).[31]

Eine bis heute das Verständnis bestimmende Variation dieser Verhältnisbestimmung von Würde und Leben orientiert sich am juridischen Modell des Eigentums an einer Sache. Semantisch klingt dies auch in der Entscheidung des Bundesverfassungsgerichts zum assistierten Suizid an, wenn vom »Verfügungsrecht« des Grundrechtsträgers über sein eigenes Leben die Rede ist. Zurückführen lässt sich dieses Verständnis auf John Locke, der in der *Zweiten Abhandlung über die Regierung* den Menschen einsetzt als den »absolute[n] Herr[n] (*absolute Lord*) seiner eigenen Person« und ihm eine »Selbstherrschaft (*empire*) zuspricht«, worunter Locke die natürlichen Rechte auf Leben, Freiheit und Eigentum zusammenfasst. In der naturrechtlichen Konzeption Lockes hat dies einen unverdächtigen Sinn, weil diese Selbstherrschaft der Grund dafür ist, warum es der expliziten Rechtfertigung bedarf, sich »der Herrschaft und dem Zwang einer anderen Gewalt [zu] unterwerfen«.[32] Bedeutsam ist diese Konzeption für Locke allerdings auch für die Rechtfertigung des Privateigentums: »dass [...] die große Grundlage des Eigentums im Menschen selbst lag (weil er Herr seiner selbst ist und Eigentümer seiner eigenen Person und ihrer Handlungen oder Arbeit)«.[33] Aufschlussreich ist dieser Zusammenhang insofern für die Bestimmung des Verhältnisses von Würde und Leben, als es beim Leben wie beim Eigentum an einer Sache um die Aneignung durch eigene Arbeit geht, worin sowohl die Herrschaft über sich selbst als auch über eine Sache gründet. Entgegen dem ersten Anschein spricht Locke jedoch dem Menschen trotz seiner Selbstherrschaft kein Recht zu, über sein eigenes Leben derart zu

31 Siehe dazu den Beitrag von Ursula Wolf in diesem Band.

32 John Locke, *Zweite Abhandlung über die Regierung*, übers. von Dorothee Tidow, Kap. IX, 123, Stuttgart 1978, S. 95.

33 Ebd., Kap. V, 44, S. 35. Zur Kritik dieser Konzeption des Eigentums siehe Eva von Redeker, *Revolution für das Leben*, Frankfurt/M. 2020.

verfügen, dass er sich selbst tötet – »da der Mensch nicht über das eigene Leben Gewalt hat«.[34] Das christliche Tabu vor der Selbsttötung triumphiert hier noch über die eigentümerähnliche Stellung des Menschen zu seinem eigenen Leben mit der Begründung, dass allein Gott der allumfassende und absolute Eigentümer des Lebens eines Menschen sei.[35] Diese Einschränkung zugunsten Gottes bedeutet freilich nicht, dass Locke das Eigentumsmodell als solches relativieren würde – im Gegenteil: Es ist Gott, der als Haupteigentümer geradezu zum Inbegriff und Paradigma dieses Modells wird. Mit Ausnahme der Selbsttötung bleibt daher in dieser Tradition das je eigene Verhältnis zum Körper und zum Leben zumindest in modernen bürgerlichen Gesellschaften vom juridischen Eigentumsmodell dominiert. Es fügt sich in das patriarchalische Konzept des autarken Mannes ein, der Herr über sich selbst und sein Leben ist, als Eigentümer von Grund und Boden sowie Produktionsmitteln unabhängig von Anderen und, vor allem, von allen (für-)sorgenden Beziehungen.[36] Die für die Reproduktion und Pflege des menschlichen Lebens entscheidenden intersubjektiven Verhältnisse, namentlich die Familie und die Frau, erscheinen dem Eigentümerpatriarchen als Natur und gehen damit ein in den Funktionskreis der Dienerschaft des Lebens für die Autonomie. Jenseits dessen können allein die gewillkürten intersubjektiven Verhältnisse Rechte und Pflichten begründen, sei es gegenüber anderen autarken Eigentümern durch privatautonomes Rechtsgeschäft, sei es gegenüber dem Staat durch den Gesellschaftsvertrag.

Nun hat jedoch nicht erst die Pandemie wieder deutlich werden lassen, was vor allem feministische Kritiken gegen diese Konzeption einer nichtrelationalen Autonomie schon lange vorher eingewendet haben: Die Freiheit, die gegen einen vermeintlich verabsolutierten Lebensschutz zur Geltung gebracht wird, ist selbst konstitutiv von fürsorgenden Beziehungen auf verschiedenen Ebenen abhängig, von Partner- und Familienbeziehungen bis zu einem solidargemeinschaftlichen Gesundheitssystem.[37] Aus diesen Gründen be-

34 Locke, *Zweite Abhandlung über die Regierung*, Kap. IV, 23, S. 19.

35 Ebd., Kap. II, 7, S. 7.

36 Siehe dazu die Beiträge von Ute Sacksofsky und Thomas Gutmann in diesem Band.

37 Das betonen mit Blick auf die Pandemie u. a. Axel Honneth, »Wünsche für eine bessere Zukunft«, in: *Die Zeit*, 21. 05. 2021, ⟨https://www.zeit.de/2021/21/

darf es einer Emanzipation des Verhältnisses der Würde/Autonomie zum Leben vom juridischen Eigentumsmodell. Folgt man diesen Spuren, legt sich eine andere Verhältnisbestimmung von Würde und Leben nahe, die gleichsam in umgekehrter Richtung verläuft: Die »begriffliche Verschränkung« von Leben und Würde wäre dann nicht nur eine von Würde mit Leben, sondern auch von Leben mit Würde. Die Würde bedient sich nicht nur des »sterbliche[n] Körper[s] aus Fleisch und Blut« zu ihrer Verkörperung wie ein Substrat – sondern Fleisch und Blut sind gleichsam der Stoff des lebendigen Körpers, der die Würde so materialisiert, dass er die Form der begrifflichen Verschränkung mitbestimmt. Diese Hypothese will ich im Folgenden skizzieren, um auf einen bisher vernachlässigten Aspekt im Verhältnis von Würde und Leben aufmerksam zu machen.

Jeder Versuch, das Verhältnis des Menschen zu seiner eigenen biologischen Natur anders denn als am Modell des Eigentums zu fassen, ist mit einer grundlegenden Unterscheidung konfrontiert. Diese Natur ist zuerst Objekt der Naturwissenschaften wie andere Phänomene der ersten Natur auch. Als solche erscheint sie in der objektivierenden Einstellung eines Beobachters in der 3. Person, die sowohl gegenüber dem eigenen als auch dem fremden menschlichen Körper eingenommen werden kann (zum Beispiel von einer Ärztin, die den Körper eines Patienten auf eine bestimmte Krankheit untersucht). Daneben gibt es jedoch noch eine andere Einstellung, die sich allein auf den jeweils eigenen Körper bezieht. Gernot Böhme hat diese Unterscheidung im Anschluss an Helmuth Plessner auf die einfache Formel gebracht: »Körper ist die Natur des Menschen in Fremderfahrung. Leib ist die Natur des Menschen in Selbsterfahrung.«[38]

Mithilfe dieser Unterscheidung zwischen zwei verschiedenen Weisen der Erfahrung des eigenen Körpers erschließt sich im Blick zurück auf das Substrat-/Eigentumsmodell des Verhältnisses von Leben und Würde, dass es das Leben aus der Perspektive der 3. Person begreift. Wenn Leben nach der eingangs zitierten verfassungs-

corona-krise-chance-zusammenhalt-freiheit-gesundheitswesen〉, letzter Zugriff 09. 05. 2022; und Ute Sacksofsky in ihrem Beitrag in diesem Band; vgl. weiterhin Beate Rössler, *Autonomie*, Berlin 2017; Judith Butler, *Körper von Gewicht*, übers. von Karin Wördemann, Frankfurt/M. 1997.

38 Gernot Böhme, *Leib. Die Natur, die wir selbst sind*, Berlin [2]2020, S. 41.

rechtsdogmatischen Standarddefinition »körperliches Dasein« ist, dann bezieht sich das auf die vegetativen Zustände und Prozesse, die den Körper eines Menschen im biologischen Sinne lebendig machen und allen Angehörigen der Menschengattung gemeinsam sind. Als solche werden sie auch zum Objekt naturwissenschaftlicher Forschung sowie medizinischer Prävention, Diagnose und Therapie. Damit erklärt sich das Triviale am Verhältnis von Leben und körperlicher Unversehrtheit als notwendiger Bedingung für die Würde und alle anderen individuellen Grundrechte. Es handelt sich um eine notwendige *äußerliche* Bedingung, die unabhängig von der je eigenen Perspektive der 1. Person in der objektivierenden Einstellung eines Beobachters feststellbar ist. Um Missverständnissen vorzubeugen, sei klargestellt, dass Äußerlichkeit und Trivialität als charakterisierende Merkmale dieses Verhältnisses nicht bedeuten, dass es einen geringeren Wert hätte oder weniger Schutz verdiente. Als notwendige Bedingung ist ein intaktes körperliches Dasein, so äußerlich es auch sein mag, für Würde und Autonomie essentiell,[39] so dass jene oben genannten Schutzvorkehrungen für Leben und Gesundheit sowohl gegen Angriffe Dritter als auch gegenüber eigenverantwortlich nicht beherrschbaren erheblichen Gefahren bis hin zu einem solidarischen Gesundheitssystem geboten sind.

Mit der phänomenologischen und anthropologischen, vor allem durch Plessner präzisierten Unterscheidung zwischen Körper und Leib eröffnet sich jedoch noch ein zweiter Zugang zu Leben und körperlicher Unversehrtheit, der nicht auf das äußerliche, sondern auf das *innere* Verhältnis des Menschen zu seinem eigenen Körper gerichtet ist und der sich nur aus der Perspektive der 1. Person im Wege der Selbsterfahrung erschließt. Nach Plessner teilt der Mensch mit höher entwickelten, über einen gegenüber ihrem Umfeld abgeschlossenen Organismus verfügenden Tieren den »unaufhebbare[n] Doppelaspekt seiner Existenz als Körper und Leib«.[40] Der Leib ist die »über die einheitliche Repräsentation der Glieder vermittelte Einheit des Körpers, [...] jene konkrete Mitte, dadurch das Lebenssubjekt mit dem Umfeld zusammenhängt«.[41] Erst über den Leib wird dem Organismus das Umfeld zu etwas, das einheit-

39 Siehe dazu den Beitrag von Jürgen Habermas in diesem Band.

40 Hellmuth Plessner, *Die Stufen des Organischen und der Mensch*, Berlin, Leipzig 1928, S. 294.

41 Ebd., S. 231.

lich auf ihn als Zentrum bezogen ist, das er vermöge seiner körperlichen Reaktionen erleben und auf das er durch körperliche Aktionen intentional einwirken kann. Aber anders als das Tier, das aus seiner positionalen Mitte in einem Umfeld im Hier und Jetzt lebt und erlebt, indem es Leib *ist*, steht der Mensch in einem reflektierten Verhältnis zu seiner positionalen Mitte, er erlebt nicht nur mit dem Leib, »sondern er erlebt sein Erleben«.[42] Indem er so zugleich Leib ist und aus dem Leib hinaustreten kann, wird der Doppelaspekt von Körper und Leib nochmals gesteigert zum Doppelaspekt des gleichzeitigen Seins *innerhalb und außerhalb* des Leibes. Nur der Mensch kommt auf diese Weise »hinter sich«. Plessner fasst dies unter den Begriff der »exzentrischen Positionalität« des Menschen, während das Leben des Tieres zentrisch ist.[43]

Mit dieser leibzentrierten Selbsterfahrung eröffnet sich dem Menschen das »Szenarium [des] Innenfeldes«, zu dem er sich zuschauend als »der nicht mehr objektivierbare, nicht mehr in Gegenstandsstellung zu rückende Subjektpol« verhält.[44] Mit dieser Formulierung hebt Plessner ausdrücklich hervor, dass die im Wahrnehmen des eigenen Erlebens bestehende Subjektivität, die Selbsterfahrung des Leibseins, nicht ihrerseits essentialistisch konzipiert oder vergegenständlicht werden darf. Dann würde es sich nur um eine Reprise jenes Dualismus von Geist und Körper handeln, der nicht nur aus philosophischen Gründen problematisch ist, sondern auch die Grundlage für ein ausschließlich instrumentelles und proprietäres Verhältnis zum Körper bildet. Die mit der Leibgebundenheit der Subjektivität entdeckte Pointe würde durch die Behauptung eines inneren Menschen wieder zunichtegemacht – »eine widersinnige Verdoppelung des Subjektkerns«.[45] Die Konsequenz kann daher nur sein: »[...] es gibt keinen inneren Men-

42 Ebd., S. 292.

43 Ebd., S. 291 f.

44 Ebd., S. 290. Zu der Frage, ob Plessner damit dem Dualismus von Körper und Geist entgeht, vgl. Gerhard Gamm, *Philosophie im Zeitalter der Extreme*, Darmstadt 2009, S. 73; sowie Volker Schürmann u. a., »Leiblichkeit in der Philosophischen Anthropologie«, in: Emmanuel Alloa u. a. (Hg.), *Leiblichkeit – Geschichte und Aktualität eines Konzepts*, Tübingen ^{2}2019, S. 241-258; Gesa Lindemann, »Leiblichkeit und Körper«, in: Robert Gugutzer u. a. (Hg.), *Handbuch Körpersoziologie*, Bd. 1, Wiesbaden 2017, S. 57-66, hier S. 62.

45 Plessner, *Die Stufen des Organischen und der Mensch*, S. 290.

schen.«[46] Vielmehr ist die Perspektive der 1. Person an den Vollzug des Lebens selbst gebunden, das nun aber nicht mehr in einem auf die Mitte zentrierten Hier und Jetzt aufgeht, gleichsam blind sich vollziehend, sondern dem Erleben zusieht und dieses als sein eigenes identifiziert. Es gewinnt zum eigenen leibvermittelten Erleben eine performative Einstellung – der Vollzug des Lebens wird in »immer neuen Akten der Reflexion auf sich selbst« bewusster Vollzug.[47] »Subjektivität« ist daher kein Gegenstand, und sie bleibt an ein leibliches Erleben gebunden, von dem sie sich zugleich reflexiv distanziert, ohne sich davon zu lösen. Es ist, wie Habermas in Auseinandersetzung mit Positionen formuliert hat, welche optimierende gentechnische Eingriffe befürworten, »primär [...] der Erfahrungsmodus des Leibseins, ›aus‹ dem heraus auch die Subjektivität der menschlichen Person lebt«.[48] Darin unterscheidet sich die »performative Einstellung des gelebten Lebens einer ersten Person« von der Beobachterperspektive zum eigenen Körper, die sekundär ist und erst im Laufe der individuellen Entwicklung erworben wird.[49]

Die Leibgebundenheit der Subjektivität darf nun nicht nur zu der essentialistischen Annahme eines gegenständlichen inneren Menschen verleiten, sondern vor allem auch nicht zur Behauptung einer autarken, gesellschaftlich isolierten Innenwelt, in welcher die 1. Person wie eine Monade vollkommen in sich selbst ruhte und aus sich selbst schöpfte. Diese Behauptung führt in zwei – einander bedingenden – Hinsichten in die Irre, weil die leibgebundene Subjektivität schon körperlich von fürsorgenden Beziehungen sowie von intersubjektiver, symbolisch vermittelter Kommunikation mit Anderen abhängig ist. Jenseits dessen, aber wiederum dadurch überhaupt erst ermöglicht, bleibt das vegetative System ihres Körpers von der Natur abhängig, die der Mensch mit allen anderen Lebewesen teilt.

Bereits nach Plessner positioniert sich die Person in der sozialen »Mitwelt«, in der »Wirsphäre«, und wird dadurch des intersubjektiven »Geistes« teilhaftig. Nur so gewinnt sie die Fähigkeit, ihr Erleben zu interpretieren und das Erlebte gegenüber anderen zu artikulieren und zu kommunizieren. Die Mitwelt ist insofern

46 Gamm, *Philosophie im Zeitalter der Extreme*, S. 79.
47 Plessner, *Die Stufen des Organischen und der Mensch*, S. 290 f.
48 Jürgen Habermas, *Die Zukunft der menschlichen Natur*, Frankfurt/M. 2005, S. 89.
49 Ebd., S. 94.

eine »tragende Voraussetzung für die Person, die diese selbst mitträgt«.[50] Das bedeutet aber auch, dass ihr Verhältnis zum je eigenen Körper nicht nur in der Einstellung der 3. Person, sondern auch im Erfahrungsmodus des Leibseins, in der performativen Einstellung zum leiblichen Vollzug ihres körperlichen Lebens, sprachlich verfasst ist – dass der »Körper« insofern zugleich immer auch selbst Rede ist. Der:die Zuschauer:in, der:die das eigene Erleben erlebt, tut dies im Medium intersubjektiv geteilter Bedeutungen seiner:ihrer Sprache in der Gesellschaft und der durch sie mitbestimmten, mit den Anderen geteilten Lebensform. Dazu gehören auch die eine Lebensform kennzeichnenden Wertschätzungen und Werte, ethischen Ideale und Konzeptionen eines guten Lebens. Schließlich vollzieht sich das interpretierende Zuschauen zum je eigenen Erleben immer auch im sinnproduzierenden Kontext und unter der normierenden Einwirkung normativer Ordnungen und ihrer Institutionen. Sie alle tragen dazu bei, dass sich die performative Einstellung der 1. Person zum eigenen Erleben herausbilden kann, während diese umgekehrt mit ihren von der Perspektive der 1. Person affizierten Äußerungen und Handlungen auf jene einwirkt.

Es wäre nun aber wiederum verfehlt, sich aufgrund dieser Abhängigkeit in das andere Extrem zu begeben und den Körper auf Sprache und normierende Normalisierung zu reduzieren. Gegen die ihr zugeschriebene Behauptung, »dass der Körper nichts anderes ist als die Sprache«, hat Judith Butler darauf insistiert, dass beider Verhältnis angemessener als ein *Chiasmus* zu charakterisieren sei. »Der Körper entzieht sich dem Zugriff der Sprache, er entzieht sich aber auch der nachträglichen Bemühung, diesen Entzug ontologisch zu bestimmen.«[51] Beide sind füreinander inkommensurabel, ohne einander auszuschließen oder sich aufeinander reduzieren zu lassen. Der Körper ist immer nur »in Teilen gegeben« und »übersteigt« jede »Bemühung des sprachlichen Zugriffs«, weshalb man aber nicht der »Verlockung« erliegen dürfe, »daraus den Schluss zu ziehen, dass der Körper außerhalb der Sprache existiert«.[52] Amia Srinivasan hat diesen Chiasmus zwischen einem die Sprache übersteigenden und

50 Plessner, *Die Stufen des Organischen und der Mensch*, S. 303.

51 Judith Butler, »Wie kann ich bestreiten, dass diese Hände und dieser Körper die meinigen sind?«, in: dies., *Sinn und Sinnlichkeit des Subjekts*, übers. von Johannes Kleinbeck u. a., Wien, Berlin 2021, S. 28-55, hier S. 33.

52 Ebd., S. 32.

zugleich von ihr determinierten Körper als einen inkohärenten Gedanken bezeichnet, »a bit of nonsense, a non-thought«, von dem aber nichtsdestoweniger gezeigt werden könne, dass er *wahr* sei.[53] Nimmt man die hier vorgeschlagene Rekonstruktion hinzu, erscheint die Inkohärenz nämlich nur in der Momentaufnahme eines Prozesses, als ein Bild, das einen bestimmten Zeitpunkt fixiert. Vielmehr ist es gerade die Widersprüchlichkeit zwischen dem, was sich am Körper der Sprache entzieht und zugleich durch sie determiniert ist, welche zu den immer neuen Akten der Reflexion auf das eigene Erleben antreibt. Wie wenn die Zuschauer:innen bei der Aufführung eines Theaterstücks, indem sie davon affektiv berührt werden, das erlebte Bühnengeschehen in immer neuen Anläufen zu deuten versuchen, ohne es jemals vollständig zu verstehen, versucht der Mensch, dem leibgebundenen Erlebnisszenarium des Innenfeldes in unausgesetzten Deutungsversuchen einen Sinn abzugewinnen, ohne es jemals vollständig zu erfassen. Den leiblichen Impulsen, Stimmungen, Resonanzen wird im erlebenden Erleben zugleich nachgespürt, wenn sie zur Sprache gebracht werden, ohne dass ihr gespürter Gehalt in der sprachlichen Artikulation vollständig aufginge. Dies gilt schon für die von Merleau-Ponty so bezeichnete, bereits mit dem Körperschema gegebene »leibliche Intentionalität«.[54] Darüber hinaus enthält der Leib über das aktuelle Erleben hinaus die aus vergangenem Erleben sich bildende »Vorgeschichte, gleichsam eine Ablagerungsstätte geschichtlicher Erfahrung«, so dass sich im Vollzug leibgebundener Subjektivität die »Lebensgeschichte, die jeder hat, das Triebschicksal, das jedes Leben konstituiert, [...] in den Leib« einschreibt.[55] Auch diese im Leib sedimentierte Erlebensgeschichte ist ebenso sprachlich determiniert, wie sie sich dem sprachlichen Zugriff auch immer wieder entzieht. Die von Srinivasan so bezeichneten »unaussprechlichen Widersprüche der Subjektivität« sind nicht nur *wahr*, sondern als solche vor allem auch *produktiv*. Sie setzen den unabschließbaren sowie unauflösbaren Deutungsprozess zwischen dem Leibsein des Einzelnen und der sprachlich vermittelten Intersubjektivität, zwischen dem konkreten und dem generalisierten Anderen in Gang und erhalten ihn aufrecht.

53 Amia Srinivasan, »The Ineffable and the Ethical«, in: *Philosophy and Phenomenological Research* 96/1 (2018), S. 215-223, hier S. 218.

54 Gamm, *Philosophie im Zeitalter der Extreme*, S. 79.

55 Ebd., S. 83 f.

Es ist diese schmale Zone produktiver Widersprüche und Konflikte, in der die individuellen Impulse, indem sie Eingang in den sprachlichen Ausdruck suchen, mit gesellschaftlichen Erwartungen, normativen Ordnungen und Institutionen konfrontiert werden. Im Vollzug dieser Konfrontation sozialisiert und individuiert sich die Subjektivität zugleich – formiert sich zur Einstellung der 1. Person. Freilich ist dieser Vorgang der Subjektivierung nicht nur durch Konflikt und Konfrontation gekennzeichnet. Es gibt nicht nur normbrechende Akte des Widerspruchs und der Rebellion, sondern auch die bejahenden und bekräftigenden der Identifikation, sei es in der Weise, dass das eigene widerständige Erleben im Akt der Reflexion negiert wird, sei es unmittelbar und ohne jeden Dissens durch primäre affektive Identifikation. Dass es sich dabei um ein innerhalb der leibgebundenen Subjektivität ereignendes Geschehen der Subjektivierung handelt, darf nicht darüber hinwegtäuschen, dass es nicht nur am Anfang der individuellen Entwicklung, sondern auch später immer wieder durch Interaktion mit dem Anderen ausgelöst wird, dem Einfluss und der Einwirkung Anderer ausgesetzt ist. Überhaupt ist das deutende Erleben des je eigenen Erlebens von der Beziehung zum Anderen bestimmt. Dies nicht nur durch die Sprache, sondern schon dadurch, dass das kommunikative Verhältnis zum Anderen Grund und Anlass für die deutende Erschließung der je eigenen leiblichen Erfahrung ist. Die immer wieder neuen Akte der Reflexion auf das eigne Erleben schließen den Perspektivenwechsel mit dem Anderen ein. Die Einstellung der 1. Person wird über das Verhältnis zur 2. Person und später zur Wir-Perspektive der 1. Person Plural gewonnen. Die Freiheit, welche die exzentrische Position ermöglicht, ist, wie Theunissen in einem anderen Zusammenhang aufgezeigt hat, eine kommunikative Freiheit des Bei-sich-selbst-Seins im Anderen.[56]

Die leibgebundene Subjektivität ist daher konstitutiv vom Anderen abhängig, was nicht nur bedeutet, dass sie dadurch erst möglich wird und bleibt, sondern auch, dass diese Abhängigkeit sie vulnerabel macht und, umgekehrt, den Anderen in der Abhängigkeit seiner eigenen leibgebundenen Subjektivität gefährden kann.[57]

56 Michael Theunissen, *Sein und Schein*, Frankfurt/M. 1980, S. 49; Günther, »Krisenmomente der Freiheit«, S. 351 f.

57 Judith Butler, *Gefährdetes Leben*, übers. von Karin Wördemann, Frankfurt/M. 2005, S. 154-178.

Der Andere kann Macht über mich ausüben, mich dominieren, ich kann den Anderen dominieren, da auch der Andere von mir abhängig ist. Die wechselseitige Vulnerabilität hat spezifisch in der Leibgebundenheit ihren Grund. Exemplarisch lässt sich das an der körperlichen Berührung nachvollziehen, die leiblich als Zuwendung, Geborgenheit, Wertschätzung, Hilfe erlebt werden kann, aber auch als Manipulation und Täuschung oder als soziale Distanz negierender Übergriff, schließlich als manifeste körperliche Aggression. Über die Einwirkung auf den Körper kann der Andere das Szenarium des leiblichen Innenfeldes in seine eigene Regie nehmen und die erlebende Subjektivität in seinem Sinne dirigieren. Die Folter ist Beispiel für einen Extremfall dieser Art von Übermächtigung des Anderen. Wegen ihrer unvermeidlich vulnerablen Leibgebundenheit ist die Subjektivität daher immer auch auf das Vertrauen angewiesen, dass die eigene Abhängigkeit von Anderen nicht von diesen ausgenutzt wird, dass jener individuelle Freiraum bleibt, in dem die wiederkehrenden Akte positionaler Reflexion des leiblichen Erlebens vollzogen werden können.

Die Schließung dieses Raumes droht jedoch nicht nur von außen, durch die Übermacht des konkreten Anderen sowie der Normen und Institutionen des generalisierten Anderen, sondern auch durch die Person selbst, die sich gegenüber ihrem leiblichen Erleben, der Versprachlichung des gleichzeitig sich entziehenden Körpers mehr oder weniger offen verhalten kann. Sie kann sich dem Spiel der Deutungsmöglichkeiten der Szene des Innenfeldes überlassen oder es mit einer definitiven Deutung schließen. Ein solcher Schlussakt wird nicht selten auch durch den Anderen oder die normative Ordnung angesonnen, erwartet oder gefordert – zum Beispiel durch das Bild, das sich der Andere von mir macht und das ich für mich selbst übernehme. Die Offenheit gegenüber dem leiblichen Erleben, die Freiheit, das Szenarium des Innenfeldes gerade wegen der sich entziehenden Teile in immer neuen Anläufen zu deuten, erlaubt nicht nur, Distanz zum Erlebten einzunehmen, sondern damit zugleich auch zu der auf meine Deutungen einwirkenden Macht der Anderen und der normativen Ordnung. Umgekehrt ist es jedoch wiederum das Austragen der Differenzen, die in dieser Distanz aufscheinen, wodurch sich diejenigen individuellen Wertungen, Strebungen, Zwecke und Konzeptionen des guten Lebens formieren, mit denen ich zu einem konkreten Anderen werde, der sich von allen Anderen unterscheidet. Eine Konzeption dessen, was gut für mich im Sinne eines guten Lebens ist, gewinne ich nicht allein durch die Sozialisation in ein Ethos, durch Teilhabe an einer kollektiven Identität und durch Prozesse der Subjektivierung, sondern auch dadurch, dass ich diese Prozesse als leibgebundene Subjektivität vollziehe. Erst in der deutenden Auseinandersetzung mit dem leibgebundenen Erleben individuiere ich mich als konkreter Anderer. Darin nicht festgelegt zu sein und sich nicht festlegen zu lassen, dem sich der Sprache entziehenden Körper über das leibvermittelte Erleben nachzuspüren, ist eine der Quellen *ethischer Freiheit.* Sie realisiert sich gleichsam als der Subjektpol im Verhältnis zur objektiven Wir-Perspektive eines gemeinschaftlichen Ethos. Die ethische Freiheit ist subjektzentrisch und hat als solche eine eigene Basis in der inneren Natur, in der organischen Verkörperung der »Ich«-sagenden Person.

Deshalb geht das Ich nicht vollständig im Wir auf, bleibt eine letztlich unüberwindbare Differenz, eine zumindest latente Nichtidentität und Unversöhntheit zwischen ethischer Freiheit und normativer Ordnung. Erst dann, wenn der konkrete Andere in der Fülle seiner leibgebundenen Subjektivität mit dem generalisierten Anderen konvergierte, wäre jene Differenz aufgehoben. Das würde allerdings voraussetzen, dass ich nicht nur im Verhältnis zu Anderen, sondern auch im Verhältnis zu mir selbst, zu dem, was sich in meinem leiblichen Erleben meinem sprachlichen Zugriff entzieht und zu immer neuen Akten der Reflexion antreibt, transparent würde. Solange das nicht der Fall ist, bleibt die Leibgebundenheit der Subjektivität eine der Quellen individuellen Andersseins, generiert jene einzigartige, unvertretbare und unverwechselbare Perspektive jedes Einzelnen auf sich selbst, die Anderen und seine Umwelt. Darin liegt der Ursprung jenes letztlich unüberwindbaren Moments der Nichtidentität und Unversöhntheit mit normativer Ordnung und der Widerständigkeit des Einzelnen gegenüber jeder Gemeinschaft. Statt diese Verschiedenheit zu überwinden, käme es darauf an, »den besseren Zustand aber [zu] denken als den, in dem man ohne Angst verschieden sein kann«.[58]

Diesen latenten oder manifesten Gegensatz zwischen der ethischen Freiheit leibgebundener Subjektivität und dem objektiven

58 Theodor W. Adorno, *Minima Moralia*, Nr. 66, Frankfurt/M. 1973, S. 131.

Geltungsanspruch normativer Ordnungen nicht einfach zugunsten des Letzteren aufzulösen, sondern in dem Umfang rechtlich anzuerkennen, in dem Dritte nicht geschädigt werden, gehört daher mit zum Schutz der Würde. Das Bundesverfassungsgericht hat das in der Suizidentscheidung so formuliert:

> Art. 1 Abs. 1 GG schützt die Würde des Menschen, wie er sich in seiner Individualität selbst begreift und seiner selbst bewusst wird [...]. Maßgeblich ist der Wille des Grundrechtsträgers, der sich einer Bewertung anhand allgemeiner Wertvorstellungen, religiöser Gebote, gesellschaftlicher Leitbilder für den Umgang mit Leben und Tod oder Überlegungen objektiver Vernünftigkeit entzieht [...].[59]

4. Schluss

Wenn Leben und körperliche Integrität auf diese Weise konstitutiv für die menschliche Würde sind, könnte sich daraus eine über die Funktion als notwendige äußerliche Bedingung hinausgehende Rechtfertigung für staatlichen Lebensschutz ergeben. Wenn ich mein Leben nicht nur einfach mit dem Körper als Vehikel führe, so wie ich Auto fahre oder Werkzeuge benutze, sondern wenn ich mein Leben als leibgebundene Subjektivität führe (und führen muss), weshalb meine Ziele und Zwecke, meine ethische Identität auf je eigene Weise leiblich mitbestimmt sind, bedarf dieser Leib des besonderen Schutzes um der Ermöglichung von Würde willen. Leben und Würde sind also auf zweierlei Weisen miteinander verschränkt: Im äußeren, aus der Perspektive der 3. Person beobachtbaren Verhältnis des Lebens als notwendiger Bedingung der Würde, und im inneren, aus der Perspektive der 1. Person erfahrbaren Verhältnis des lebendigen Körpers als Leib-Sein, das neben

59 BVerfG (Suizid), Rn. 210. Dass auch diese Position nicht frei von Dilemmata ist, zeigt der Roman von Ian McEwan, *Kindeswohl*, Zürich 2015. Eine Richterin erzwingt die Behandlung eines kurz vor der Volljährigkeit stehenden Anhängers der Zeugen Jehovas mit der von ihm und seinen Eltern aus religiösen Gründen abgelehnten Bluttransfusion, um sein Leben zu retten. Dabei beruft sie ich auf Art. 3 Abs. 1 der UN-Konvention über die Rechte des Kindes von 1989, der den Vorrang des Kindeswohls gebietet: »Nach meiner Überzeugung ist sein Leben wertvoller als seine Würde.« Ian McEwan, *Kindeswohl*, S. 131.

den vielfältigen Relationen zu Anderen eine der Quellen ethischer Identität und der Freiheit ist. Während das erste Verhältnis trivial ist und auch für andere Grundrechte gilt, ist das zweite auf spezifische Weise konstitutiv für Würde und Autonomie. Erst auf dieser Grundlage lässt sich erkennen, dass das Substrat- und Eigentumsmodell das Verhältnis von Leben und Würde nur unvollständig und einseitig beschreibt. Es lässt darüber hinaus auch erkennen, dass die Verabsolutierung jenes Modells blind macht für das unüberwindbare Spannungsverhältnis zwischen individueller ethischer Freiheit und psycho-physischer sowie ethischer Abhängigkeit des Einzelnen von (für-)sorgenden Anderen sowie, nicht zuletzt, von der nichtmenschlichen Natur.[60] Die Befürchtung, dass sich gerade aus dieser Art der inneren Verschränkung von Leben und Würde eine zusätzliche Rechtfertigung für die Ablehnung aller gesetzlichen Infektionsschutzmaßnahmen, insbesondere einer in die körperliche Integrität des Einzelnen eingreifenden Impfpflicht, ergebe, ist dagegen verfehlt. Wenn Würde auch bedeutet, ohne Angst verschieden sein zu können, bedarf es auch eines Schutzes vor den vorhersehbar lebensbedrohlichen Infektionen durch Dritte, welche die leibliche Quelle der ethischen Freiheit und damit der Verschiedenheit des Einzelnen zum Versiegen bringen würden.

60 Insofern kann die Pflicht zum Schutz von Leben und Gesundheit kollidieren mit dem Schutz der für die leibgebundene Subjektivität konstitutiven Beziehungen zu Anderen, wenn diese mit lebensbedrohlichen Infektionsrisiken verbunden sind, die sich nur durch gesetzliche Kontaktbeschränkungen minimieren lassen, vgl. dazu den Beschluss des BVerfG (Bundesnotbremse I), zum Beispiel Rn. 113, 114, 292, und den Beitrag von Ute Sacksofsky in diesem Band.

Rainer Forst

Freiheiten, Risiken und Rechtfertigungen. Eine deontologisch-demokratische Perspektive auf die Bekämpfung der Pandemie

Die Debatte über die Rechtfertigung der Maßnahmen zur Eindämmung des Coronavirus berührt die normativen Fundamente unseres Verständnisses von Grundrechten, individuellen beziehungsweise politischen Freiheiten und der Autorität und Funktion des Staates. Denn es geht nicht nur um die Frage, welche Rechte oder Güter Vorrang haben sollten und wie sie jeweils abzuwägen sind; es geht auch darum, wie Freiheitsrechte grundsätzlich zu verstehen sind und wie sie sich zu den Aufgaben des demokratischen Rechtsstaats verhalten. In diesem Sinne möchte ich im Folgenden eine Perspektive vorschlagen, die sich einem konsequent deontologischen und demokratischen Verständnis von Rechten verdankt, fast, um es mit Kant zu sagen, »aus dem reinen Quell des Rechtsbegriffs entsprungen«.[1] Sie erlaubt einen anderen Blick auf die von vielen als zentral betrachtete Frage von »Freiheit« versus »Gesundheit«; genauer: Sie zeigt, dass die Frage so falsch gestellt ist. Denn es geht bei den besagten Maßnahmen stets um die Freiheit – als die Freiheit, deren Besitz und Ausübung wechselseitig zu rechtfertigen ist.

1. Die Rechtfertigung von Rechten

Ich lege dabei keine verfassungstheoretisch gesättigte, rechtstheoretische Interpretation von Grundrechten vor, wohl aber eine, die das Grundgesetz (zumindest teilweise) informiert und, wichtiger noch, aus rechtsphilosophischer Sicht informieren sollte. Mein methodisches Vorgehen hat eine Nähe zu dem, was Jürgen Habermas »rationale Rekonstruktion«[2] nennt, dabei aber liegt mein Schwerpunkt mehr auf dem »Rationalen« als auf der immanenten Rekonstruk-

1 Immanuel Kant, *Zum ewigen Frieden*, in: *Kants Werke*, Akademie-Ausgabe, Bd. VIII, Berlin 1968, S. 341-386, hier S. 351.

2 Jürgen Habermas, *Faktizität und Geltung*, Frankfurt/M. 1992, Kap. 3 und 4.

tion eines effektiv wirksamen oder dominanten Rechtsverständnisses. Die kantische Perspektive, die ich einnehme, erlaubt sich eine gewisse philosophische Abstraktion der Argumentation, um zum Konkreten zurückzukehren.

Grundlegend hebe ich mich nämlich von einem klassischen, primär *vertikalen* Verständnis von Freiheitsrechten und Staat ab, das im deutschen Verfassungsrecht prominent verankert ist und das Freiheitsrechte als Abwehrrechte von Individuen versteht, die der Staat zu respektieren hat, die aber auch und insbesondere gegen den Staat verteidigt werden müssen. Dieser hat eine Reihe von Aufgaben, etwa den individuellen und kollektiven Gesundheitsschutz, und diese Schutzgüter können mit den Freiheitsrechten der Einzelnen kollidieren. So kann es zu Konflikten zwischen Lebens- (beziehungsweise Gesundheits-) und Freiheitsschutz kommen, wie in diesem Fall (in den Augen vieler zumindest).[3] Freiheitsrechte und Staatsverantwortung können demnach auseinandertreten, und es ergibt sich die Frage nach Prioritäten. Dabei ist, wohlgemerkt, der Staat als von den Individuen getrennte Instanz gedacht, und dass er ein demokratischer ist, verweist eher auf den Modus der Gesetzgebung als auf das Wesen der Rechte, um die es geht. Diese werden als ursprünglich quasi natürliche, dann positiv verfasste Ansprüche der Individuen gedacht, die aus deren unantastbarem Würdestatus begründet werden. Das schließt nicht aus, diese sozusagen natürlichen Rechte als auf soziale Freiheitswesen verweisende zu sehen; mit dieser Konstruktion ist kein hobbesianischer Atomismus impliziert, sondern (besonders im Grundgesetz) eher ein »Menschenbild« sozialer Verantwortung und Verwurzelung.[4]

Dieses Verständnis von Rechten und Staat hat eine lange (komplexe) Tradition, und es ist nicht ganz falsch zu sagen (wenn auch überspitzt), dass es noch den Geist des Obrigkeitsstaates atmet. Dieser ist demnach zwar keinesfalls von der Pflicht zur Rechtfertigung

3 Vgl. dazu Hans Michael Heinig u. a., »Why Constitution Matters – Verfassungsrechtswissenschaft in Zeiten der Corona-Krise«, in: *JuristenZeitung* 75/18 (2020), S. 861-872, hier S. 863 f. Diskutiert wird diese Unterscheidung in Bezug auf die Menschenwürde von Jürgen Habermas und Klaus Günther, »Kein Grundrecht gilt grenzenlos«, in: *Die Zeit*, 07. 05. 2020, S. 43 f., ⟨https://www.zeit.de/2020/20/grundrechte-lebensschutz-freiheit-juergen-habermas-klaus-guenther⟩, letzter Zugriff 26. 07. 2022; vgl. die Beiträge von Jürgen Habermas und Klaus Günther in diesem Band.

4 Darauf weist Ute Sacksofsky in ihrem Beitrag in diesem Band hin.

seiner Entscheidungen entbunden, sondern wird durch die individuellen Rechte unter Begründungszwang gestellt, aber er wird als von den Bürger:innen *getrennte* Rechtfertigungs- und Handlungsinstanz verstanden. Die Bürger:innen, mit einer Präsumtion der Freiheit ausgestattet, fragen nach Rechtfertigungen, der Staat muss sie liefern, und die Gerichte sorgen dafür, dass dies auf ordentliche und stimmige Weise geschieht. Nennen wir diese Vorstellung die des Staates als *gebundene, aber gesonderte Rechtfertigungsautorität.*[5]

Die deontologische Alternative, die ich demgegenüber vorschlage, geht anders vor, und sie ist an ein *horizontales* Verständnis von Freiheitsrechten und politischer Ordnung gebunden. Sie sieht Freiheitsrechte und staatliche Autorität als aus *einer* normativen Wurzel[6] entspringend, und zwar aus der Autonomie von Personen als »letzten« oder auch »ersten«, jedenfalls obersten normativen Autoritäten im Raum der Rechtfertigungen, ob moralisch oder rechtlich-politisch (was zu differenzieren ist).[7] Diese Autonomie ist die von Gesetzgeber:innen im Reich der Rechtfertigungen, die aber zugleich auch die Gesetzesunterworfenen sind: *Selbstgesetzgebung* im eigentlichen Sinne. Im Bereich der Moral heißt dies, dass alle Menschen gleichberechtigte Autoritäten dabei sind, zu bestimmen, welche Normen begründeterweise den Anspruch auf reziprok-allgemeine Geltung erheben können; und im Bereich des politischen Zusammenlebens heißt dies, dass alle Mitglieder einer normativen Ordnung das Recht haben, keinen Normen unterworfen zu werden, die ihnen gegenüber nicht reziprok-allgemein zu begründen sind (wozu es institutionalisierter Verfahren und entsprechender Kriterien der Rechtfertigung bedarf). Die Gesetzgebung im Bereich der Moral wird bei Kant klassisch durch das Sittengesetz des kategorischen Imperativs ausgedrückt, die im Raum des Rechts durch das Rechtsprinzip, das Freiheitskompatibilität nach einem

5 Vgl. dazu den Beitrag von Uwe Volkmann in diesem Band.

6 In der Betonung *einer* Wurzel liegt die Differenz zur These der Gleichursprünglichkeit von subjektiven Rechten und Volkssouveränität von Habermas, *Faktizität und Geltung*, Kap. 3, die sich zwei Wurzeln verdanken, nämlich Diskursprinzip und Rechtsform. Vgl. dazu Rainer Forst, »The Justification of Basic Rights: A Discourse-Theoretical Approach«, in: *Netherlands Journal of Legal Philosophy* 43/3 (2016), S. 7-28.

7 Rainer Forst, *Das Recht auf Rechtfertigung*, Frankfurt/M. 2007, und ders., *Die noumenale Republik*, Berlin 2021.

allgemein gerechtfertigten Gesetz fordert, seinerseits begründet mit einem »angeborenen« Recht auf »Unabhängigkeit von eines anderen nöthigender Willkür«[8] gemäß einem »allgemeinen Gesetz«, das diese Unabhängigkeit durch seine allgemeine Form und Begründung sichert.

Diese Gesamtsystematik ruht einem einzigen Gedanken auf: dem der Selbstgesetzgebung als des Grundanspruchs moralischer, rechtlicher und politischer Autonomie. Die *Würde*, die damit gemeint ist, ist denn auch nicht die von Individuen, die dem Staat mit ihrer »natürlichen« (oder, klassisch gedacht, gottgegebenen) Freiheit gegenübertreten, sondern sie ist die Würde von *Gesetzgeber:innen*, die den Staat zuerst *konstituieren*, und zwar als Gemeinschaft der Gleichen mit oberster normativer Autorität. Diese Autorität ist an nichts gebunden außer an die Vorgabe der praktischen Vernunft (als Prinzip der Rechtfertigung), dass im Raum des Normativen nur gilt, was (in meinen Worten) reziprok-allgemein[9] zu gelten verdient, und dies wiederum verweist auf das einzige »unantastbare« oder »unveräußerliche«, basale individuelle Grund-Recht, wie ich es interpretiere, nämlich das *Recht auf Rechtfertigung*. Dieses besagt negativ, dass ich keiner normativen Ordnung unterworfen werden darf, die mir gegenüber nicht angemessen gerechtfertigt werden kann und die meinen Status als praktisches Rechtfertigungswesen verneint, und es besagt positiv, dass ich meine Würde als Gesetzgeber:in durch meinen Status als aktives Rechtfertigungssubjekt ausdrücke.

Gesetzgeber:in in diesem grundlegenden Sinne zu sein, schließt ein, sich als Autor:in und Adressat:in von *Grundrechten* zu begreifen. Denn diese materialisieren und sichern den Status als gleiche Person frei von Beherrschung, als *non-dominated equal* im rechtlichen, politischen und sozialen Raum, wobei Beherrschung (*domination*) heißt: einer Ordnung unterworfen zu werden, die nicht gerechtfertigt werden kann, und zwar weder kontrafaktisch (unter Zugrundelegung der Kriterien von Reziprozität und Allgemeinheit) noch faktisch, indem es gar keine reale und adäquate Rechtfertigungsordnung im Raum von Recht und Politik gibt. So ergibt

8 Immanuel Kant, *Die Metaphysik der Sitten*, in: *Kants Werke*, Akademie-Ausgabe, Bd. VI, Berlin 1968, S. 203-493, hier S. 237.

9 Ich gehe hier nicht weiter auf die Auslegung dieser Kriterien ein, siehe aber Forst, *Die noumenale Republik*, S. 18-22.

sich eine strikt *relationale, horizontale* Rechtebegründung: Sie sind die Ansprüche, die sich gleichgestellte normative Autoritäten, die einander als solche respektieren, nicht reziprok-allgemein verweigern können, wenn sie um die Gefahren rechtlicher, politischer oder sozialer Beherrschung wissen – nicht nur Gefahren, die durch einen Staat entstehen, sondern auch durch »Dritte« (was im deutschen Verfassungsrecht bezeichnenderweise als »Drittwirkung« der Grundrechte aufgefasst wird). Gefahren solcher Art sind das Risiko, das der demokratische Rechtsstaat zu vermeiden sucht: das Risiko der Beherrschung, ob strukturell oder intersubjektiv. Grundrechte sind damit nicht nur reziprok-allgemein gerechtfertigte Ansprüche an andere (und den Staat), sie sind selbst *Ausdruck* unserer Würde als oberste normative Autoritäten in normativen Ordnungen. Sie limitieren nicht nur, was die politische Gemeinschaft als Rechtsgemeinschaft darf – indem sie einen schützenden Ring um autonome Rechteträger:innen legen –, sie begründen und konstituieren auch erst eine politische Gemeinschaft als Rechtsgemeinschaft. Menschenrechte werden auf einer abstrakten Ebene moralisch-politisch konstruiert, konkrete Grundrechte einer spezifischen Gemeinschaft hingegen auf einer rechtlichen Ebene, von der Verfassungsgebung bis zu Einzelgesetzen.[10]

Diesem Rechteverständnis gemäß sind Grundrechte Ausdruck des wechselseitigen Respekts unter gleichgestellten Rechtfertigungssubjekten; sie sind sozusagen *geronnene Rechtfertigungen* für die Sicherstellung eines Status als nicht-beherrschtes Subjekt mit Freiheitsrechten, politischen und sozialen Rechten (als *normative powers*). Diese Rechtfertigungen sind insofern zu Rechten geronnen, als sie die wesentlichen Begründungen für solche Rechte, etwa auf Handlungs- oder Meinungsfreiheit, verdichten. Das System dieser Rechte konstituiert den Rechtsstaat als System der organisierten Rechtfertigung, das die Möglichkeit der Herrschaft der Willkür dominanter Gruppen (das heißt Beherrschung durch nicht gerechtfertigte Herrschaft) bannen soll. Das kann ich hier nicht eigens ausführen.[11] Für unsere Problematik wesentlich ist Folgendes: Da die grundlegende Autonomievorstellung eine relationale ist, die uns als autonome Subjekte der Rechtfertigung versteht (auch

10 Forst, *Die noumenale Republik*, Kap. 7.

11 Vgl. insb. Forst, »The Justification of Basic Rights: A Discourse-Theoretical Approach«.

dann, wenn Personen aktuell nicht über die Fähigkeit zur Rechtfertigung verfügen),[12] gibt es keine begründeten Rechteansprüche auf irgendetwas *jenseits* des zwischen uns grundsätzlich reziprok-allgemein Rechtfertigbaren. Das heißt nicht, dass jede einzelne Freiheitsausübung jeweils von Neuem allgemein gerechtfertigt werden muss, gar nach den sittlichen Vorlieben von Mehrheiten, aber es heißt, dass es einen guten Rechtfertigungsgrund dafür gibt, einen Freiraum der »Entfaltung« der Persönlichkeit (und der damit verbundenen liberalen Freiheit *von* Rechtfertigungspflichten) zu sichern. Es heißt aber auch, dass jede Grundfreiheit an der Freiheit der anderen ihre Rechtfertigungsgrenze findet, dass also niemand einen Anspruch auf eine Freiheit hat, die andere in ihrer Freiheit begrenzt, ohne dass es dafür reziprok-allgemeine Gründe gäbe. Denn Freiheitsrechte sind Rechte auf Nicht-Beherrschung, und sie dürfen sich nicht, etwa in der Verabsolutierung des Eigentumsrechts (auf Produktionsmittel oder lebensnotwendige Ressourcen), zu Mitteln der Beherrschung oder der Willkür verkehren. Die Freiheit, andere durch mein Verhalten ohne guten Grund zu gefährden, ist eine *Willkürfreiheit*, auf die ich in einem durch das Rechtfertigungsprinzip prinzipiell gebundenen Rechtfertigungszusammenhang *keinen Anspruch* habe. Darunter fällt die Freiheit, andere fahrlässig mit einem gefährlichen Virus anzustecken, das ich möglicherweise, ohne es zu wissen, tragen und weitertragen kann. Darauf hat man *keinen* legitimen Freiheitsanspruch, sowenig wie darauf, so schnell zu fahren, wie man möchte, Schmähungen ohne jede Qualifikation auszusprechen, andere ökonomisch auszubeuten usw. Es ist nicht erst die Instanz des »Staates«, der mit guten Gründen so etwas unterbindet, sondern wir *einander* schulden es uns, den basalen Respekt unter Gleichen zu bewahren. Die Rechte auf Freiheiten werden durch diesen Respekt nicht beschränkt, sondern erst gerechtfertigt und spezifiziert. Dabei müssen wir uns den Rechtsstaat als einen lernenden vorstellen, da er weder alle Risiken des freiheitlichen Lebens unterbinden noch im Voraus wissen kann, welche neuen Risiken sich ergeben könnten.

12 Vgl. zu diesem Punkt Regina Schidel, *Relationalität der Menschenwürde*, Diss. phil., Frankfurt/M. 2021.

Das heißt für unser Thema: Wir haben es in Bezug auf die Coronamaßnahmen *nicht* mit einem Konflikt von *staatlichem Gesundheitsschutz* und *individueller Freiheit* zu tun, denn die Freiheit, andere in einem bedrohlichen, nicht zu rechtfertigenden Maße zu gefährden (was begründet gesetzlich festgelegt werden muss, so auch Art. 2 Abs. 2 des Grundgesetzes), hat man legitimerweise gar nicht, das heißt, man hat keinen Anspruch auf eine solche Ausübung des allgemeinen Freiheitsrechts. Dabei spielt die Quantität möglicher Ansteckungen zunächst keine Rolle, denn die deontologische Situation besteht schon *unter zweien*: Ich habe nicht das Recht, eine einzelne Person ohne gute Gründe in Gefahr zu bringen, unabhängig davon, ob mein Handeln zur Überlastung von Intensivstationen führt. Meine Rücksichtslosigkeit gefährdet dabei nicht nur die Gesundheit der anderen Person, sondern ihre *Freiheit*, im positiven wie negativen Sinne. Zu Recht zählt Art. 2 Abs. 2 GG das Recht auf Leben und auf körperliche Unversehrtheit mit der Freiheit der Person zusammen auf. Die Gesundheit ist kein zu schützendes »Gut« neben der Freiheit; sie ist Bedingung und Teil meiner Freiheit.[13] Wer mir die Gesundheit nimmt, nimmt mir meine Freiheit – negativ als Freiheit von körperlicher Beeinträchtigung, positiv als Freiheit, mein Leben führen zu können, wie ich es mir vorstelle, und dafür die Möglichkeit und reichhaltige Optionen zu haben. Das Recht auf Leben und körperliche Unversehrtheit ist ein grundlegendes *Freiheitsrecht*. So heißt es auch in Art. 3 der Allgemeinen Erklärung der Menschenrechte von 1948: »Jeder Mensch hat das Recht auf Leben, Freiheit und Sicherheit der Person.« Die Gesundheit ist konstitutiver Bestandteil dieses Lebens- und Freiheitsanspruchs.[14]

Es ist in meinen Augen recht besehen auch nicht der Fall (obwohl es manchmal so klingt), dass der paternalistische Staat, der sich der Volksgesundheit verschrieben hat, in der Pandemie Individuen *vor sich selbst* zu schützen sucht, indem er ihre Kontakte unterbindet.[15] Die Maßnahmen müssen primär *other-regarding*[16]

13 Vgl. den Beitrag von Klaus Günther in diesem Band.
14 Vgl. den Beitrag von Thomas Gutmann in diesem Band.
15 So Uwe Volkmann in seinem Beitrag in diesem Band.
16 Joel Feinberg, »The Nature and Value of Rights«, in: *Journal of Value Inquiry*

gerechtfertigt werden, und sind sie das auf korrekte Weise, sind sie in normativer Hinsicht keine prinzipielle Einschränkung von Freiheitsrechten, sondern eine fallbezogene *Spezifizierung* derselben. Sie stellen zwar ohne Zweifel Beschränkungen der *Willkürfreiheit* dar, nicht aber der *Rechte* auf *Freiheit*, denn diese stehen stets in einem Rechtfertigungszusammenhang. Rechte hat man nur als angemessen zu rechtfertigende. Das ist, was der oft metaphorisch und unklar verwendete Begriff der Würde besagt: dass Du das, was Du tust, mir gegenüber – unter Gleichen im Raum der Rechtfertigungen und im »Reich der Zwecke« – reziprok-allgemein rechtfertigen können musst, sofern (was ich wiederum zeigen können muss) meine Freiheit beziehungsweise mein Status als *non-dominated equal* davon betroffen ist.

Entsprechend ist auch das im Verfassungsrecht verbreitete, oben erwähnte Bild vom Staat als gebundene, aber gesonderte Rechtfertigungsautorität normativ problematisch. Denn nach einem strikt deontologischen Rechteverständnis sind es *alle* einer normativen Ordnung als politische Subjekte Unterworfenen, die *gemeinsam* die Autorität haben und verantwortlich ausüben müssen, wenn es um die Regelung des gemeinsamen Lebens geht – in ihrer Rolle als Gesetzgeber:innen. Das ist der Kern der Demokratie, die daher auch nicht etwas ist, das zum »Rechtsstaat« noch extra hinzukommen müsste; beide sind integrale Ordnungsbestandteile eines Systems zur Vermeidung der Herrschaft der Willkür der einen über die anderen. Ich halte es für ein Zeichen eines grassierenden Autoritarismusvirus, wenn sowohl Kritiker:innen als auch Befürworter:innen der Maßnahmen einen (mehr oder weniger) autoritär agierenden »Staat« am Werke sehen, der die Autorität hat (oder sich anmaßt), Grundrechte »wegzunehmen« und nach Gutdünken zurückzugeben (und dies mit guten oder aus schlechten Gründen tut).[17] Denn diese Autorität liegt normativ gesprochen nur bei der politisch-rechtlichen Gemeinschaft aller mit einem Recht auf Rechtfertigung, und jede legitime einschränkende Spezifizierung von Grundrech-

4 (1970), S. 245-257; Ronald Dworkin, *Bürgerrechte ernstgenommen*, übers. von Ursula Wolf, Frankfurt/M. 1984.

17 Vgl. Rainer Forst, »Das antidemokratische Virus«, in: *Süddeutsche Zeitung*, 04.05.2020, S. 9, ⟨https://www.sueddeutsche.de/kultur/coronavirus-demokratie-rainer-forst-1.4895355?reduced=true⟩, letzter Zugriff 26.07.2022; dazu auch ders., *Die noumenale Republik*, Kap. 16.

ten muss *normativ* und *prozedural* angemessen begründet werden – und zwar innerhalb des Rechtfertigungsrahmens, den ich skizziert habe. Dann sind solche Beschränkungen zwar eine *Begrenzung* unserer konkreten, individuellen *Handlungsfreiheiten*, nicht aber eine Einschränkung, sondern *Ausdruck* unserer *Autonomie*, und zwar als verantwortliche Gesetzgeber:innen und Rechtsadressat:innen zugleich: als Gesetzgeber:innen insofern, als das demokratische System, sofern es funktioniert, unseren gerechtfertigten Willen verkörpert und zur Geltung bringt, und als Rechtsadressat:innen insofern, als wir dann, obwohl rechtlich gezwungen, sehr wohl den Sinn dieser Maßnahmen erkennen und teilen und uns an das Gebotene halten können, ob es erzwungen werden kann oder nicht. Dass das Recht zwangsbewehrt ist, heißt ja nicht, dass es nicht einer Begründung bedarf, die sich autonome Subjekte nicht nur *in mente* zu eigen machen können sollten, sondern die einem öffentlichen Rechtfertigungsprozess entstammt, an dem sie partizipieren konnten. Der bewusste Schutz anderer vor einem Virus, das ich tragen könnte, ist eine Tat der Freiheit und schützt die Freiheit anderer, politisch wie persönlich. Die Freiheit, um die es hier geht, ist einmal, kollektiv gesehen, die *politische* Freiheit, angesichts einer drohenden Gefahr allgemein gerechtfertigte Normen zu beschließen, die davor schützen, und ein anderes Mal, individuell gesehen, die *moralische* Freiheit, mein Verhalten verantwortlich auszurichten. Die Willkür aus Einsicht zu beschränken, sofern sie anderen schadet, ist nicht nur im kantischen Verständnis der Ausdruck verantwortlicher Freiheit. Sie begründet sich aus dem Respekt vor der Freiheit anderer. Wer demgegenüber nur die reine Willkür als Freiheit ansieht, leidet unter einer Verrohung des Freiheitsverständnisses.[18]

Das Bundesverfassungsgericht leidet nicht an solcher Verrohung,

18 Rainer Forst, »Freiheit quergedacht ist auf den Hund gebracht. Das Corona-Virus bedroht nicht nur Menschen, sondern auch das demokratische Selbstverständnis der Gesellschaft«, in: *Frankfurter Allgemeine Zeitung*, 18.01.2022, S. 11, ⟨https://www.faz.net/aktuell/feuilleton/debatten/impfpflicht-freiheit-und-gesundheit-sind-kein-gegensatz-17736415.html⟩, letzter Zugriff 26.7.2022. Dies ist auch der entscheidende Punkt in Bezug auf die Frage einer rechtlich gesetzten Impfpflicht. Sie ist ein Eingriff in die körperliche Selbstbestimmung, die umwillen der körperlichen Integrität und der Gesundheit anderer, die von Krankheit und dem Mangel an medizinischer Versorgung betroffen sein könnten, gerechtfertigt werden kann.

doch wie wirkmächtig das politische Bild des Staates als separater Rechtfertigungsautorität ist, zeigt sich auch an seinem Beschluss vom 19. November 2021, in dem es die sogenannte Bundesnotbremse als verfassungskonform beurteilte.[19] Es findet sich in der Begründung die strikte Entgegensetzung von individuellen Freiheiten gegenüber einem Staat wieder, der in sie eingreift; mehr noch, sie wird ins Zentrum der Abwägung gestellt. Der Erste Senat hält fest, dass die umfangreichen Grundrechtseingriffe, die die Notbremse vorsah, verfassungsrechtlich legitimen Zwecken dienten[20] und sich aus »Schutzpflichten« des Staates ergeben, die nach Art. 2 Abs. 2 GG – Recht auf Leben und körperliche Unversehrtheit – zwar »grundrechtlich«[21] begründet werden, durchweg aber als »Lebens- und Gesundheitsschutz«[22] zu einer Aufgabe des Staates im Sinne überragend wichtiger »Gemeinwohlbelange«[23] werden. Diese Belange werden als gewichtige verfassungsrechtliche »Güter«[24] bezeichnet; sie dienen als Grund dafür, Einzelne in ihrer Freiheit auch »gegen ihren Willen«[25] zu binden. Das mag verfassungsrechtlich stimmig argumentiert[26] und im Ergebnis richtig sein, aber doch spricht aus dieser Art, Schutzpflichten des Staates gegen grundrechtliche Individualfreiheit zu stellen, die problematische normative Sichtweise, die ich kritisiere. Sie lässt die Freiheit ausdrückenden und Freiheit schützenden Aspekte der Maßnahmen nicht zum Vorschein kommen, sondern sieht sie primär als Gefährdungen der Freiheit an.

19 BVerfG, Beschl. vom 19. 11. 2021-1 BvR 781/21.
20 Ebd., Rn. 167 f.
21 Ebd., Rn. 168.
22 Ebd., Rn. 176.
23 Ebd.
24 Ebd., Rn. 204.
25 Ebd., Rn. 246.
26 Auf die juristische Korrektheit kann ich hier nicht eingehen; *avant la lettre* dezidiert anderer Meinung war etwa Oliver Lepsius, »Partizipationsprobleme und Abwägungsdefizite im Umgang mit der Corona-Pandemie«, in: *Jahrbuch des öffentlichen Rechts der Gegenwart. Neue Folge* 69/1 (2021), S. 705-762.

3. Offene Fragen

Meine auf grundsätzlicher Ebene angesiedelte Argumentation lässt viele Fragen offen, und ich nenne zwei. Erstens die zentrale (und bereits berührte), inwiefern der Staat der Bundesrepublik dieser deontologischen Rechtevorstellung ganz oder zumindest in Teilen entspricht. Nicht zuletzt für kritische Theoretiker:innen ist das eine relevante Frage.[27] Denn allzu oft schleicht sich in eine philosophische, normative Argumentation der Fehlschluss ein, die Wirklichkeit entspräche dem Ideal. Umgekehrt aber gilt es, die vielleicht seltenen Momente zu erkennen, in denen die Vernunft die Wirklichkeit streift.

Der von mir vorgeschlagenen demokratischen Lesart gemäß bündelt das politische Kollektiv als Rechtfertigungsgemeinschaft seine politische Freiheit in der Einsicht und dem öffentlich begründeten Entschluss, sich verantwortlich zu verhalten und dies temporär rechtlich festzuschreiben, ohne die Geltung der Grundrechte grundsätzlich in Frage zu stellen, die weiterhin gerichtlich eingeklagt werden können (wie vielfach geschehen, siehe den Beschluss des Verfassungsgerichts). Es zeigt seine politische Autonomie, indem es individuelle Handlungsfreiheiten aus guten Gründen konkret, zeitlich befristet beschränkt – im Rahmen der geltenden Gesetze und der Verfassung, nicht im Modus exekutiver Selbstautorisierung (so auch die Auffassung des Bundesverfassungsgerichts in besagtem Beschluss). Denn in einer Demokratie sind auch Exekutiven demokratische Organe und in hohem Maße rechtfertigungspflichtig – wobei es richtig war, eine stärkere Rolle der Parlamente bei den wichtigsten Entscheidungen einzufordern, damit Regierungen ihren Rechtfertigungspflichten nachkommen und gegebenenfalls Gesetze verändert werden können.[28] Allerdings muss, wer das im System der Bundesrepublik einfordert, auch berücksichtigen, wo die meisten der im Parlament beschlossenen Gesetze ausgearbeitet werden, nämlich aufseiten der Regierung.

Ob diese Lesart auf die Vorgänge der Jahre 2020 und 2021 an-

27 Siehe dazu die skeptische Position von Günter Frankenberg gegenüber der die Maßnahmen begrüßenden von Jürgen Habermas, beide in diesem Band.

28 Heinig u. a., »Why Constitution Matters«, auch wenn die Kritik der Maßnahmen als »praktisch begründungslose Massenverwaltungsakte mit immenser Eingriffswirkung« (S. 871) überzogen ist.

wendbar ist, hängt von vielen Faktoren ab, die in eine Gesamteinschätzung münden – und wer sich diese Lesart zu eigen macht, muss dies nicht im Sinne einer exakten Beschreibung all dessen tun, was abgelaufen ist, sondern zunächst als Maßstab akzeptieren, an dem das, was geschehen ist, plausibel zu messen ist. Dabei sind die Ernsthaftigkeit der politischen Reaktionen auf die jeweiligen Herausforderungen, das Niveau der öffentlichen Diskussion (inklusive der Offenlegung von Ungewissheiten) und die Sorgfalt zu bedenken, die die Akteur:innen sowie die Institutionen walten ließen, um das Geschehen legitim zu regeln – bei allen einzelnen Abwägungen, bei denen man zu anderen Ergebnissen gelangen konnte. Aus dieser Sicht drängte die Krise dem Gesamtsystem der föderalen Republik eine komplexe, umfassende Pflicht zur Rechtfertigung auf, die vom Grundsätzlichen bis zum Konkreten reichte, und es fällt schwer, sich hier nicht als Teilnehmer:in am demokratischen Prozess, sondern nur als kritische:r Beobachter:in eines sich selbsttätig programmierenden Exekutivstaates zu begreifen; dafür war das Niveau der öffentlichen Rechtfertigung zu hoch, das die Tatsache reflektierte, dass sich eine kritische, kontrovers diskutierende und zugleich solidarische Rechtfertigungsgemeinschaft in der Krise gebildet hatte – eine Gemeinschaft, die ein erstaunlich hohes Maß an Akzeptanz der Maßnahmen an den Tag legte. Aber wie auch immer man diese Vorgänge beurteilt, sollten die Maßstäbe für gerechtfertigtes politisches Handeln reflexiv geprüft und aus der skizzierten deontologisch-demokratischen Perspektive formuliert werden. Anders droht demokratische Regression.

Eine solche Regression ist nicht nur bei akuten Fällen von Realitätsverweigerung (Stichwort »Querdenker« und »Coronadiktatur«) anzutreffen, aus welcher Quelle sie genau auch schöpfen mögen. Auch dort, wo Bürger:innen sich in Untertan:innen verwandeln, die Befehle, Verbote und schließlich Aufhebungen von Hausarrest lieben, geht das für die Demokratie essentielle Bewusstsein verloren, dass wir *selbst* es sind, die einander Gründe für die für alle geltenden rechtlichen Normen und sozialen Verhaltensweisen schulden. Diese Rechtfertigung lässt sich nicht abtreten, weder an Legislativen noch an strenge Exekutiven; die Demokratie reicht tief in unser Leben hinein, und zwar nicht nur als Gesetzesempfänger:in, sondern als Mitgesetzgeber:in. Dabei gibt es Streit, aber der ist nicht nur unabwendbar, sondern förderlich. Bürger:innen müssen das Begründungsgeschehen der Demokratie als ihr eigenes begreifen, nicht als eines, das ihnen nur vorgeführt wird – aber sie müssen es auch als ihr eigenes begreifen *können*, was einen basalen Anspruch an die Partizipationsmöglichkeiten demokratischer Institutionen und die Qualität öffentlicher Debatten formuliert. Wenn dieser berechtigte Anspruch vorgebracht wird, geht er allerdings mit der Verpflichtung einher, sich in den eigenen Parteinahmen auf Wahrheiten und Tatsachen zu beziehen. Das ist eine Implikation des demokratischen Respekts, den man anderen schuldet.[29]

Zweitens stellt sich jenseits der erwähnten Grundfrage die konkretere, *welche* Freiheitseinschränkungen wir angesichts der Pandemie mit guten Gründen voreinander rechtfertigen konnten und können – und wo der Punkt erreicht ist, an dem sie zu weit gehen, etwa aus falschen Einschätzungen und übergroßen Befürchtungen heraus.[30] Denn Versuche, die Freiheit des Lebens zu schützen, können zu viele andere Freiheiten beschränken und auch Folgekosten nach sich ziehen, die die Qualität des Lebens und der Freiheit beeinträchtigen. Ein kompletter Lockdown, in dem es keinerlei Kontakte mehr gäbe, wäre so eine Reaktion. Mit manchen Risiken muss eine demokratische Freiheits- und Lebensschutzpolitik aus guten Gründen leben; man kann beispielsweise nicht alle möglichen Opfer des Straßenverkehrs dadurch zu verhindern suchen, dass niemand mehr Auto fahren darf – aber man muss auch einsehen können, wo fehlende Geschwindigkeitsbeschränkungen keinerlei Rechtfertigung mehr haben. Wichtig ist zu sehen, dass bei solchen Abwägungen nicht »die Freiheit« gegen etwas anderes wie Gesundheit oder Sicherheit als »Gut« zu gewichten ist, sondern zumeist die Freiheit der einen gegen die Freiheit der anderen – die Freiheit der Raser:innen ist ja die *Unfreiheit* derer, die sich dann nicht mehr über die Straße trauen oder die dadurch in einen vermeidbaren Unfall geraten.

Zudem stellt sich nicht nur die Frage, was die politische Gemeinschaft für nötig erachtet, um gravierende Gesundheits- und Freiheitsgefährdungen zu vermeiden, sondern auch, ob bei der Rechtfertigung konkreter Maßnahmen die legitimen Einsprüche der jeweils Gefährdetsten ausreichend zur Geltung gebracht wur-

29 Vgl. Forst, *Die noumenale Republik*, Kap. 13.

30 Vgl. Lutz Wingert, »Wir müssen abwägen – aber wie sollen wir abwägen?«, in: *Deutsche Zeitschrift für Philosophie* 69/1 (2021), S. 29-66.

den. Denn diese haben im Sinne demokratischer Gerechtigkeit ein Vetorecht gegen nicht reziprok-allgemein zu rechtfertigende Maßnahmen (wie sie etwa utilitaristische Kalküle nahelegen könnten). Hier aber muss man Nullsummenspiele der Legitimation vermeiden: Getroffene Maßnahmen können zugleich gut begründet sein und doch bestimmte Gruppen in ihren Grundrechten sehr in Nachteil bringen. Dann muss die Rechtfertigungsgemeinschaft auch in dieser Hinsicht zu einer Solidargemeinschaft werden, die diesen Nöten abhilft, ohne wiederum andere Personen zu gefährden. Wer durch einen Lockdown, den die politische Gemeinschaft gemeinsam verantwortet, ökonomisch oder hinsichtlich anderer Grundansprüche wie Bildung etwa geschädigt wird, hat Anspruch auf Kompensation. Auch das ist eine Implikation des deontologischen Verständnisses – wir sind dies *einander* schuldig.

Lutz Wingert

Die liberale Gesellschaft und ihre Toten. Überlegungen zum normativen Verhältnis zwischen individueller Freiheit und kollektivem Gesundheits- und Lebensschutz*

Jede Gesellschaft hat ihre Institutionen, die Menschen auswählen. Jean-Paul Sartre fügt in seiner *Kritik der dialektischen Vernunft* von 1960 hinzu: Jede Gesellschaft hat Institutionen, mit denen sie angesichts eines Mangels oder einer Knappheit ihre Toten auswählt.[1] Nach Sartre resultieren aus solchen Institutionen Antworten auf die Frage: Welche Art von Menschen und wie viele davon werden als Tote wofür in Kauf genommen, wenn es – wie Sartre sagt – »nicht genug für alle gibt«?

Wenn Gesundheitsgüter wie Herz-Lungen-Maschinen und geschultes Personal, Medikamente gegen die Muskelkrankheit Morbus Pompe oder Transplantationsorgane knapp sind, dann werden sie so verwaltet, dass es als negative Nebenwirkung Tote gibt. Dabei sind Institutionen des Gesundheitswesens im Spiel, also ein Schematismus der Interaktion zwischen Medizinern, Klinik- und Krankenkassenmanagern sowie Gesundheitspolitikerinnen, der auf informellen und kodifizierten Regeln aufruht. Solche Regeln sind zum Beispiel die Verteilungsregeln für Spenderorgane bei Eurotransplant, also erwartbare Wirksamkeit der Organtransplantation, Dringlichkeit, Wartezeit[2] oder die bekannten Triagerichtlinien.

Wenn das Gut »schadstoffarme Luft« knapp ist, dann wird der Zugang zu diesem Gut so verwaltet, dass es Schadstofftote als nega-

* Für hilfreiche Anmerkungen und Hinweise danke ich Klaus Günther, Jérôme Léchot, Kaj Späth, Vanessa Rampton und Wolfgang Streeck.

1 Jean-Paul Sartre, *Kritik der dialektischen Vernunft*, übers. v. Traugott König, Reinbek bei Hamburg 1967, S. 137, Fn. 1 und S. 135; frz. Orig.: *Critique de la raison dialectique, précédé de Questions de Méthode. Texte établi et annoté par Arlette Elkaïm-Sartre*, Paris 1985, S. 241, Fn. 1 und S. 239.

2 Vgl. zum Beispiel Annette Dufner, *Welche Leben soll man retten? Eine Ethik für medizinische Hilfskonflikte*, Berlin 2021, S. 144.

tive Nebenwirkung gibt.[3] Dabei sind Institutionen einer generellen, legitimen Kultur ebenso im Spiel wie ökonomische und politische Institutionen: also ein wiederholtes, schematisches Zusammenwirken von Angehörigen einer Kultur, von Mitgliedern privatrechtlich organisierter Unternehmen sowie von Städtebauern und Personen mit Entscheidungs- und Beratungskompetenz in der Verkehrs-, Industrie- und Agrarpolitik. Kodifizierte Regeln wie die zugelassene Menge an Schadstoffemissionen für die Fahrzeugflotte eines Autoherstellers, niedrige Steuersätze für das Kerosin der Flugzeuge, Klagebefugnisse von Bürgern gegen Umweltbelastungen und niedergeschriebene, erlassene Regeln wie Grenzwerte für die Schadstoffhaltigkeit der Luft bilden eine Basis für diesen Schematismus der Interaktion. Aber nicht nur gesatzte Regeln, auch tiefsitzende kulturelle Gepflogenheiten gehören zu dieser Basis. Zum Beispiel die Üblichkeit, dass ein ressourcenverbrauchendes wirtschaftliches Wachstum die Grundlage des Wohlstandes sein darf, und die ungeschriebene Norm, dass man mobil sein soll, weil Mobilität eine Tugend ist, die Weltoffene auszeichnet, weshalb man Weltoffene ja auch an der goldenen Karte für Miles & More erkennen kann.

Ein letztes Beispiel: Wenn das Gut »Arbeitsplatz ohne Lebensgefährdung« in bestimmten Branchen knapp ist, dann wird das Gut der Arbeitsplatzsicherheit so verwaltet, dass es als negative Nebenwirkung tödliche Arbeitsunfälle gibt. So lag gemäß Eurostat die standardisierte Inzidenzrate von Arbeitern, die 2018 in Rumänien an Arbeitsunfällen starben, bei 5,27 Menschen pro 100 000 Beschäftigten.[4] Zum Vergleich: Nach einer Studie einer Gruppe von Oxforder Medizinern um Paul J. Harrison vom 26. April 2021 lag das Risiko, bei einer Impfung gegen Covid-19 mit AstraZeneca an einer Sinusvenenthrombose zu erkranken, bei 1 Person pro 200 000.[5] Die

3 Die EU-Umweltagentur EEA berechnet für das Jahr 2019 in den 27 Staaten der EU 307 000 »premature deaths« durch Feinstaubbelastung: EEA, *Health Impacts of Air Pollution in Europe 2021*, 15. November 2021. Das Jahr im Titel des Berichts gibt das Publikationsjahr an, ⟨https://www.eea.europa.eu/publications/air-quality-in-europe-2021/health-impacts-of-air-pollution⟩, letzter Zugriff 18. 11. 2021.

4 Eurostat, ⟨https://ec.europa.eu/eurostat/statistics-explained/index.php?title=Accidents_at_work_statistics⟩, letzter Zugriff 16. 05. 2021. Siehe den Abschnitt »Standardised Incidence Rates«. Ich danke Mario Menozzi für nützliche Hinweise.

5 Maxime Taquet u. a., »COVID-19 and Cerebral Venous Thrombosis: A Retrospective Cohort Study of 513,284 Confirmed COVID-19 Cases«, in: *EClinical*

Inzidenzrate tödlicher Arbeitsunfälle in Rumänien war 2018 also um mehr als das Zehnfache höher als die Fallrate von Hirnthrombosen, die überdies nicht immer tödlich enden. Gleichwohl fand eine solche im EU-Durchschnitt hohe Zahl von tödlichen Arbeitsunfällen kaum Aufmerksamkeit in einer Öffentlichkeit, deren Puls beim Wort »Europe« schneller schlägt. Die Institutionen einer tendenziell internationalisierten Privatrechtsgesellschaft, zu der der EU- Binnenmarkt gehört, regeln die tödlichen Risiken beim Arbeiten eben auch gemäß einer liberalen Norm der Vertragsfreiheit von Kontrahenten, die ungleiche Kräfteverhältnisse zwischen Kapitalisten und Arbeitern zulässt.

Eine naheliegende normative Schlussfolgerung: Der kollektive Gesundheitsschutz soll über dem individuellen Freiheitsgebrauch stehen

Es drängt sich hier ein Schuldbekenntnis auf: Wir, das heißt diejenigen, die diese Institutionen akzeptieren, lassen es zu, dass Menschen sterben, weil jeder von uns das individuelle Recht der Selbstbestimmung auf Kosten einer Pflicht zur Todspende von Organen oder einer Pflicht zum Impfen gebraucht; weil jede von uns das individuelle politische Wahlrecht gegen eine massive persönliche Besteuerung zur kompletten Finanzierung einer öffentlichen Gesundheitsvorsorge mit breiten Puffern an Ressourcen ausübt; weil jeder von uns das individuelle Recht auf Freizügigkeit und auf Familiengründung mit der erkennbaren Nebenwirkung von naturzerstörerischen CO_2-äquivalenten Emissionen in Anspruch nimmt; oder wir lassen es zu, dass Menschen sterben, weil jeder von uns dem individuellen Recht auf Vertragsfreiheit einen Vorrang gegenüber dem Ausschluss eines grob unzulänglichen Arbeitsschutzes gibt.

Solche individuellen Freiheitsrechte gehören zu einer liberalen Gesellschaft. Ihr Gebrauch auf Kosten eines kollektiv organisierten Gesundheitsschutzes ist demnach eine Ursache in liberalen Gesellschaften dafür, dass mehr Menschen als vermeidbar sterben und

Medicine 39 (2021), ⟨https://www.thelancet.com/action/showPdf?pii=S2589-5370%2821%2900341-2⟩, letzter Zugriff 29. 05. 2022.

dass es mehr Kranke gibt; dass mehr Menschen in gesundheitsgefährdenden Wohnlagen und in ökologisch bedrohten Landstrichen leben; dass mehr Menschen in stark asymmetrischen, lebensgefährlichen Arbeitsverhältnissen eingezwängt sind.

Die praktische Lehre aus diesen Thesen scheint offensichtlich zu sein: Der kollektive Gesundheitsschutz muss über die individuellen Freiheitsrechte einer liberalen Gesellschaft gestellt werden. Denn wie könnte je ich als Einzelner dem Nierenkranken gegenüber rechtfertigen, dass ich nach meinem Tod nicht ausgeweidet werden will wie eine Weihnachtsgans? Wie könnte je ich gegenüber allen anderen rechtfertigen, dass ich über eine Impfung gegen eine gefährliche, ansteckende Krankheit selbst entscheiden darf, auch wenn eine Nichtimpfung zur Gesundheitsschädigung oder sogar zum Tod unbekannter Dritter führt? Wie könnte ich als Kontrahent mit überlegener Verhandlungsmacht dem schwächeren Gegenüber begründen, dass meine Ertragsziele keinen besser lebenssichernden Arbeitsschutz für ihn zulassen? Oder als ein Letztes: Wie könnte ich gegenüber den heute lebenden Jüngeren rechtfertigen, dass zu meinem Recht auf ein selbstbestimmtes Leben eine Großfamilie gehört und eine ökologische Ein-Kind-Politik freiheitsverletzend ist?

All das ist von mir unter Einklammerung einer eigenen Stellungnahme dazu vorgetragen worden. Und so auch die normative Schlussfolgerung einer rigiden Freiheitsrestriktion, also die These: Der kollektive Gesundheitsschutz soll stets einen Vorrang gegenüber dem Gebrauch individueller Freiheitsrechte genießen.

Zwei Prämissen der Schlussfolgerung, der kollektive Gesundheitsschutz habe Vorrang vor dem individuellen Freiheitsgebrauch

Mein Vorbehalt gegen diese Schlussfolgerung hat mit zwei Prämissen bei ihr zu tun. Beide Prämissen sind kritikwürdig; die erste mehr als die zweite. Allerdings folgt daraus für mich nicht, dass es keine Einschränkung des individuellen Freiheitsgebrauchs geben darf.

Ich will jetzt nacheinander zwei Prämissen der freiheitsrestriktiven Argumentation kritisieren. Nach diesem kritischen Teil möchte ich zu einer konstruktiveren Überlegung übergehen. Die Überlegung läuft darauf hinaus, den Konflikt zwischen Freiheitsgebrauch und Gesundheitsschutz durch eine Mischung von Maßnahmen und Regeln zu entschärfen, aber nicht aufzulösen. Als Mitglied eines bürgerschaftlichen Kollektivs, das Abhilfe gegen solche negativen Effekte schafft, hat der Einzelne auch Beitragspflichten, also Pflichten, zu dieser Abhilfe beizutragen. Diese Pflichten schließen Selbstbeschränkungen im Gebrauch seiner individuellen Freiheitsrechte ein. Die Selbstbeschränkung erfolgt einerseits in Gestalt des individuellen Verzichts, andererseits in Gestalt des Gehorsams gegenüber demokratisch mitbestimmten Gesetzen. Aber diese Selbstbeschränkungen dürfen weder rechtlich noch moralisch so weit verlangt werden, dass vorhersehbare Risiken für Leben und Gesundheit anderer ausgeschlossen werden. Auch auf die Gefahr hin, jemanden anderen zu überfahren, darf ich mich ins Auto setzen (auch wenn es Umstände gibt, unter denen ich das nicht darf: ein Wissen um meine eingeschränkte Steuerungsfähigkeit oder um technische Probleme des Autos, extreme Straßenverhältnisse, unübersichtliche Menschenmassen etc.). Denn wer nur noch ein Teil des gesunden Volkskörpers ist, wird krank und geht zugrunde. – Allerdings will ich noch drei Vorbemerkungen loswerden:

Bei alledem klammere ich aus, dass es nicht nur um menschliches Leben geht. Ein stillschweigender Anthropozentrismus sei hier vorläufig akzeptiert. Er ist problematisch. Wir Menschen sind nicht allein auf der Erde. Die Erde beherbergt nicht nur unsere ökologische Nische, sondern auch die vieler Tiere, einschließlich des Lebensraumes von Weihnachtsgänsen. Die Klugheit von uns Menschen mag uns an dieses Faktum erinnern, wenn wir den Zusammenhang zwischen einer Vernichtung der Artenvielfalt sowie der Zerstörung von tierischen Lebensräumen durch unsere Landnahme einerseits und Seuchen über Zoonosen und multiresistente Bakterien andererseits beachten.[6] Aber der Anthropozentrismus

6 Klaus Günther hat darauf schon früher aufmerksam gemacht: Klaus Günther, »Freiheit in der Krise?«, Ms. 2021, S. 15 f. Vgl. den Globalen Zustandsbericht des IPBES (= The Intergovernmental Science-Policy Platform on Biodiversity and Ecosystem Services) zur Biodiversität: Eduardo S. Brondizio u. a. (Hg.), *Global Assessement Report on Biodiversity and Ecosystem Services of the Intergovernmental Science-Policy Platform on Biodiversity and Ecosystem Services*, Bonn 2019, ⟨https://www.ipbes.net/global-assessment⟩, letzter Zugriff 12. 05. 2019. Vgl. auch Matthias Glaubrecht, *Das Ende der Evolution. Der Mensch und die Vernichtung der Arten*, München 2021, insb. Teil II.

kann auch stärker kritisiert werden. Charles Baudelaire hat in seinem Gedicht *Der Schwan* die Anmaßung, wir seien das Maß aller Dinge, im Spiegel eines verdurstenden Schwanes auf dem Pflaster von Paris grell beleuchtet – zumindest tat er das für einige heutige Leser.[7] Das ist eine *erste Vorbemerkung*.

Eine *zweite Vorbemerkung* betrifft meine Rede von individueller Freiheit im Zusammenhang mit dem Gebrauch der individuellen Freiheit. Ich werde nicht sorgfältig zwischen der Freiheit einer individuellen Person einerseits und individuellen Freiheitsrechten andererseits unterscheiden, die für liberale und demokratische Gesellschaften wesentlich sind. Man ist in einem minimalen Sinn frei, wenn man tun kann, was man wirklich tun will. Nicht immer ist mein Können an Rechte von mir gebunden, denen Pflichten anderer entsprechen. Ich bin frei, auf einen herrenlosen Berg zu klettern, sofern ich auf ihn klettern kann, wenn ich es will. Aber schon beim Mount Everest brauche ich dazu eine Lizenz. Sehr oft ist mein Können an Festlegungen anderer mir gegenüber gebunden. Andere Personen müssen sich oft darauf festlegen, ihr Verhalten mit der Realisierbarkeit meiner Ansprüche oder Wünsche vereinbar zu halten. Deshalb werde ich den genannten Unterschied hier vernachlässigen.

Eine *dritte Vorbemerkung* hat mit Lebensschutz und Gesundheitsschutz zu tun. Da die Gesundheit eines Menschen letztlich die Gesundheit eines menschlichen Lebens ist und da der Verlust des Lebens oft die kausale Folge zerstörter Gesundheit ist, schließt der Gesundheitsschutz letztlich den Lebensschutz ein. Ich werde jedoch primär von einem kollektiv zu organisierenden *Gesundheitsschutz* sprechen, der in Konflikt mit dem Gebrauch individueller Freiheit gerät.

7 »Sah, wie ein Schwan vom Käfig sich befreit,/Auf rauhem Pflaster schürft die Füße wund,/Wie er am Boden schleift sein weißes Federkleid,/Sah ihn am trocknen Bach mit aufgerissnem Schlund,/Die Flügel fahrig in dem Staub bewegen,/Klagend, das Herz vom Heimatsee erfüllt: ›Wann wirst du donnern, Blitz? wann fällst du endlich, Regen?‹ […].« – Charles Baudelaire, *Der Schwan*, in: ders, *Die Blumen des Bösen*, übers. von Monika Fahrenbach-Wachendorff, Stuttgart 2002, LXXXIX, S. 128 f. Frz. Orig.: Charles Baudelaire, *Le Cygne*, in: ders., *Œuvres complètes*, Bd. I: *Les fleurs du mal*, hg. von Claude Pichois, Paris (Bibliothèque de Pléiade) 1975, LXXXIX, S. 86.

Kritischer Teil: Zur Kritik der Schlussfolgerung, der kollektive Gesundheitsschutz solle strikt über dem individuellen Freiheitsgebrauch stehen

Jetzt zum kritischen Teil. Er besteht aus einer Kritik an zwei Prämissen der freiheitsrestriktiven Argumentation, die von negativen Aggregateffekten des individuellen Freiheitsgebrauchs auf die Gesundheit und das Leben vieler Menschen motiviert wird.

Die *erste* Prämisse lautet: Die individuelle Freiheit gehört nicht zum Leben und auch nicht zum gesunden Leben von Menschen. Deshalb kann ja der Lebens- und Gesundheitsschutz dem individuellen Freiheitsgebrauch übergeordnet werden. Das ist die *Prämisse einer Trennbarkeit* zwischen Leben sowie Gesundheit einerseits und individueller Freiheit andererseits. Die *zweite* Prämisse ist: Man kann die negativen Wirkungen des individuellen Freiheitsgebrauches auf die Gesundheit und das Leben größerer Menschenmengen einzelnen Personen verantwortlich zuschreiben. Das ist die *Prämisse einer Zurechenbarkeit* zum *individuellen* Freiheitsgebrauch.

Kritik der – ersten – Prämisse einer Trennbarkeit zwischen Gesundheit und individueller Freiheit

Es gibt mindestens drei Beziehungen zwischen Gesundheit und Freiheit. (1) Gesundheit als eine Voraussetzung für Freiheit. Wer an den Beinen gelähmt ist, der ist in seiner Bewegungsfreiheit eingeschränkt. (2) Gesundheit als Zweck der Freiheit. Die vielleicht auch etwas riskante Freiheit der Forschung an Viren kann als Dienerin an der Gesundheit aufgefasst werden. (3) Gesundheit und Freiheit als eine Einheit. Mir kommt es auf diese Einheitsbeziehung an. Nichts von dem, was ich jetzt sagen werde, soll (1) »Gesundheit ist eine Voraussetzung für Freiheit« in Zweifel ziehen. (2) klammere ich aus.

Wer den allgemeinen oder kollektiven Gesundheitsschutz über alles stellt, stimmt einem Grundsatz wie dem folgenden zu: *Jede Person soll alles Tun unterlassen, das voraussichtlich mit einem Gesundheitsrisiko für andere Menschen verbunden ist.* Damit ist mehr gemeint als das Verbot, *absichtlich* oder *fahrlässig* die körperliche Unversehrtheit eines anderen Menschen zu beeinträchtigen oder zu gefährden. Dieses Verbot steht moralisch betrachtet außer Frage. (Von Notwehrsituationen oder humanitären Interventionen sei hier abgesehen.) Das oberste Gebot des allgemeinen Gesundheitsschutzes verlangt darüber hinaus, jedes Handeln zu unterlassen, das erkennbar ein Gesundheitsrisiko für andere Menschen birgt. Das macht es ja zu einem *strikten*, obersten Gebot. Abgeleitet davon ist, dass die Begründungslast primär darin besteht, zu zeigen, dass das ausgeführte oder beabsichtigte Handeln *kein* Gesundheitsrisiko für andere Menschen birgt.

Wer einen solchen strikten Vorrang des kollektiven Gesundheitsschutzes vor der individuellen Freiheit befürwortet, der trennt Gesundheit und Freiheit. Mit dieser Trennung wird eine Einheit von Gesundheit und Freiheit verkannt. Das ist die Kritik an der ersten Prämisse der genannten Schlussfolgerung aus negativ bewerteten Effekten, die der aggregierte individuelle Freiheitsgebrauch hat.

Ich will jetzt ein wenig erklären, was ich mit dieser Einheit meine.[8] Dabei sage ich nur ganz wenig zur Freiheit, dann etwas mehr zur Gesundheit und schließlich ziehe ich beides zusammen, und zwar mithilfe eines weiteren Begriffs, mithilfe des Begriffs des existentiellen Sinns.

Zur *Freiheit*: Das intentionale Verhalten eines Menschen ist das Insgesamt an Handlungsweisen, Haltungen und des aktiven Verbleibens auf einem sozialen Platz. Man ist dann in einem minimalen Sinn frei in seinem intentionalen Verhalten, wenn man wirklich derjenige sein will, der sich in diesem Verhalten zeigt. »Wirklich wollen« heißt, sich als Urheberin einer Handlung oder als Subjekt einer Haltung oder als Inhaberin eines bestimmten sozialen Platzes zu bejahen. Diese bekräftigende Bejahung meines Selbst ist eine Bejahung im freiheitsrelevanten Sinn. Freiheit hat hier etwas mit Selbst-Bejahung zu tun.

Nun zur *Gesundheit* von jugendlichen und erwachsenen Menschen: Gesundheit erschöpft sich nicht in der Erfüllung physiologischer Funktionen eines menschlichen Organismus wie der

8 Im Folgenden übernehme ich einige Passagen aus meinem Aufsatz: »Wir müssen abwägen – aber wie sollen wir abwägen? Fragen der Moral in einer pandemischen Corona-Krise«, in: *Deutsche Zeitschrift für Philosophie* 69/1 (2021), S. 29-66, hier S. 53-57.

verlässlichen Signaldetektion von bestimmten Organen oder dem Ionenfluss durch Zellmembrane. Was hinzukommt, sind nicht bloß solche physischen und kognitiven Fähigkeiten eines Menschen, die relativ zu einer maßgeblichen Bezugsklasse durchschnittlich sind. Gesundheit ist nicht bloß die Abwesenheit von »disease«, sondern auch die Abwesenheit von »illness«. Das soll besagen: Zur Gesundheit gehört auch ein Erleben.[9] Ein gesunder Mensch erlebt seine Gesundheit auch als ein Gesundsein in seinem lebendigen Tun. Sein lebendiges Tun ist der Erlebnismodus seines Gesundseins. Und zu diesem Tun gehören freie Betätigungen. Deshalb fühlt sich der Gesunde auch in einem minimalen Sinn frei zu einem Tun. Ein strikter Vorrang des allgemeinen Gesundheitsschutzes ist mehr als eine temporäre Diät. Denn sie trennt die Gesundheit von dem Element ab, in dem sie von einem gesunden Menschen erlebt wird – eben von eigenen Betätigungen, die frei sind.

Allerdings ist das nur der Anfang meines Arguments. Ich habe behauptet, dass Freiheit ein Erlebnismodus von Gesundheit sein *kann*. (Die Freiheit *muss* das aber *nicht* sein, weil ein freier Mensch auch krank sein kann.) Diese Behauptung leuchtet dem Genesenden vermutlich sofort ein: Man erlebt seine Gesundung als eine Befreiung von körperlichen und seelischen Beeinträchtigungen, die als Zwänge erfahren wurden. Aber ich meine hier mehr. Ich meine nicht nur, dass die eigene Gesundheit im Freisein von solchen Zwängen erlebt wird. Ich behaupte nicht nur, dass das *Freisein-von-*etwas eine Weise ist, sich als gesund zu erleben. Ich behaupte auch, dass das *Freisein-zu-*etwas ein Erlebnismodus von Gesundheit ist.

Das muss ich auch behaupten, wenn ich den strikten Vorrang des allgemeinen Gesundheitsschutzes vor dem individuellen Freiheitsgebrauch unter Verweis auf die Einheit von Gesundheit und Freiheit kritisiere. Denn der allgemeine oder kollektive Gesundheitsschutz trägt ja durchaus zu einem *Freisein von* etwas bei – nämlich zu einem Freisein von Krankheiten, die Gebrechen sind. – Wie komme ich aber zu der Behauptung, dass Menschen ihr Gesund-

9 Klaus Günther deutet dieses Erleben als das Erleben eines leiblichen Ichs. Insofern mein Erleben für mich unverfügbar ist, lässt sich das Verhältnis eines Menschen zu seinem Leib nicht als Eigentumsverhältnis verstehen. Insofern das Erleben eines leiblichen Ichs für andere unverfügbar ist, bildet es als Eigenpsychisches eine Quelle für Eigensinn und für Freiheit. Vgl. seinen Beitrag in diesem Band.

sein auch als ein *Freisein zu* etwas, zu bestimmten Betätigungen erleben?

Der anfänglich stützende Gedanke hier ist, dass zumindest das bewusste Leben eines jugendlichen oder erwachsenen Menschen kein Leben ist, das nur störungsfrei oder gestört geschieht. Es ist ein Leben, dass wir führen müssen. Damit ist keine methodische Lebensführung gemeint. Mitnichten. Mit dem Satz »Wir müssen unser Leben führen« ist nur der Sachverhalt gemeint, dass wir nicht umhinkommen, unser Leben in der Überzeugung oder in der Hoffnung zu leben, dass es für uns sinnvoll ist. Deshalb sagt man ja: »Der Mensch lebt nicht vom Brot allein.«[10] Da der Sinn hier aufs Ganze des eigenen Lebens bezogen ist, handelt es sich um einen existentiellen Sinn und nicht bloß um beispielsweise den Sinn einer monetären Vorsorge oder einer episodischen Vergnügung. Die Lebensäußerungen von jugendlichen und erwachsenen Menschen schließen auch Betätigungen ein, die ihrem Leben einen existentiellen Sinn geben oder geben sollen. Wenn existentiell sinnvolle Betätigungen unserer Lebenskräfte dauerhaft und ohne Hoffnung auf Änderung ausbleiben – so die riskante empirische These von mir –, dann werden wir krank, depressiv und verkümmern. Das sogenannte *Broken Heart Syndrom* ist ein empirischer Beleg für diese These, dass ein existentieller Sinn zu einem gesunden Leben gehört.[11] Aber sie bleibt eine empirisch anfechtbare Flanke meiner Argumentation. Zur Gesundheit von uns – so die These – gehört auch ein existentieller Sinn oder die Hoffnung darauf.

Jetzt fehlt noch eine Verbindung zur Freiheit. Ich hatte ja gesagt, dass es eine Einheit von Freiheit und Gesundheit gibt, die sich im Freisein-*zu*-etwas als dem Erleben von Gesundheit zeigt. Das Argument ist jetzt, dass der existentielle Sinn, dessen Fehlen krank

10 So im Matthäus-Evangelium 4.4., wobei der genaue Wortlaut ist: »Der Mensch lebt nicht nur von Brot, sondern von jedem Wort, das aus Gottes Mund kommt.« Ich teile aber nicht die Behauptung über das Wort, das aus Gottes Mund kommt. Das Zitat nach *Die Bibel. Einheitsübersetzung Altes und Neues Testament*, Freiburg 1980, S. 1085.

11 Zum *Broken Heart Syndrom* (= Takotsubo Syndrome: TTS), das einen Einfluss seelischer Zustände auf das Herz als einem Organ benennt, vgl. zum Beispiel Kasra Moazzami u. a., »Association Between Mental Stress-Induced Inferior Frontal Cortex Activation and Angina in Coronary Artery Disease«, zuerst in: *Circulation: Cardiovascular Imagining* 13/8 (2020), ⟨https://www.ahajournals.org/doi/10.1161/CIRCIMAGING.120.010710⟩, letzter Zugriff 11. 08. 2020.

macht, in Betätigungen liegt, die je ich im freiheitsrelevanten Sinn bejahen muss. Diese existentiell sinnstiftenden Betätigungen sind minimal frei; soll heißen, sie sind solche Betätigungen, als deren Urheber ich mich bekräftigend bejahen kann. Warum aber sind existentiell sinnvolle Betätigungen minimal frei?

Weil ein existentieller Sinn nichts ist, was man wie eine Portion Spaghetti einfach vorgesetzt bekommen kann und nur schlucken muss. Dass etwas einen existentiellen Sinn jeweils für mich hat, schließt ein, dass ich es bejahe. Ich muss mir bestimmte Handlungsweisen und Haltungen oder einen möglichen sozialen Platz selber zu eigen machen, wenn sie für mich diesen existentiellen Sinn abgeben sollen. Man kann hier von einer bejahenden, praktisch wirksamen Stellungnahme zu den sinnstiftenden Möglichkeiten sprechen. Diese Stellungnahme muss aber keineswegs die Form eines überlegten Urteils annehmen. Sie kann den kognitiven Gehalt einer Lebenslust, eines Tatendranges etc. ausmachen. Mit Karl Bühler, Friedrich Kambartel und Pirmin Stekeler-Weithofer könnte man auch sagen, dass die bejahende, praktisch wirksame Stellungnahme empraktisch sein kann.[12]

Der Gedankengang ist also: Zum gesunden Leben von uns jugendlichen und erwachsenen Menschen gehören existentiell sinnvolle Betätigungen oder zumindest die Hoffnung darauf. Ohne sie werden wir krank. Diese Betätigungen sind nicht bloß Tätigkeiten, die unbehindert oder *frei von* Gebrechen oder Krankheiten ausgeübt werden. Sie sind als existentiell sinnvolle Betätigungen ein Fall von minimalem *Freisein zu* einem Tun, um das es jeweils mir wesentlich geht. Sie sind ein solcher Fall von positiver Freiheit, weil in ihnen eine Selbst-Bejahung eingebaut ist. Da sie zu einem gesunden Leben gehören, sind sie als eine *Freiheit zu etwas* ein Erlebnismodus des Gesundseins.

Was folgt daraus? Zunächst einmal, dass der eingangs dargestellte Schluss mit einer kritikwürdigen Prämisse arbeitet; ich meine den Schluss von den negativen Aggregateffekten des individuellen Freiheitsgebrauchs auf den kollektiven Gesundheitsschutz. Die Schlussfolgerung war, dass der kollektive Gesundheitsschutz *rundweg über* den individuellen Freiheitsgebrauch gestellt werden

12 Vgl. Friedrich Kambartel, Pirmin Stekeler-Weithofer, *Sprachphilosophie. Probleme und Methoden*, Stuttgart 2005, S. 92 ff.

muss. Dagegen spricht die Einheitsbeziehung von Gesundheit und positiver Freiheit zu etwas. Ein strikt übergeordneter kollektiver Gesundheitsschutz ist nicht durchweg gesundheitsdienlich. Auch das ist eine empirisch riskante Schlussfolgerung aus meiner Analyse und Synthese der Begriffe Gesundheit, Freiheit, Leben von jugendlichen und erwachsenen Menschen sowie dem Begriff des existentiellen Sinns. (Neben der empirisch heiklen These, dass zur Gesundheit ein existentieller Sinn oder die Hoffnung darauf gehört.) – Ich möchte jetzt zu einer zweiten Prämisse der dargestellten Schlussfolgerung übergehen.

Kritik an der – zweiten – Prämisse einer individuellen Zurechenbarkeit

Die zweite Prämisse besteht in der Voraussetzung, man könne die negativen Wirkungen des individuellen Freiheitsgebrauches auf die Gesundheit und das Leben größerer Menschenmengen *einzelnen* Personen verantwortlich zuschreiben. Das Argument gegen diese Prämisse hat mit Kausalitäten zu tun. Eine ehemalige Studentin von mir hat dieses Argument plakativ so formuliert: »Nur weil ich in den Urlaub auf die Malediven fliege, saufen die Fidschi-Inseln nicht schon ab.«[13] Der kausale Beitrag individuellen Verhaltens zu einer negativ bewerteten Wirkung auf die Gesundheit oder sogar auf das Leben vieler anderer Menschen ist vernachlässigbar. Dieses Argument sei abkürzend »das Argument des geringen individuellen Beitrags« genannt. Es ist ebenso geläufig wie gewichtig. Deshalb werde ich etwas ausholen müssen, um es zu erläutern und dann in seiner Triftigkeit zu beschränken.

Zunächst werde ich etwas über Kausalität sagen. Dem schließt sich eine Erläuterung an, worin das Argument des geringen individuellen Beitrags besteht.

13 So Alexandra Tiefenbacher, Master in Umweltsystemwissenschaften sowie in Philosophie und Journalistin mit Schwerpunkt Ökologie. Tiefenbacher referierte diese Auffassung in einer Seminardiskussion. Sie teilte diese Meinung nicht.

Meine Bemerkungen zu Kausalitäten sind weder originell noch tiefschürfend. Ganz zu schweigen davon, dass sie schwierige Probleme nicht lösen, die mit der Verwendung des Begriffs der Kausalität und mit Aussagen über Ursache-Wirkung-Beziehungen einhergehen. Für das hier behandelte Thema sollten meine Ausführungen zu Kausalbeziehungen jedoch insoweit genügen, als sie keine argumentativen Defekte nach sich ziehen.

Ganz allgemein formuliert ist eine Ursache etwas, das einen Unterschied in einem bestimmten Kontext ausmacht hinsichtlich eines Vorkommnisses, eines Zustandes, eines einsetzenden Prozesses: »We think of a cause as something that makes a difference, and the difference it makes must be a difference from what would happened without it. Had it been absent, its effects – some of some at least and usually all – would have been absent as well.«[14]

So ist eine Mutation von EVC-Genen kausal verantwortlich für den anormalen *Zustand* bei einem Menschen, mehr als fünf Zehen zu haben. Wäre die Mutation (und die Vererbung zweier solcher Mutationen) nicht geschehen, dann würde es diesen Zustand nicht gegeben haben.[15] Erdbeben sind für verheerende *Vorkommnisse* wie Zerstörungen kausal verantwortlich. Ohne das Tōhoku-Erdbeben vom 11. März 2011 vor der Nordostküste der japanischen Hauptinsel Honshu wäre das Kernkraftwerk an diesem Tag nicht havariert. Und ohne eine erhöhte Zufuhr von Phosphor oder Stickstoff in einem Gewässer würde nicht ein *Prozess* einsetzen, der als Eutrophierung bekannt ist. Dieser Prozess führt zu einer Senkung des Sauerstoff-

14 David Lewis, »Causation«, in: Ernest Sosa, Michael Tooley (Hg.), *Causation*, Oxford 1993, S. 194. Auch in David Lewis, *Philosophical Papers*, Bd. II, Oxford 1987, S. 160 f. – Ich klammere die schwierige Frage aus, ob nicht nur Vorkommnisse, Zustände und Prozesse, sondern auch Tatsachen die Glieder einer Kausalrelation bilden können. Die Frage ist mit Blick auf zutreffende probabilistische Kausalaussagen, die Tatsachen konstatieren, nicht unerheblich. Für »causation of facts by facts« argumentiert Bennett in: Jonathan Bennett, *Events and their Names*, Oxford 1988, Kap. 2 und 3. Das Zitat stammt aus ders., *A Philosophical Guide to Conditionals*, Oxford 2003, S. 289.

15 Vgl. Kathryn Paige Harden, *The Genetic Lottery. Why DNA Matters For Social Equality*, Princeton 2021, S. 273, Anm. 15. Die genannte Mutation ist eine Ursache für einen Komplex von Defekten, dem sogenannten Ellis-van-Creveld-Syndrom.

gehalts in tieferen Wasserschichten. Das lässt Fischeier und Kleinstlebewesen absterben und mobile Lebewesen wie Krebse fliehen, was seinerseits eine Verringerung der Artenvielfalt verursacht.[16]

Dieses Beispiel von Ursachen für einen einsetzenden Prozess erinnert daran, dass Kausalketten oft lang sind. Auch darf man sich die Verbindung von Ursachen nicht immer hintereinander gestaffelt vorstellen wie Perlen auf einer Perlenkette. Ursachen sind oft vernetzt. Die sogenannten Gelbwestenproteste 2018 und 2019 gegen den französischen Präsidenten Emmanuel Macron hatten eine Reihe zusammenwirkender Ursachen, wie Macrons Entscheidung, eine Steuer auf Benzin zu erheben; das Gefühl einer generell ungerechten Besteuerung und die miserablen öffentlichen Verkehrsverbindungen in vernachlässigten Regionen, die arme und nicht wohlhabende Menschen auf das Auto angewiesen sein lassen.[17]

Ursachen für Zustände, Vorkommnisse und Ereignisse sowie für einsetzende Prozesse sollten von Bedingungen unterschieden werden. So ist trivialerweise der Betrieb des Kernkraftwerkes im japanischen Fukushima im März 2011 ein kausal relevanter Faktor für das Reaktorunglück gewesen. Aber der Betrieb ist nicht schon die Ursache der Havarie gewesen. Er ist eine Voraussetzung als Teil einer geordneten Menge von Voraussetzungen für Ursache-Wirkung-Beziehungen gewesen.[18]

Neben der Vernetztheit von Ursachen und der Unterscheidung zwischen Ursachen und Voraussetzungen sollte noch etwas anderes

16 Dank an Jérôme Léchot für erklärende Hinweise auf Details. Vgl. auch Catriona Hurd u. a., *Seaweed Ecology and Physiology*, Cambridge ²2014, S. 400-401.

17 Die als Ökosteuer deklarierte Steuererhöhung diente auch dazu, staatliche Einnahmeverluste wegen Macrons Steuersenkungen unter anderen in Form einer Einheitssteuer von 30 Prozent auf Kapitaleinkünfte und einer Vermögenssteuerreform etwas zu kompensieren. Zu diesen Steuerreformen von 2018 vgl. Pierre Merle, »La suppression de l'impôt de solidarité sur la fortune: réforme économique ou idéologique?«, in: *Revue de la régulation* 24 (2018), ⟨https://journals.openedition.org/regulation/13582, letzter Zugriff 26. 02. 2022.

18 John Leslie Mackie nennt eine solche Ordnung von Voraussetzungen (a »set of background conditions«) ein »kausales Feld«. Es gibt (i) Ursache-Wirkung-Beziehungen und (ii) Voraussetzungen für solche Beziehungen. Nach Mackie ist die Unterscheidung zwischen (i) und (ii) relativ zu Erkenntnisinteressen. Vgl. John Leslie Mackie, *The Cement of the Universe. A Study of Causation*, Oxford 1980, S. 300 für das Zitat; auch S. 34 f. Vgl. auch Andreas Hüttemann, *Ursachen*, Berlin ²2018, S. 74 ff.

beachtet werden: Eine Ursache muss nicht immer notwendig oder hinreichend für einen Zustand, ein Vorkommnis oder einen Prozess sein. Die Kaimauer zur Meeresseite hin, die das Kernkraftwerk in Fukushima vor Flutwellen schützen sollte, war 5,7 Meter hoch. Die Flutwelle, die durch das Erdbeben in der Tiefsee ausgelöst worden war, hatte eine Höhe von 13 bis 14 Metern. Aber es ist nicht ausgemacht, dass *ohne* eine Kaimauer von weniger als 14 Metern das AKW *keinen* GAU erlebt hätte; und dass diese Kaimauerhöhe für den GAU nicht hinreichte, ist evident. Gleichwohl muss die Kaimauer in der gebauten Höhe nicht kausal unerheblich gewesen sein. Es kann auch sein, dass sie in dieser Höhe eine beitragende Ursache zum GAU war. Denn sie erhöhte zumindest das Risiko, dass das Kernkraftwerk schwer havarierte.[19] Die kausale Relevanz von Faktoren wird durch die Alternative »notwendig oder hinreichend« nicht immer erfasst.

Das Argument des geringen individuellen Beitrags oder der fehlenden kausalen Relevanz des individuellen Freiheitsgebrauchs

Nun zurück zur Kritik an der Prämisse, man könne die negativen Wirkungen eines individuellen Freiheitsgebrauchs auf die Gesundheit und das Leben vieler anderer Menschen den einzelnen Personen verantwortlich zuschreiben. Nur weil ich keine Maske trage und mich nicht gegen SARS-CoV-2 impfen lasse, füllen sich nicht schon die Intensivstationen jenseits der Belastungsgrenze. Nur weil ich mit dem SUV fahre, Fleisch esse und für eine Woche aus Frankfurt am Main nach New York und zurück fliege, wird die Fähigkeit der Erdatmosphäre nicht beeinträchtigt, CO_2-äquivalente Emissionen zu absorbieren. Auch werden durch die Emissionen der kleinen Schweiz nicht schon die planetarischen Grenzen überschritten, jenseits derer unumkehrbare Zerstörungen unserer ökologischen Nische sehr wahrscheinlich werden. Und nur weil ich während des

19 Zu den angeführten technischen Einzelheiten vgl. Bundesamt für Strahlenschutz (BfS), *Die Katastrophe im Kernkraftwerk Fukushima nach dem Seebeben vom 11. März 2011: Beschreibung und Bewertung von Ablauf und Ursachen*, März 2012, ⟨http://nbn-resolving.org/urn:nbn:de:0221-201203027611⟩, letzter Zugriff 28.02.2022.

März oder Dezember 2022 bei angenehmen 22 °C mit T-Shirt in meiner gasbeheizten deutschen oder italienischen Wohnung sitze, finanziere ich nicht schon durch meinen bezahlten Energiekonsum Putins Mördertruppen in der Ukraine und anderswo. Kurz, mein individueller Gebrauch von Freiheitsrechten wie dem Recht auf Freizügigkeit und freier Berufsausübung, auf Schutz vor körperlichen Eingriffen und vor staatlicher Bevormundung verursacht weder Pandemietote noch tote Ukrainerinnen noch ökologische Zerstörungen. Und auch meine Handlungen als privat-autonomer Konsument haben nicht diese Wirkung.

Anders als bei direkten Angriffen auf Gesundheit und Leben anderer ist die Gesundheitsgefährdung, mithin die Lebensbedrohung, ein *Aggregat*effekt des individuellen Freiheitsgebrauchs. Es ist nicht eine einzelne natürliche Person mit Freiheitsrechten, die diesen Effekt durch ihren Gebrauch dieser Rechte erzeugt. Es ist auch nicht *jede* einzelne natürliche Person. Es sind allenfalls *alle diese einzelnen Personen in der Summe*, die diesen Aggregateffekt produzieren. Und deshalb sind die negativen kausalen Wirkungen nicht einzelnen Personen verantwortlich zuzurechnen.

Dieses Argument mag nicht im Fall der Inzidenzrate von tödlichen Arbeitsunfällen wegen mangelnden Arbeitsschutzes stechen. Denn der Tod dieses rumänischen Arbeiters mit Name und Gesicht ist direkt dem Patron zurechenbar. Aber oft ist das Argument des geringen individuellen Beitrags zu einer negativen Wirkung augenscheinlich doch triftig. Dieser Beitrag einer Person *S* ist vernachlässigbar, weil er weder hinreichend noch notwendig für das Eintreten des negativ bewerteten Aggregateffekts ist. Das gilt zwar nicht für den Freiheitsgebrauch der Personen *S*1 – *S*n. Aber *S*1 – *S*n bilden keinen kollektiven Akteur, dem etwas angelastet werden kann. Sie bilden vielmehr eine statistische Größe beziehungsweise eine Serie.[20]

So weit die Kritik an der zweiten Prämisse, die einem Gebot zugrunde liegt, einen kollektiven Gesundheitsschutz dem Gebrauch individueller Freiheitsrechte strikt überzuordnen. Es scheint, dass

20 Das Mitglied einer Serie ist verschieden von einer Ich-sagenden Person, weil es durch deskriptive Kennzeichnungen aus Sicht einer dritten Person individuiert wird: »Jeder ist der Gleiche wie die Anderen (Elemente einer Serie), insofern er Anderer als er selbst ist.« Sartre, *Kritik der dialektischen Vernunft*, S. 277; *Critique de la raison dialectique*, S. 367 f.

diesem strikten Gebot wegen der zweiten Prämisse eine Verwechslung zugrunde liegt: Das Resultat eines anonymen negativen Aggregateffekts wird mit der kausalen Folge einer zurechenbaren individuellen Rücksichtslosigkeit auf die Gesundheit und das Leben Dritter verwechselt.

Konstruktiver Teil: Blockade der Schlussfolgerung, es gäbe kein verantwortliches Subjekt für negative Aggregateffekte auf die Gesundheit und das Leben vieler Menschen

Folgt nun aus dem Argument des geringfügigen individuellen kausalen Beitrags zu negativen Aggregateffekten, dass es überhaupt kein handlungsfähiges Subjekt gibt, das für diese Effekte des individuellen Freiheitsgebrauchs auf die Gesundheit vieler Menschen verantwortlich ist? – Nein, es folgt nicht daraus. Warum nicht? – Aus zwei Gründen folgt das nicht. Erstens weil man mit David Miller zwischen Ergebnisverantwortung und Abhilfeverantwortung unterscheiden sollte.[21] Und zweitens weil zumindest der *Fortbestand* negativ bewerteter Aggregateffekte der genannten Art als kausale Folge von Unterlassungshandlungen der Abhilfe seitens eines bürgerschaftlichen Kollektivs beschrieben werden kann, *sofern diese Effekte erkennbar sind.* Ich will beide Gedanken jetzt etwas erläutern.

Zunächst zur Unterscheidung von Ergebnis- und Abhilfeverantwortung. Die milizgestützte iranische Religionsdiktatur und die saudi-arabische Despotie sind sicherlich hauptsächlich kausal, rechtlich und moralisch verantwortlich für das gegenwärtige Elend (2022) im Jemen. Daraus folgt nicht schon, dass handlungsfähige westliche Regierungen und ihre Bürgerschaften keinerlei Verantwortung für eine Abhilfe in Form von minimaler humanitärer Hilfe trügen. (Das zynische Kalkül brutaler Akteure mit dieser gerne moralisch nur von westlichen Staaten geforderten Abhilfeverantwortung sei hier ausgeblendet.) Nicht immer darf nur vom Verursacher eines Übels die Abhilfe oder Linderung des Übels verlangt werden. Die Zuständigkeit für die Abhilfe eines Übels wird also bisweilen

21 David Miller, »Two Concepts of Responsibility«, in: ders., *National Responsibility and Global Justice*, Oxford 2007, S. 81-109.

von der Ergebnisverantwortung, von der Verantwortung für das Zustandekommen dieses Übels, abgekoppelt.

Es ist nicht immer leicht, diese Entkoppelung zu rechtfertigen. Ein Argument ist: Es gibt universelle menschenrechtliche Hilfspflichten, die nicht immer arbeitsteilig erfüllt werden können. Ein anderes Argument lautet: Jeder kann auf die Solidarität Dritter angewiesen sein, und der Unterschied, dass zwar der Andere, nicht aber ich jetzt gerade darauf angewiesen bin, zählt nicht. Das sind bestenfalls Anfänge einer Rechtfertigung, gewiss. Dennoch will ich eine rechtfertigende Argumentation hier nicht vertiefen. Ich nehme jetzt an, dass die Trennung zwischen Ergebnisverantwortung und Abhilfeverantwortung nicht nur oft tatsächlich gemacht wird, sondern dass sie sich auch oft verteidigen lässt.

Gegeben diese Trennung, dann sind zumindest der *Fortbestand* und die *Zunahme* negativ bewerteter Aggregateffekte des individuellen Freiheitsgebrauchs die kausale Folge eines kritisierbaren kollektiven Unterlassens,[22] wenn zweierlei gilt: (1) Es besteht eine Chance, durch kollektives Handeln dem negativ bewerteten Aggregateffekt abzuhelfen oder ihn wesentlich abzuschwächen. Und es besteht (2) eine anerkannte Verpflichtung, diese Chance zu ergreifen. Letzteres gilt für demokratische Bürgerschaften, sofern zur Demokratie wesentlich die Bemühung um eine egalitäre Schicksalskontrolle gehört; dass man sich als Kollektiv darum bemüht, die annähernd gleiche Chance für die Bürgerinnen und Bürger zu schaffen, ein selbstbestimmtes Leben zu führen. Die sogenannte kollektive Daseinsvorsorge ist Teil einer so verstandenen Demokratie.

Unter den genannten Annahmen kann die Fortdauer oder gar die Zunahme von negativ bewerteten, aggregierten Wirkungen eines individuellen Freiheitsgebrauchs die kausale Folge von Unter-

22 Es scheint eine offene Frage zu sein, ob Unterlassungen eine kausale Kraft haben können. Ich glaube, dass sie es können: Wir unterlassen die Handlung *x*, indem wir die Handlung *y* ausführen, die unsere Erfüllung der Erfolgsbedingungen für *x* ausschließt. Zum Beispiel praktizieren wir den Schematismus unseres Wirtschaftens weiter (=y) und schließen so aus, dass wir die Artenvielfalt bewahren (=x). – Ich kann auf diese Frage aus Platzgründen nicht näher eingehen. Vgl. zu einer bündigen Zusammenfassung der Diskussion über kausale Wirkungen von Unterlassungen und einem eigenen Vorschlag: David Hommen, Dieter Birnbacher, *Negative Kausalität*, Berlin 2012. Vgl. auch Dieter Birnbacher, *Tun und Unterlassen*, Stuttgart 1995.

lassungen eines demokratisch verfassten bürgerschaftlichen Kollektivs sein, also eines demokratischen Staates, einer demokratischen Konföderation oder Kommune. Das gesuchte verantwortliche Subjekt für den Fortbestand oder sogar für die Zunahme von negativen Aggregateffekten ist dann dieses Kollektiv.

Es ist aber nicht so, dass die Abhilfeverantwortung nur bei einem solchen Kollektiv liegt. Denn die einzelnen Personen mit ihren negativen, aggregierten Wirkungen auf die Gesundheit und das Leben einer Vielzahl anderer Menschen werden im Kontext dieses Kollektivs nicht nur als *Glieder einer Serie* von individuellen, gegebenenfalls privatrechtlich geschützten Akteuren sichtbar, die ihre individuellen Freiheitsrechte gebrauchen. Um mit Sartre zu sprechen: Die einzelne Akteurin ist nicht mehr nur Teil einer seriellen Gruppe beziehungsweise einer seriellen Einheit von Vielheiten[23] oder einer »Population«, wie Naturalisten namentlich in der evolutionären Psychologie sagen. Sie wird jetzt in ihrem Status als Mitglied eines bürgerschaftlichen Kollektivs erkennbar.

Mit diesem Status als Citoyenne kann ihr Gebrauch ihrer Freiheitsrechte auch ein Beitrag oder eben die Unterlassung eines Beitrages zur kollektiven Abhilfe von negativen Aggregateffekten sein. Wenn sie ihre Unterlassung mit dem Argument ihres geringen individuellen Beitrags zu diesen negativen Effekten rechtfertigt, dann drückt sich in ihrer Unterlassung eine explizite Stellungnahme zu dem aus, was von ihr als Mitglied des bürgerschaftlichen Kollektivs mit Blick auf negative Folgen für die Gesundheit und das Leben vieler Dritter verlangt wird.[24] Und das legt nahe, dass die Bürgerin als Kooperationsverweigerin kritisiert werden darf.

Ob nun diese Kritik mit dem Hinweis auf bestimmte Freiheitsrechte gegen den demokratischen Staat ausgestochen werden kann, sei hier offengelassen. Worauf es mir jetzt ankommt, ist etwas anderes. Man könnte einwenden, es werde nicht wirklich das Argument überzeugend entkräftet, wonach der individuelle Gebrauch von rechtlich geschützten Freiheiten in vernachlässigbarer Weise

23 Sartre, *Kritik der dialektischen Vernunft*, S. 278, S. 285, *Critique de la raison dialectique*, S. 368, S. 375.

24 Anton Leist hat diesen Gedankengang im engeren Kontext der Ökologie vorgespurt; vgl. Anton Leist, »Schadenverursachen und Kooperation beim Klimawandel«, in: Angela Kallhoff (Hg.), *Klimagerechtigkeit und Klimaethik*, Wien 2015, S. 107-134, hier S. 117 ff.

kausal zu negativen Aggregateffekten beiträgt. Vielmehr wird eine *Einstellung* kritisierbar. Es ist die Einstellung von jemandem, der bei der kollektiven Wahrnehmung von Abhilfeverantwortung nicht mitmacht, weil er auf seinen geringfügigen Beitrag zu dem Übel verweist. Nicht das Argument des geringen individuellen Beitrages selbst, sondern eine Einstellung, die mit dem Gebrauch des Arguments bekundet wird, ist Gegenstand der Kritik.

Dagegen kommt es mir jetzt darauf an, wenigstens etwas einsichtig zu machen, dass dieses Argument des geringen individuellen Beitrags auch direkt unter einem kausalistischen Aspekt kritisiert werden kann.[25]

Kooperationsunwilligkeit und Nichtsichtbarkeit von Kooperationsbereitschaft als aufrechterhaltende Ursachen für negative Aggregateffekte

Wer seinen individuellen kausalen Beitrag zu einer negativ bewerteten Wirkung als vernachlässigbar einstuft und sich deshalb nicht an kollektiven Bemühungen zur Abhilfe beteiligt, kooperiert nicht. Das ist eine triviale Aussage. Nun ist die Sichtbarkeit von Kooperationswilligkeit eine notwendige Bedingung dafür, dass eine

25 Die nachfolgende Überlegung zur kausalen Rolle von individuellen Beiträgen zu aggregierten, negativen, kausalen Effekten ist maßgeblich von Arbeiten angeregt, die insbesondere Friederike E. L. Otto sowie Petra Minnerop und Judea Pearl vorgelegt haben; vgl. Petra Minnerop, Friederike E. L. Otto, »Climate Change and Causation: Joining Law And Climate Science On The Basis Of Formal Logic«, in: *Buffalo Environmental Law Journal* 27 (2019-2020), S. 51-86. Kristie L. Ebi u. a., »Using Detection and Attribution To Quantify How Climate Change Is Affecting Health«, in: *Health Affairs* 12 (2020), S. 2168-2174. Luke J. Harrington, Friederike E. L. Otto, »Attributable Damage Liability in a Non-Linear Cause«, in: *Climate Change* 153 (2019), S. 15-20, ⟨https://link.springer.com/article/10.1007/s10584-019-02379-9⟩, letzter Zugriff 25. 05. 2022. Friederike E. L. Otto, *Wütendes Wetter. Auf der Suche nach den Schuldigen für Hitzewellen, Hochwasser und Stürme*, Berlin ²2019. Dem Aufsatz von Petra Minnerop und Friederike E. L. Otto, »Climate Change and Causation«, verdanke ich auch die Einsicht in die Wichtigkeit der Kausaltheorie von Judea Pearl dafür, was man von dem Argument des geringen individuellen kausalen Beitrages halten soll. – Vgl. Judea Pearl, *Causality. Models, Reasoning, and Inference*, Cambridge ²2009 (= 2. Auflage 2022 der erneut korrigierten Ausgabe von 2021), insb. Kap. 7 und 10.

Kooperation oder ein kollektives Handeln zustande kommt. Das ist eine nicht mehr ganz so triviale Aussage. Ich sehe diese Behauptung jedoch durch die Forschungen der Bloomington School um Elinor Ostrom zu Bedingungen der Produktion und des Schutzes von Kollektivgütern und zur Beseitigung von kollektiven Übeln hinreichend abgestützt.[26]

Wer nicht kooperiert, wird vielleicht seine Kooperations*un*willigkeit nicht zeigen. Aber er oder sie wird in der Regel nicht die gegenteilige Einstellung, also eine Kooperations*willigkeit*, signalisieren können. Die Sichtbarkeit der Kooperationsbereitschaft ist nicht gegeben. Damit – so scheint es jedenfalls – kommt das nötige kollektive Handeln nicht zustande. Das Übel, also in unserem Fall negativ bewertete, aggregative Effekte des individuellen Freiheitsgebrauchs, besteht fort. Die Nichtsichtbarkeit der Kooperationsbereitschaft hat deshalb den Status einer ›ernährenden‹ oder aufrechterhaltenden Ursache für einen negativen kausalen Effekt *y*. Judea Pearl gibt genauer an, was darunter zu verstehen ist. Eine aufrechterhaltende Ursache (»*sustenance*«) hat die »›responsibility‹ for sustaining […] y under adverse conditions«.[27]

Pearl führt hier die Bedingung »gegenläufige Umstände« (»adverse conditions«) ein. Damit sollen solche kausalen Faktoren – eben aufrechterhaltende Ursachen oder Komponenten solcher Ursachen – sichtbar gemacht werden, die die Robustheit eines kausalen Effekts gegen bestimmte, gegenläufige Umstände sicherstellen oder die wenigstens zu dieser Robustheit beitragen.

So war zum Beispiel im Shanghai des Frühjahrs 2022 die sehr schnelle Verbreitung der sogenannten Omikron-Variante des Covid-19-Virus eine aufrechterhaltende Ursache für eine hohe Inzidenzrate bei Infektionen mit diesem Virus. Denn die sehr schnelle Verbreitung schirmte die hohe Inzidenzrate gegen einen nichtepisodischen, situationstypischen gegenläufigen Umstand ab, wie es häufige Tests auf eine Infektion mit Covid-19 waren. Entsprechendes gilt für unseren Fall: Die Nichtsichtbarkeit der Kooperationsbe-

26 Vgl. nur Elinor Ostrom, *Die Verfassung der Allmende*, Tübingen 1999; Amy R. Poteete u. a., *Working Together. Collective Action, the Commons, and Multiple Methods in Practice*, Princeton 2010.

27 Pearl, *Causality*, S. 317. Pearl spricht von Verantwortung/»responsibility« in Anführungszeichen, weil für ihn nicht nur verantwortlich zurechenbare Handlungen den Status von Ursachen haben können.

reitschaft erhält den aggregativ negativen Effekt eines individuellen Freiheitsgebrauchs dadurch aufrecht, dass sie die Unterlassung eines kollektiven Handelns zur Beseitigung oder Schwächung dieses Effekts abschirmt, und zwar abschirmt gegen moralische Appelle und Anreize.

Der spezifizierende Zusatz »abschirmt gegen moralische Appelle und Anreize« ist wichtig. Er ist wichtig, um die Triftigkeit der vorgetragenen Kritik am Argument des kausal vernachlässigbaren individuellen Beitrags zu negativen Aggregateffekten einsehen zu können. Und er ist auch wichtig, um eine Grenze für die Plausibilität dieser Kritik zu markieren.

Man könnte ja gegen diese Kritik einwenden: Für ein kollektives Handeln, das auf einen kollektiven Gesundheitsschutz abzielt und das dem gesundheitsgefährdenden individuellen Freiheitsgebrauch entgegenwirkt, ist nur nötig, dass die *Kooperationswilligkeit einer kritischen Masse* von individuellen Personen *sichtbar* ist. Nicht alle müssen erkennbar die Bereitschaft haben, mitzuziehen. Es kommt nicht auf jeden Einzelnen an. Es reicht, wenn die Kooperationswilligkeit hinreichend vieler sichtbar ist.

In gewisser Weise wiederholt dieser Einwand das Argument des vernachlässigbaren kausalen Beitrags Einzelner. Nur dass es jetzt nicht um einen kausalen Beitrag zu gesundheitsschädigenden Effekten geht, sondern um einen kausalen Beitrag zum gesundheitsschützenden kollektiven Handeln. Aber der Einwand verkennt, dass es hier um den Gebrauch von positivierten, individuellen Freiheitsrechten geht.

Diese Rechte sind abgeschirmt gegen moralische Appelle und ökonomische Anreize, was sich letztlich an der Befugnis zeigt, gegen die Missachtung dieser Rechte zu klagen. Sie geben jedem einen zulässigen, legalen Grund, kooperations*unwillig* zu sein. Diese soziale Tatsache ist nur schwer mit einer notwendigen Bedingung für die Kooperationswilligkeit derer vereinbar, die eine kritische Masse bilden sollen: nämlich »die bedingte Selbstverpflichtung«, also die Bindung der eigenen Verpflichtung, mitzuziehen, sofern andere es auch tun.[28] Die Sicherheit, erwarten zu können, dass andere ebenfalls kooperieren, sofern man selbst kooperiert, ist hier keine Rechtssicherheit. Denn die Kooperations*un*willigkeit ist

28 Ostrom, *Die Verfassung der Allmende*, S. 242ff.

rechtlich geschützt, so dass die Nichtsichtbarkeit der Kooperationsbereitschaft keinem episodischen Zufall geschuldet sein muss.

Um es zusammenzufassen: Die rechtlich geschützte Kooperations*unwilligkeit* Einzelner ist kein kausal vernachlässigbarer Beitrag zum *Fortbestehen* eines negativen Aggregateffekts des individuellen Freiheitsgebrauchs. Denn sie führt zu der Nichtsichtbarkeit einer bedingten Kooperationswilligkeit. Und diese Nichtsichtbarkeit ist eine aufrechterhaltende Ursache für diesen Aggregateffekt, weil sie das nötige kollektive Handeln zur Beseitigung dieses Effekts blockiert.

Abschließend will ich eine Spezifikation dieses kritischen Arguments und eine Einschränkung seiner Triftigkeit anzeigen. Die Spezifikation hat mit Wahrscheinlichkeiten zu tun. Es kann sein, dass die Nichtsichtbarkeit einer bedingten Kooperationswilligkeit zwar das kollektive Handeln nicht blockiert, aber es unwahrscheinlicher macht. Dann ist die aufrechterhaltende Ursache probabilistisch aufzufassen. Ich sehe daran nichts schon *an sich* Fragwürdiges. Wir fällen im Alltag oft solche wahrscheinlichkeitsmäßigen Kausalurteile oder akzeptieren sie. Bei Fahranfängern oder häufigen Unfallverursachern wird von Versicherungen eine höhere Wahrscheinlichkeit angenommen, dass sie einen Verkehrsunfall verursachen, als bei langjährig unfallfreien Fahrerinnen. Ebenso steht hinter der Impfpflicht (2022) von Pflegepersonal in deutschen Altersheimen das Kausalurteil, dass eine Ansteckung mit Covid-19 bei alten Menschen mit höherer Wahrscheinlichkeit einen schwerwiegenden Krankheitsverlauf verursacht als bei gesunden jungen Menschen. – Gewiss, der Hinweis auf eine etablierte soziale Praxis darf nicht das letzte Wort haben. Aber er kann das erste Wort haben, sofern er gewisse stützende Belege für die probabilistischen Kausalurteile hinter sich hat.[29] – So weit die Spezifikation. Nun die angekündigte Einschränkung, wie triftig die vorgetragene Kritik ist.

Diese Einschränkung ist rasch benannt. Die Kritik am Argu-

29 Zu einer Spezifikation, welcher Art solche Belege sein sollten, vgl. die sogenannten Bradford-Hill-Kriterien für Verursachung von Jeremy Horwick u. a., »The Evolution of Evidence Hierarchies: What Can Bradford Hill's Guidelines for Causation Contribute?«, in: *Journal of Royal Society of Medicine* 12 (2009), S. 186-194. Zitiert nach David Spiegelhalter, *The Art of Statistics. Learning from Data*, London [12]2020, S. 114 ff: »Can We Ever Conclude Causation from Observational Data?«; sowie ebd., S. 411, Anm. 12.

ment des vernachlässigbaren individuellen Beitrags zu negativen Aggregateffekten gilt nicht, wenn es hinreichend viele Menschen gibt, die sich bedingungslos zu einer Kooperation verpflichten. Wenn es genug Altruisten gibt, dann sticht das Argument nicht mehr. Aber die Annahme einer hinreichend kritischen Masse von Altruisten ist alles andere als trivial. Sie lässt deshalb die Alternative, nämlich einen rechtlichen Zwang zur Kooperation, nicht als hinfällig erscheinen.

Schlussfolgerungen für das Verhältnis zwischen individuellem Freiheitsgebrauch und kollektiv organisiertem Gesundheitsschutz

Lande ich damit nicht doch bei einem prinzipiellen Vorrang des kollektiven Gesundheitsschutzes vor dem Gebrauch individueller Freiheit? Nein! – Aus mindestens zwei Gründen nicht. Ein *erster Grund* sollte schon klar geworden sein. Ein unbedingter Vorrang des Gesundheitsschutzes vor dem Gebrauch der Freiheit wird der dargestellten Einheit von Freiheit und Gesundheit nicht gerecht. Es sei denn, diese dargestellte Einheit ist nur die verfehlte Darstellung einer Einheit von Freiheit und Gesundheit, also eine empirisch unhaltbare These. Sie wäre eine solche empirisch unhaltbare These, wenn es falsch wäre, was ich zugespitzt behauptet habe: Wer nur als Glied eines gesunden Volkskörpers lebt, wird auf Dauer krank, verkümmert und geht zugrunde. – Ich halte es für einen Vorteil meiner Argumentation, dass ich mich hier empirisch blamieren kann. Die These von Freiheit als Teil von Gesundheit ist aber nur *ein* Grund gegen den unbedingten Vorrang des kollektiven Gesundheits- und Lebensschutzes.

Der *zweite Grund* gegen einen solchen unbedingten Vorrang mit einem entsprechenden Eingriff in Freiheitsrechte hat mit Kausalitäten zu tun. Ich hatte das Argument kritisiert, der Beitrag des individuellen Freiheitsgebrauchs zu negativen Aggregateffekten auf die Gesundheit und das Leben vieler Menschen sei kausal irrelevant, weil weder kausal hinreichend noch notwendig für diese Effekte. In meiner Kritik stufte ich die rechtlich gestützte Nichtsichtbarkeit einer bedingten Kooperationsbereitschaft von Individuen als eine *aufrechterhaltende* Ursache für den Fortbestand solcher Auswirkungen ein. Doch diese Einstufung sollte nicht dazu verleiten, dass die genannte Ursache die alleinige Ursache ist und nicht mit anderen Ursachen zusammenwirkt. Denn monokausale Erklärungen sind meist fragwürdig. Ohne die Unterstellung einer einzigen aufrechterhaltenden Ursache kann eine Abhilfe gegen den Fortbestand von negativen Aggregateffekten des individuellen Freiheitsgebrauchs auch an *anderen* Gliedern der Kausalkette reformistisch ansetzen.

Einige wenig spektakuläre Beispiele sollen diesen Gedanken nur noch ein wenig veranschaulichen. Man denke an ressourcensparende und umweltschonende Mobilität; an kostengünstige technische Innovationen beim Arbeitsschutz, zum Beispiel eine digitale App zur Messung der Körpertemperatur, die Hochofenarbeiter und Bergarbeiter vor einer gefährliche Erhitzung warnen und so eine gravierende Gefahrenquelle neutralisieren;[30] an den Umbau des Gesundheitssektors diesseits einer wunscherfüllenden Medizin zu einem sozialwirtschaftlichen, nicht gewinnorientierten Sektor mit entsprechender Steigerung auch der intensivmedizinischen Kapazitäten; an ein Abbremsen des exponentiellen und ökologisch fatalen Bevölkerungswachstums unter anderem durch einen effektiven Schutz einer anderen Dimension des Rechts auf reproduktive Autonomie: nämlich des Rechts von Mädchen und Frauen, vor ungewollten Schwangerschaften geschützt zu werden.[31] Man denke darüber hinaus an die Korrektur von Freihandelsverträgen der EU wie CETA, so dass die mühevoll aufgebauten, naturschonenden Agrarproduktionen zum Beispiel in Frankreich nicht durch kanadische Exporte und also durch eine regulatorische Arbitrage untergraben werden;[32] oder an die Preisgabe des Freihandelsvertrages zwischen der EU und den Mercosur-Staaten, mit dem die CO_2-Senke des

30 Das Beispiel verdanke ich Edith Schmid, die an der Entwicklung dieser App beteiligt gewesen war.

31 Vgl. die Übersicht bei Roman Birke, *Geburtenkontrolle als Menschenrecht*, Göttingen 2020.

32 Vgl. die recht ausführliche Analyse von Stéphane Horel und Maxime Vaudano, »CETA: bataille en coulisse sur les normes sanitaires. Ottawa s'active depuis années pour affaiblir la réglementation européenne sur les pesticides et les OGM«, in: *Le Monde*, 24.07.2019, S. 12. Genereller vgl. die Übersicht der Vereinigung nachhaltiger Investoren FAIRR: FAIRR, *An Industry Infected. Animal Agriculture in a Post-Covid World*, 3. Juni 2020, ⟨https://www.fairr.org/article/industry-infected/⟩, letzter Zugriff 15.06.2020.

Amazonas unter anderem durch brasilianische Fleischexporte in den EU-Binnenmarkt weiter zerstört wird.

Ich will die Probleme nicht kleinreden, die mit diesen konkreten Ansätzen verbunden sind, einen Konflikt zwischen individuellen Freiheitsrechten und Gesundheitsschutz zu entschärfen. Und ich will auch nicht nahelegen, dass dieser Konflikt gänzlich aufgelöst werden kann. In der Covid-19-Pandemie, die ja gegenwärtig (2022) oft als »Intuitionspumpe« (Daniel Dennett) dient, in dieser Pandemie wurden Stimmen laut, die anstelle staatlicher Eingriffe in individuelle Freiheiten auf Eigenverantwortung und auf technische Lösungen setzten. Das ist die liberale Lösung. Eigenverantwortung wäre dann die Kehrseite von Freiheit. Damit diese Lösung einen Biss bekäme, müsste Eigenverantwortung mit Haftung einhergehen.

Hierfür müsste eine oft stillschweigende Annahme zurückgewiesen werden, die man auch in meinen bisherigen Überlegungen am Werk sehen könnte. Ich meine die Annahme, dass *alle* Individuen mit Freiheitsrechten *gleichermaßen* zu den negativen Aggregateffekten auf die Gesundheit und das Leben vieler Menschen beitrügen. Diese Annahme hat oft den Status einer ideologischen Fiktion. Sie hat beispielsweise den französischen Präsidenten Emmanuel Macron, wie schon erwähnt, dazu gebracht, 2018 eine sogenannte Ökosteuer auf Benzin aufzuerlegen. Die Steuer traf diejenigen hart, deren ökologischer Fußabdruck sehr viel geringer ist als der Fußabdruck der *Limousin Liberals* im Pariser Marais-Viertel, die zu Macrons Kernwählerschaft gehören. Und auch Vegetarierinnen, die keine neoliberalen Freihandelsparteien wählen, sind nicht gleichermaßen wie die Aktivisten und Anhänger eines globalen Freihandels für den Emissionstreiber EU-Mercosur-Abkommen verantwortlich.

Mehr noch: Auch sollte eine weitere Annahme über den Konflikt zwischen dem Gebrauch individueller Freiheitsrechte einerseits und einem kollektiven und kollektiv organisierten Gesundheits- und Lebensschutz andererseits preisgegeben werden. Ich meine die Annahme, dass es sich nur um einen Konflikt zwischen *natürlichen* Personen mit Abwehrrechten auf der einen Seite und einem aufs Gemeinwohl verpflichteten bürgerschaftlichen Kollektiv auf der anderen Seite handelt. Doch auch juristische Personen wie Unternehmen genießen die Rechte der Privatautonomie. In der Regel sind sie oft mächtiger als einzelne Bürgerinnen und nicht selten mächtiger als Regierungen.[33] Warum sollten sie aus einer bürgerschaftlichen Abhilfeverantwortung entlassen werden? Weil sie als Teilnehmer an einem kapitalistisch verfassten Markt sich die Perspektive auf die Bereitstellung kollektiver Güter und die Vermeidung kollektiver Übel nicht leisten können? – Mag sein. Doch das gilt auch für Arbeiterinnen und Angestellte auf einem kompetitiven Arbeitsmarkt. – Nichts spricht freilich dagegen, eine bürgerschaftliche Abhilfeverantwortung in die Sprache der Preise zu übersetzen, also in eine Sprache, die Marktakteure verstehen und verwenden. Eigenverantwortung ginge dann mit rechtlicher Haftung in klingender Münze einher.

So würde zum Beispiel ein Energieunternehmen wie die deutsche RWE relativ zu ihrem Anteil an CO_2-äquivalenten Emissionen für die Gefährdung der Gesundheit von Menschen haften und beispielsweise dem Bauern Saúl Luciano Lliuya im peruanischen Huaraz einen finanziellen Beitrag zur Finanzierung seiner Maßnahmen zahlen müssen, sich gegen lebensbedrohliche Überschwemmungen zu wappnen.[34] Denn sein Haus liegt in der Nähe des Gletschersees Palcacocha. Dieser See ist von einer natürlichen Gletschermoräne umgeben. Durch Kohlendioxidemissionen und damit zunehmende Erderwärmung steigt das Risiko, dass diese Moräne birst und sein Haus überflutet wird. Man wende nicht ein, die RWE-Emissionen seien weder eine notwendige noch eine hinreichende Ursache da-

33 Das gilt gerade für die sogenannten Techkonzerne wie Amazon, Twitter oder Google. Ein simples Beispiel für die übliche Verteidigung der Praktik, solche Unternehmen von Verantwortlichkeiten für kollektive Güter freizustellen ist, liefert der Artikel des Barrister (Rechtsanwalts) Jamie Susskind, »It's Governments That Need to Protect Free Speech – Not Elon Musk«, in: *Financial Times*, 27.04.2022, S. 17. Der Artikel bezieht sich auf den Kauf des Unternehmens Twitter durch den Unternehmer Elon Musk.

34 Das Beispiel wird von Minnerop/Otte, »Climate Change and Causation«, S. 51 ff., angeführt und untersucht. Das Landgericht Essen hatte am 15.12.2016 die Klage von Lliuya gegen RWE AG abgewiesen. Das Verfahren ist noch beim Oberlandesgericht Hamm anhängig (Stand April 2022). Vgl. LG Essen, Urt. v. 15.12.2016 – AZ 2 O 285/15. In der Urteilsbegründung heißt es: »[Der Kläger] ist der Ansicht, dass eine rechtliche Kausalität zwischen der Flutgefahr und den Treibhausgasemissionen der Beklagten vorliege.« Laut Germanwatch soll es im Frühjahr/Sommer 2022 einen Ortstermin geben. Vgl. deren Pressemitteilung unter: ⟨https://www.germanwatch.org/de/85108⟩, letzter Zugriff 16.04.2022. – Ich danke Kaj Späth für die Beschaffung wertvoller Informationen zu diesem Fall. Zu anderen ähnlichen Gerichtsfällen vgl. den Beitrag von Klaus Günther in diesem Band.

für, dass diese lebensbedrohliche Überflutung eintritt! Denn dieser Einwand schließt aus dem Kreis zulässiger Ursachen eine aufrechterhaltende Ursache für ein erkennbares Gesundheitsrisiko aus, nämlich den Verbrauch fossiler Energieträger. Dieser Ausschluss ist aber kausaltheoretisch unzulässig.

Ich will die Schwierigkeiten einer solchen Haftungslösung nicht kleinreden. Aber das Beispiel sollte die Begründungslast aufzeigen, die diejenigen haben, die mit einer undifferenzierten Akteurstypologie argumentieren, in der alle Katzen grau sind, will sagen: in der es nur natürliche Personen mit individuellen Freiheitsrechten und dem Status von Bürgern gibt, die unterschiedslos das gleiche Maß an Verantwortung tragen.

Schlussbemerkung: Entschärfung, nicht Auflösung des Konflikts zwischen dem Gebot individueller Freiheit und dem Gebot eines kollektiven Gesundheitsschutzes

Wie soll also das Verhältnis zwischen einem individuellen, auch privatrechtlichen Freiheitsgebrauch und einem kollektiven und kollektiv organisierten Gesundheitsschutz justiert werden? – Es sollte eine Mischung von gerechtfertigten Maßnahmen und Regeln gegen die negativen Aggregateffekte des individuellen Freiheitsgebrauchs geben:

(1) Diese Effekte sollten durch Maßnahmen zur Beseitigung anderer, vermittelnder Kausalfaktoren neutralisiert werden, die zu diesen Effekten beitragen.

(2) Da dies nicht immer ausreichen dürfte, sollte es rechtliche, sanktionsbewehrte Zumutungen an die erwachsenen und verantwortungsfähigen Mitglieder eines bürgerschaftlichen, demokratischen Kollektivs geben. Diese Mitglieder müssen ihren Freiheitsgebrauch so weit einschränken, dass die kollektiven Anstrengungen, Aggregateffekte anders als durch noch massivere Freiheitseinschränkungen zu neutralisieren, überhaupt eine Erfolgschance haben.[35]

35 Eine Begründung für gewisse Freiheitsbeschränkungen in der Covid-19-Pandemie habe ich in meinem Aufsatz »Wir müssen abwägen – aber wie sollen wir abwägen? Fragen der Moral in einer pandemischen Corona-Krise«, in: *Deutsche Zeitschrift für Philosophie* 69/1 (2021), S. 29-66, gegeben.

(3) Diese Zumutungen von Freiheitseinschränkungen müssen fair verteilt werden. Dazu gehört es auch, die erwähnte ideologische Fiktion zu vermeiden, dass *alle* Personen mit Freiheitsrechten *gleichermaßen* zu den negativen Aggregateffekten auf die Gesundheit und das Leben vieler Menschen beitrügen.

Aber diese Mischung löst den Konflikt zwischen Freiheit und Gesundheitsschutz nicht auf. Sie entschärft ihn nur etwas. Der Konflikt rührt auch von normativen Überzeugungen her, die eine Spannung zwischen der Loyalität von Bürgern zu einem demokratischen bürgerschaftlichen Kollektiv einerseits und dem Eigensinn von Bürgern andererseits erzeugen. In der Form eines demokratischen Interventions- und Sozialstaats mobilisiert dieses Kollektiv Ressourcen für das Ziel einer egalitären und fairen Korrektur von typischen Schicksalslagen ihrer Mitglieder.[36] Wenn Bürgerinnen und Bürger als Demokratinnen loyal sind, dann anerkennen sie ihre politische Verpflichtung, das für diese Korrektur nötige kollektive Handeln zu ermöglichen. Sie sollen – so die normative Überzeugung – in diesem Sinn loyal sein. Zugleich sollen sie nicht ihr Leben in den Dienst des Kollektivs stellen müssen. Das ist der individualistische Zug von Demokratien mit (liberalen) Abwehrrechten gegen jedwedes Kollektiv. Niemand soll in seiner Rolle als Mitglied des Kollektivs aufgehen müssen. Es gibt ein Recht auf Eigensinn. Das ist eine weitere normative Überzeugung.

Aber Loyalität und Eigensinn sind nicht immer harmonische Geschwister. Das zeigt sich an der offenen Streitfrage, wie weit politische Pflichten in einer demokratischen Gesellschaft reichen sollen. Der Streit wird vermutlich immer aufs Neue und fallweise geschlichtet werden müssen.

36 John Darwin sieht in der Ressourcenmobilisierbarkeit für wechselnde Zwecke und wechselnde Sozialverbände eine wesentliche Eigenschaft moderner Staaten: John Darwin, *Der imperiale Traum. Die Globalgeschichte großer Reiche 1400-2000*, Frankfurt/M. 2010, S. 39.

Tilman Reitz

Primat des Politischen? Grenzen und Überschüsse moralischer Argumentation in der Coronakrise

Dass in Krisen der Zusammenhalt wächst, ist nicht selbstverständlich. In der Coronakrise war es weltweit vielfach zu beobachten, unter Bedingungen von *social distancing* und mit staatlichen Sanktionierungen, deren Ausmaß ebenfalls überraschen konnte. Für eine Zeit hat das Ziel, gesundheitspolitisch Leben zu retten, fast alle anderen Anliegen in den Schatten gestellt und fallweise beherrscht. Im Folgenden will ich zeigen, dass dabei die Politik – und ansatzweise das Recht – vielfältig moralisiert wurde. Ich konzentriere mich auf ambivalente Aspekte des Vorgangs. Die Maßnahmen gegen die Pandemie warfen nicht nur oft bemerkte normative Dilemmata auf (1), ihre Diskussion tendierte auch zu Doppelmoral, weil globale Ungleichheiten abgeschattet blieben (2). Zudem hat die Ausrichtung auf das moralisch Gebotene innenpolitisch das Feld für legitime Konflikte so sehr begrenzt, dass für Opposition nur noch schmale, fragwürdige Ränder blieben und soziale Machtverhältnisse unthematisch wurden (3). Abschließend prüfe ich, inwieweit begleitend das Recht moralisiert wurde (4), und stelle zur Debatte, ob insgesamt eine Regierungsform vorrückt, die im Namen der Krisenbewältigung zugleich Freiheiten bedroht und ernsthafte soziale Auseinandersetzungen verhindert.

1. Die moralische Überforderung der Politik: eine (beinahe) beherrschbare Pandemie

Die Pandemie hat unsere eng vernetzte Weltgesellschaft empfindlich herausgefordert. Als Problem erwies sich aber auch, dass sie mehr als in früheren Fällen beherrschbar schien. Das medizinische Wissen ist fortgeschritten, anders als bei der Spanischen Grippe waren die politischen Kräfte nicht von Weltkrieg und Revolution absorbiert, selbst die Klimakrise lässt sich im Notfall noch etwas hintanstellen. Daher war es möglich, gesundheitspolitisch massiv zu reagieren. Notfallpläne lagen vor und wurden häufig rasch aktiviert, Impfstoffe wurden in Rekordzeit entwickelt und eingesetzt. Wie dringlich und wirksam die Maßnahmen waren, konnte man an den fortlaufend dokumentierten Ansteckungs- und Todeszahlen unmittelbar diskutieren.[1] In der Folge trat die moralische Verantwortung der Regierungen so stark hervor, wie dies sonst wohl nur (und ambivalenter) bei Kriegen und Revolutionen der Fall ist.

Namentlich die Sterberaten konnten fast unmittelbar auf Regierungsstrategien zurückgeführt werden; zumindest hat man das faktisch getan, auch ohne alle relevanten Faktoren statistisch zu prüfen.[2] Im Überblick sind die Unterschiede selbst zwischen politisch-ökonomisch ähnlich verfassten Ländern beachtlich. Nach dem ersten Pandemiejahr, Anfang Mai 2021, rangierte Deutschland mit circa 1000 Todesfällen pro einer Million Einwohner:innen um fast die Hälfte hinter dem Vereinigten Königreich, wo eine Rate von 1870 zu verzeichnen war; Ende 2021 lag die britische Todesrate etwa um 65 Prozent und die US-amerikanische um 85 Prozent höher als die deutsche.[3] Es ging – und geht vielerorts weiter – um Zehntausende bis Hunderttausende Menschenleben. Noch klarer sind die Regierungen für die Schadenseffekte ihrer Maßnahmen verantwortlich zu machen: größere oder geringere, längere oder

1 Die stark rezipierte Datenbank der Johns-Hopkins-Universität legt bereits sprachlich Kausalität nahe; die Tabellen zu nationalen Infektionsentwicklungen haben die Überschrift: »Have Countries Flattened the Curve?«, ⟨https://coronavirus.jhu.edu/data/new-cases⟩, letzter Zugriff 06.02.2022. Es fällt schwer, sich hier nicht vorzustellen, dass die Regierungen das Geschehen maßgeblich beeinflussten.

2 Statistisch kontrollierte Studien kamen oft auf moderatere Effekte, als sie allgemein – im Folgenden tentativ auch von mir – angenommen werden. Einer Metaanalyse zufolge hatten die Lockdowns sogar »little to no public health effects«, Jonas Herby u.a., *A Literature Review and Meta-Analysis of the. Effects of Lockdowns on COVID-19 Mortality*, 2022, S. 2, ⟨https://sites.krieger.jhu.edu/iae/files/2022/01/A-Literature-Review-and-Meta-Analysis-of-the-Effects-of-Lockdowns-on-COVID-19-Mortality.pdf⟩, letzter Zugriff 06.02.2022. Die ausgewerteten Studien erfassen allerdings nur die erste Pandemiewelle, die Metaanalyse korreliert undurchsichtig Maßnahmen und Todeszahlen – und gesteht am Ende doch Eingriffen wie Geschäfts- und Gaststättenschließungen Wirksamkeit zu (ebd., S. 37f.). In der Debatte, um die es mir geht, haben solche (Meta-)Analysen kaum eine Rolle gespielt.

3 Vgl. ⟨https://ourworldindata.org/explorers/coronavirus-data-explorer⟩, letzter Zugriff 30.01.2021. Die Zahlen der Website lassen sich tagesgenau zurückverfolgen.

kürzere Einschränkungen des Lebens, berufliche Existenzkrisen oder -zerstörungen, Lerndefizite, psychische Schädigungen, massive Ernteeinbußen, Hunger und mehr. Selbst in Belangen wie Impfbereitschaft, die zunächst als persönliche Frage galten, ist mit der Zeit politischer Entscheidungsbedarf aufgekommen.

Diese Verantwortlichkeiten erzeugen eine Reihe moralischer Dilemmata, mit denen die Regierungen wohl nicht nur moralisch herausgefordert, sondern tendenziell überfordert waren. Die Grundkonstellation lässt sich vereinfacht als Wahl zwischen Freiheit und Leben abbilden. Zwar wurde zu Recht eingewendet, dass nicht der Lebensschutz insgesamt, sondern eine »Vermeidung der Überlastung des Gesundheitssystems« oder eine »kapazitätsgerechte Steuerung des Pandemieverlaufs« das Ziel bilden,[4] für das gegebenenfalls Freiheitsrechte eingeschränkt werden. Unter dem Druck und Eindruck der Zahlen hat sich jedoch das einfache Bild durchgesetzt. In den Ländern mit der stärksten liberalen Tradition oder Praxis (den USA, dem Vereinigten Königreich, Schweden) fielen auch besonders hohe Todesraten auf; noch stärker litten Länder wie Brasilien oder Ungarn und andere osteuropäische Staaten, die aus libertärer Ideologie oder aufgrund struktureller Schwächen und Zwänge noch weniger Einschränkungen durchsetzten.[5] Schließlich folgten fast überall, wo man wieder öffnete, umgehend erhöhte Infektions-, Hospitalisierungs- und Todeszahlen. Ähnliche, differenzierte Fragen ergaben sich dazu, wie sehr man Alte, Kranke und Sterbende abschotten sollte; zudem stand wiederholt der Sinn von Grenzschließungen und Gebietssperrungen zur Debatte.

In dieser schwierigen Lage empfahlen einige, die Trade-offs komplexer zu denken: Unter dem Titel *Zero-Covid* wurde eine kurze Totalschließung angeregt, um dann nachhaltig öffnen zu können.[6]

4 Oliver Lepsius, »Vom Niedergang grundrechtlicher Denkkategorien in der Corona-Pandemie«, in: *Verfassungsblog*, 06.04.2020, ⟨https://verfassungsblog.de/vom-niedergang-grundrechtlicher-denkkategorien-in-der-corona-pandemie/⟩, letzter Zugriff 06.02.2022.

5 Weniger stark wurde diskutiert, dass in den meisten genannten Ländern zwei längerfristig politisch bedingte Faktoren die Mortalität erhöht haben: eine schlechte Gesundheitsversorgung und große soziale Ungleichheit.

6 Vgl. ⟨https://zero-covid.org/⟩, letzter Zugriff 06.02.2022, sowie Verena Kreilinger u. a., *Die Pandemie solidarisch europaweit eindämmen. Regierungen schützen die Kapitalinteressen – nicht die Gesundheit der Menschen*, 04.01.2021 ⟨http://www.

Als Muster gerieten so China und weitere südostasiatische Staaten, Australien und Neuseeland in den Blick. Der prägnante, nicht durch Insellage begünstigte Fall China bestätigt allerdings eher die Alternative Freiheit oder Leben. Zugleich zeigt er, dass die Wahl nicht im luftleeren Raum zu treffen ist: Die Möglichkeit rascher, zielgenauer und strikter Schließungen war hier durch einen autoritären Zentralstaat, effektive Polizeimacht und Grenzkontrolle sowie fehlende individuelle Grundrechte bedingt. Bei *Zero Covid* hat man diese Härten tendenziell ausgeblendet.[7] Eine andere Systemfrage wurde jedoch betont gestellt: Der linke Akzent der Kampagne lag darauf, konsequent alle nicht notwendige Erwerbsarbeit auszusetzen. Auch dies wurde als kurzsichtig kritisiert, weil die notwendigen Tätigkeiten nicht näher bestimmt waren und besonders die Sorgearbeit fehlte, die eher in den unbezahlt-häuslichen Sektor verlagert als wirklich ausgesetzt werden kann.[8] Im gegebenen Kontext genügt es zu sehen, dass mehr versprochen wurde, als argumentativ zu halten war. Statt einer ethisch gebotenen, aber staatlich versäumten Lösung bringt *Zero Covid* politische Fragen in den Blick, die (auch in der Kampagne) fast niemand ernsthaft stellte: Wären eine komplette Wirtschaftspause und ein umfassender Notversorgungsplan, eine nichtautoritäre Gesamtschließung oder eine temporäre Pandemiediktatur möglich gewesen? Nicht unter den Bedingungen westlicher Demokratie, Rechtsstaatlichkeit und kapitalistischer Marktwirtschaft, wird man antworten dürfen. Für genauere Befunde gilt es, die staatlichen, rechtlichen und ökonomischen Aspekte der Beschreibung aufzufächern – und ihr strittiges oder aktuell unverfügbares Zusammenwirken zu rekonstruieren, für das hier die Chiffre ›politisch‹ steht. Dabei können ein thematischer und ein selbstreflexiver Exkurs helfen.

papyrossa.de/wp-content/uploads/2021/01/2021-01-04-Krelinger-Wolf-Zeller-Corona21-GESAMT-END.pdf⟩, letzter Zugriff 06. 02. 2022.

7 Vgl. Alex Demirović, »Über die Null hinaus denken. Zur Kritik des Aufrufs #Zero Covid«, in: *LuXemburg – Gesellschaftsanalyse und linke Praxis*, Januar 2021, ⟨https://zeitschrift-luxemburg.de/artikel/ueber-die-null-hinaus-denken-zur-kritik-des-aufrufs-zero-covid/⟩, letzter Zugriff 06. 02. 2022.

8 Vgl. Tove Soiland, »Alle Räder stehen still? Zero Covid vernachlässigt die Erkenntnisse der feministischen Ökonomie sträflich«, in: *Neues Deutschland*, 05. 02. 2021, ⟨https://www.nd-aktuell.de/artikel/1147969.zero-covid-alle-raeder-stehen-still.html⟩, letzter Zugriff 09. 02. 2022.

2. Grenzen der Moral: Impfstoff und Universalismus

Besonders deutlich wird der genuin politische, Moralfragen übersteigende Charakter der pandemischen Herausforderung, wenn man ihre mittelfristige Lösung betrachtet: allgemeine Impfungen, die allmählich (so hofft man) das Dilemma von Freiheit und Gesundheitsschutz erübrigen. Als moralisches Restproblem wird diskutiert, inwieweit sie durch sozialen Druck, rechtliche Anreize oder sogar Pflichten erreicht werden dürfen; der Bewegungsfreiheit nach Durchimpfung steht die Selbstbestimmung nicht Impfwilliger entgegen. Doch der Impfansatz selbst ist bisher nur für einige Länder (potentiell) universell. Faktisch hängen die Aussichten von Finanzkraft und Verhandlungsegoismus der Nationalregierungen ab. Die ersten Beispiele für Impferfolge waren zugleich solche für Impfstoffbeschaffung um jeden Preis: die USA, das Vereinigte Königreich, Israel. Auch begrenztere Erfolge wie der deutsche gehen auf Kosten anderer; Verlierer sind die Länder des Globalen Südens. Die Weltgesundheitsorganisation (WHO) hat einen ›Impfstoff-Nationalismus‹ angeklagt: »Will die Handvoll von Ländern und Unternehmen, die das globale Angebot kontrollieren, wirklich das Risiko neuer, sich weltweit verbreitender Varianten und unnötiger Wellen von Todesfällen, Arbeitsplatzverlusten und Unsicherheit überall eingehen?«[9]

Als Alternative hatte die WHO empfohlen, weltweit zunächst nur das medizinische Personal, dann die Risikogruppen und schließlich den Rest der Bevölkerungen zu impfen. Faktisch verläuft der Prozess anders. Schon im März 2021 hatten sich die reichsten Länder vertraglich eine für 200 Prozent ihrer Bevölkerungen hinreichende Impfstoffmenge gesichert,[10] während die Versorgung der Länder mit niedrigen Einkommen noch im August bei kaum über einem Prozent lag.[11] Und während sich deren Versorgung langsam besser-

9 Tedros Adhanom Ghebreyesus, »Why There Should Be a Moratorium on COVID-19 Booster Shots Until Low-Income Countries Get Vaccinated«, in: *Time Magazine*, 12.08.2021, ⟨https://time.com/6089974/who-moratorium-covid-19-vaccine-boosters/⟩, letzter Zugriff 06.02.2022; Übers. T.R.

10 Independent Panel for Pandemic Preparedness and Response, *COVID-19: Make it the Last Pandemic*, S. 41, ⟨https://theindependentpanel.org/wp-content/uploads/2021/05/COVID-19-Make-it-the-Last-Pandemic_final.pdf⟩, letzter Zugriff 06.02.2022.

11 Vgl. Tedros Adhanom, »Why There Should Be a Moratorium on COVID-19 Booster Shots Until Low-Income Countries Get Vaccinated«.

te – auf etwa fünf Prozent vollen Impfschutz Ende 2021 –, gingen reichere Staaten bereits zu Auffrischungen über, die allen Geimpften in immer kürzerer Frist nahegelegt werden. Um Korrekturen bemüht sich die COVAX-Hilfsinitiative, die zunächst als globaler Ankaufs- und Verteilungspool geplant war. Sie überschritt Anfang 2022 die Schwelle von einer Milliarde gelieferter Impfdosen[12] – eine gewaltige Zahl, aber geringer als vorgesehen und zu niedrig für eine weltweite Eindämmung. Möglichkeiten einer faireren Verteilung werden jenseits von Organisationen wie der WHO oder NGOs kaum diskutiert; die internationalen Kräfteverhältnisse lassen sie offenkundig nicht zu.

Entscheidend für die Verteilung von Impfstoffen und -chancen könnte zudem der Schutz oder die Freigabe von Patenten und Herstellungswissen sein. Indien, Südafrika und seit Mai 2021 auch die USA fordern einen ›TRIPS-Waiver‹, eine Aussetzung der global geltenden geistigen Eigentumsrechte für Covid-19-Impfstoffe und ihre Bestandteile. Dieser Schritt würde ein dichtes Netzwerk von Verträgen, Lizenzen und Patenten durchschneiden;[13] bisher war der Vorstoß erfolglos. Die EU und besonders Deutschland blockieren ihn, gestützt auf bekannte Anreizargumente zum geistigen Eigentum (ohne hohe Profitaussicht keine medizinische Entwicklung) und den Verweis auf Herstellungsprobleme (ohne genügend Ressourcen und Know-how schade die Freigabe nur den Herstellungsketten); zudem wird die Rechtslage als schwer veränderbar und aktuell hinreichend flexibel eingeschätzt.[14] Diese Argumente finden sich gewöhnlich in Kontexten, in denen man auch sonst die Pharmakonzerne oder das geistige Eigentum insgesamt rechtfertigt. Auf der Gegenseite stehen eigentumskritische Verbünde wie Ärzte ohne Grenzen oder Oxfam, die lange nur grundsätzlich, ohne genauere technische Auseinandersetzung argumentiert haben. Erst seit

12 So das Update vom 17.01.2022 der Seite ⟨https://www.gavi.org/covax-vaccine-roll-out⟩, letzter Zugriff 06.02.2022. Zahlen und Zählungskriterien (Zusage, Kauf, Lieferung usw.) variieren selbst auf offiziellen Seiten beträchtlich.

13 Vgl. Mario Gaviria, Burcu Kilic, »A Network Analysis of COVID-19 mRNA Vaccine Patents«, in: *Nature Biotechnology* 39 (2020), S. 546-548, ⟨https://www.nature.com/articles/s41587-021-00912-9⟩, letzter Zugriff 01.07.2022.

14 Vgl. exemplarisch und relativ umfassend Reto M. Hilty u.a., *Covid-19 and the Role of Intellectual Property. Position Statement of the Max Planck Institute for Innovation and Competition*, 07.05.2021, ⟨https://papers.ssrn.com/sol3/papers.cfm?abstract_id=3841549⟩, letzter Zugriff 09.02.2022.

Herbst 2021 vertreten sie konkreter den Aufbau einer mRNA-Produktion im Globalen Süden: Die materiellen und technologischen Anforderungen seien moderat (auch von Pfizer-BioNtech und Moderna beauftragte Hersteller waren zuvor nicht auf Impfstoffe spezialisiert);[15] eine neuere Analyse macht in Afrika, Asien und Lateinamerika nicht weniger als 120 mögliche Herstellerfirmen ausfindig.[16]

Um diese Beiträge solide einschätzen zu können, fehlt dem Verfasser das Fachwissen. Einige Eindrücke lassen sich aber festhalten. Das Argument, dass eine Patentaussetzung nicht unmittelbar helfen wird, wirkt auf performative Selbstbestätigung hin: Seit dem Vorstoß Indiens und Südafrikas im November 2020 ist viel Zeit vergangen, in der man auch jenseits der westlichen Pharmakonzerne Kapazitäten für Generikaimpfstoffe hätte aufbauen können; für die Umrüstung geeigneter Produktionsorte werden sechs bis zehn Monate geschätzt. Die Konzerne haben diese Zeit nicht genutzt. Kooperationsanfragen möglicher Hersteller aus Kanada, Bangladesch und anderen Ländern wurden von den Inhabern geistiger Eigentumsrechte abgelehnt,[17] der von der WHO im Mai 2020 eingerichtete Covid Technology Access Pool (C-TAP) ist weitgehend leer geblieben,[18] und ein gleichfalls WHO-initiierter mRNA-Knotenpunkt in Südafrika soll zwar keine geistigen Eigentumsrech-

15 Médecins sans frontières/Ärzte ohne Grenzen, *Impfstoff-Technologie teilen, Leben retten. MSF Briefing Note*, Oktober 2021, ⟨https://www.aerzte-ohne-grenzen.de/sites/default/files/2021-10/briefing-technologietransfer-mrna-impfstoff-covid-19-2021.pdf⟩, letzter Zugriff 06.02.2022.

16 Achal Prabhala, Alain Alsalhani, *Pharmaceutical Manufacturers Across Asia, Africa and Latin America With the Technical Requirements and Quality Standards to Manufacture mRNA Vaccines*, 16.12.2021, ⟨https://msfaccess.org/pharmaceutical-firms-across-asia-africa-and-latin-america-potential-manufacture-mrna-vaccines⟩, letzter Zugriff 06.02.2022.

17 Vgl. den *Academic Open Letter in Support of the TRIPS Intellectual Property Waiver Proposal*, Juli 2021, ⟨http://infojustice.org/archives/43313⟩, letzter Zugriff 07.02.2022; Hilty u.a. räumen solche Fälle ebenfalls ein, sprechen aber von »rare exceptions« (*Covid-19 and Intellectual Property*, S. 2).

18 Vgl. *Academic Open Letter* sowie Health Action International, *C-Tap Has Not (Yet) Lived Up to High Expectations*, 28.05.2021, ⟨https://haiweb.org/c-tap-has-not-yet-lived-up-to-high-expectations/⟩, letzter Zugriff 07.02.2022. Im November 2021 wurde das erste Lizenzprodukt des Pools vorgestellt: ein serologischer Antikörpertest, der auf der öffentlichen (!) Forschung des spanischen Consejo Superior de Investigaciones Científicas basiert.

te verletzen, aber auch erst 2023 einen Impfstoff in die klinische Testphase bringen.[19] Zudem geht es in der Tat um längerfristige Alternativen. Covidimpfstoffe und Medikamente werden beim rechtlichen Status quo noch eine Weile viel Geld in die Kassen von BioNtech, Pfizer, Moderna, Johnson & Johnson und AstraZeneca (sowie vielleicht von Sinovac und Sinopharm) spülen, die ihre Oligopolmacht damit weiter ausbauen dürften und trotz massiver staatlicher Förderung nicht staatlich in ihrer Preisgestaltung kontrolliert werden können.[20] Zugleich wird so schließlich ein Machtkampf zwischen Weltregionen geführt. Entweder sichern sich die Länder mit pharmazeutischen Innovationskapazitäten nachhaltig eine führende Stellung, oder sie müssen einen Teil ihrer Erträge an andere Länder abgeben, die (ohne selbst weniger kapitalistisch zu wirtschaften) das neu Entdeckte und klinisch Erprobte massenhaft produzieren können.[21] Im Streit um den TRIPS-Waiver geht es (wenig überraschend) nicht einfach um guten Willen und Machbarkeit, sondern um harte Interessenkonflikte.

Die Probleme globaler Impfstoffverteilung und -produktion verdeutlichen auf verschiedene Weise, dass die moralischen Hauptdebatten um die Pandemie verengt angelegt sind. Im ersten Fall kann man ihnen eine konsequentere, universalistische Moral entgegenstellen: Indem die reichen Länder Impfstoffe horten, die den ärmeren fehlen, verweigern sie eine Solidarität, die viel Leiden und Sterben hätte verhindern können und wohl auch im überlegten Eigeninteresse gelegen hätte. Praktiken wie rasche Boosterimpfungen für alle sehen in diesem Licht weniger unschuldig und überlegen aus. Zugleich fragt sich allerdings, ob räumlich-soziale Nähe gar kein ethisches Gewicht haben sollte – und ob die global-moralische Alternative eine Chance auf Durchsetzung gehabt hätte. Die Länder, aus denen 2021 am meisten Impfstoff an COVAX ging

19 Kerry Cullinan, *South Africa's mRNA Vaccine Hub Aims for Clinical Trial by 2023 and ›Won't Violate Patents‹*, ⟨https://healthpolicy-watch.news/south-africas-mrna-vaccine-hub/⟩, letzter Zugriff 07.02.2022.

20 Vgl. Mariana Mazzucato u.a., »To Control the Pandemic, It Is Essential to Suspend Intellectual Property Rights on Medical Products Related to Covid-19«, in: *The Economist*, 10.04.2021, ⟨https://www.economist.com/by-invitation/2021/04/20/mariana-mazzucato-jayati-ghosh-and-els-torreele-on-waiving-covid-patents⟩, letzter Zugriff 07.02.2022.

21 Vgl. Kaushik Sunder Rajan, *Biocapital. The Constitution of Postgenomic Life*, Durham, London 2006, S. 67-76.

(die USA, Deutschland und Frankreich), liegen mit ihren Spenden zwischen 50 und beinahe 100 Prozent ihres eigenen Verbrauchs.[22] Das wäre, selbst wenn alle reicheren Länder dem Beispiel gefolgt wären, für eine weltweite Versorgung nicht genug gewesen. Doch im nationalen Rahmen hätte man wesentlich höhere Abgabequoten kaum vermitteln können. Die Moral hätte auch hier die Politik überfordert. Anders sieht die Lage beim Rechtsrahmen der Impfstoffproduktion aus. Ein TRIPS-Waiver ließe – abgesehen von eigentumsfetischistischen Meinungen[23] – wenig Unmut in der Bevölkerung befürchten, hätte die Impfkampagnen nicht behindert und auch keiner Ethik der Nähe oder nationalen Binnensolidarität widersprochen. Er widerstreitet allein den Interessen einiger großer Konzerne, der Angst einiger Länder um Standortvorteile und dem ideologischen Glauben, dass nur die Aussicht auf Riesengewinne und Marktbeherrschung Innovation freisetzt. Bei allen absehbaren Problemen sind hier also moralisch relevante politische Fortschritte möglich, die im vorherrschenden, vornehmlich moralisch geführten Diskurs marginal bleiben.

Die letzten Sätze sind bewusst normativ beziehungsweise tendenziös formuliert, um herauszustellen, dass sich eine moralisch aufgeladene Debatte wissenschaftlich nicht völlig neutral oder objektiv analysieren lässt. Man kann sich *erstens* direkt in ihr positionieren, sei es durch inhaltliche Stellungnahmen oder durch eine Beurteilung der Bewertungskriterien – das wird vermutlich Rainer Forst in diesem Band tun. Der Anspruch besteht dann darin, normative Positionen herauszuarbeiten und (in Ansätzen) zu beweisen, die alle argumentativ Aufgeschlossenen überzeugen (müssten). Da einem dabei allerdings oft die Rahmenbedingungen der Debatte entgehen, kann man im Gegenzug *zweitens* versuchen, diese Bedingungen aufzuklären – wie es im vorliegenden Beitrag überwiegend geschieht. Neben Interessen, Machtverhältnissen, Auf-

22 Die Schätzung ergibt sich aus einem Abgleich der ersten COVAX-Gesamtzählung des Jahrs 2022 (17. 01. 2022; ⟨https://data.covid19taskforce.com/data/tables⟩, letzter Zugriff 07. 02. 2022) mit den Impfungszahlen, die die Covid-19-Datenbank der Johns-Hopkins-Universität am 31. 12. 2021 dokumentiert hat.

23 Vgl. etwa die Leserkommentare zu Othmara Glas, »Ärzte ohne Grenzen. ›Was es jetzt braucht, ist eine Freigabe der Patente‹«, in: *FAZ*, 29. 12. 2021, ⟨https://www.faz.net/aktuell/rhein-main/aerzte-ohne-grenzen-fordert-solidaritaet-bei-corona-impfstoffen-17697443.html⟩, letzter Zugriff 07. 02. 2022.

merksamkeitsmechanismen oder Ähnlichem können dabei auch moralische Einstellungen und sogar normative Argumentationen zum Gegenstand werden. Sie sollen nun aber, wie etwa Max Weber erläutert hat, nur empirisch rekonstruiert und logisch auf Konsistenz geprüft werden. Es ist ja zumindest aufschlussreich, wenn ein universalistisch auftretender Ansatz *de facto* national beschränkt ist oder Reformprojekte ausblenden, welche schädlichen Nebeneffekte drohen. Wer derart normative durch rekonstruktive Objektivität zu ersetzen versucht, verliert allerdings leicht aus dem Blick, dass auch Wirklichkeitsanalysen politisch Partei nehmen. Daher versuche ich *drittens*, meine Parteilichkeit offenzulegen, wo sie Pointen bestimmt. In sie geht mehr ein, als sich in einem Text explizieren ließe – Moral- und Rechtsempfinden ebenso wie starke Annahmen zu sozialen Mechanismen, Kräfteverhältnissen, Interessen und Ideologien sowie der eigenen Rolle darin. Sie führt aber zu praktischen Perspektiven, die sich klar von anderen möglichen Positionen im Feld unterscheiden. Für diesen Komplex wähle ich die Kurzbezeichnung ›politisch‹.

Unter geeigneten Umständen lässt sie sich sogar auf den Objektbereich anwenden. In Auseinandersetzungen, die man politisch nennen kann, wird sowohl um Macht und Vorteile gerungen als auch darum gestritten, was normativ richtig und was von Maßnahmen faktisch zu erwarten ist, und die Positionen teilen sich in verfestigte Lager auf. Weshalb sollte man auch Teile dieser Anliegen, Gesichtspunkte und Identitäten ausklammern, wenn kollektive Verbindlichkeiten ausgehandelt werden (die es dann im Interesse sozialen Friedens oder des eigenen Wohls hinzunehmen gilt)? Politischer Streit hat einen Zug zur Totalität (wenn auch, wie die vorige Klammer zeigt, nicht zwingend zum Totalitären). Umso mehr fallen Situationen auf, in denen die Moralfragen vorherrschen. Sie drängen, wie zu sehen war, tendenziell sogar (globale) ökonomische Machtfragen an den Rand der Debatte. Das Zentrum wird allerdings nicht allein von der Moral bestimmt. Sie teilt sich die Dominanz in der Pandemie offenkundig mit medizinischer Expertise, aber auch mit Rechtsreflexionen, wie sie Gegenstand dieses Bandes sind. Im Folgenden will ich zeigen, wie in der deutschen Debatte eine rechtlich-moralische Güterabwägung die Stelle besetzt hat, an der früher politischer Richtungsstreit stattfand.

3. Die Moralisierung der deutschen Debatte: Güterabwägung im erweiterten Zentrum

In den Haltungen zu dem Versuch, die Pandemie durch temporäre Freiheitsbeschränkungen einzudämmen, überlagern sich rechte und linke Impulse. Eindämmungsmaßnahmen können im Sinn starker staatlicher Autorität wie auch zum Schutz schwächerer Gruppen befürwortet werden, und sie wurden von sozialistischen und sogar anarchistischen Intellektuellen ebenso nachdrücklich vertreten wie von konservativen (Landes-)Regierungen. Die Gegengründe – die Verteidigung lebendigen sozialen Austauschs, politischer, persönlicher und ökonomischer Freiheiten – verteilen sich ebenfalls breit über das politische Spektrum, wurden jedoch in fast allen Lagern hintangestellt. In den Debatten zur Impfung ist die Lage noch klarer. Während eine Impfpflicht fast überall Befürworterinnen und Gegner hat, ist Impfgegnerschaft in fast allen Parteien randständig. Die Thematik lässt sich daher nur schwer entlang üblicher Linien politisieren. Man kann hoffen (oder befürchten), dass dies bei vielen eigenständiges Denken anregt. Der Effekt für die Weise, in der Auseinandersetzungen geführt werden, lässt sich jedoch schlichter als Entpolitisierung begreifen. Betroffen sind nicht bloß bekannte politische Zuordnungen, Anbindungen und Identitäten, sondern auch das Verhältnis von Regierung und Opposition.

Die Spielräume für legitime Regierungskritik sind in der Pandemiedebatte schmal geworden. Gruppen, für die der Ruf nach rascher Lockerung nahelag (Kulturschaffende, Laden- und Restaurantbesitzer:innen und andere), konnten dafür nur in der FDP und vor allem der AfD Resonanz finden; Kritik an den Maßnahmen wurde rasch, wirkungsvoll und tendenziell selbsterfüllend ins Lager der (rechten) ›Verschwörungstheorien‹ einsortiert.[24] Unabhängig davon, wo man selbst steht (der Verfasser dieses Texts hätte 2020 und 2021 keine grundsätzliche Alternative zu Einschränkungen gesehen), kann

24 Das gilt etwa für die Berliner ›Hygienedemos‹, deren Initiator Anselm Lenz zuvor kapitalismuskritisch engagiert war und nicht zuletzt die Versammlungsfreiheit verteidigen wollte. Medien vom *Tagesspiegel* (26.04.2020) über die *taz* (25.04.2020, 04.05.2020 u.ö.) bis zur *Tageschau* (01.05.2020) hatten rasch das Urteil gefällt, dass diese Demonstrationen von rechten Kräften unterwandert beziehungsweise dominiert waren. Für die meisten möglichen linken Teilnehmer:innen waren sie damit diskreditiert.

man die resultierende Konstellation auffällig finden. Bereits vor der Pandemie hatten sich die politischen Positionen – namentlich in der Migrations-, Geschlechter- und Klimapolitik – ansatzweise zwischen linksliberaler Expertenherrschaft und rechtspopulistischer Elitenkritik polarisiert. Das zweite Lager hatte bekanntlich viel Zulauf, blieb aber institutionell und medial randständig. In der Krise wurde es weiter marginalisiert, delegitimiert und auch durch den Zustrom anderer, etwa naturheilkundlicher oder ehemals linker Kräfte nicht diskursfähiger. Das produziert brenzlige Situationen, von geschwächter Rechtsdurchsetzung bis zu Morddrohungen gegenüber Politiker:innen. In Nordamerika wurde der gesundheitspolitische Notstand (siehe unten) sogar durch Ausnahmezustände eskaliert und überboten, in denen Blockadehandeln den Einsatz von Staatsgewalt provozierte. In Deutschland ist der Rand bislang weniger wirkmächtig (und eben klar vom regierungsfähigen Lager getrennt). Hier hat sich vor allem das Zentrum ausgedehnt – von der liberalen CDU bis zur liberal-pragmatischen Linken – und das inhaltliche Spektrum verengt. Als Streitpunkte bleiben Abwägungen und Teildifferenzen im Rahmen einer gemeinsamen Regierungsstrategie, die zugleich als Konsens aller Vernünftigen und aller demokratischen Kräfte auftritt. Die Gegner werden entsprechend grundsätzlich und nicht zuletzt moralisch verurteilt.

Die großen Medien haben dies mit einer monothematisch-erzieherischen Berichterstattung unterstützt, die zuweilen darauf angelegt scheint, die Manipulierungsängste der Opposition zu bestätigen. Auf der Internetseite der *Tagesschau* lauteten am Abend des 20. Dezember 2021 die ersten Titel (in dieser Reihenfolge): »Wegen Omikron-Variante: RKI verschärft Risikobewertung«, »Beschlussvorlage für Corona-Gipfel: Schärfere Auflagen zum Jahreswechsel«, »Vor Bund-Länder-Beratungen: Wer will was gegen Omikron?«, »Virologin Protzer: ›Omikron wirkt wie ein Brandbeschleuniger‹«, »Vakzin-Hersteller Novavax: auf dem Weg zum globalen Impfstoff-Lieferanten«, »EMA-Freigabe für Novavax: Ein Lichtblick im Pandemiewinter?« und »Erste Labortests: Moderna-Booster wirkt stark gegen Omikron«. Insgesamt durfte man wohl verstehen: Die Lage ist ernst, neue Maßnahmen sind kaum vermeidbar, Pharmakonzerne werden uns retten. Der Verfasser hatte sich schon eine Woche zuvor motiviert seine Moderna-Booster-Impfung abgeholt – und hätte trotzdem gerne eine andere Nachrichtenkultur.

Spannungen dieser Art lassen sich wohl (wie im vorigen Abschnitt umrissen) am besten verarbeiten, wenn man vom unmittelbaren Streitthema Distanz nimmt, in der strukturellen Rekonstruktion aber trotzdem herausstellt, was womöglich falsch läuft.

Zunächst ist also zu sehen, welchen Regeln der neue Zentrumsdiskurs folgt. Als bestimmend vermute ich wie erwähnt *erstens* das Muster rechtlich-moralischer Güterabwägung. Dafür sprechen nicht allein die Beispiele: Impfzwang oder längere Pandemie, individuelle Grundrechte oder kollektives Wohl, Freiheit oder Leben? Die Figur hat auch eine erkennbare Funktion. Sie erlaubt einerseits, das normativ nicht Akzeptable auszusortieren, und richtet andererseits die verbleibenden legitimen Konflikte auf allgemeine Prinzipien aus. In einem Text für *Die Zeit* beginnt etwa Thomas Assheuer mit der Abgrenzung: »Wie viele Tote möchte die Freiheit in Kauf nehmen, um wieder frei zu sein?«[25] So weit die Verurteilung derer, die ihr Sozialleben, ihren Betrieb oder Konsum nicht einschränken (lassen) wollen. Assheuer empfiehlt dagegen ein Freiheitsverständnis, das auch anderen Akteuren, der natürlichen Umwelt und den eigenen längerfristigen Interessen Rechnung trägt. Eine Weile später hat Jan Roß im gleichen Blatt die Gegenposition ausgeführt, es sei »ein gefährlicher Irrtum«, Freiheit als »Selbstbeschränkung« zu verstehen und ihr sogar die Verbote zuzuordnen, die ein Gemeinwesen vernünftigerweise beschließt.[26] Grundsatzdebatten um Willkür und Autonomie, negative und positive Freiheit scheinen hier hochaktuell – und kaum ergänzungsbedürftig, um als Kompass in der Pandemie zu dienen. Dass die Prinzipien zumindest nicht fehlen sollten, zeigt im Umkehrschluss eine rein medizinisch-ökonomische Schadensabwägung. Im Frühjahr 2020 titelte der *Economist*: »A Grim Calculus: The Stark Choices between Life, Death, and the Economy«.[27] Die ernst gemeinte Frage war, ob man

25 Thomas Assheuer, »Freiheit und Corona. Die Panik der liberalen Geister«, in: *Die Zeit*, 10.05.2021, ⟨https://www.zeit.de/kultur/2021-05/freiheit-corona-todeszahlen-liberalismus-politik-kulturbetrieb⟩, letzter Zugriff 07.02.2022.

26 Jan Roß, »Wir sind so frei«, in: *Die Zeit*, 12.12.2021, ⟨https://www.zeit.de/2021/51/selbstbeschraenkung-freiheit-begriff-einschraenkung-philosophie⟩, letzter Zugriff 24.03.2022.

27 [o.A.] »A Grim Calculus: The Stark Choices between Life, Death, and the Economy«, in: *The Economist*, 04.04.2020, ⟨https://www.economist.com/weeklyedition/2020-04-04⟩, letzter Zugriff 03.06.2022.

eher hohe Todeszahlen oder tiefe Wachstumseinbrüche hinnehmen könne. Der zugehörige Beitrag fragte nicht einmal ergänzend, wie viele Opfer Lieferengpässe fordern würden, und verwies auch nicht auf Freiheitsgrundrechte. Diese Variante hat sich aus erkennbaren Gründen nicht durchgesetzt. Sie missachtet anerkannte Werte und benennt zu direkt letale Interessenlagen. Ihr fehlt damit der rechtlich-moralische Kern, der zumindest in Deutschland Beiträge zur Coronadebatte als zulässig ausweist.

Anschließend an den *Economist*-Beitrag lässt sich *zweitens* gut festhalten, welche Aspekte im rechtlich-moralischen Streit um die Maßnahmen fehlen. Ihre (absehbaren) Effekte können auch ökonomisch bewertet werden, und im ökonomischen Feld gibt es starke Teilinteressen. In einer Phase jenseits von rechts, links und legitimer Opposition bleiben deren Konflikte politisch latent. Sie bestimmen aber womöglich Entscheidungsprozesse und zweifellos den Rahmen, in dem man nach Lösungen sucht. Ein exemplarisches Feld bilden die (bereits kurz angesprochenen) Arbeitsverhältnisse. Für viele Erwerbstätigkeiten stand ein exzeptioneller Gesundheitsschutz kaum zur Debatte. Dabei war bereits 2020 klar, dass diejenigen, die nicht ins Homeoffice gehen konnten, höheren Risiken ausgesetzt waren,[28] und von migrantischer Erntearbeit über die Infektionsskandale bei Tönnies bis zu Arbeitsplätzen mit FFP2-Maskenverbot hätte es genügend mediale Anlässe gegeben – doch fortlaufende Arbeitspflichten blieben eine Selbstverständlichkeit. Selbst wenn man rasch ›systemrelevante‹ Sektoren identifiziert hatte, kam schließlich auch das Verhältnis von notwendigen und temporär verzichtbaren Arbeiten jenseits des Einzelhandels wenig zur Sprache. Das Baugewerbe konnte boomen, und sogar die kaum systemnotwendige Caravanbranche hat 2020 Rekordumsätze verzeichnet.[29] »Faktisch« ist wohl, wie die *Tagesschau* den Soziologen Klaus Dörre paraphra-

28 Agnes Fessler u. a., »Corona und die Arbeitswelt der Zukunft: Von der gesellschaftlichen (Un-)Sichtbarkeit des Leidens an der Pandemie«, in: Ursula Filipič, Annika Schönauer (Hg.), *Ein Jahr Corona. Ausblick Zukunft der Arbeit*, Wien 2021, S. 8-20.

29 Bundesverband Campingwirtschaft e. V., »Bestes Halbjahr für Caravaningbranche: Neuzulassungen von Freizeitfahrzeugen trotz ›Lockdown‹ weiter gestiegen«, 07. 07. 2021, ⟨https://www.bvcd.de/presse/aktuelles/detail/bestes-halbjahr-fuer-caravaningbranche-neuzulassungen-von-freizeitfahrzeugen-trotz-lockdown-weite.html⟩, letzter Zugriff 07. 02. 2022.

siert, »nach der ersten Welle in produzierenden Unternehmen das Geschäft einfach weitergelaufen«.[30] Das muss nicht heißen, dass die Beschäftigten mehrheitlich lieber zuhause geblieben wären. Es zeigt aber, dass die politische Durchgriffsmacht keineswegs überall zunahm. Ungewohnte Gestaltungschancen ergaben sich allenfalls mit den – ansatzweise klimapolitisch genutzten und verteilungspolitisch umkämpften – Ausfallentschädigungen. Selbst dabei wurden die ökonomischen Machtverhältnisse aber nur zaghaft berührt; im Diskurs rechtlich-moralischer Abwägung konnte man sie gleichsam legitim ausblenden.

Die vorherrschende Debatte kennt allerdings *drittens* eigene strukturell verankerte und bedeutsame Konflikte. Sie verlaufen, wie die gewählten Begriffe bereits vermuten lassen, zwischen Recht und Moral. Da die rechtlichen Institutionen liberaler Gesellschaften geradezu darauf angelegt sind, politischer Macht und moralischen (zumal utilitaristischen) Ansprüchen Grenzen zu setzen, wurden sie im Pandemienotstand regelmäßig einbezogen, wenn Einzelne und Organisationen sich vor Übergriffen schützen wollten. Anders als im Wirtschafts- oder Kunstsystem konnte man hier unmittelbar Regeln mit hoher und höchster normativer Dignität aufrufen. Sie wurden allerdings nicht nur zur Einhegung moralisierter Politik, sondern auch als Stütze der gesellschaftlichen Moral in Anspruch genommen – so dass die Rolle des Rechts in und nach der Pandemie keineswegs auf der Hand liegt.

4. Absicherung (vor) der Moral: die Rolle des Rechts

Um hier mögliche Verschiebungen auszuloten, helfen zwei klassische rechtstheoretische Ansätze, die beide auf die pandemische Situation anwendbar sind, aber zueinander in Spannung stehen und soziologisch mehrfach relativiert werden müssen.

Recht lässt sich *erstens* in kantischer Tradition als Kodifizierung und Sanktionierung moralisch fundierter Ansprüche sehen. Was das bedeuten kann, zeigt sich etwa am Freiheitsgrundsatz, der für

30 Johannes Edelhoff u. a., »Schutz vor Corona: FFP2-Masken bei Amazon unerwünscht«, in: *Tagesschau*, 22. 04. 2021, ⟨https://www.tagesschau.de/investigativ/ndr-wdr/masken-arbeitsplatz-101.html⟩, letzter Zugriff 07. 02. 2022.

Kant die Sphäre des Rechts als solche begründet:[31] Ich habe das Recht, alles zu tun, womit ich keine andere Person schädige oder in ihrer entsprechenden Freiheit einschränke. Von der *Déclaration des droits de l'homme et du citoyen* von 1789 (§ 4) bis zum *Grundgesetz der Bundesrepublik Deutschland* (Art. 2 Abs. 2) ist dieser Grundsatz tragend. Wie er genau anzuwenden ist, war in der Krise zu klären, wenn Beschränkungen zum Schutz anderer anstanden: bei Einreisequarantänen, Ausgangssperren, Zugangsbegrenzungen und Ähnlichem. Jeder »guten Richterin« war in solchen Fällen womöglich aufgetragen, die Rechtslage im Kontext »einer umfassenden politisch-moralischen Theorie der gesamten Verfassungsordnung zu deuten«.[32] Allerdings könnte dann neben der Politik auch der Richterstand überfordert sein.

Prinzipiell bescheidener, aber im gegebenen Kontext kaum weniger anspruchsvoll ist *zweitens* die Position, dass im Recht verfahrensgemäß Regeln gesetzt und angewendet werden – wie es klassisch Kelsen, Hart und andere ›Rechtspositivisten‹ erklären. Im Sinn dieser Linie wird heute gefragt, wie regelgerecht repräsentative Demokratien mit Gewaltenteilung die Krise verarbeitet haben: Galten weiterhin die Gesetze, die uns von der Verfassung zugesichert sind, verfassungsgemäß in der Legislative beschlossen wurden und unter anderem vom Verfassungsgericht garantiert werden? Wurden namentlich Sonderbefugnisse, die die Exekutive in Notlagen beanspruchen kann, korrekt ausgeübt oder überdehnt? Auch wenn kein Ausnahmezustand im Sinn entgrenzter Exekutivbefugnisse ausgerufen wurde, wurden doch Grundrechte wie die Bewegungs- und Versammlungsfreiheit massiv eingeschränkt, Regierungsverordnungen traten an die Stelle parlamentarischer Verfahren, und mit der Erklärung der »epidemischen Lage von nationaler Bedeutung« (IfSG, § 5) wurde dies (parlamentarisch) durch eine Notlage motiviert. Und auch wenn man rechtlich wie administrativ weit von einer »Suspendierung der gesamten bestehenden Ordnung«

31 Vgl. Immanuel Kant, *Die Metaphysik der Sitten. 2. A. Erster Theil, metaphysische Anfangsgründe der Rechtslehre*, Königsberg 1798, S. 33.

32 So Klaus Günther im Gespräch mit Jürgen Habermas, »Kein Grundrecht gilt grenzenlos«, in: *Die Zeit*, 09. 05. 2020, ⟨https://www.zeit.de/2020/20/grundrechte-lebensschutz-freiheit-juergen-habermas-klaus-guenther⟩, letzter Zugriff 24. 03. 2022.

entfernt war,[33] wurde die Ordnung sozialer Lebensvollzüge ab Anfang 2020 vielerorts ausgesetzt. Heikel erscheint heute weniger, dass derart eine Instanz die Macht an sich zu reißen droht, sondern dass ein von vielen Instanzen (in Politik, Recht, Journalismus, Wissenschaft und anderen) erklärter Notstand nur schwer zu begrenzen und zu beenden ist.[34] Im Zweifelsfall verschärfen ihn sogar Gruppen und Stellen, die Gesetze im Namen der Renormalisierung missachten und suspendieren. In dieser Gesamtlage treten die moralisch begriffenen Imperative von Gesundheits- und Lebensschutz, Freiheit und Ähnlichem in ein gespanntes Verhältnis zu Verfahren und Regeln. Hätte das Bundesverfassungsgericht etwa die Bund-Länder-Konferenzen für nicht zuständig und deren Beschlüsse für nichtig erklärt, wäre wohl eingewandt worden, dass formale Bedenken nicht das schlechthin Gebotene aufhalten dürfen. Umgekehrt wurde den Gerichten und Verwaltungen vorgehalten, verbürgte Rechte nicht hinreichend vor der Maßnahmenregierung zu schützen.

Vielleicht stellt sich die Frage aber gar nicht so grundsätzlich. Eine soziologische Alternative zu den beiden klassischen Rechtsverständnissen lässt sich ausgehend von Niklas Luhmanns Formulierung entwickeln, dass das Recht der »Stabilisierung normativer Erwartungen« dient – von Erwartungen also, auf denen man auch »im Enttäuschungsfall« beharren kann.[35] Diese betont kühle, formelle Bestimmung des Normativen ist für den Ansatz entscheidend; die »unbeständige Ebbe und Flut moralischer Kommunikation«[36] wird im Recht in feste Kanäle umgeleitet. In dem, was die Formel offen-

33 So Carl Schmitts (politisch absichtsvoll überspitzte) Formel dafür, dass nicht nur eine »Notstandsmaßnahme oder Notverordnung« vorliegt, sondern wirklich der »Ausnahmezustand« erklärt wurde; Carl Schmitt, *Politische Theologie. Vier Kapitel zur Lehre von der Souveränität*, Berlin [7]1996, S. 18.

34 Diese Überlegung verdanke ich Klaus-Michael Kodalle. Zu einer Veranschaulichung siehe zum Beispiel Clemens Arzt, »Versammlungsfreiheit unter Druck. Verwaltungsgerichtlicher Schutz des Art. 8 GG in der Corona-Pandemie«, in: *Verfassungsblog*, 12. 01. 2022, ⟨https://verfassungsblog.de/versammlungsfreiheit-unter-druck/⟩, letzter Zugriff 05. 02. 2022; grundlegender Christoph Gusy, »Ende der Krise ohne Ende des Krisenrechts?«, in: *Verfassungsblog*, 15. 06. 2021, ⟨https://verfassungsblog.de/ende-der-krise-ohne-ende-des-krisenrechts/⟩, letzter Zugriff 05. 02. 2022.

35 Niklas Luhmann, *Das Recht der Gesellschaft*, Frankfurt/M. 1995, S. 131, S. 133.

36 Ebd., S. 79.

lässt, liegen zudem wichtige, von Luhmann selbst kaum genutzte Anschlussmöglichkeiten. Einerseits kann die Rechtsentwicklung auch jenseits zentraler Gewalten, etwa durch private Vertragsgestaltung, bestimmt werden.[37] Andererseits werden die entscheidenden normativen Erwartungen nicht zuletzt deshalb oft die Interessen der ökonomisch (oder administrativ, geopolitisch usw.) Stärkeren sein.[38] Ein bekanntes, mit den oben diskutierten Fragen verwandtes Beispiel bildet die tödliche Durchsetzung geistiger Eigentumsrechte auf AIDS-Medikamente gegen Generika.[39] Im Streit um Bewegungsfreiheit ist der Einfluss mächtiger Sonderinteressen allerdings höchstens ein Nebenaspekt.

Fragt man soziologisch konkret, was das Rechtssystem in der Krise geleistet hat, liegen undramatische Antworten nahe. In Deutschland hat es wohl nicht zuletzt Akzeptanz für die Notmaßnahmen geschaffen. Da der Eindruck vorherrschte, dass sie von befugten Stellen erlassen wurden und sich in den moralischen Rahmen des Grundgesetzes fügen, ergab sich hinreichend Folgebereitschaft. Zuweilen haben rechtliche Entscheidungen und Erwägungen die Notstandsregierung auch eingeschränkt: die individuellen Grundrechte standen immer mit zur Debatte und wurden fallweise erfolgreich eingeklagt. Ebenso hat das Recht allzu großen ökonomischen Eingriffen vorgebeugt. Auch Unternehmen haben gegen Maßnahmen geklagt, auch ihre (beträchtlichen) Rechtsmittel wurden politisch bedacht, und die Einschnitte hielten sich wie gesehen in Grenzen.

Zusammenfassend könnte man also feststellen, dass das Recht seine stabilisierende Funktion aufrechterhalten hat – nicht immer so durchgreifend, wie dies vielleicht zu wünschen gewesen wäre, und mit reduzierter Verfahrens- und Begründungsqualität, angesichts der Umstände aber doch gut genug. Ein möglicher Effekt der Krise fügt sich allerdings nicht in dieses Bild: Wenn die moralisch

37 Vgl. Katharina Pistor, *Der Code des Kapitals. Wie das Recht Reichtum und Ungleichheit schafft*, Berlin 2020.

38 Auch dieser Gedanke bestimmt Pistors Analyse finanzmarktrelevanter Rechte; er ist aber vor allem aus der Kritik ›subjektiver Rechte‹ bekannt, wie sie Kelsen oder in jüngerer Zeit Christoph Menke vorgebracht hat: Das (im Marx'schen Sinn) bürgerliche Recht schützt besonders Individuen, die Eigentum an Produktionsmitteln oder verwertbares Vermögen haben; es ist damit zugleich formal universalistisch und materiell parteiisch.

39 Vgl. z.B. Ellen 't Hoen, »TRIPS, Pharmaceutical Patents, and Access to Essential Medicines«, in: *Chicago Journal of International Law* 3 (2002), S. 27-46.

aufgeladenen Notlagen zunehmen, in denen das Recht situativ angepasst wird, weichen die langfristig fixierten normativen Erwartungen kurzfristigeren und in jedem Fall spezifischeren normativen Ansprüchen. Das Recht könnte dann zum Mittel oder sogar zum Treiber einer moralisierten Politik werden. Diese Möglichkeit zeichnet sich konkret in Erwägungen und Entscheidungen ab, die von der Corona- zur Klimakrise vermitteln.

Eine naheliegende Schlussfolgerung aus der Krisenerfahrung lautet, dass Regierungen und die Vertreter des Rechtssystems konsequenter im Sinn des Gemeinwohls entscheiden müssen, wenn das Überleben der Gattung gesichert werden soll. Thomas Assheuer legt in seinem bereits zitierten Text nahe, dass die Pandemiebewältigung umwelt- und gesellschaftspolitisch stilbildend werden sollte:

> Die Pandemie [...] ist eine schockierende Chiffre für die Selbstgefährdung der Zivilisation. [...] Die demokratischen Freiheiten gibt es hoffentlich bald zurück, kaum aber die alte Freiheit im Umgang mit der zivilisatorisch beschädigten Natur. [...] Vielleicht denkt man lieber über eine Freiheit nach, die heute ihre selbstzerstörerische Praxis beschränkt, damit sie morgen noch die freie Wahl hat.[40]

Diese Ansicht ist keine Einzelmeinung. Sie wurde zumindest auch – noch bestimmter – vom Rechtswissenschaftler Thomas Schomerus vertreten:

> Beide, die Corona- wie die Klimakrise, bedürfen freiheitsbeschränkender Maßnahmen. Je früher und energischer diese festgelegt und umgesetzt werden, desto eher ist der überlebenswichtige Erfolg zu erwarten. [...] Auch der Klimanotstand rechtfertigt daher weitgehende Einschränkungen der Grundrechte, und zwar nicht nur in ferner Zukunft, sondern jetzt.[41]

Schomerus begründet diese recht weitreichende Idee unzweifelhaft moralisch: »Kümmert uns die [...] Bedrohung der Zukunft unserer Kinder und Enkel, ja des Lebens auf Erde insgesamt, so viel weniger als die Sorge um unsere gegenwärtigen Alten und Kranken?«[42] Wer in der Lebensrettungs-Moralität illiberale Keime vermutet,

40 Assheuer, »Freiheit und Corona«.

41 Thomas Schomerus, »Corona und Klima – Krise als Chance«, in: *Verfassungsblog*, 24.03.2020, ⟨https://verfassungsblog.de/corona-und-klima-krise-als-chance/⟩, letzter Zugriff 05.02.2022.

42 Ebd.

findet hier einen Beleg. Der Beitrag ist aber nicht nur aufgrund seiner fast überzeichneten Deutlichkeit interessant. Er bewegt sich, auch wenn er für sein Fach wenig repräsentativ ist, in einem ähnlich gesinnten Praxisumfeld. Schomerus erwähnt Beschlüsse im EU-Parlament und im britischen Unterhaus 2019, die einen »Klimanotstand« feststellen. Ergänzend hätte er das Urgenda-III-Urteil heranziehen können, in dem das höchste Gericht der Niederlande die Regierung anwies, Treibhausgasemissionen zu senken – und 2021 hat auch das deutsche Verfassungsgericht im Sinn Assheuers und Schomerus' entschieden.

Das Urteil, das eine Nachbesserung des Klimaschutzgesetzes von 2019 verlangt, stützt seine Begründung auf klassische Rechtsgüter, die es aber innovativ ausweitet. Die Gewährleistung von Erwartungssicherheit und individueller Freiheit soll nun ›intertemporal‹ auch kommende Generationen beziehungsweise gegenwärtig noch junge Menschen einbeziehen: »Als intertemporale Freiheitssicherung schützen die Grundrechte die Beschwerdeführenden [...] vor einer einseitigen Verlagerung der durch Art. 20a GG aufgegebenen Treibhausgasminderungslast in die Zukunft [...].«[43] Das Gericht rekurriert also auf die mittelfristig zu schützende Freiheit, um der Politik unmittelbar stärkere Regulierungen abzuverlangen. Das ist gewagt, aber nachvollziehbar. Weniger leicht lässt sich sehen, was die Bezugnahme auf Art. 20a GG (in dem »Verantwortung für die künftigen Generationen« bloß die Erhaltung von Lebensgrundlagen bedeutet) erforderlich macht. Formal fällt auf, dass das Gericht erst so eine »nach 2030 *verfassungsrechtlich gebotene* Treibhausgasminderungslast« ausmachen kann,[44] die dann im Konflikt mit den Freiheitsgrundrechten steht.[45] Nimmt man diesen Schachzug mit der Erfindung ›intertemporaler Freiheitsrechte‹ zusammen, liegt die Deutung nahe: Große begriffliche Mühen, Umwege und mögliche Ebenenfehler werden in Kauf genommen, um dem schlechthin verbindlichen Ziel ökologisch nachhaltigen Wirtschaftens Nachdruck zu geben. Von den klagenden Parteien bis zur höchsten Instanz scheint (punktuell) Einigkeit zu bestehen, dass das Recht bei diesem Thema die Politik nicht bremsen, sondern antreiben sollte.

Abschließend will ich andeuten, weshalb man auch diese Ver-

43 BVerfG, Beschl. vom 24.03.2021-1 BvR 2656/18, Rn. 183.

44 Ebd., Kursivierung T.R.

45 Vgl. den Beitrag von Thorsten Kingreen in diesem Band

schiebung politisch verschieden beurteilen kann. Zunächst liegt ja auf der Hand, dass das Verfassungsgericht einen Punkt hat: Es ist tatsächlich wohlfeil bis fahrlässig, strenge Klimaziele festzulegen, ihre Umsetzung aber großenteils den Regierungen und der Gesellschaft der (nahen) Zukunft aufzutragen, die damit absehbar überfordert sein werden. Auch umfassend betrachtet, sieht das Urteil sinnvoll aus: Wenn nicht *alle* sozialen Bereiche, von der Politik über die Wirtschaft bis eben zum Recht, rasch auf Nachhaltigkeit setzen, wird sich das Leben auf der Erde in den nächsten Jahrzehnten dramatisch verschlechtern. Die Frage ist nur, ob das Recht bei der Umstellung eine führende oder treibende Rolle spielen kann. Wenn die oben vorgestellten allgemeinen Gedanken zutreffen, hat es strukturell konservative Funktionen. Es ist eher geeignet, Investitionen, Gewinnmotive und Konsumchancen der fossilen Ära abzusichern – oder vor ökodiktatorischen Übergriffen zu schützen –, als ihre nun gebotene – oder zu befürchtende – Annullierung voranzutreiben. Wenn darüber hinaus Grund besteht, das Recht als Bedingung von Kapitalakkumulation und Medium der mächtigsten Konzerne zu sehen, ist noch weniger zu erwarten – weil dann im Recht die ökologisch bestenfalls uninteressierte Profitorientierung nicht wirksam in Frage gestellt werden kann. Wohlmeinende Urteile wie das des Verfassungsgerichts bleiben in diesem Fall notwendig symbolisch, ein Greenwashing in systemischem Maßstab. Zweifel daran, dass ein neu begriffenes Recht die ökologische Wende vorantreiben kann, lassen sich aber auch einfacher formulieren: Vonnöten wären zumindest *auch* ein starker politischer Wille, der den Umbau mit vielen neuen Gesetzen ermöglicht, und eine neu strukturierte gesellschaftliche Praxis, die sich nicht bloß widerstrebend einer Serie neuer Zwangsvorgaben fügt.

Um zu klären, welche dieser Vermutungen zutrifft, bräuchte es eine ausgeführte Zeitdiagnose, für die ich hier nur noch meine bevorzugten Stichworte nennen kann: Zu sehen wäre, wie der neoliberale Selbstbedienungskapitalismus einem postliberalen Verantwortungskapitalismus weicht, in dem sich die konzentrierte Verfügungsmacht zunehmend wieder staatlich anbinden und öffentlich rechtfertigen muss. Die vorgelegte Analyse sollte das nicht erörtern, sondern nur ausloten, wie sich in der Coronakrise das Verhältnis von Politik, Moral und Recht verschoben hat. Es konnten Anhaltspunkte für einen Bedeutungsgewinn der Moral gefunden werden, und es wurde gezeigt, was daran beunruhigen kann: In der moralisierten, vielleicht sogar durch ein moralisiertes Recht überwölbten Politik werden nicht nur Vielfalt, Streitkultur und individuelle Spielräume beschnitten. Vor allem bleiben Interessenkonflikte ausgeblendet, Privilegien unsichtbar und systemische Alternativen undenkbar. Es würde sich lohnen, weniger auf forciert wohlmeinende Eliten zu setzen als auf solche Alternativen.

Über die Autorinnen und Autoren

Steffen Augsberg ist Professor für Öffentliches Recht an der Justus-Liebig-Universität Gießen. Zu seinen neuesten Veröffentlichungen gehören: *Datensouveränität. Governance-Ansätze für den Gesundheitsbereich* (zusammen mit Patrik Hummel, Matthias Braun, Ulrich von Ulmenstein und Peter Dabrock, 2021) und *Recht auf Nicht-Recht – Rechtliche Reaktionen auf die Juridifizierung der Gesellschaft* (hg. zusammen mit Ino Augsberg und Ludger Heidbrink, 2020). Er ist Mitherausgeber des *Berliner Kommentars zum Grundgesetz.*

Rainer Forst ist Professor für Politische Theorie und Philosophie an der Goethe-Universität Frankfurt am Main und Direktor des Forschungszentrums »Normative Ordnungen«. Zu seinen jüngsten Publikationen gehören: *Toleration, Power and the Right to Justification* (2020), *Die noumenale Republik. Kritischer Konstruktivismus nach Kant* (2021) und *Normative Ordnungen* (hg. gemeinsam mit Klaus Günther, 2021).

Günter Frankenberg ist Professor für Öffentliches Recht, Rechtsphilosophie und Rechtsvergleichung an der Goethe-Universität Frankfurt am Main. Zu seinen aktuellen Publikationen gehören: *Autoritarismus. Verfassungsrechtliche Perspektiven* (2020), *Comparative Constitutional Studies. Between Magic and Deceit* (2018) sowie jüngst der Aufsatz »COVID-19 und der juristische Umgang mit Ungewissheit«, in: *Verfassungsblog*, 25.04.2020, ⟨https://verfassungsblog.de/covid-19-und-der-juristische-umgang-mit-ungewissheit/⟩, letzter Zugriff 29.05.2022.

Petra Gehring ist Professorin der Philosophie an der Technischen Universität Darmstadt. Zu ihren aktuellen Veröffentlichungen zählen: *Über die Körperkraft von Sprache. Studien zum Sprechakt* (2019), *Theorien des Todes: Zur Einführung* ([4]2021) und *Dummheit* (hg. gemeinsam mit Monika Schmitz-Emans, 2021).

Klaus Günther ist Professor für Rechtstheorie, Strafrecht und Strafprozessrecht an der Goethe-Universität Frankfurt am Main. Zu seinen wichtigsten Publikationen zählen: *Der Sinn für Angemessenheit. Anwendungsdiskurse in Moral und Recht* (1988), *Schuld und kommunikative Freiheit. Studien zur personalen Zurechnung strafbaren Unrechts im demokratischen Rechtsstaat* (2004) sowie *Normative Ordnungen* (hg. gemeinsam mit Rainer Forst, 2021). Er ist Mitglied des Kollegiums des Instituts für Sozialforschung

(Frankfurt am Main) und Vorsitzender der deutschen Sektion der Internationalen Vereinigung für Rechts- und Sozialphilosophie (IVR).

Thomas Gutmann ist Professor für Bürgerliches Recht, Rechtsphilosophie und Medizinrecht an der Westfälischen Wilhelms-Universität Münster. Zu seinen aktuellen Publikationen gehören: *Iustitia Contrahentium. Zu den gerechtigkeitstheoretischen Grundlagen des deutschen Schuldvertragsrechts* (2022) und *Inheritance and the Right to Bequeath. Legal and Philosophical Perspectives* (hg. gemeinsam mit Daniel Halliday und Hans-Christoph Schmidt am Busch, 2022).

Jürgen Habermas ist emeritierter Professor für Philosophie an der Goethe-Universität Frankfurt am Main. Er ist Autor der Bücher *Strukturwandel der Öffentlichkeit. Untersuchungen zu einer Kategorie der bürgerlichen Gesellschaft* (1962), *Theorie des kommunikativen Handelns* (2 Bde., 1981) sowie *Faktizität und Geltung. Beiträge zur Diskurstheorie des Rechts und des demokratischen Rechtsstaates* (1992). Zuletzt erschien von ihm das zweibändige Werk *Auch eine Geschichte der Philosophie* (2019).

Stefan Huster ist Professor für Öffentliches Recht, Sozial- und Gesundheitsrecht und Rechtsphilosophie an der Ruhr-Universität Bochum. Zu seinen Publikationen gehören: *Triage in der Pandemie* (hg. gemeinsam mit Tatjana Hörnle und Ralf Poscher, 2021), *Der Zugang zu noch nicht zugelassenen Arzneimitteln. Rechtsfragen und Regulierungsprobleme* (zusammen mit Stefan Stadelhoff und Anne Streng-Baunemann, 2016) sowie *Selbstbestimmung, Gerechtigkeit und Gesundheit. Normative Aspekte von Public Health* (2015). Gemeinsam mit Thorsten Kingreen ist er Herausgeber des *Handbuchs Infektionsschutzrecht* (^{2}2022).

Thorsten Kingreen ist Professor für Öffentliches Recht, Sozialrecht und Gesundheitsrecht an der Universität Regensburg. Er ist Mitverfasser der Lehrbücher *Grundrechte. Staatsrecht II* (gemeinsam mit Ralf Poscher, ^{37}2021) sowie *Polizei- und Ordnungsrecht* (gemeinsam mit Ralf Poscher, ^{11}2020). Er ist Mitherausgeber mehrerer Fachzeitschriften (u. a. *Neue Zeitschrift für Sozialrecht*). Mit Stefan Huster hat er zudem das *Handbuch Infektionsschutzrecht* (^{2}2022) herausgegeben, mit Ulrich Becker den Kommentar *Sozialgesetzbuch V. Gesetzliche Krankenversicherung* (^{8}2022).

Stephan Kirste ist Professor für Rechts- und Sozialphilosophie an der Paris-Lodron-Universität Salzburg. Zu seinen aktuellen Publikationen gehören: *Rechtsphilosophie. Einführung* (2020), *Populism. Perspectives From Legal Philosophy* (hg. gemeinsam mit Norbert Paulo, Beiheft 167 des *Archivs für*

Rechts- und Sozialphilosophie, 2021) sowie *Geschichte der Rechtsphilosophie der Neuzeit* (2022, im Entstehen).

Oliver Lepsius ist Professor für Öffentliches Recht und Verfassungstheorie an der Universität Münster. Zu seinen Veröffentlichungen zählen *Relationen: Plädoyer für eine bessere Rechtswissenschaft* (2016), *Verhältnismäßigkeit. Zur Tragfähigkeit eines verfassungsrechtlichen Schlüsselkonzepts* (hg. gemeinsam mit Matthias Jestaedt, 2015) sowie *Verfassung und Rechtspolitik: 70 Jahre Grundgesetz* (hg. gemeinsam mit Robert Chr. van Ooyen und Hendrik Wassermann, Beiheft 4 der Zeitschrift *Recht und Politik*, 2020). Er ist Mitherausgeber der Zeitschrift *Der Staat* und von *Jahrbuch des Öffentlichen Rechts der Gegenwart.*

Matthias Mahlmann ist Professor für Philosophie und Theorie des Rechts, Rechtssoziologie und Internationales Öffentliches Recht an der Universität Zürich. Zu seinen aktuellen Publikationen gehören: *Widerständige Gerechtigkeit. Der Angriff auf Demokratie, Verfassungsstaat und Menschenrechte und die Gesellschaftstheorie des Rechts* (2018), *Rechts- und Staatsphilosophie bei G. W. Leibniz* (hg. gemeinsam mit Tilmann Altwicker und Francis Cheneval, 2020).

Tilman Reitz ist Professor für Wissenssoziologie und Gesellschaftstheorie an der Friedrich-Schiller-Universität Jena. Zu seinen Publikationen zählen: *Das zerstreute Gemeinwesen. Politische Semantik im Zeitalter der Gesellschaft* (2015), *Marxismus und Soziologie. Klassenherrschaft, Ideologie und kapitalistische Krisendynamik* (hg. gemeinsam mit Tine Haubner, 2018) sowie *Simmel-Handbuch. Begriffe, Hauptwerke, Aktualität* (hg. gemeinsam mit Hans-Peter Müller, 2018).

Ute Sacksofsky ist Professorin für Öffentliches Recht und Rechtsvergleichung an der Goethe-Universität Frankfurt am Main und Vizepräsidentin des Staatsgerichtshofs des Landes Hessen. Zu ihren neueren Publikationen gehören: *Frauenförderung in der Wissenschaft durch Professorinnenprogramme. Das Beispiel der Leibniz-Gemeinschaft* (gemeinsam mit Berit Völzmann, 2018) sowie *Autonomie im Recht – Geschlechtertheoretisch vermessen* (hg. gemeinsam mit Susanne Baer, 2018). Sie ist Mitglied im Direktorium des Cornelia Goethe Centrums für Frauenstudien und die Erforschung der Geschlechterverhältnisse.

Uwe Volkmann ist Inhaber des Lehrstuhls für Öffentliches Recht und Rechtsphilosophie an der Goethe-Universität Frankfurt am Main. Er ist Mitherausgeber der Fachzeitschrift *Der Staat.* Im Jahr 2018 erschien sein

Lehrbuch *Rechtsphilosophie*. Daneben ist eines seiner zentralen Werke *Grundzüge einer Verfassungslehre der Bundesrepublik Deutschland* (2013).

Lutz Wingert ist Professor für Philosophie an der ETH Zürich. Zu seinen Publikationen zählen: »Zwischen opportunistischer Anpassung und kontemplativer Klage? Politische Philosophie in einer nicht-idealen Welt«, in: *WestEnd. Neue Zeitschrift für Sozialforschung* 1 (2019), S. 55-86; »Wir müssen abwägen – aber wie sollen wir abwägen? Fragen der Moral in einer pandemischen Corona-Krise«, in: *Deutsche Zeitschrift für Philosophie* 69:1 (2021), S. 29-66; »Über die Logik von Reformen des Kapitalismus«, in: *WestEnd. Neue Zeitschrift für Sozialforschung* 2 (2021), S. 3-31; »Unsere Moral und die humane Lebensform«, in: Dieter Sturma (Hg.), *Natur, Ethik und Ästhetik*, Paderborn 2022, S. 49-80.

Ursula Wolf ist Seniorprofessorin für Philosophie an der Universität Mannheim. Zu ihren Publikationen gehören: *Handlung, Glück, Moral. Philosophische Aufsätze* (2020), *Ethik der Mensch-Tier-Beziehung* (2014) und *Aristoteles' »Nikomachische Ethik«* (2010).